토지소유권에 대한 새로운 이해

土地所有權的 新理解

尹喆洪

Neue Auffassung über das Grundeigentum

von
Prof. Dr. Cheolhong Yoon

토지소유권에 대한 새로운 이해

윤철홍 지음

머리말

토지소유제도에 관심을 갖고 연구를 시작한지도 어느덧 30년이 지났다. 오토 폰 기르케(Otto von Gierke)가 말한 바와 같이 소유권은 논리적인 것이 아니라 역사적이고 경험적인 범주에 속한다. 특히 토지소유권은 '시대의 산물'이기 때문에 시대와 장소에 따라 다양한 이해와 그에 따른 문제들이 발생할 수 밖에 없다. 지난 30여년 동안 한국에서도 부동산투기로 말미암아 토지공개념의 열풍이 일기도 하고, 반대로 소유권에 대한 제한이 너무 강하거나 경제가 불황에 빠지면 토지거래의 부양책이 나타나기도 하였다. 또한 최근에는 '소유의 종말'이라는 말이 회자될 정도로 '접속권'이 강조되고 있다. 이러한 시대적인 흐름 속에 저자는 먼저 토지소유권에 관한 10여년의 연구 성과들을 정리하여 법제사적 관점에서 '소유권의 역사'(1995년)를 출간한 바 있으며, 그 후 10여년 동안은 토지소유와 관련된 특별법들을 연구하여 '민사특별법연구(2003)'를 출간하였다. 지난 10여년 동안은 소유권의 개념과 제한 및 내용 등 소유권의 본질적인 문제와 함께 최근 문제되고 있는 도시개발과 관련한 경관의 문제, 친일파 후손들의 토지 환수 문제 및 독일 통일 후 토지소유권과 이용권의 문제들을 비교법사적인 관점에서 연구하였다. 본서는 이러한 토지소유권에 관한 연구의 결과 중 일부를 정리한 것이다.

제1장에서는 '소유권에 대한 새로운 이해'라는 대제 아래, 먼저 소유권의 개념과 그 제한의 법리를 논구하였다. 소유권의 개념에 대한 심도 있

는 논의가 거의 없는 한국에서는 소유권의 개념과 내용과의 관계에 대해서도 거의 주목하지 않고 있다. 이러한 상황에서 저자는 소유권의 개념에는 제한이 포함되어 있다는 내재적 제한설의 입장에서 한국에서의 소유권의 개념과 내용, 그리고 제한법리를 비교법사적인 관점에서 검토하였다. 이어서 소유권의 개념과 내용 등을 열거적으로 규정하고 있는 제211조의 개정방향을 제시하였다.

제2장에서는 한국 민법학에서 가장 첨예하게 의견이 대립되고 있는 부동산소유권의 변동과 관련한 법리 등을 검토하였다. 우선 부동산등기와 공시와의 관계에서는 물권행위의 구성요건으로서 등기와 부동산물권의 공시방법으로서의 등기상 다양하게 제기되는 문제들을 논구하였다. 이어서 중간생략등기의 유효성에 관한 문제와 함께 형식주의를 채택하여 필연적으로 발생할 수밖에 없는 미등기매수인의 법적 지위와 관련한 물권적 기대권론과 그에 대한 공시방법을 비교법적으로 검토하여, 우리 민법 시행상 제기되는 문제의 해결을 위한 방안을 제시하였다. 더 나아가 토지거래에는 다양한 규제들이 행해지고 있는데, 이러한 규제들에 관한 사법적인 문제들을 검토하여 해결 방안을 제시하였다.

제3장에서는 2000년대 들어서서 도시의 개발에 따라 큰 사회문제로 대두된 경관 문제를 사법적인 관점에서 분석 검토하였다. 최근 논의되기 시작한 '경관'은 자연경관, 도시경관, 문화경관, 농촌경관 등과 관련하여 다의적으로 사용되고 있다. 특히 2004년에 일본에서는 경관법을 제정하여 경관이익을 다양하게 보호하고 하고 있으며, 일본 최고재판소에서는 경관이익의 침해행위를 불법행위로 취급하는 경향도 나타나고 있다. 우리나라에서도 이러한 일본의 영향을 받아 2007년에 경관법을 제정하였다. 사법적인 관점에서 경관법의 핵심적인 내용은 경관이익에 대한 보호와 경관협정이라 할 수 있다. 이에 따라 먼저 경관이익의 권리성 인정 여부와

경관이익 보호에 관한 법적 근거 및 경관이익의 침해에 대한 사법적 구제 방안을 논구한 다음, 주민들의 만장일치로 체결되는 경관협정의 법적 성격과 그 효과 등을 사법적인 관점에서 최근 일본의 동향과 함께 아울러 검토하였다.

제4장에서는 친일파 후손 땅 찾기 소송들을 검토하였다. 우선 친일파 후손의 땅 찾기 소송은 다양한 문제들을 안고 있는데, 사법적인 검토뿐만 아니라 전체 법질서 내에서의 문제를 아울러 검토하였다. 먼저 일제 관련 과거사 청산의 현황과 친일파 후손들의 땅 찾기 소송을 개관하고, 친일파 후손들의 땅 찾기 소송과 그 경과 및 친일파 후손의 소유권보존등기말소 청구소송의 문제점들을 사법적인 관점에서 분석하여 사회정의 실현의 관점에서 그 해결방안을 논구하였다.

마지막 제5장에서는 독일 통일 후 구동독지역에서 토지질서의 재편과정과 토지소유권을 비교법적으로 검토하였다. 먼저 자본주의 사회인 서독과 공산주의 사회인 동독이 통일됨으로써 소유제도의 불합치로 인하여 발생되는 문제를 최우선적으로 해결해야 했다. 따라서 독일 통일 후 구동독지역에서 토지소유제도를 서독식으로 재편해야 하는데, 우선 이러한 재편과정을 구동독지역에서 행해진 법적 조치를 중심으로 검토해 보았다. 이러한 재편의 핵심적인 조치는 '독일 통일 후 구동독지역에서의 토지이용권과 토지소유권'의 결합문제이었다. 따라서 통일 전 구 동독지역에서의 토지소유권과 이용권의 분리형태 및 그에 대한 결합문제를 핵심적으로 검토하였다. 특히 이 문제를 해결방안들은 우리나라의 통일 후 토지질서의 재편 정책에도 시사해 주는 바가 크다고 생각한다.

지난 10여년 동안 저자는 토지소유문제뿐만 아니라 채권양도의 문제, 기독교와 법률관계, 동물의 법적 지위 등에 관심을 가지고 연구하였다. 이러한 연구 중 토지소유권과 관련된 논문들을 모아 출간하고자 정리하여 읽어보니 부끄러운 마음뿐이다. 30여년 동안 관심을 가지고 연구한 결과치고는 너무 초라하기 때문이다. 이렇게 부족한 글들임에도 불구하고 출간하는 것은 동도제현들께 연구의 시사점이라도 제공하고자 하는 마음에서이다. 이 책이 토지소유권에 관심을 가지고 있는 분들에게 조금이나마 도움이 되었으면 그 이상 바랄 것이 없다고 생각한다.

지금까지 학문을 길을 걸어오면서, 특히 이 저서를 출간하면서 가장 먼저 감사드리는 분은 필자의 지도교수인 독일 프라이브르크대학교 크뢰쉘 Karl Kroeschell교수님이시다. 교수님께서는 먼저 저에게 평생 연구할 테마로 토지소유권에 대한 연구를 권하셨으며, 연구 방법론과 함께 늘 학문적인 자극을 주시었다. 현재 연로하셔서 건강이 좋지 못하신데 영육간에 강건하시길 기원한다. 또한 이 책의 자료정리와 교정 등 편집하는데 많은 노력을 아끼지 않은 법학석사 김민주양에게도 고마움을 전한다. 현재 일본에서 학문에 열중하고 있는데, 연구에 많은 진보가 있기를 기원한다.

지난 30여년 동안 학문에 전념하고 있는 남편을 위해 인내와 사랑으로, 그리고 끝임없는 기도로 격려해준 아내에게 감사와 미안함을 전한다. 또한 가장 아빠의 손길과 관심이 필요한 시절에 함께해 주지 못한 두딸들에게도 미안하게 생각한다. 특히 출판 환경이 좋지 못한 상황에서도 시장성이 전혀 없는 이 책을 흔쾌히 출간해 주신 경인문화사 한정희 대표를 비롯한 관계자들께도 감사드리며, 경인문화사의 무궁한 발전을 기원한다.

2015. 6

상도동 연구실에서 저자

목 차

제3장 토지소유권과 경관의 문제

제4장 친일파 후손 땅 찾기 소송과 토지소유권

제5장 독일 통일 후 구동독지역에서 토지질서의 재편과정과
      토지소유권

제1장

소유권에 대한 새로운 이해

제1절 소유권의 개념과 그 제한의 법리

I. 서 설

1. 우리 민법 제 211조는 "소유자는 법률의 범위 내에서 그 소유물을 사용, 수익, 처분할 권리가 있다"고 규정하였다. 이 조문에는 로마법 이래 소유권의 가장 핵심이 되는 사용, 수익, 처분권능이 예시적으로 열거되어 있다. 우리 민법전은 이 규정 이외에도 소유권에 관하여 다양한 규정을 두고 있지만, 이 규정뿐만 아니라 다른 어떤 규정에서도 소유권의 개념을 구체적으로 언급하지 않고 있다. 이러한 입법 태도는 독일민법전이나 일본민법전 등에서도 마찬가지이다. 이러한 태도 때문에 독일이나 스위스를 비롯한 여러 국가에서는 소유권의 개념을 어떻게 정의할 것인가에 대한 논의가 계속되었다. 그러나 아직까지도 논의가 종식되지 않은 상태이다. 특히 급속한 사회 변화와 관련하여 소유권을 어떻게 이해할 것인가 하는 문제가 크게 대두되고 있다. 원래 소유권은 역사적인 범주에 속한 개념으로[1], 시대와 함께 변천해 왔기 때문에 시대의 산물이라고도 한다[2]. 따라서 오늘날 우리가 향유하고 있는 소유권도 우리 시대의 필요에 따라 얼마든지

---

1) O. v. Gierke, Deutsches Privatrecht(II), 1905, S.308 Anm.2(Das Eigentum is nicht logische, sondern historische Kategorie).
2) W. Merk, Das Eigentum im Wandel der Zeit, in: Pädagogisches Magazin, 1388 (1934), S.7.

변할 수 있다. 그러므로 우리는 우리 시대와 상황에 부합하는 새로운 소유권의 모델을 끝임 없이 모색해야 한다. 오늘날 소유권은 '소유의 종말'이라는3) 말이 나올 정도로 그 모습과 행사방법이 근대의 전형적인 것과는 판이하게 달라지고 있다. 특히 특정분야에서는 소유보다도 점유나 접속권이 강조되기도 한다. 따라서 이러한 변화에 직면하고 있는 오늘날의 소유권 개념과 그 제한의 본질에 대한 구체적인 검토가 요구되고 있다.

2. 소유권의 개념을 정의하려는 경우에 가장 크게 문제가 되는 것은 소유권의 제한을 어떻게 이해할 것인가 하는 점이다. 독일민법 제903조뿐만 아니라 우리 민법 제211조에 따르면 법률에 의해 소유권의 제한이 가능하고, 제3자의 권리에 의해서도 제한이 행해질 수 있다. 더 나아가 신의성실의 원칙과 권리남용금지의 원칙 등을 규정하고 있는 민법의 일반 규정들에 의해서도 제한이 가능하다. 따라서 소유권의 개념을 정의하고자 할 때, 이렇게 다양한 형태의 소유권 제한들을 소유권의 개념과는 관계가 없는 소유권의 내용에 대한 제한으로 이해할 것인가, 아니면 소유권 혹은 소유권 개념 자체에 이러한 제한들이 내재되어 있는 것으로 이해해야 할 것인가의 문제에 봉착하게 된다. 인류의 법사 속에서 소유권의 모습을 고찰해 볼 때, 소유권은 어떤 시대에도 제한이 없는 절대적인 권리로서 인정된 적은 없었다. 소유권을 가장 절대적이고 추상적인 권리로 이해했던 로마법에서도 소유권의 행사에 제한이 존재했다. 더 나아가 자유주의시대의 징표가 자유로운 권리 행사임에도 불구하고, 이 시대에서 조차도 소유권의 제한이 광범하게 인정되었다. 물론 사소유권을 부정하는 공산주의 또는 사회주의국가에서는 말할 것도 없고, 오늘날 서구 유럽의 여러 나라들에서처럼 사회국가원리가 헌법을 지배하고 있는 곳에서도 소유권

---

3) J. Rifkin(이희재 역), 「소유의 종말」(민음사, 2001) 참조.

의 제한은 예외의 정도를 넘어, 하나의 원칙이라 할 수 있을 만큼 다양하게 나타나고 있다. 따라서 이렇게 다양한 소유권의 제한을 어떻게 이해할 것인가의 문제는 기본적으로 소유권 개념을 어떻게 정의할 것이냐의 문제와 직접적으로 관련된다. 소유권을 자유주의적이고, 절대적 무제한적인 권리로 이해하는 로마법적 사고에 의하면 소유권의 개념과 내용을 분리하는 방식으로 이해하는 것이 가능할 것이고, 공동체의 이익과 밀접한 관련 하에서 이해하는 게르만법적 사고에서는 소유권이나 소유권 개념에 제한이 내재해 있다는 해석도 가능할 것이다. 본고에서는 소유권과 관련하여 중요한 쟁점 중의 하나인 소유권의 개념과 제한과의 관계를 집중적으로 논구해 보고자 한다. 소유권 제한의 본질과 관련한 논의는 대륙법계 국가로서 게르만법적 전통이 살아 있는 독일과 스위스에서 활발하게 전개되었다. 따라서 여기에서는 먼저 독일에서의 소유권 제한과 관련한 논의들을 구체적으로 고찰하고(II), 이어서 한국에서의 논의를 검토한(III) 다음, 결론을 맺고자 한다.

II. 독일에서의 소유권 개념과 제한에 관한 논의

1. 개 설

19세기 독일민법학의 지배적인 견해였던 로마법적 사고에 의하면 소유권은 추상적이고 무제한적인 물적 지배권이었다[4]. 그러나 이러한 배타적인 물적 지배라 하더라도 오직 법질서의 범위 내에서만 성립하는 것이며,

---

4) 사뷔니, 빈트샤이트, 푸후타 등 판덱텐 법학자들의 견해로서, 이에 대한 한국문헌으로서는 윤철홍, 「소유권의 역사」(법원사, 1995), 70면 이하 참조.

그 때문에 현실거래에서는 결코 무제한적인 것이 아니었다. 예컨대 독일 민법 제903조 제1항에서는 "법률과 제3자의 권리에 반하지 않는 범위 내에서는 소유권자에게 속한 물건을 임의로 처분할 수 있고, 타인의 침해에 관하여 타인을 배제할 수 있다"고 규정하고 있다. 소유권자의 지배권능의 법률적인 제한들은 과거에도 적지 않았지만, 오늘날에는 점점 더 광범하게 인정되고 있다[5]. 이러한 제한의 증가는 공법상 소유권에 많은 제한이 가해지고 있는 것과 같이, 법률상의 제한들이 소유권 개념을 위하여 언급되거나 혹은 소유권자의 지배권의 행사와 함께 소유권의 내용을 표현하려는 것인지의 여부와 관련되었다. 이 문제와 관련한 독일에서의 논의는 소위 '외연설'과 '내재적 제한설', '분리설'로 표현되는 3가지 견해가 있다[6]. '외연설(Aussentheorie)'에 의하면 소유권은 전면적이고 완전한 물적 지배권이다. 따라서 이러한 소유권은 외부로부터 주어지는 객관적인 법률을 통해 그 제한이 유보된 상태 하에서만 제한이 이루어질 수 있다는 견해이다[7]. 이에 반해 '내재적 제한설(Immanenztheorie)'은 소유권의 제한을 그의 개념 속에 포함시킨 것이다. 이 견해에 의하면 소유권의 제한은 사회적으로 구속된 의무 부담적인 권리라는 소유권의 특성으로부터 나타난다[8]. 이러한 견해들과는 달리 소유권의 개념과 내용을 분리한 '분리설(Trennungstheorie)'에 따르면 소유권 제한들을 정확하게 정리하는 것이 필요하다고 전제한 다음, 이러한 정리는 소유권의 개념과 내용의 분리를 통

---

5) J. Lehmann, Sachherrschaft und Sozialbindung?, Berlin 2004, S.92.

6) Soergel-J. F. Baur, §903 BGB, 13. Aufl., 2002, Rn. 15ff.; J. Lehmann(주 5), S. 92-93.

7) P. Liver, Eigentumsbegriff und Eigentumsordnung, in: Gedenkschrift für Gschnitzer, 1969. S.247.

8) F. Baur, Möglichkeit und Grenzen des Zivilrechts bei der Gewährleistung öffentlicher und sozialer Erfordernisse im Bodenrecht, in: AcP 176(1976), S.117f.; Soergel-J. F. Baur, §903 BGB(주 6) Rn.17.

하여 이루어질 수 있다고 주장한다. 이에 따르면 소유권 제한은 소유권의 개념을 결정하는 것이 아니라 소유권의 내용과의 관계에서 작용한다는 것이다. 소유권의 개념은 원래 소유권자의 지배권능에서 기인한 구체적인 현상들로부터 자유로운 것이 아니다[9]. 비록 소유권 제한의 본질에 관한 논의들이 소송 실무상으로는 큰 의미를 지니지 못했다고 하더라도[10], 소유권 제한들이 소유권의 개념을 위해 어떤 기능을 하고 있는가를 논구하는 것은 소유권의 본질을 이해하기 위한 전제가 된다. 따라서 이러한 고찰 없이는 소유권자가 현행 법률들에 의해 행사하고 있는 권리나 반대로 이행의무를 부담하는 이유를 제대로 파악할 수 없다[11]. 법률에 의한 소유권 제한들을 논의하기 위한 사법상의 근거는 독일민법전에 내재되어 있는 여러 규정과 표현들에서 찾을 수 있다. 그러나 이 문제는 소유권 제한이 그의 개념에 어떻게 작용하는가와 같이, 소유권의 본질론과 관련하여 중요한 의미를 지니고 있다. 즉 오늘날까지 민법상 소유권 개념에 대한 비판과 함께 소유권 제한을 그 개념 속에 포함시키려고 하는 것은 소유권 제한의 가능성과 그 의미가 점점 증대하고 있다는 점에 기초한다[12]. 때때로 소유권에 부과될 수 있는 공적인 제한들의 범위를 설명하기 위하여 분할소유권과 같은 이론이 도입되기도 한다. 다시 말해서 개인들에게는 토지의 이용소유권을 부여하고, 국가나 지방자치단체에는 처분소유권으로 표현되는 상급소유권을 귀속시키는 것이다[13]. 특히 소유권 개념 자체에 제한이 내포되어 있다는 게르만법적 관점에서 독일민법상의 소유권

---

9) A. Georgiades, Eigentumsbegriff und Eigentumsverhältnis, in: Festgabe für Sontis, 1977, S. 109ff.; Soergel-J. F. Baur, §903 BGB(주 6), Rn. 18.

10) J. Lehmann(주 5), S. 93.

11) W. Böhmer, Eigentum aus verfassungsrechtlicher Sicht, in: Das Eigentum(Herg. J. F. Baur), 1987, S.66; J. Lehmann(주 5), S. 93.

12) J. Lehmann(주 5), S. 92-93. 특히 자세한 문헌은 같은 곳 각주 407번을 참조할 것.

13) Goldschmidt, Eigentum S.66; J. Lehmann(주 5), S. 94.

개념을 비판하는 견해에 의하면 소유권의 개념과 제한에 관한 문제가 큰
의미를 지니게 된다[14]. 소유권의 제한은 우선 공법에서뿐만 아니라 민법
에서도 광범하게 나타나고 있기 때문에 이러한 현상을 예외적인 것으로
만 설명할 수 없다[15]. 오히려 소유권의 제한들은 독일민법 제903조 제1항
의 구성에서 보여주는 것과 같이, 소유권의 개념형성이나 그에 대한 이해
에 중요한 의미를 포함하고 있다는 것이다[16].

독일민법전의 해석론에 기초한 소유권 개념에 관해서는 이미 많은 논
의가 행해졌다. 이러한 논의에서는 소유권 제한과의 관계가 핵심적인 것
이었다. 특히 소유권을 그 개념과 내용으로 분리하고자 하는 견해에 의해
그 법리가 매우 정교해 졌다. 로마법적 관점에 의하면 소유권은 개념상
무제한적인 권리로 이해되었다. 이러한 인식은 분리론으로 표현되는 사
상과 일치한다[17]. 그러나 거래 현실 속에서 소유권의 내용을 구성하고 있

14) O. v. Gierke, Deutsches Privatrecht II, 1905, §120, S.364.
15) Staudinger/Seiler Vorbemerkung zu §903 BGB, 11. Aufl., Rn. 17 u. §903 BGB, Rn.1.
16) Staudinger/Seiler, Vorbemerkung zu §903 BGB(주 15), Rn. 55ff. u. §903 BGB, Rn.3.
17) 만약 사람들이 물권에 관한 독일민법전 초안의 내용에 주목한다면, 이미 요오우
   (Johow)가 이러한 문제를 다루었다는 사실을 확실히 알 수 있다. 그는 소유권의 내
   용을 '소유권의 권능들'이라는 표현 하에서 취급하였으며, 그리고 그것을 통해 소
   유권의 내용을 소유권자의 권능들을 통해서 동일하게 다루었다(Johow, abgedruckt
   bei Schubert, Sachenrecht 1, S.639). 만약 입법가가 소유권을 제한하려고 하였을
   때, 요오우는 이것을 개개의 권능의 해결방안으로서 고찰해야 한다고 주장하였다.
   이 권능은 소유권과 제3자에 대한 이러한 권능의 공간을 보장하는 것이다. 즉 "법
   률규정의 직접적인 효과 속에서 그것을 통해 결정되는 관계 속에서 물건을 임의로
   처분할 수 있는 권능 혹은 물건에 관한 처분에 관해 타인을 배척할 수 있는 권능은
   소유권과 관련이 없다는 모든 것이 그들에게 공통적이고 본질적인 것이다." 요오우
   는 이것을 일반적으로 승인된 사상이라고 묘사하였다. 소유권의 제한과 관련하여
   프로이센일반주법(ALR)의 규정들의 연구의 범위 내에서 요오우는 소유권의 제한
   은 오직 소유권의 행사의 제한으로서 효력이 인정되기를 원하는 견해에 반대하였
   다. 최소한 이 초안에 따르면 소위 외연설은 기초되지 않은 것을 알 수 있다. 소유
   권의 법률상의 제한들이 주로 소유권에 귀속되는 권능의 행사에 반대되는 것이다

는 소유권자의 권능은 무제한적일 수 없다. 특히 독일민법전 편찬 이유서에 의하면 소유권 제한들은 소유권의 내용을 제한한다고 밝히고 있다[18]. 그밖에도 이유서에서는 소유권과 관련하여 표제어로서 '소유권의 내용과 한계'라고 표현하였다. 그러나 이것은 분리설에서 주장하는 바와 같이 소유권의 개념과 내용을 분리하기 위해 표현한 것이 아니다[19]. 오히려 소유권의 제한들이 소유권의 내용, 그리고 그와 함께 소유권에 의해 소유권자에게 귀속된 구체적인 권능에 부합한다는 것과 상호 동등한 지위를 지니고 있다는 사실로서 표현되었다. 그밖에도 개별적으로 정해지고 제한된 규정에서의 소유권의 내용은 토지소유권의 제한의 범위 내에서 논의되었다[20].

2. 내재적 제한설

가. 내재적 제한설의 생성

소유권의 개념 자체에 제한이 포함되어 있다고 하는 법리의 기원은 19세기 후반으로 거슬러 올라간다. 이 법리는 예링에 의해서 최초로 제창되었다. 로마법학자였던 그는 당시 로마법학자들의 지배적인 견해와 달리 "소유권의 법률상의 제한들은 사실상 제한이 아니라, 오히려 소유권 개념의 한계를 포함한다"고 주장하면서 소유권의 개념에 제한이 내재되어 있음을 밝혔다[21]. 예링은 이 같은 제한론에 기초하여 '개인주의적 소유권이

(Johow, abgedruckt bei Schubert, Sachenrecht 1, S.621). 민법전의 제정 시에 소유권의 제한의 필요성과 그 범위는 명목상의 절대적인 소유권 개념과 관련하여 오해되었다는 것은 더 이상 언급할 필요가 없다 <W. Böhmer, Eigentum(주 11), S.64>.

18) Mugdan III, S. 143.
19) Mugdan III, S. 142; Lehmann(주 5), S.96.
20) Mugdan III, S. 143.

론'으로 표현되던 지배적인 소유권론에 반대하여 '사회적 소유권론'을 주
장하였다[22]. 이러한 사회적 소유권론을 통해 소유권을 모든 다른 사권에
서와 마찬가지로 사회 질서와 변화의 영향에 따라 구속받는 것으로 이해
하였다[23]. 기르케는 이러한 견해를 더욱 발전시켰다. 그는 거의 모든 소
유권의 제한들이 그 개념 속에 함유되어 있을 뿐만 아니라, 소유권은 사
회 내지 공동체에 의무를 부담하는 것으로 간주하였다[24]. 이러한 소유권
의 개념 결정은 이전의 판덱텐법학자들의 견해들과는 반대된다. 즉 기르
케는 민법전 제정을 위한 선행 작업들, 예컨대 1888년에 발표된 민법 제1
초안의 내용을 게르만 단체법적인 관점에서 비판하였다[25]. 기르케에 의
해 구체화된 이러한 내재적 제한설은 민법전 공포 이후에도 소유권 규정
들의 해석론과 조화를 이루었다. 기르케 이전에 예링 이외에도 데른부르
크 역시 같은 견해를 지니었다. 그에 따르면 공적인 제한들이 소유권에
내재된 것으로 표현되었다[26]. 이러한 견해는 기르케와 유사한 것이라 할
수 있다[27]. 소유권 제한들이 그 개념 자체에 내재해 있다는 예링과 기르
케의 견해는 오늘날까지도 유효하게 인정되고 있다[28].

---

21) R. v. Jhering, Geist des römischen Rechts, II §31, S.141, Fn, 155. 이러한 견해를
    포함한 예링의 법사상에 대해서는 윤철홍, "예링의 법사상"「법철학연구」제10권
    제1호, 2007, 107-148면 참조.
22) R. v. Jhering, Der Zweck im Recht I, 4.Aufl., 1904, S.526f.
23) R. v. Jhering, Der Zweck I(주 22), S.532.
24) O. v. Gierke, DPR II(주 14), §120, S.364.
25) O. v. Gierke, Die soziale Aufgabe des Privatrechts, 1889, S. 491f.; ders, Der
    Entwurf eines Bürgerlichen Gesetzbuches und das Deutsche Recht, 1889, S.103 u,
    S.280.
26) H. Dernburg, Bürgerliches Recht III §73, S.245.
27) H. Dernburg, Preussisches Privatrecht I §217, S.509.
28) Rudolf, Bindung des Eigentums, S.3ff.; D. Schwab, Eigentum, in: geschichtliche
    Grundbegriffe(II), 1975, S.107f.; Meier-Hayoz, Vom Wesen des Eigentums, in:
    Festschrift für K. Oftinger, 1969, S.185; H. Peter, Wandlungen der Eigentum-

이러한 내재적 제한설은 제한이 소유권의 개념에 속하는가 아니면 소유권의 내용에 속하는가에 따라 견해를 다시 나눌 수가 있는데[29], 이러한 견해들의 공통성은 소유권 제한의 필요성을 강조한다는 점이다. 즉 법질서는 어떤 경우에도 제한 없는 절대적인 소유권을 인정하지 않는다. 오히려 제한들이 이미 소유권 자체 속에 내재해 있기 때문에, 법질서는 소유권을 보장하면서도 그것을 통해 동시에 제한하고 있다.

나. 내재적 제한설의 유형

(1) 진정 내재적 제한설

'진정 내재적 제한설'이란 소유권 제한이 소유권 개념 자체에 포함되어 있다고 보는 견해이다. 소유권의 개념과 내용을 구분하여 소유권의 제한들이 소유권의 내용에 포함된다고 이해하는 관점은 독일민법전 제903조와 부합된다고 볼 수 있다. 그러나 만약 소유권을 개념상으로만 제한되는 것으로 간주한다면 민법전의 규정들, 특히 역사적으로 독일민법전에 수많은 제한들이 포함되어 있었다는 사상들과 명백히 배치된다[30]. 사람들이 소유권 개념을 이해하기 위해 이미 소유권자의 지배권능의 제한과 의무들을 고찰할 때에는, 우선 공동체의식에 반하는 오직 개념상으로만 제한이 나타난다고 해석할 수는 없다. 특히 F. Baur가 주장했던 것과 같이[31] 만약 사람들이 하나의 내용으로 고정된 소유권 개념을 구상한다면, 소유권의 내용을 위해 논구하고 있는 소유권의 제한들은 필연적으로 소

---

sordnung und der Eigentumslehre seit dem 19.Jh, 1949, S.39ff. u. S.51ff. usw.

29) 소유권 혹은 소유권 개념 자체에 제한을 포함하고 있다는 '내재적 제한설'은 다양하게 이해되고 있다. 특히 이것은 '내재된'이라는 말의 해석과 '소유권 제한'의 해석에 견해가 나뉘고 있다.

30) J. Lehmann(주 5), S.101.

31) F. Baur, AcP 176(주 8), S.97ff.

유권의 개념 속에서 그 논거를 발견할 수 있다[32]. 이러한 내재적 제한설
은 전통적인 게르만법적 고찰방식으로부터 나타난 것으로서, 그것은 소
유권을 주관적인 권리로 간주하고 그 제한을 소유권 자체에 포함하고 있
는 것으로 이해한다.

(2) 부진정 내재적 제한설

소위 '부진정 내재적 제한설'이란 소유권 자체에 제한이 내재해 있는
점에서는 진정 내재적 제한설과 같으나, 이러한 소유권 제한들이 소유권
의 개념에 내재한 것이 아니라, 내용에 내재해 있다는 견해이다[33]. 이 견
해는 소유권 제한에 대한 새로운 시각을 표현한 것은 아니다. 그러나 이
러한 이론구성을 통해 사법상의 소유권은 무엇보다도 공법에 속하는 제
한들과의 관계를 해석론의 발전에 자극을 주었을 뿐만 아니라 하나의 공
동체 내에서의 소유권은 제한이 없는 것으로 존재할 수는 없다는 점과 전
체 법질서를 통해서 새로운 소유권을 창설할 수 있음을 명확히 한 점은
의미있는 것이라 할 수 있다[34].

Wolff/Raiser는 소유권의 제한과 관련하여 개개인들의 "의무들뿐만 아
니라, 소유권의 권능들 역시 사회적으로 구속을 받는다. 그것들은 내재적
인 제한과 만나게 된다. 즉 법률공동체로부터 수여된 법적 지위에 부합하
는, 공동체의 요구에 반대되는 개개인들의 자유영역을 한정짓는 제한으

---

32) J. Lehmann(주 5), S.101.
33) Wolff/Raiser, Sachenrecht, 10.Aufl., 1975, §52 II, S.180. 이 견해는 소유권의 개념
    속에 소유권의 제한을 편입시키는 것을 부정하면서, 소유권의 내용에 포함되는 것
    으로 해석한다. 이 견해에 의하면 기본적으로 소유권을 그 개념과 내용으로 분리하
    는 것을 부정한다. 분리설을 부정한다는 관점에서 내재적 제한설에 포함시키자는
    견해가 나타나는데, 과연 소유권의 개념과 내용을 구별하지도 않고도 내용만을 제
    한할 수 있는가 하는 의문이 든다.
34) J. Lehmann(주 5), S.106.

로서 소유권과 만나게 된다. 그러나 이러한 원칙은 확실하게 고정되어 있는 것이 아니라 점진적으로 당해 입법상의 지위에서 알 수 있도록 움직인다. 오늘날은 제한들이 이러한 법적 지위에 어울리지 않는 경우가 자주 발생한다. 이것은 공공복리를 근거로 한 우리 시대의 사회복지 국가가 시민들의 자유를 가져오기 때문이다. 이것들은 공법에 속한다. 이러한 견해들을 고려할 때, 사소유권의 내용이 바르게 결정될 것이다"라고 주장하였다35). 최근 분석에 의하면 이 견해로부터 소위 부진정 내재적 제한설이 시작되었다고 한다36). 만약 독일기본법(Grundgesetz) 제14조 제2항과 같이 소유권을 넓고 확실한 관계 속에서 이해한다면, 이것은 독일 기본법 제14조 제2항이 사법에서 직접적인 효력을 표현하고 있다는 관점으로부터 기인한다37). 그러나 이러한 관점으로부터 부진정 내재적 제한설이 그들의 성립과 발전과정에서 독일 기본법 제14조에 부합되는 것으로 해석할 수는 없다. 오히려 이러한 견해는 민법전 제정 이후 곧바로 나타났다. 그리고 민법전 제정 이전의 시대로 소급하였다. 그러나 현행법들을 해석할 때에는, 독일 기본법 제14조 제2항을 고려하지 않을 수 없다. 그러나 부진정 내재적 제한설의 특수성은 이러한 독일 기본법 제14조와 조화를 이루지 못하고 있다38).

2. 외연설

소위 외연설은 소유권을 원칙적으로 물건에 대한 완전하고 포괄적인 지배권으로 이해하면서, 이 지배권을 제한할 수 있는 것은 객관적인 법규

---

35) Wolff/Raiser(주 33), §52,II, S.180.
36) J. Lehmann(주 5), S.106.
37) Wolff/Raiser(주 33), §52,I, S.179.
38) J. Lehmann(주 5), S.106.

들이 유보되어 있는 경우에 한한다는 견해이다. 따라서 이러한 소유권 제한들은 모두 '외부로부터(von aussen)' 나오는 것이며, 소유권 개념 안에는 그러한 제한들이 존재하지 않는 것이라고 한다[39]. 이 견해에 따르면 소유권자는 법률상의 제한들에 의해서는 어떠한 권능도 박탈되지 않으며, 또한 소유권의 내용은 결코 침해되지 않는다고 한다. 소유권 제한은 대부분 소유권의 행사를 제한하는 것이기 때문에, 소유권자의 어떠한 권능도 박탈되지 않는다는 것이다. 이러한 주장은 독일민법전에 기초되어 있는 관념과는 반대되는 견해라고 할 수 있다. 따라서 이 외연설을 지지하는 자는 더 이상 나타나지 않고 있다[40].

외연설에 대한 논거를 제공한 Liver는 비록 소유권의 개념과 그 제한의 의미를 아주 명확하게 특정하지는 못하였지만, 형식 논리적으로는 이전보다도 독일민법전에 기초되어 있는 소유권사상을 바로 지적하였다[41]. Liver가 소유권의 제한과 관련하여 물건을 이용하는 자유로서 소유권을 제한한다거나 혹은 소유권의 반대 지위에 있다고 주장하였다. 그러나 그는 소유권 개념을 독일민법전뿐만 아니라 스위스와 오스트리아민법전에서도 동일한 것으로 이해하였으며, 이것은 로마법에서 기원하였다고 주장하였다. 따라서 그는 빈트샤이트와 란다의 견해를 추종하였다. 이 두 사람은 소유권의 무제한적인 개념과 소유권의 제한된 내용을 잘 구별하였다[42]. 우선 빈트샤이트는 소유권의 제한에 의한 소유권자의 침해 가능성을 소유권으로부터 추출하였으며, 그리고 소유권자의 권능을 박탈할

---

39) P. Cosack, Lehrbuch II, 6. Aufl., § 195, S.106; Soergel-J. F. Baur(주 6), Rn. 16; J. Lehmann(주 5), S. 98; 윤철홍, 「소유권의 역사」(법원사, 1995), 197-198면.

40) 주로 스위스출신 학자들, 예컨대 Peter Liver와 Arthur Meier-Hayoz가 이 외연설을 지지하였다. 그러나 후자는 후에 명확하게 자신의 예전의 견해에서 태도를 바꾸어 내재적 제한설을 지지하였다.

41) P. Liver Eigentumsbegriff(주 7), S. 261ff.

42) P. Liver Eigentumsbegriff(주 7), S. 261; Randa, Eigentumsrecht, §1 S.10f.

수 있다는 전제로부터 출발했다[43]. 즉 소유권의 제한들이 소유권의 내용을 결정한다는 견해와 상당 부분 궤를 같이 하고 있다. 외연설의 범주 내에서 제기된 것과 같이, 소유권 제한들의 관점은 소유권의 탄력성 혹은 견고한 지위로 표현되는 소유권의 특성과 결합된다. 이에 따르면 소유권자는 제한이 가해지자마자, 지체 없이 소유권의 권능에 영향을 미친다. 가스가 압력을 받으면 압축되었다가 압력이 사라지면 곧 바로 원래대로 복귀하는 것과 같이 소유권에 제한이 행해지면 그 권능이 제한되었다가 제한이 사라지면 원래 지위에로 복귀한다. 소유권의 제한들이 외부로부터 소유권에로 들어 온 때에도 이러한 모습과 같다고 보았다[44].

3. 분리설

소유권 제한의 본질과 관련한 분리설은 소유권을 그 추상적인 개념과 구체적인 내용으로 나누어 소유권 개념은 어떠한 시대와 상황의 변화에도 변하지 않는 절대적이고 포괄적인 지배권으로 이해하고, 소유권의 구체적인 내용은 다양한 제한들에 의해 그 형태가 변화된다는 견해이다[45]. 이것은 소유권 개념의 변천론에 대한 반대 입장이다. 이에 따르면 공적인 수단을 통해 소유권의 수 많은 제한들과 부담들이 민법전상의 소유권 개념을 변경시키는 강제적인 근거가 될 수 없다는 것이다. 사람들은 소유권 개념을 손상시키지 않고도, 소유권을 공공복리의 요청들과 변화된 사회관계에 적응할 수 있다고 생각하였다[46]. 이것을 도달하기 위해서 한편으로는 소유권 개념과 다른 한편으로는 소유권의 내용 혹은 소유권질서 내

---

43) B. Windscheid/Th. Kipp, Pandekten I, 8. Aufl., 1900, §167, S.258.
44) P. Liver Eigentumsbegriff(주 7), S. 261f.
45) A. Georgiades(주 9), S.152ff.
46) A. Georgiades(주 9), S. 152.

지 소유권제도로 구별하였다[47]. 이 견해에 의하면 추상적인 개념으로서 소유권은 변화될 수 없고 변천되지도 않는다는 것으로서, 기본적으로 물건에 대한 무제한적인 지배권을 의미한다는 것이다. 따라서 소유권의 개념은 경제적 사회적인 변화에도 불구하고 그에 따라 변하지 않는다고 본다[48]. 이에 따르면 소유권 내용의 변천은 소유권 개념의 변화를 필수적으로 요구하지 않았으며, 형식적인 개념으로서 소유권 개념은 모든 소유권질서를 계속 유지하고 있다는 견해에 도달하게 된다[49]. 민법상 소유권 개념은 형식적인 것이며 소유권 내용으로부터 아주 명확하게 구별할 수 있다는 인식은 소유권 제한의 법리를 내재적 제한이라는 문제와는 다른 새로운 차원으로 진입케 했다[50]. 따라서 소유권의 공법적인 제한들은 소유권 개념의 이러한 본질적인 특성 속으로 포함되어야만 하는가 혹은 해서는 안되는가의 여부 혹은 그러한 제한들이 소유권 개념에 내재적으로 존재하는가 혹은 그렇지 않은가의 여부에 대한 문제와 관련된다.

분리설에 의하면 소유권의 개념과 내용은 서로 다른 두 개의 범주를 서로 다르게 표현한 것으로서 서로 다른 기능을 지니고 있다고 한다. 이것은 소유권 개념의 구조와 소유권의 구체적인 특성이 현행법에 의하면 두 가지 다른 고려 대상을 표현하고 있다는 현대 사법이론에 부합한다고 해석한다[51]. 만약 사람들이 소유권 개념과 소유권 내용간의 구별이 소유권

---

47) Staudinger/Seufert, Vorbe. zu §903, Bem.3; Liver(주 7), S.149ff.; L. Raiser, Das Eigentum als Rechtsbegriff in den Rechten West-und Osteuropas, RabelsZ 26, S.230ff. usw.

48) 이에 반하여 법과 경제의 이해의 변화를 통해서 소유권질서와 함께 소유권의 내용이 아주 강하게 변했다는 주장도 있다. 다시 말해 경제적 사회적 변화들은 소유권내용의 변화 역시 초래할 수도 있다는 것이다. 왜냐하면 소유권내용이 개념에 대한 법률상의 정의로부터 기인한 것이 아니라, 전체질서로부터 기인한 것이기 때문이다.

49) A. Georgiades(주 9), S. 150.

50) J. Lehmann(주 6), S. 107.

의 본질을 명확하게 하기 위하여 가치 있는 것이라고 생각한다면, 한편으로는 그에 대해 공격을 방어하는 수단으로서 이론적으로 차단하는 것이며, 다른 한편으로는 사람들이 '소유권 변천'의 영향 하에 있다는 견해가 오늘날 법체계에서 어떻게 발전해 왔는가와 같은 소유권자의 지위를 바르게 이해하기 위해 외형적인 권리의 사고형태가 충분한 것인가를 판단해야만 한다[52].

　민법상 소유권 개념은 일반적이고 추상적이며 단일한 것이다[53]. 이러한 소유권 개념의 단일성은 오늘날 더욱 강조되고 있다. 과거에는 소유권의 형상 혹은 소유권의 형태들이, 예컨대 '공적인', '농민적' 혹은 '산업' 소유권과 같은 형태로 분화되어 논의되었고, 사람들은 이러한 형태의 소유권에 독자적인 의미를 부여하였다[54]. 그러나 이러한 소유권의 형태는 통일적인 소유권 개념을 해체시키는 것이었다[55]. 단일 소유권적인 관점에서 이러한 견해는 단호히 배격되어야 한다. 다양하게 서로 연관된 그리고 구체적인 소유권형태 속에서의 소유권 개념의 해체는 소유권에 관한 판결이나 취급 시에 불안감을 점진적으로 고조시켰다[56]. 여러 가지 다양한 형태를 통해 단일 소유권 개념을 대체하려는 모든 노력들은 확실히 소유권의 구체적인 내용이 언제나 개개의 지배가능성과 물적 대상의 사회적 기능에 따라 다양하게 존재할 수 있다는 확신에서 출발했다. 그러나 모든 물적 재화들은 동일한 척도에서 공동체에 이익을 안겨 주는 것은 아

---

51) A. Geogiades(주 9), S. 151.
52) A. Georgiades(주 9), S. 151.
53) Heck, Sachenrecht, §49, Nr.4; H. Westermann, Sachenrecht, §28 I 4; P. Liver(주 7), S.163f.; Riegel, Das Eigentum im europaeischen Recht, 1975, S.29; 이은영, 「물권법」(박영사, 2006), 423면.
54) Rudolf, Bindung des Eigentums, 1960, S.8ff.; P. Liver(주 7), S.162ff.
55) A. Georgiades(주 9), S. 154.
56) A. Georgiades(주 9), S. 153.

니다. 또한 이것이 공공복리와 소유권 개념의 단일성을 포기해야만 하는 근거가 될 수는 없다. 소유권의 단일성에 관한 유지는 소유권의 구체적인 내용이 개개의 객체에 따라서, 즉 물건의 형태에 따라 다양하게 존재할 수 있다는 인식에도 부합된다. 소유권내용의 강력한 분화들이 존재하는 동안 그것으로부터 연유한 소유권의 모든 형태들은 일반적이고 추상적인 소유권 개념을 통해 이해될 수 있다[57].

분리설은 물권의 체계적인 구조와 소유권의 본질을 명확히 하기 위해 추상적인 소유권 개념의 가치가 부정되어서는 안된다는 점을 강조한다. 왜냐하면 정확한 법률 개념이 없이는 법학은 존재할 수 없기 때문이라고 한다. 특히 라렌츠가 강조한 바와 같이[58] 법학은 개념을 형성시킬 뿐만 아니라 개념을 통해 법학을 하나의 체제 속으로 귀속시키려는 시도의 필요성은 결코 폄하될 수 없다는 점을 근거로 들고 있다. 법학이 체계적인 사고를 부정해서는 안된다는 점을 강조하면서 이를 위하여 법률개념들이 필수적인 범주를 구성한다고 한다. 왜냐하면 분리설은 법학을 체계적인 작업과 현행법의 개념적인 의미의 과제를 충족시켜주기 위한 추구로 보기 때문이다[59].

4. 견해의 검토 및 사견

가. 진정 내재적 제한설에 대한 비판

(1) 먼저 소유권의 개념 속에 소유권의 제한들을 포함시키는 것은 민법이 함유하고 있는 권리 관념에 부합하지 않는다고 한다. 이러한 비판의

---

57) A. Georgiades(주 9), S. 155.
58) K. Larenz, Die Methodenlehre der Rechtswissenschaft, 2. Aufl., S.412.
59) A. Geogiades(주 9), S. 155.

논거는 다음과 같다[60]. 독일민법 제903조 1문은 법률상의 소유권 제한들을 '소유권의 내용(Inhalt des Eigentums)'이라는 제목 하에 규정하였다. 이것은 용어상으로 우연히 채택된 것이 아니라, 민법전의 편찬 작업시에 지배하고 있던 관념을 표현한 것이다. 또한 당시 소유권의 개념은 무제한적인 것으로 전제되었다. 그러나 소유권의 개념이 아닌 내용에는 다양한 형태의 제한들이 가능하였다는 점을 들고 있다. 따라서 제903조 1문의 구성은 결코 소유권자의 권능에 관한 하나의 특정된 숫자상 관계들과 그의 제한들로부터 연유한 것이 아니라 오히려 그것은 내용상의 표현과 관련된다고 보았다. 만약 사람들이 소유권을 개념상으로 제한되지 않는 (무제한적인) 것으로 간주한다면, 이것은 원칙적으로 개개의 생각할 수 있는 권능과 하나의 물건상의 다양한 제한 가능성이 소유권의 내용 속으로 포함되게 된다. 따라서 소유권의 제한은 주로 소유권자의 개개의 권능을 제한한다. 그러므로 소유권의 제한들은 필연적으로 소유권자에게 귀속되는 이용가능성들에 반하여 예외적인 것으로 남으며, 이러한 소유권 제한의 증가는 민법전 시행 이후에도 사법상 소유권 개념의 변화를 가져오지 않았다고 주장한다.

　(2) 두 번째 비판의 논거로는 소유권은 실체적인 권리이기 때문에 권리로서 소유권의 개념과 권리의 제한은 서로 모순되는 개념이라는 것이다. 즉 소유권의 제한을 소유권의 개념 속에서 파악하려고 할 때에는, 반대요소들마저 포함된다고 비판한다[61]. 소유권은 하나의 실체적인 권리로서[62], 그 보유자에게 무엇인가 행할 수 있는 권능을 부여한다. 그러나 소유권의 제한은 이러한 것과는 정확히 반대된다. 하나의 특정된 행위 및

---

60) A. Geogiades(주 9), S. 155; J. Lehmann(주 5), S104.
61) J. Lehmann(주 5), S.104.
62) Vgl. J. Aicher, Das Eigentum als subjektives Recht, 1975, S.79ff.

행위들에 대한 많은 기능들과 그것을 통한 자기의 권리의 행사를 소유권
자에게 금지시킨다. 이러한 피할 수 없는 모순은 소유권자에게 하나의 특
정된 행위를 제공한다는 의무들을 도입하기 위해서 그대로 적용된다. 하
나의 개념은 논리적으로 서로 대칭되는 특징들을 보유할 수 없다. 왜냐하
면 개념 자체가 부정될 수도 있기 때문이다. 소유권은 '제한의 부정
(Nagation der Schranke)'이라고 묘사한 빈트샤이트의 주장에서 이것이 잘
나타나 있다. 이밖에도 공법과 사법간의 분리를 포기했다는 비판도 있
다63). 그러나 후술하는 바와 같이 이러한 비판은 소유권 관련 조항들을
규범 조화적으로 해석할 수 없어 바른 해석이라 할 수 없다.

   (3) 내재적 제한설에 관한 논쟁은 소송실무상으로는 큰 가치가 있는 것
이라고는 할 수 없다. 이미 플란크는 소유권 제한에 관한 내재적 제한의
문제는 더 이상 이론적인 의미가 존재하지 않는다고 비판하였다64). 많은
학자들은 소유권 제한들은 소유권에 내재해 있는 것으로 간주하였다65).
그러나 이러한 견해들을 통해 제한되는 것은 소유권의 개념이 아니라, 소
유권의 내용을 의미하는 것이라는 견해가 바로 분리설에 의한 반론이다.
이에 의하면 소유권 제한들은 법질서에 의한 소유권자의 권능들의 행사
와 관련된 제한과 전혀 다르지 않기 때문이다. 만약 이러한 관점을 수용
한다면, 이러한 제한들은 오직 소유권자의 지위의 구체적인 형태와 관련
될 수 있으며, 추상적인 소유권 개념과는 관련되지 않는다. 물론 다른 학
자들 중에는 소유권 제한들을 소유권의 개념결정에 포함시키려고 한
다66). 그러나 이것은 이미 언급한 소유권의 개념과 내용을 분리하는 관점
에서만 타당한 것이다67). 이러한 견해에 대해 Liver는 이미 논리적으로

---

63) J. Lehmann(주 5), S.105.
64) A. Geogiades(주 9), S. 153.
65) A. Geogiades(주 9), S. 153.
66) A. Geogiades(주 9), S. 153.

틀린 것이라고 비판한 바 있다[68]. 추상적인 개념으로서 소유권 개념에는 어떠한 제한도 본질적으로 내재될 수 없다. 이러한 소유권 개념을 통해 표현되는 종속적인 관계는 제한되는 것이 아니다. 왜냐하면 그 종속적인 관계는 선험적으로 존재하거나 혹은 그렇지 않기 때문이다[69]. 공법적인 제한들은 소유권 개념 속에 삽입되는 것이 아니라, 소유권자의 권능들을 제한하고, 동시에 소유권의 내용을 제한한다. 공법적인 제한들을 통해서 소유권 개념이 제한되는 것이 아니라, 오히려 소유권으로부터 기인된 법적 지위, 소유권자의 권능의 범위가 제한되는 것이다[70].

나. 외연설에 대한 비판

외연설은 독일민법상 소유권 규정의 해석론으로는 적합하지 않다. 비록 외연설이 '법률과 제3자에 반하지 않는 범위 내에서'라고 규정하고 있는 독일민법 제903조의 문언에 외견상 부합하는 것처럼 보인다고 하더라도, 이 견해에 의하면 외부로부터 가해지는 공법상의 제한의 내용에 따라 소유권이 확정되고 오직 개개의 권능의 행사를 제한하는 것이 되기 때문이다. 입법제정사를 통해, 이러한 견해가 민법의 해석론으로 부합하지 않는다는 점은 이미 확인되었다[71]. 소유권 제한이 외부로부터 소유권에로 전이되는 동기에서 발견된다는 점은 소위 소유권의 탄력성이나 견고한 지위는 다른 고찰방식을 정당화시키지 못한다. 제한이 소멸하는 경우에, 즉시 원상태로 복귀된다고 하는 소유권사상은 대체로 형식적으로는 외연설과 아주 잘 부합되는 것으로 보인다. 그러나 이러한 구조는 필연적이지

---

67) A. Geogiades(주 9), S. 153
68) A. Geogiades(주 9), S. 153.
69) A. Geogiades(주 9), S. 153-4.
70) A. Geogiades(주 9), S. 154.
71) J. Lehmann(주 5), S.99.

못하다. 왜냐하면 탄력성은 이미 소유권의 개념 속에 기초되어 있기 때문이다. 즉 법질서가 다르게 규정하지 않고 있는 한도 내에서 물건에 부가되어 있는 모든 권능들은 소유권자에게 귀속된다. 제한이 소멸하는 경우에, 전에 소유권의 내용으로부터 소멸되었던 권능이 다시 새롭게 개념상비제한적인 권리로서 확장된다. 권능의 반환은 항구적으로 요구되지 않는다. 외적인 장해가 소멸됨에 따라 성립된 빈공간이 다시 채워진다는 소유권의 탄력성의 관념은 불필요하다. 결국 소유권자의 권능을 규율하는입법가의 모든 결정들이 주로 소유권자의 권능의 행사에 반대되는 것이라는 외연설은 독일 기본법 제14조 제1항 2문에도 부합하지 않는다. 이에따르면 입법가는 소유권의 내용과 제한을 결정할 수 있는 권능을 지니고있다. 소유권의 내용형성을 위한 입법가의 권능은 우선 소유권제도의 보장 내에서 그 한계를 찾을 수 있다72). 입법가에 의해서 권능에 관한 행사가 형성되지 못한다고 한다면 외연설은 더 이상 존재 의미가 없다73).

다. 분리설에 대한 비판

어느 시대에도 절대적이고 무제한적인 소유권은 존재하지 않았다. 예컨대 절대적인 소유권으로 이해되었던 로마시대는 물론 소유권의 권능을가장 폭 넓게 인정한 자유주의시대에도 소유권의 제한은 현대와 크게 다르지 않았다.

(1) 현행 독일민법의 차원에서 고찰해 볼 때, 토지소유권자의 권능의행사와 그에 따른 소유권의 내용이 동산의 경우보다도 강하게 제한되고있다는 점은 이론의 여지가 없다. 특히 이러한 경향은 시대의 흐름에 맞추어 개정된 독일민법 제905조와 같은 것이 아니라, 민법 제정 시부터 일

---

72) Soergel-J. F. Baur, §903(주 6), Rn. 20; J. Lehmann(주 5), S. 100.
73) Wolff/Raiser, Sachenrecht, §52 II, S.180; J. Lehmann(주 5), S.100.

관된 것이다. 더 나아가 민법은 부동산소유권과 동산소유권의 양도 방법에 많은 차이를 두고 있다(독일민법 제873조 이하, 제925조, 제929조 이하, 제1113조 이하, 제1204조 이하 등). 물론 소유권에 기한 물권적 청구권과 같은 경우에는 동일한 원칙 하에서 규율되기도 한다.

(2) 헌법적인 차원에서도 문제가 있다. 독일연방재판소의 판결에 따르면[74] 소유권의 내용과 제한에 관한 입법가의 권능은 문제가 제기된 소유권의 객체의 사회적 경향과 사회적 기능에 따라 구별된다. 따라서 부동산의 경우에 법률의 형성에 적합한 광범한 범위가 입법가에게 공개적으로 제공되며, 동산의 경우에 개인적인 차원에 보다 많이 귀속되는 대상들에는 그렇지 못하며 혹은 어떤 경우에는 이 범위 내에서 주어지지도 않는다. 그러나 입법상 형성권능의 한계는 소유권 제한의 핵심적인 요소이다.

(3) 법정책적인 차원에서 '기능적으로 정해진 소유권'의 법리는 부동산소유권에 대한 광범한 침해에 관한 명목상의 필요성을 함께 논구해야만 하며 헌법상으로도 보호해야만 한다. 이러한 사례에서 도시의 토지소유권은 국가의 처분소유권과 시간상으로 제한된 사적인 토지이용권으로 분할하고자 했던, 혹은 하나의 독일토지법을 완성하기 위해 같은 방식으로 입법 한 국가사회주의의 노력이나 1970년대 독일 사회민주당의 노력들에서 찾아 볼 수 있다.

(4) 민법전이 제정된 후 지금까지 소유권의 개념은 전혀 변화되지 않았다는 점은 분리설의 근거로서 자주 주장된다[75]. 그러나 이것은 분리설의 논거라고 볼 수 없다. 민법 제정 시부터 소유권의 개념이라고 주장된 것이 소유권의 진정한 모습을 담아내지 못하는 허구적인 개념이 될 수도 있기 때문이다. 법학이 개념을 중시하는 학문이기 때문에 추상적 관념적이

---

74) BVerfGE 58, S.300ff.
75) J. Lehmann(주 5), S.114ff.

며 형식적인 개념도 법학발전에 도움이 된다는 견해도 없지 않으나76), 그것은 소유권의 본질을 바르게 표현하거나 최소한 반하지 않는 경우에 한한다. 그러나 절대적이고 무제한적인 권리로서 소유권 자체가 존재하지 않았다. 따라서 존재하지도 않은 형식적인 개념을 제시해 놓고 그것이 변하지 않았다는 주장이다. 물론 그러한 권리의 개념은 변할리 없고 변할 수도 없다. 왜냐하면 그러한 개념 자체가 현실에 존재하지 않기 때문이다. 따라서 이 논거는 무의미한 형식논리에 불과하다고 생각한다.

5. 소 결

외연설은 오늘날 지지자가 없고 규범 목적적인 해석 관점에서 볼 때 헌법과 민법전에 산재되어 있는 소유권의 관련 규정들을 체계 정합적으로 해석할 수 없다. 따라서 소유권 제한의 본질을 이해하는 견해로서는 본질적인 결함을 지니고 있다. 현재 지지자가 전혀 없는 현실이 이러한 약점을 잘 반영해 주는 것과 같이 취할 바가 못된다.

소위 부진정 내재적 제한설은 소유권의 제한이 소유권 자체에 있다는 점에서는 진정한 내재적 제한설과 같다. 그러나 그 제한이 소유권의 개념에 있는 것이 아니라 내용에 있다고 한다. 따라서 이러한 견해를 주장하기 위해서는 개념과 분리되는 소유권의 내용을 확정할 수 있어야 한다. 그렇다면 이 견해에 의한 소유권의 개념은 어떤 것이며, 소유권의 내용을 어떻게 분리하는 것인가의 문제에 봉착하게 된다. 만약 소유권의 개념을 추상적이고 형식적인 것으로 정의한다면, 이 견해는 결국 소유권을 그 개념과 내용으로 분리하는 견해와 동일한 문제가 야기된다. 그러므로 소유권의 개념과 내용을 분리하는 분리설에 대한 비판이 그대로 적용될 수

---

76) K. Larenz, Die Methodenlehre der Rechtswissenschaft, 2. Aufl., S.412.

있다. 소유권의 개념 속에 소유권의 제한들을 포함시키는 것은 민법전에 기초하고 있는 관념과 맞지 않는다는 비판은 일리가 있다. 그러나 그것은 일면적인 고찰에 불과하며 타당한 지적이라 할 수 없다. 독일민법 제903조 1문은 법률상의 소유권 제한들을 '소유권의 내용(Inhalt des Eigentums)'이라는 제목 하에 규정되었는데, 이러한 용어는 민법전의 편찬 작업시에 지배하고 있던 관념을 표현한 것이라고 한다. 이에 따르면 소유권의 개념은 무제한적인 것으로 전제되었다는 것이다. 그러나 제903조 문언을 일별만 하더라도 쉽게 파악할 수 있는 바와 같이, 이것은 소유권이 그 자체에 제한이 유보되어 있는 권리라는 점을 반영하지 못한 견해이다. 소유권은 실체적인 권리로서 권리행사를 주된 기능으로 하는데, 그 반대인 제한을 개념 속에 포함시키는 것은 모순이라는 지적은 일면 타당한 것이나 항상 바른 것은 아니다. 예컨대 쌍무계약에서 발생하는 채권은 동시에 의무를 지는 것이며, 채권자지체에서 보는 바와 같이 채권자에게도 신의칙이나 법규에 의해 계약의 목적을 달성할 수 있도록 의무를 부담시키기도 한다. 이와 같은 제도들에서 볼 수 있듯이 권리행사의 제한을 유보하는 것이 모순이라고 할 수 없다. 바이마르공화국 헌법 제153조 제3항에서 "소유권은 의무를 진다. 소유권의 행사는 동시에 공공복리에 대한 봉사이어야 한다"는 규정은 논외로 한다고 하더라도, 현행 독일기본법상 기본권에도 법률에 의한 유보조항이 다수 있음은 주지의 사실이다.

또한 사법상의 소유권 개념에서 공법에 의한 제한을 채택하는 것은 분리해야 하는 두 법영역들에서 두 가지가 서로 혼합된 것으로서 이러한 현상은 피해야만 한다는 비판이 있다. 이것은 현행법 체계의 기본을 이루고 있는 공사법의 분리라는 일반 원칙을 말하는 것으로서 일리가 있는 지적이다. 그러나 내재적 제한설의 비판으로는 부당하다. 왜냐하면 독일기본법 제14조에서 소유권의 제한을 법률에 유보해 놓았는데 이 법률이 꼭 사

법이어야 할 필요는 없다. 공법, 특히 행정법상의 많은 법률들이 소유권
의 제한을 규정하고 있다고 해서 공사법의 구별을 부정하는 것이 아니며,
개개의 법률의 내용에 따라 제한의 형태와 내용이 달라질 뿐이다. 더 나
아가 실질적인 의미의 민법에 속하는 특별법에 의한 제한이라고 하더라
도 법률의 내용에 따라 천차만별하다. 다시 말해서 개별 특별법의 목적과
내용에 의해 소유권의 제한이 달라지는 것이지 공사법의 분류에 따라 달
라지는 것이 아니라는 점이다. 따라서 진정한 의미에서의 내재적 제한설
에 약점이 없지 않지만, 현행 독일민법과 독일 기본법 제14조의 해석론으
로서는 상대적으로 타당하다고 생각한다.

III. 한국에서의 소유권 개념과 제한에 관한 논의

1. 개 설

바이마르공화국 헌법 제153조의 영향 하에 제정된 우리 헌법 제23조
제1항에서는 "모든 국민의 재산권은 보장된다. 그 내용과 한계는 법률로
정한다"고 규정하여 모든 국민의 사유 재산권, 즉 넓은 의미의 소유권의
보장을 천명하고 있다. 이러한 사유재산제도의 보장은 타인과 더불어 살
아가야 하는 공동체생활과의 조화와 균형을 유지하는 범위 내에서의 보
장이다77). 따라서 국가 공동체의 질서를 유지하기 위해서는 기본적으로
사소유권의 행사에 제한이 가해질 수밖에 없다. 이러한 관점에서 우리 헌
법은 국민 개개인들의 재산권을 보장함과 동시에 다른 기본권들과는 달
리 "그 내용과 한계는 법률로 정한다"고 규정하여 입법자에게 재산권에

---

77) 헌재(전합) 1989.12.22, 88헌가13.

관한 규율 권한을 유보하고 있다. 따라서 재산권의 내용결정이나 제한에 관한 입법은 입법부에 위임되어 있으며, 이러한 입법부에 의해 제정된 법률들이 과도한 제한 등으로 위헌여부의 심사 대상이 되는 때에는 입법자의 재량이 그에 대한 판단의 기준이 될 수밖에 없다[78]. 이와 같이 우리 헌법에서는 재산권을 보장하면서도 필요에 따라 법률에 의해 제한할 수 있도록 유보해 놓은 방식으로 소유권을 규정하였다. 즉 재산권에 대한 유보조항을 두고 있는 것과 같이 소유권의 행사에 다양한 제한을 유보해 놓고 있다. 이러한 헌법의 유보조항에 의해 제정된 대표적인 것이 바로 우리 민법 제211조라 할 수 있다. 우리 민법 제211조는 소유권의 개념이 아닌 소유권 내용 내지 권능을 규정하고 있다. 즉 우리 민법 제211조는 프랑스민법 제544조와 같이 사용, 수익, 처분권이라는 로마법 이래 가장 대표적인 소유권의 권능을 포괄적으로 열거하고 있다[79]. 따라서 입법자의 재량에 의해 제정되는 민법전 이외의 소유권 제한에 관한 개개의 법률마다 소유권의 개개의 권능을 열거하여 구체적으로 규정할 필요는 없다[80]. 이러한 헌법과 그 유보조항에 다른 개별법들의 입법방식 더 나아가 민법전의 입법 방식은 독일 등 서구 제국의 입법 태도와 대동소이하다. 우리 법체계상 소유권의 제한은 공법상의 제한과 사법상의 제한으로 구분하여 공법상의 제한은 소유권의 사회성과 공공성의 성질에 따라 사회적 구속과 정당한 보상이 행해져야만 하는 공용수용으로 나눌 수 있다. 이에 반해 사법상의 제한은 공공성의 관점에서 제한되는데 민법의 조항 자체나 조항의 해석에 의해 제한이 가능한 민법전상의 제한과 민사특별법에 의한 제한으로 구분할 수 있다. 공용수용을 제외한 공사법의 제한은 모두

---

78) 헌재 2005.5.26, 2004헌가10.
79) 이러한 민법 제211조의 입법과정에 대해서는 윤철홍, "한국 민법상의 소유권 개념" 「소유권의 역사」(법원사, 1995), 191면 이하 참조.
80) 이영준, 「물권법」(박영사, 2001), 386면.

보상이나 문제되지 않기 때문에 제한의 적절성 등이 문제된다. 이러한 소유권 제한들에 대한 본질들은 앞서 살펴본 독일을 비롯한 서구제국에서의 소유권 제한의 본질에 대한 논의와 크게 다르지 않다고 생각한다.

2. 소유권 제한의 본질에 관한 제 견해와 판례의 태도

가. 사권의 대표적인 권리 중의 하나인 소유권 역시 법이 인정해 주는 범위 내에서 존재하는 법적 소산이기 때문에 그것은 법이 인정하는 한도에서 존립한다. 다시 말해서 소유권은 헌법 제23조와 민법 제211조 등을 근거로 인정되는 제한된 범위 내에서만 권리로서 존재할 수 있다[81]. 따라서 법률들에 의해 제한되고 있는 소유권 제한은 독일법에서와 마찬가지로 우리 법에서도 소유권을 이해하는데 핵심적인 문제가 된다. 그러나 소유권 제한의 본질론과 관련하여 국내에서는 논의가 거의 이루어 지지 못한 상태이다. 예컨대 국내에서는 앞서 살펴본 독일에서의 외연설과 분리설과 같은 견해를 취하는 태도는 아직 나타나지 않고 있어서, 학설의 대립은 물론 그 구체적인 내용마저도 소개되지 못한 상태이다. 이러한 소유권 제한의 본질과 관련하여 국내에서 최초로 문제를 제기한 분은 고 김증한 교수로, 그는 "이론상 이러한 제한은 소유권에 내재하는 것이냐, 아니면 외부로부터 가하여지는 예외적인 것이냐는 문제가 있을 수 있다. 19세기말 이래로 오늘날에 이르기까지 소유권에 대하여 가하여지는 중요한 제한의 대부분은 공법상의 것임은 사실이다. 따라서 공법과 사법을 준별하는 법체계에 있어서는 공법상의 제한은 외부로부터의 제한으로 생각하고 사법상의 영역에서는 소유권은 여전히 그 원칙적 자유를 유지하고 있다고 생각할 수도 있다. 그러나 오늘날 소유권에 대한 제한의 정도는 매

---

81) 김용한, 「물권법론」(박영사, 1993), 233면.

우 높으며, 그것을 예외적인 것으로 생각하는 것은 적당치 않고, 또 헌법
제22조나 민법 제211조가 모두 법률에 의한 제한 가능성을 처음부터 예
정하고 있느니만큼 이러한 소유권 제한이 소유권의 개념에 내재하고 있
는 것이라고 하는 것이 타당하다"고 주장하였다[82]. 그러나 이러한 내재적
제한설의 주장을 포함한 소유권 제한의 본질론에 대한 논의는 더 이상 발
전되지 못하고 있는 실정이다. 오히려 '소유권의 사회적 구속이론'과 '내
재적 제한론'을 혼동하는 모습들이 나타나고 있다. 예컨대 "소유권은 소
유자에게 물건을 지배할 수 있는 권한을 부여하지만 소유자는 그 물건을
혼자서가 아니라 다른 사람과 공동생활을 하는 속에서 지배하는 것이다.
그러므로 소유자가 소유권을 행사함에 있어서는 언제나 타인의 이익을
함께 고려하여야 하는 것은 당연하다"라고 전제하고, "소유자는 소유권의
행사에 관하여 불가피하게 일정한 제한을 받는"데 이것을 "소유권의 내
재적 제한 또는 소유권의 사회적 구속"이라 설명하면서 "우리 헌법과 민
법질서 하에서는 사소유권의 자유는 원칙이고 사소유권의 내재적 제한
또는 사회적 구속은 어디까지나 예외라고" 주장한다[83]. 다시 말해서 소유
권의 제한의 본질을 설명하는 이론으로서 소유권의 개념이나 내용 자체
에 제한이 내재해 있다는 내재적 제한설과 공법상 사회성과 공공성의 관
점에서 제한을 할 수 있는 국가의 고권행위에 의한 소유권의 제한의 법리
로서 사회적 구속성을 동일시하고 있다[84]. 그러나 이것은 명백히 다른 두

---

82) 김증한, 「물권법」(박영사, 1983), 230면. 그러나 이 같은 견해는 김학동교수가 증보
　한 제9판에서부터는 언급이 사라지고 없다〈김증한·김학동, 「물법법」(박영사, 1997),
　245면〉.
83) 이영준(주 80), 384면.
84) 예컨대 이은영교수도 "토지소유권은 공공의 이익을 위해 제한받을 수밖에 없는 사
　회적 공공적 속성을 지닌다. 토지소유권의 행사에는 일정한 제한이 가해지게 되는
　데, 이것을 소유권의 내재적 제한 또는 소유권의 사회적 구속이라고 한다"고 설명
　하고 있다〈이은영(주 53) 428면〉.

개념을 동일한 것으로 해석하고 있는 것으로 양 개념은 차원을 달리하는 것인데, 이에 대해 오해하고 있는 것으로 여겨진다[85]. 따라서 공법상의 제한의 법리인 사회적 구속이론과 소유권의 개념에 제한이 내재해 있다는 내재적 제한을 동일 선상에서 파악한 것은 무리가 있는 해석이라 생각한다.

나. 법원의 판결 태도는 이러한 견해와는 달리 소유권의 사회적 구속성과 소유권에 대한 내재적 제한을 구별하여 판시하고 있는 것으로 여겨진다. 예컨대 헌법재판소는 "헌법상의 재산권은 토지소유자가 이용 가능한 모든 용도로 토지를 자유로이 최대한 사용할 권리나 가장 경제적 또는 효율적으로 사용할 수 있는 권리를 보장하는 것을 의미하지는 않는다. 입법자는 중요한 공익상의 이유로 토지를 일정 용도로 사용하는 권리를 제한할 수 있다. 따라서 토지의 개발이나 건축은 합헌적 법률로 정한 재산권의 내용과 한계 내에서만 가능한 것일 뿐만 아니라 토지재산권의 강한 사회성 내지는 공공성으로 말미암아 이에 대하여는 다른 재산권에 비하여 보다 강한 제한과 의무가 부과될 수 있다"고 전제하고[86], 이어서 "토지재산권은 강한 사회성, 공공성을 지니고 있어 이에 대하여는 다른 재산권에 비하여 보다 강한 제한과 의무를 부과할 수 있"다고 판시한 바 있다[87].

---

85) 원래 소유권의 사회적 구속성 내지 기속성은 독일 공법상의 'Sozilalbindug des Eigentums'를 번역한 것으로 통상 재산권의 박탈이나 양도가 아닌 재산권의 지배범위를 일정한 한계 내에서 구속력있는 방법으로 제한하는 것으로서, 보상이 없는 국가의 고권행위에 의한 제한을 의미한다(W. Leisner, Sozilalbindung des Eigentums, 1972, S.11ff.). 따라서 이 사회적 구속성은 공공복리를 위한 제한을 의미하며, 권리남용과는 달리 공법적인 제한에 국한된다, 이러한 구속성은 보상이 없기 때문에 제한정도가 공용수용에 이르지 아니해야만 한다. 자세한 것은 윤철홍, "토지공개념의 사법적 검토" 「배경숙교수회갑논문집」(박영사, 1990), 498면 이하 참조.

86) 헌재(전합) 1998.12.24, 89헌마214,90헌바16,97헌바78.

87) 헌재(전합) 1998.12.24, 89헌마214,90헌바16,97헌바78; 헌재(전합) 2005.2.3, 2003헌

이러한 토지재산권의 강한 사회성과 공공성으로 인하여 다른 재산권에 비하여 보다 강한 제한과 의무가 부과될 수 있다는 견해는 이후에도 계속되고 있다[88]. 헌법재판소는 이러한 공공성과 사회성의 관점에서 토지소유권의 제한을 사회적 구속성으로 이해하면서, 내재적 제한에 대한 견해를 분명하게 밝히고 있다. 예컨대 헌법재판소는 "자연생태계와 자연풍경지의 보호 등을 목적으로 국립공원을 지정하도록 하는 이 사건 법률조항과 이를 근거로 토지사용을 제한하는 구법조항들(제16조, 제23조, 제36조)은 입법자가 토지재산권에 관한 권리와 의무를 일반·추상적으로 확정하는, 재산권의 내용과 한계에 관한 규정이면서 동시에 재산권의 사회적 제약을 구체화하는 규정이다. 모든 토지에는 그의 위치, 성질 및 자연과 풍경과의 관계, 즉 토지의 고유상황에서 나오는 재산권의 내재적 한계가 있는데, 토지소유자는 재산권의 행사에 있어서 토지의 이러한 고유한 상황을 고려하여 모든 토지를 그의 위치 및 상황에 적합하도록 사용해야 한다는 사회적 제약을 받으며, 한편 입법자는 토지소유자로 하여금 토지의 상황에 상응하게 재산권을 행사하도록 규율할 수 있다. 따라서 지역의 풍경을 대표하는 수려한 풍경지이기 때문에 공원구역 지정의 요건을 충족시키는 토지에 대하여 자연보존을 목적으로 부과되는 자연공원법상의 현상유지의무나 사용제한은 토지의 위치와 주변 환경에 비추어 토지재산권에 내재하는 제한을 구체화한 것으로서 사회적 제약의 한 표현이라고 볼 수 있다"고 판시하였다[89]. 헌법재판소는 '토지소유권에 내재하는 제한'이

마930. 그러나 다른 기본권을 제한하는 입법과 마찬가지로 비례성원칙을 준수하여야 하고, 재산권의 본질적 내용인 사용·수익권과 처분권을 부인하여서는 아니된다.
88) 헌재(전합) 2003. 4. 24, 99헌바110, 2000헌바46(병합).
89) 헌재(전합) 2003. 4. 24, 99헌바110, 2000헌바46(병합). 이 판결문에서 표현되고 있는 토지소유권의 사회적 구속성은 독일의 이론들에 의하면 오히려 토지소유권의 상황구속성에 가까운 것이다. 이러한 상황구속성은 물론 사회적구속성 및 내재적 제한설 등을 구체적으로 구별하여 언급하고 있지는 않고 있다.

라는 말을 사용함으로써 소유권의 내재적 제한설을 직접적으로 설명하지는 않았지만 원용하고 있음을 알 수 있다.

3. 소 결

국내 민사법학계에서 최초로 김증한 교수가 제기했던 소유권의 '내재적 제한설'과는 달리 현재 나타나고 있는 견해는 '소유권의 내재적 제한'과 '사회적 구속'을 동일한 차원에서 이해하고 있는데, 이것은 전적으로 양 개념을 잘못 이해하고 있는 것으로 여겨진다. 예컨대 독일민법학계에서 '내재적 제한'이라는 법률용어는 주로 '소유권의 제한'과 '권리남용이론'에서의 주장되고 있다. 여기에서 '내재적'이라는 의미는 '소유권'이나 '권리행사' 자체에 제한이 내재해 있다는 것을 의미하는 것으로 공법상 사회성이나 공공성의 관점에서 제한을 의미하고 있는 사회적 구속성과는 다른 의미이다. 물론 사회성이나 공공성과 전혀 관계없는 것은 아니라 하더라도 권리의 본질상 그 자체에 제한을 함유하고 있다는 의미가 더 강한 것이다. 이러한 점들을 고려해 볼 때 우리 민법학계에서는 아직 소유권 제한의 본질을 바르게 이해하지 못하고 있다고 여겨진다. 더 나아가 소유권에 대한 제한이 외부에서 가해지는 예외적인 것이라고 보아야 하는가의 문제 역시 공론화되지 못한 상태이다. 현재 지배적인 견해는 예외적인 것으로 이해하고 있다[90]. 여기서 문제가 되는 것은 이러한 '예외'가 독일이나 스위스의 '외연설'이 주장한 바와 같이 외부로부터 행해지는 예외적인 제한으로 이해하고 있는 것인가 하는 점이다. 문헌들에서 정확하게 표현을 하고 있지 않아서 명확히 판단할 수도 없지만 외연설과 같은 태도는 아닌 것으로 여겨진다. 원칙과 예외라는 이분법적인 관점에서 자유로운

---

90) 이영준(주 80), 384면; 이은영(주 53), 428면; 고상룡, 「물권법」(법문사, 2001), 246면.

소유권의 행사가 원칙이고, 그에 대한 제한은 예외로 해석하는 것으로 이해한다면, 이러한 해석 자체는 원칙적으로 부당한 것이라 할 수 없다. 그러나 헌법 제23조에서 소유권의 내용과 한계를 법률로 정하도록 규정하고 있고, 실제로 민법 제211조에서 법률과 제3자의 권리행사 및 민법의 일반 조항이라 할 수 있는 신의성실의 원칙이나 권리남용금지의 원칙에 의해 제한되는 등 그 제한의 강도나 빈도가 예외적인 정도를 넘어서고 있다. 따라서 소유권 제한의 본질을 내재적 제한의 관점에서 파악한다면 독일에서 주장되다 폐기된 외연설과 같이 외부에 의해서 가해지는 예외적인 것이 아니라 소유권의 본질 속에 제한이 내재되어 있다고 볼 수 있다. 만약 소유권의 제한을 외부에 의해서 가해지는 예외적인 것이라고 해석할 때, 공공복리나 사회성의 차원에서 민법의 일반 조항인 신의칙이나 권리남용에 의한 제한을 어떻게 이해할 것인가의 문제가 발생하기 때문이다.

IV. 맺음말

현대 거의 모든 입법례가 소유권의 개념을 명시적으로 규정하고 있지 않고 있다. 따라서 소유권의 개념에 대해 많은 논의가 행해졌는데, 대부분은 추상적인 개념으로서 정의되었다. 이러한 논의에서 나타난 소유권 개념은 비록 본질적으로 필요한 모든 소유권의 요소들을 포함하고 있기는 하지만, 대부분 공허하고 형식적인 개념으로서 표현되었다. 이에 반하여 소유권의 내용은 소유권의 법률적인 정의로부터 야기되는 것이 아니라, 전체 법질서에서 구체적으로 도출되는 것이었다. 이러한 견해들은 물건의 종속성 혹은 배타적인 기능을 목적으로 하는 동기에서 기인한다. 즉 소유권자에게 물건의 이용을 자신의 의도에 따라 사용할 수 있는 물건의 지배에 대한 승인을 목적으로 하는 것이다. 따라서 이러한 입장은 소유권을 기본적으로 제한되지 않는 지배권으로 이해하는 것이며, 더 나아가 변화될 수도 변경될 수도 없는 것으로 정의하였다. 따라서 소유권 개념에 대한 이러한 정의는 구체적인 사회적 관계의 변화에도 불구하고 변하지 않는다는 것을 의미하였다. 이 견해는 결국 소유권의 개념과 그 내용을 구분하여 소유권 개념은 불변하고, 소유권의 내용만 변하는 것으로 정의하였다. 그러나 이와 같은 관점에서 소유권 제한을 부정하는 절대적인 소유권은 이미 살펴본 바와 같이 지난 수 천년의 소유권의 역사에서 존재하지 않았으며, 앞으로도 존재하지 않을 것이다. 개념상으로만 존재하는 소유권의 개념은 개념법학의 극치를 보여준다. 그러나 이러한 개념이 무슨 의미가 있는가. 법률개념이 법학에서 그 존재감을 가지기 위해서는 최소한 현실 적합적이거나 본질적인 내용에 부합되어야만 한다. 따라서 현실 적합성이 전혀 없는 추상적인 개념으로서 공허하고 형식적인 개념으로 구성된 소유권은 그 존재 의미가 없다. 따라서 소유권은 결국 시대와 장소에 따라 변화하는 개념으로 이해하고 그것의 논거로서 소유권의 개념에는 제한이 내재되어 있다는 내재적 제한설로 이해하는 것이 본질에 부합하다고 생각한다. 이렇게 이해할 때 소유권의 제한뿐만 아니라 권리남용 등에서 제기되는 문제도 바르게 해석할 수 있을 것이다.

특히 한국 민법학계에서는 소유권의 제한의 본질과 관련하여 아직도 구체적으로 논구되지 못하였다. 이에 따라 소유권 제한의 본질이 바르게 이해되지 못하고 있는 실정이다. 예컨대 공법상의 제한에 대한 법리인 사회적 구속이론과 사법상의 소유권 제한의 본질에 관한 내재적 제한의 법리를 동일선상에서 이해하는 등 양 개념을 혼동하고 있다. 이러한 혼동 때문에 내재적 제한설을 취하면서도 소유권의 제한을 예외적인 것으로 해석하고 있는데, 소유권의 내재적 제한설과 소유권의 예외적인 제한과는 조화되지 못한다. 제한을 예외적으로 이해하는 것은 외연설과 같은 관점으로서 이분법적인 관점에서는 일리가 있으나, 어떠한 소유권에도 정도 차이가 있을 뿐 제한이 개념 자체에 내재되어 있기 때문에 예외적이라 할 수 없다. 따라서 소유권의 개념에는 제한이 내재되어 있는 것으로 이해해야 할 것이다.

〚 "소유권의 개념과 제한의 법리", 「토지법학」 제24-1호, 2008.6, 1-29면 〛

제2절 소유권의 내용(민법 제211조)의 개정방향

I. 서 설

1. 우리 민법 제211조는 "소유자는 법률의 범위 내에서 그 소유물을 사용, 수익, 처분할 권리가 있다."고 규정하여 소유권의 내용을 구체적으로 예시하고 있다. 이 규정은 로마법적인 소유권이론을 확립시킨 후기주석학파의 법리들로부터 출발하여 프랑스민법 제544조를 거쳐 일본민법을 참고하여 제정된 것이다[1]. 원래 로마법상 소유권은 절대적 배타적인 지배권이었다[2]. 이러한 소유권은 소유자의 자유로운 의사에 따라 물건을 사용, 수익, 처분하는 권능을 포함하고 있었다. 그러나 이 소유권은 이와 같은 세 가지 권능의 양적인 총화 또는 종합을 뜻하는 것이 아니라, 그러한 권능을 만들어 내는 연원을 의미하였다. 또한 소유권의 특성상 제한물권의 설정에 따라 일시적으로 소유권이 제한받는다 하더라도 소유권 자체는 소멸되지 않으며, 제한물권이 소멸되면 원래 소유권으로 되돌아가는 탄력성을 지니고 있었다. 이러한 로마법적인 소유권은 배타적으로 소유물을 지배하는 권리이다. 따라서 동일한 물건에 대하여 여러 개의 소유

---

1) 이에 대해 자세한 것은 윤철홍, 「소유권의 역사」(법원사, 1995), 20면, 168면 이하; 윤철홍, "제1절 소유권의 한계 총설" 「주석 민법[물권(1)]」 제 4판, (한국사법행정학회, 2011), 444면 이하 참조.
2) 로마법상의 소유권에 대해서는 윤철홍, 소유권의 역사, 20면 이하; 윤철홍, "총설" 「주석민법」(주 1), 444-447면 참조.

권이 성립하지 못하는 일물일권주의 원칙이 적용되었다3).

2. 우리 민법 제211조는 앞서 언급한 바와 같이 로마법 이래 가장 대표적인 권능인 사용, 수익, 처분권능을 소유권의 내용으로서 명문으로 예시하고 있다. 한국에서의 소유권 역시 로마법에서와 마찬가지로 이러한 세 가지 권능의 총화가 아니라, 그러한 권능들이 생성되는 연원으로 이해한다. 그러므로 소유권은 소유자 자신의 자유로운 의사에 따라 이와 같은 세 가지 권능뿐만 아니라 보관, 관리 등 모든 면에서 물건을 지배할 수 있는 전면적인 포괄적인 지배권이다4). 이처럼 소유권의 권능과 관련하여 가장 대표적인 권능을 예시적으로 열거하는 우리 민법의 입법태도는 프랑스와 일본민법의 태도를 본받은 것이다. 소유권이 원래 포괄적이고 전면적인 지배권이라는 점에서 볼 때 이 같은 입법태도는 바른 것이라고 할 수 없다5).

3. 민법 제211조가 권능을 열거하면서 법률의 범위 내에서 권능을 행사할 수 있다고 규정하고 있는데, 실제로는 법률에 의해서뿐만 아니라 제3자의 권리에 의해서 제한되고 있음은 쉽게 알 수 있다. 또한 이러한 열거주의가 큰 의미가 없고, 소유권의 본질과도 부합하지 않는 것으로 여겨진다. 따라서 독일민법 제903조처럼 추상적 포괄적으로 규정하는 것이 입법기술상 타당하다고 생각한다. 왜냐하면 우리 민법이 불법행위나 채무불이행책임에 대해 추상적 일반적인 규정을 두고 있는데, 이러한 태도와 같이 포괄적으로 규정하는 것이 전체 입법태도와 부합하기 때문이다6). 이

---

3) 윤철홍, "제211조"「주석 민법[물권(1)]」제 4판, (한국사법행정학회, 2011), 469면.
4) 장경학, 「물권법」(법문사, 1988), 365면.
5) 윤철홍, "제211조"「주석 민법」(주 3), 470면.
6) 같은 견해로는 柚木馨, 「判例 物權法總論」(東京: 1956), 407面.

러한 문제뿐만 아니라 소유권의 개념과 내용을 분리할 수 있는 것인가라
는 본질적인 의문과 함께 최근 제정된 중국물권법에서처럼 소유권의 객
체를 열거할 필요성 여부에 대해 검토할 필요가 있다. 더 나아가 1990년
독일에서는 "민법상 동물의 법적지위의 개선을 위한 법률(Gesetz zur
Verbesserung der Rechtsstellung des Tieres im bürgerlichen Recht vom
August 1990)7)"을 제정하여 독일민법 제98a조에서 "동물은 물건이 아니
다"라고 선언하고, 구체적인 실현을 위해 독일민법 제903조에 2문을 추가
하여 동물에 대한 소유권을 일반적인 유체물과 동일하게 취급하고 있
다8). 이러한 일련의 입법태도가 바람직한 것인가를 검토해야 할 것으로
여겨진다. 최근 법무부의 주관 하에서 한국 물권법분야에 대한 전면적인
개정작업이 행해지고 있는데, 본고에서는 이러한 개정 작업에 부응하는
연구로서 소유권의 내용에 대한 여러 입법례들을 참고하여 시대흐름에
부합하는 개정방향을 구체적으로 검토해보고자 한다.

II. 소유권의 내용에 대한 입법례

우리 민법상 근대적 소유권의 계수와 관련하여 가장 중요한 입법례로
는 프랑스민법전과 독일민법전, 그리고 일본민법전이라 할 수 있다. 이
밖에도 입법 정책적인 관점에서는 오스트리아민법전과 최근 제정된 중화
민국의 민법전도 중요한 입법례라 할 수 있다. 이하에서는 이러한 민법전
상의 소유권의 내용에 대한 입법례들을 고찰해 보고자 한다.

---

7) BGBl. I.S.1762; BR-Drs. 380/89.
8) 이러한 독일민법상 동물의 법적 지위에 대해서는 윤철홍, "독일민법상 동물의 법적
   지위에 관한 소고", 「인권과 정의」, 대한변호사협회지 2011.9(420호), 7면 이하 참조.

1. 프랑스민법상 소유권

소유권의 발달사에 획기적인 전환을 가져온 프랑스혁명에 의해 1789년 7월 26일에 공포된 "인간과 시민에 대한 권리선언" 제2조에서는 "정부는 자유, 소유권, 신체의 안전, 압제에 대한 반항권을 보호하기 위해서 만든 것이다. 이러한 권리들은 날 때부터 가지는 것이고 또한 타인에게 양보할 수 없는 권리이다."라고 규정하였다9). 또한 동 선언 제17조에서는 "소유권은 불가침한 것이고 신성한 것이므로, 법률에 의해 공적 필요가 있다는 것이 명백해지고 또한 미리 정당한 배상을 하지 않고서는 침탈되지 아니한다."라고 규정하였다. 더 나아가 1791년의 프랑스헌법 제87조 역시 "소유권은 신성불가침이다."라고 규정하였다. 이러한 입법정신 하에서 1804년에 프랑스민법 제544조가 제정되었다. 동조에서는 소유권을 로마법적인 절대권으로 구성하여 "소유권은 법률 또는 규칙에 의하여 금지되어 있는 사용을 하지 않는 한 가장 절대적인 방법으로 물건을 사용하고 처분할 수 있는 권리"라고 규정하였다. 이 규정은 봉건제도의 잔재로부터 해방을 의미하는 개인주의적인 소유권의 확장이라는 그들의 목적에서 기인한 것이었다. 이것은 결국 사적인 개인소유권은 신성불가침한 것으로, 이러한 개인적인 사소유권이 전체의 재산권에서 뿐만 아니라 모든 사회적인 제도의 기초를 이루었다. 제544조는 천부적인 인권으로서 소유권의 자연법적인 사상을 표현해 주고 있다10). 이러한 프랑스민법상 소유권은 절대성과 배타적이고 개인주의적인 성격 및 인간적인 성격의 한 측면으로서 현존하는 모든 구속들을 폐지시키려는 노력으로 나타났다11). 제544조는 한

---

 9) 이러한 프랑스민법상 소유권에 대해서는 윤철홍, "제211조", 「주석 민법」(주 3), 470-471면 참조.
10) M. Ferid/H. J. Sonnenbereer, Das französiche Zivilrecht(II), 1986, S. 547.
11) M. Ferid/H. J. Sonnenberger(주 10), S.547-548.

편으로 소유권을 절대적인 권리로서 규정하면서도 다른 한편으로는 제한을 포함하고 있다. 이것은 개인의 이익과 공익과의 긴장관계를 표현한 것이기도 하다. 제544조에서 열거하고 있는 소유권의 권능들은 적극적인 측면에서 오직 소유권의 가장 핵심적인 권능들을 규정하고 있을 뿐이다. 예컨대 독일민법 제903조에서 규정하고 있는 배척권과 같은 소극적인 권능을 규정하지 않고 있다.

2. 독일민법상 소유권

19세기 독일에서 주류학파를 형성하고 있던 판텍텐법학자들(Pandektis- ten)은 고전시대의 로마법상 소유권의 개념을 19세기의 판덱텐법학에 수용하였다[12]. 예컨대 사비니(F. C. v. Savigny)는 소유권을 물건에 대한 사람의 비제한적이고 배타적인 지배권으로 이해하였으며[13], 푸후타(G. F. Puchta) 역시 소유권을 하나의 물건에 대한 완전한 법률적인 지배, 즉 하나의 유체물에 대한 완전한 법률적인 지배권으로 정의하였다[14]. 더 나아가 이러한 판덱텐법학의 완성자라고 불리우는 빈트샤이트(B. Windscheid)는 자신의 판덱텐법의 교과서(Lehrbuch des Pandektenrechts)에서[15] "소유권은 그렇게 제한이 없는 것이다. 그러나 그것은 제한들을 약속하고 있다(Das Eigentum ist als solches schrankenlos; aber es verträgt Beschränk- ungen)"[16]. "따라서 사람들은 그것 자체의 범주를 소유권의 완전한 정의

---

12) D. Olzen, Die geschichtliche Entwicklung des zivilrechtlichen Eigentumsbegriffs, in: JuS, 1984, S.328-334; 이러한 독일민법상 소유권에 대해서는 윤철홍, "제211조", 「주석 민법」(주 3), 471-473면 참조.
13) F. C. v. Savigny, System des heutigen römischen Rechts(I), 1840, §56, S.367.
14) G. F. Puchta, Pandekten, 11.Aufl., 1872, §144.
15) Vgl. B. Windscheid, Lehrbuch des Pandektenrechts(I), 7.Aufl., 1891, S.492-493, Anm.5.

에로 채택해야만 한다. 소유권은 그 자체로서는 그의 권능의 전체 속에서 원래 물건에 대한 권리자의 의사를 결정적으로 만드는 권리이다"[17] 라고 주장하였다. 이러한 절대적 형식적인 소유권의 개념은 개개의 실제적인 소유권의 제한가능성을 스스로 수용할 수 있는 능력이 있는 것이다. 이러한 빈트샤이트의 견해가 독일민법전 초안에 반영되었다[18]. 1888년에 입법이유서와 함께 출간된 제1초안의 제848조에서는 "하나의 물건의 소유권자는 이러한 권리의 제한들이 법률이나 제3자의 권리에 의하여 기초하고 있지 않은 범위 내에서 자의적인 타인의 배제를 통하여 물건을 처리할 수 있고, 그것을 처분할 수 있는 권리를 가진다"고 규정하였다. 이 규정을 통해서 소유권은 오직 하나의 유체물에 대해서만 성립이 가능한 것이며, 더 나아가 하나의 물건에 대한 배타적이고 절대적인 자의적 지배권 (Willkürherrschaft)으로 규정하고 있다. 왜냐하면 당시 입법가들에게 소유권에 대한 모든 제한들은 오직 예외적인 경우에만 나타난다는 소유권의 무제한론이 지배적인 것이었기 때문이다. 이러한 소유권의 절대성과 무제한성에 대해 기르케(Otto von Gierke)와 멩거(Anton Menger) 등은 신랄한 비판을 제기하였다[19]. 그러나 이러한 많은 비판이 있었음에도 불구하고 민법전편찬자들은 비판에 귀를 기울이지 않았다[20]. 그래서 독일민법

---

16) B. Windscheid/ Th. Kipp, Lehrbuch des Pandektenrechts(I), 8.Aufl., 1900, S.757.

17) B. Windscheid/ Th. Kipp, Lehrbuch des Pandektenrechts(I), 8.Aufl., S.757 Anm. 5.

18) 독일민법전의 제1차 초안작성을 위한 위원회에 학자로서는 유일하게 빈트샤이트가 참여하였기 때문이다.

19) 원래 제1초안에 대해서 600명에 달하는 법률가들이 비판하였다. 그 중에서도 특히 기르케와 멩거의 비판이 유명하다. 이에 대해서는 F. Wieacker, Privatrechtsgeschichte der Neuzeit, 2.Aufl., 1967, S.470 참조.

20) K. Kroeschell, Zur Lehre vom 'germanischen' Eigentumsbegriff, in: Festschrift für H. Thieme 1978, S.60. 이렇게 해서 확정된 것이 현행 독일민법 제903조이다. 동조는 "물건의 소유자는 법률 또는 제3자의 권리에 저촉되지 아니하는 한 임의로 그 소유물을 처리하고 타인의 일체의 간섭을 배제할 수 있다"고 규정하고 있다.

제903조에서는 "물건의 소유자는, 법률 또는 제3자의 권리에 반하지 아니하는 한, 물건을 임의대로 처리할 수 있고 또 타인의 어떠한 간섭도 배제할 수 있다. 동물의 소유자는 그 권능의 행사시에 동물의 보호를 위한 특별규정을 준수하여야 한다."고 규정하였다21).

3. 일본민법상 소유권

보아소나드에 의해 제정된 일본구민법 제30조는 "소유권이란 물건의 사용, 수익 및 처분을 자유롭게 할 수 있는 권리를 말한다. 이 권리는 법률이나 합의 또는 유언이 아니면 제한할 수 없다."고 규정하였다22). 이 표현에서는 프랑스민법전과 같이 자유로운 소유권을 보장하고 있음을 알 수 있다. 보아소나드의 영향 하에서 구민법은 시행을 연기하자는 연기파의 세력이 강하여 시행되지 못하였다23). 이러한 법전편찬 논쟁 후 새롭게 제정된 명치민법 제206조에서는 "소유권은 법령의 제한 내에서 자유롭게 소유물의 사용, 수익 및 처분을 행하는 권리를 갖는다."고 규정하였다. 이것은 소유권, 특히 토지소유권의 자유성을 보장한 것이다. 그러나 권리의 강약, 우열관계를 의미하는 절대성은 명치민법에서 비교적 강력하게 규정되었다. 그래서 토지소유권은 토지용익권에 대해 절대적이고 우월적인 지위를 가지게 되었으며, 이러한 토지소유권의 절대성은 지주적 토지소유, 기생지주제의 확립을 배경으로 하고 있다24). 명치민법, 즉 현행 일본

---

21) 이 규정에 대한 독일에서 논의에 대해서는 윤철홍, 「소유권의 역사」(주 1), 16면 참조.
22) 이러한 일본민법상 소유권에 대해서는 윤철홍, "제211조", 「주석 민법」(주 3), 473-474면 참조.
23) 일본민법전의 편찬과정에 대한 자료들에 대해서는 谷口知平, "總說", 注釋民法 (1)(東京: 有斐閣, 1980), 2-4면 참조.
24) 水本浩著, 柳海雄譯, 「土地問題와 所有權」(汎論社, 1985), 183-184면.

민법 제206조는 일본구민법과 마찬가지로 프랑스민법의 영향 하에서 자유롭고 절대적인 소유권을 규정하였다[25]. 이 규정은 소유권에서 소유물의 사용, 수익, 처분을 원칙적으로 자유롭게 보장하면서 예외적으로 법률 또는 명령에 의해서 제한할 수 있다고 규정하고 있다. 그러나 비록 명령에 의해서도 제한이 가능한 것으로 규정하고 있으나, 원칙적으로는 법률에 의해서만 제한할 수 있다. 다만 예외적으로 법률의 위임을 받은 명령에 의해서도 제한이 가능하다고 해석하고 있다[26]. 이상의 토지소유권은 로마법의 소유권 개념을 받아들인 프랑스민법의 소유권 개념이 이식된 것이고, 이러한 소유권 개념의 정착은 납세자를 확립하여 물적인 토대를 구축하려고 하는 명치정부의 현실적인 필요에서 나온 것으로 생각된다[27].

4. 오스트리아민법상 소유권

오스트리아민법 제353조에서는 "개개인에게 귀속된, 자신의 모든 유체물과 무체물을 그의 소유권이라 부른다(Alles, was jemanden zugehört, alle seine körperlichen und unkörperlichen Sachen, heissen sein Eigentum)"고 규정하고 있다[28]. 이어서 동법 제354조에서는 "하나의 권리로서 고려할 때, 소유권은 자의에 따라 하나의 물건의 본질과 이용을 통해 지배할 수 있으며, 그에 관하여 타인을 배제할 수 있는 권능이다."라고 규정하고 있다[29]. 이러한 소유권의 개념과 내용에 관한 규정 이외에도 동법 제362조에서는 소유권자의 권리를 규정하고 있다. 여기에서는 법에 의하여, 자신의 소유

---

25) 岡松參太郎, "第206條", 註釋民法理由, 上卷(東京: 有斐閣書房, 1899), 144面.
26) 我妻榮著, 有泉亨補訂, 新訂 物權法(東京: 岩波書店, 1985), 271-272面.
27) 水本浩著(주 24), 175面.
28) K. Spielbüchler, §353 ABGB, Kommentar zum ABGB, 1983, S.291.
29) Vgl. K. Spielbüchler, §354 ABGB, Kommentar zum ABGB, 1983, S.291ff.

권을 자유롭게 처분할 수 있으며, 완전한 소유권자는 통상 자신의 물건을 자의적으로 사용하거나 혹은 사용하지 않을 수 있다. 그는 자신의 물건을 전체적으로 혹은 부분적으로 타인에게 양도할 수 있거나 혹은 무조건적으로 그것을 증여할 수 있는 권리라고 포괄적으로 규정하고 있다.

5. 중화인민공화국 물권법상 소유권

중국물권법[30] 제39조는 "소유권자는 자기의 부동산 혹은 동산에 대하여, 법에 따라 점유, 사용, 수익과 처분의 권리를 향유한다(所有權人對自己的不動産或者動産. 依法享有占有, 使用, 收益和處分的權利)"라고 규정하여, 소유권의 권능을 구체적으로 예시하고 있다. 다른 입법례에서는 볼 수 없는 법에 따라 점유를 향유할 수 있음을 규정하고 있다. 중국에서도 소유권은 가장 전형적인 물권, 즉 물권의 원형으로서 재산권의 핵심을 이룬다. 이러한 소유권은 권리자가 표시된 물건을 전면적으로 지배하면서, 타인 간섭을 배제할 수 있는 권리로 이해한다. 여기서 '전면지배'라 함은 소유권의 권리내용, 즉 구체적으로 표시된 물건에 대한 점유, 사용, 수익과 처분을 포함한 것으로 표현되며, 표시된 물건에 대한 사용가격의 지배가 포함될 뿐만 아니라 표시된 물건에 대한 교환가격의 지배도 포함된다고 한다. 그러므로 소유권은 용익물권과 담보물권에 비해 소유권은 표시된 물건의 지배에 대한 전면성을 구비하고 있다. 때문에 소유권을 또 완전한 물권이라고 부르고, 용익물권과 담보물권은 정한물권이라고 부르며 '일면적 지배권'에 속한다. 소유권의 권능과 관련하여 점유권능이란 권리인

---

30) 중화인민공화국물권법은 2007년 3월 16일 제10회 전국인민대표대회 제5차회의에서 통과되고, 같은 날 중화인민공화국주석령 제62호로 공포되어 2007년 10월 1일부터 시행되고 있다.

이 표시된 물건에 대한 사실적 관여의 권능이다. 이것은 권리인이 표시된 물건에 대해 현실지배를 진행하는 전제와 기초로 된다. 오로지 사실 상태로서의 점유와는 다르게 점유권능이란 재산권리의 내용이며 만약 권리인이 표시된 물건에 대해 권리능력을 향유하고 있고, 점유인이 표시된 물건에 대한 점유가 유권점유라면 그 반대로 무권점유가 된다. 당사자가 점유능력의 기초하에 표시된 물건을 점유시, 점유제도의 보호를 받을 뿐만 아니라 점유배후의 본권의 보호도 받는다. 소유권은 전면지배의 표시된 물건의 재산권리 이기에 소유인은 자연적으로 표시된 물건에 대한 점유의 권능을 향유한다[31].

III. 민법 제 211 조의 성립과 그 내용

1. 민법 제 211 조의 성립

해방 후 1948년 9월 15일 대통령령 제4호에 의한 법전편찬위원회 직제의 공포로 법전편찬위원회가 구성되어 법전제정에 들어갔다. 이 위원회는 한국전쟁 등 여러 가지 우여 곡절 끝에 1953년 7월 4일에 민법전 초안을 완성하였다[32]. 이 초안은 물권 편에서 의용민법, 즉 현행 일본민법과 다른 입법태도를 보여주었다. 그 중에 가장 크게 다른 점은 물권변동 시

---

31) 最高人民法院物權法研究所編著,「中華人民共和國物權法 條文利解 適用」 (人民法院出版社, 2007), 115面.
32) 이러한 민법제정과정에 대해서는 정종휴, "한국민법의 제정과정",「곽윤직교수화갑논문집」, (박영사, 1985), 1 이하; 양창수, "민법안의 성립과정에 관한 소고",「민법연구」1권, (박영사, 1991), 61면 이하; 윤철홍, "제211조"「주석 민법」(주 3), 474면 이하 참조.

에 프랑스민법식의 의사주의에서 독일민법식의 형식주의로 전환한 것과
점유권에서는 주관주의에서 객관주의로 전환한 것, 그리고 소유권의 사
회성을 강조한 것 등이다[33]). 특히 소유권에 대해 공동체의식을 강조하는
진보적 사상을 도입하고자 노력했다. 예컨대 현행 일본민법 제206조에 해
당하는 초안 제198조에서 '자유'라는 문구가 삭제된 것은 법사상사적인
관점에서 볼 때 중요한 전환이었다. 또한 헌법에서의 '공공복리의 사상'
과 궤를 같이하여, 신의성실의 원칙과 권리남용금지의 원칙이 민법전 서
두의 통칙에 규정되어[34]) 소유권에도 적용됨에 따라 소유권에 대한 사회
성이 강조되었다. 소유권은 비단 민법의 중심일 뿐만 아니라 전체 법률체
계의 중심점이므로 소유권에 관한 초안의 이와 같은 태도는 법학 전체의
방향을 시사해 주었다[35]). 초안 제198조는 "소유자는 법률의 범위 내에서
그 소유물을 사용, 수익, 처분할 권리가 있다."고 규정하여 일본민법의
'법령의 제한 내'을 '법률의 범위 내'로 수정하였다. 일본에서는 민법 제
206조의 '법령의 제한 내'를 해석할 때에 원칙적으로 명령을 포함하지 않
는 것이 지배적인 견해였는데, 이러한 해석을 입법과정에 반영함과 동시
에 '제한 내'를 '범위내'로 수정하면서 일본민법 동조문의 '자유로이'를
삭제하였다. 이것은 소유권절대원칙으로부터 많은 제한을 내포하고 있는
소유권으로 변천하는 과정을 보여준 것이다. 예컨대 1804년의 프랑스민
법 제544조가 소유권을 절대적인 지배권으로 규정한데 대하여, 1896년의
독일민법 제903조와 1907년의 스위스민법 제641조에서는 절대적인 지배
권으로 간주함과 동시에 제한을 포함하는 것으로 규정하였다. 이러한 소
유권의 제한은 본래 사회적인 제한을 내포하고 있는 것으로 새기자는 것

---

33) 민사법연구회, 「민법안의견서」(일조각, 1957), 8면.
34) 이러한 입법태도는 입법사적으로 볼 때 스위스민법의 영향을 받은 것이라 할 수
있다.
35) 민사법연구회(주 33), 9면.

이 입법 당시 지배적인 견해였다[36]. 이러한 사상적인 변모와 함께 우리 민법 제211조는 초안 제198조로부터 수정 없이 확정되었다. 특히 민법 제정 시부터 권리남용의 법리에 기하여 소유권의 남용을 금지해야 된다는 지배적안 견해에 따라 통칙부분에 규정되었다[37].

2. 소유권의 내용

가. 소유권의 권능

소유권은 법률의 범위 내에서 그 소유물을 사용, 수익, 처분 등 전면적 포괄적으로 지배할 수 있는 권리이다. 제211조에서 규정하고 있는 소유권은 다양한 권능 중에서 로마법 이래 가장 중요시 여겨지고 있는 사용권, 수익권, 처분권을 예시하고 있다. 이렇게 예시된 것 이외에도 점유, 보존, 관리 등 소유자가 소유물에 대해 행사할 수 있는 모든 권능을 포함하고 있다[38].

(1) 사용·수익권능

사용이란 목적물의 용도에 따라 그것을 손상시키거나 그 성질을 변경시키지 않고 이용하는 것을 말하며, 수익이란 목적물로부터 생기는 과실을 수취하는 것을 말한다[39]. 이러한 물건의 사용이나 과실의 수취는 물건이 가지는 사용가치를 실현하는 것이다. 이러한 사용·수익은 소유자 자신

---

36) 제26차 정기국회 속기록 제29호 민법안 제안설명(장경근위원장); 동 제32호, 14- 15 (현석호의원 발언); 민사법연구회(주 33), 84면.

37) 민사법연구회(주 33), 84면.

38) 윤철홍, "제211조", 「주석 민법」(주 3), 475면.

39) 김용한, 「물권법론」(박영사, 1985), 228-229면; 김증한·김학동, 「물권법」(박영사, 1998), 254면; 장경학(주 4) 365면.

스스로 직접행사하거나 대차관계를 설정하여 타인에게 권능을 이양하느냐의 여부는 문제가 되지 않는다. 대차관계를 설정하여 소유자가 대가, 예컨대 지료나 집세, 이자 등을 받을 때에는 법정과실을 취득한 것으로서 수익의 중요한 모습이라 할 수 있다.

(2) 처분권능

처분이라 함은 물건이 가지는 교환가치를 실현시키는 것이다. 처분에는 물건의 소비, 변형, 개조, 파괴 등의 사실적 처분과 매매 등의 양도나 담보권 설정과 같은 법률적 처분을 포함한다[40].

나. 소유권의 객체

소유권의 객체는 특정된 물건이다. 여기서 물건이란 유체물 및 전기 기타 관리할 수 있는 자연력을 말한다(제98조). 일물일권주의 원칙에 따라 집합물을 구성하는 개개의 물건들은 소유권의 객체가 될 수 있으나, 집합물 전체를 총괄하여 하나의 물건으로 취급하여 소유권의 객체로 삼을 수는 없다. 다만 예외적으로 돈육장의 돼지나[41] 양어장 뱀장어[42] 등과 같이 유동집합의 경우에는 하나의 소유권의 객체가 될 수 있다. 더 나아가 물건의 일부분이나 구성부분에는 원칙적으로 소유권이 성립하지 않는다[43]. 결국 소유권은 물권으로서 그 객체는 독립된 특정의 물건에 한하므로 물권이 아닌 채권 등의 권리는 소유권의 대상이 될 수 없다. 소유권이라는 명칭을 사용하고 있는 지적소유권 혹은 공업소유권을 포함한 지적

---

40) 김용한(주 39), 229면; 김증한·김학동(주 39), 254면; 장경학(주 4), 365면.
41) 대판 1996.9.10, 96다25463.
42) 대판 1990.12.26, 88다카20224.
43) 대판 2000.10.27, 2000다39582.

재산권은 물건이 아니기 때문에 소유권의 객체가 될 수 없다. 다만 소유권이라는 명칭을 사용한 것은 소유권과 같이 철저하게 보호하려는 의지의 표현이라 해석된다[44].

3. 소유권의 제한

가. 소유권 제한의 필요성과 본질

(1) 소유권의 불가침성을 규정한 프랑스 인권선언 제17조와 1804년에 제정된 프랑스민법 제544조에 의해 구체화된 소유권절대원칙과 계약자유의 원칙이나 19세기 초 독일에서 행해진 농민해방의 결과로 획득된 자유롭고 절대적인 소유권은 개인의 자유와 평등을 기초로 한 포괄적인 물건의 지배를 확립하려는 것이었다. 그러나 자본주의 경제의 발달로 이러한 계약자유의 원칙과 소유권절대의 원칙은 구체적인 거래 현실에서 나타난 인간의 존엄(Menschenwurde)과 관련하여 오히려 개인의 부자유와 불평등을 낳게 되었다[45]. 따라서 19세기 후반에 들어서면서 인간의 존엄과 가치를 증진시키기 위한 차원의 공공복리의 원칙에 따른 소유권의 제한의 필요성이 대두되었다. 특히 1849년의 바울교회의 헌법의 영향 하에 제정된 1919년 바이마르헌법 제153조 제3항의 "소유권은 의무를 진다. 소유권의 행사는 동시에 공공의 복리에 대한 봉사이어야 한다."는 규정을 계기로 소유권은 무제한적이고 절대적인 것이 될 수 없었다. 이러한 입법정신을 거의 모든 나라의 헌법에서 채택하여 소유권에 대한 제한은 예외적으로 인정되는 수준을 넘어서고 있다.

(2) 오늘날 헌법과 민법에 의해서 행해지고 있는 수많은 제한들은 외적

---

44) 강태성, 「물권법」(대명출판사, 2000), 439면.
45) 윤철홍, 「소유권의 역사」(주 1), 213면.

인 근거로 행해지는 예외적인 것인가 아니면 소유권 개념 자체에 제한을 포함하고 있는 내재적인 것인가에 대해 논의가 되고 있음은 이미 전론에 서 살펴본 바와 같다. 우리 헌법 제23조뿐만 아니라 제120조 내지 제122 조에서는 토지소유자의 소유권행사에 많은 제한을 가하고 있다. 특히 오 늘날 헌법상 소유권의 사회적 구속과 공공수용에 의해 다양한 형태의 제 한이 나타나고 있으며, 증가추세이다. 또한 민법 제211조에 의한 법률 등 과 같은 특별법에 의한 제한이나 민법의 기타 조항의 해석에 의해 제한할 수 있음이 천명되고 있다. 이러한 제한들은 단순한 예외적인 정도를 넘어 서고 있으며, 소유권의 개념을 좌우할 정도에 이르고 있다. 따라서 소유 권의 개념 자체에 소유권의 제한을 포함하고 있는 것으로 이해하는 "내재 적 제한설"로 해석해야만 되기에 이르렀다.

나. 민법상 소유권의 제한의 구체적인 모습

(1) 개 관

소유권의 제한은 공법상의 제한과 사법상의 제한으로 나눌 수 있고, 공 법상의 제한은 다시 사회적 구속성과 공용수용에 의한 제한으로 나눌 수 있다. 이곳에서는 사법상의 제한에 대해서만 언급하고자 한다. 전술한 바 와 같이 다수설적인 개념에 의하면 소유권의 개념에는 내재적으로 그 제 한이 포함되어 있다. 그러나 이러한 내재적인 제한 이외에도 법률을 통해 서 혹은 소유권 제한이라는 명시적인 표현은 없지만 민법 규정들의 해석 을 통해서 그 제한이 가능하다. 따라서 민법상 소유권의 제한이 소유권의 개념을 좌우하게 되는데, 이 제한을 민법전상의 제한과 특별법에 의한 제 한으로 나누어 살펴본다46).

---

46) 이러한 소유권의 제한에 대한 개관에 대해서는 윤철홍, "제211조"「주석 민법」(주 3), 477면 이하 참조.

(2) 민법전상 제한

(가) 신의성실의 원칙

우리 민법은 스위스민법전의 입법태도를 본받아 통칙편인 제2조 제1항에서 "권리의 행사는 신의에 좇아 성실히 이행하여야 한다."고 규정하고 있다. 이것은 사법의 대원칙으로 소유권에도 적용됨은 당연한 것이다[47]. 그러므로 형식적으로는 소유권이 존재하거나 행사되었음에도 불구하고 그것이 실질적으로는 소유권의 존립의 목적과 배치되는 경우에는 허용될 수 없다. 왜냐하면 권리란 원래 사회적 승인을 통해서 존립할 수 있기 때문이다. 따라서 이러한 일반 조항인 신의성실의 원칙에 의해서도 소유권은 제한된다.

(나) 권리남용금지의 원칙

우리 민법 제2조 제2항에서는 "권리는 남용하지 못한다."고 규정하고 있다. 이 원칙은 전술한 신의성실의 원칙과 함께 민법 전반에 적용되는 일반조항이다. 스위스민법은 제2조 제2항에서 "권리의 명백한 남용은 법률의 보호를 받지 못한다."고 규정하고 있는데, 우리 민법 제2조 제2항은 이러한 스위스민법의 태도를 본받은 것이다. 소유권의 행사에서는 특히 권리남용이 문제된다. 왜냐하면 비록 자신의 소유권행사라 하더라도 그것이 사회적 윤리관념이나 공서양속에 위반되는 경우에는 권리의 행사라고 할 수 없다. 만약 권리남용에 의하여 상대방에게 손해를 끼친 경우에는 제750조에 의하여 불법행위로 인한 손해를 배상해 주어야 한다. 이러한 권리남용금지의 원칙은 신의성실(Treu und Glauben)의 원칙과 사회적

---

47) 이러한 입법태도와는 달리 독일민법 채권법편 제242조에서 "채무자는 거래상의 관습을 고려하여 신의성실이 요구하는 바에 따라서 급부할 의무가 있다."고 규정하고 있다.

인 의무성(Sozialpflichtigkeit)을 통해 더욱 확장되고 있다[48]. 그러므로 이 원칙은 원래 소유권의 자유성을 외부적으로 수정하고자 하는 것이었지만 실질적으로는 오늘날 소유권의 자유성 그 자체를 내부적으로 제한하는 것이 된다. 그것은 소유권이 원래 의무를 포함하고 있다고 하는 사고에서 출발하였다[49].

(다) 정당방위(Notwehr)와 긴급피난(Notstand)

독일민법 제227조와 제228조의 규정과 관련하여 제904조는 규정화된 하나의 소유권의 제한으로서 비관계자의 수인의무(Duldungspflicht)를 창설하였다[50]. 이에 반해 우리 민법은 불법행위편의 제761조에서 "타인의 불법행위에 대하여 자기 또는 제3자의 이익을 방위하기 위하여 부득이 타인에게 손해를 가한 자는 배상할 책임이 없다."(동조 1항)와 "전항의 규정은 급박한 위난을 피하기 위하여 부득이 타인에게 손해를 가한 경우에도 준용된다."(동조 2항)고 규정하고 있다. 이 규정을 소유권에 적용할 때 소유권자 역시 타인의 정당방위나 긴급피난을 통해 제한받게 됨은 당연하다. 이 규정이 적용되기 위해서는 위법적인 침해가 소유자로부터 기인된 것이 아니며, 그에게 속해진 물건에 대한 심각한 위험이 발생하는 것이 아니어야 한다. 이러한 침해에 대해서는 최소한 미필적 고의(dolus eventualis)가 요구된다. 그리고 손해의 발생에 대한 고도의 개연성(Wahrscheinigkeit)이 존재하는 때에, 이러한 위험은 "현재적인 것"이다[51]. 위협적인 손해는 생명이나 혹은 건강에 관한 침해 가운데 존재할 때에, 그것은 물건의 손상에 의한 침해와 비교해서는 "지나치게 크다"(unver-

---

48) J. v. Gierke, Das Sachenrecht des Bürgerlichen Rechts, 4. Aufl., 1959, S.70.
49) 이러한 사고의 대표적인 표현이 바이마르공화국헌법 제153조일 것이다.
50) F. Baur, Lehrbuch des Sachenrechts, 13. Aufl. 1985, S.221.
51) G. Winter, §904 BGB, in: AK-BGB, 1983, Rn.2.

hältnis groß)고 인정된다. 그러나 손상된 물건이 엄청나게 비싼 가격인 경우에는 가해자가 그것을 인식한 경우에 한하여 고려될 수 있을 뿐이다[52]. 만약 이러한 요건들이 충족된 때에는 침해는 합법적이며 소유권자는 그것을 수인해야만 한다. 이러한 경우에 이 제도들에 의해서 소유권이 제한되기도 한다. 그러나 가해행위가 계속적인 경우에는 피해자는 소송의 방법을 통해 구제받을 수 있다[53].

(라) 공간적인 제한[54]

우리 민법 제212조는 토지소유권의 공간적인 제한을 규정하고 있다. 민법 제212조에 의하면 "토지의 소유권은 정당한 이익이 있는 범위 내에서 토지의 상하에 미친다."고 규정하고 있다. 이것은 후술하는 제212조의 주석에서 설명하는 바와 같이 스위스민법 제667조의 영향을 받아 제정된 것으로 시대변화에 적응할 수 있는 적절한 입법이라고 생각한다. 이 규정은 토지의 완전한 이용을 위해서는 지표뿐만 아니라 지상의 공간이나 지하의 지각에 대해서도 소유권의 효력이 미친다는 것을 규정하고 있다. 즉 토지소유권자로 하여금 토지의 소유권을 완전히 향수할 수 있도록 하고 있다는 것이다. 결국 항공기나 지하시설 등을 통한 이용이 토지소유자의 정당한 이익을 침해하지 않는 상공과 지중에서 이루어진 경우에 이러한 타인의 이용을 금지하는 것은 허용되지 않는다. 따라서 이러한 공간적인 효력범위를 정해 놓은 규정에 의해서도 소유권은 제한 받는다. 그러나 오늘날에는 이러한 규정의 의미가 크게 상실되었다. 왜냐하면 지상의 경우에는 항공법, 지중에는 광물법, 지하에 흐르는 지하수의 경우에는 지하수

---

52) Ebenda; F. Baur, Lehrbuch des Sachenrechts, S.221.
53) F. Baur, Lehrbuch des Sachenrechts, S.222-223.
54) 이에 대해 자세한 것은 윤철홍, "토지소유권의 효력범위", 「소유권의 역사」, 247-268면 참조.

법 등이 제정되어 이러한 특별법들이 우선 적용되기 때문이다[55].

(마) 상린관계(Nachbarrecht)[56]

우리 민법은 인접하고 있는 부동산의 소유자 상호간의 이용을 조절하기 위하여 그들 사이의 권리관계를 상린관계라고 명명하면서, 이에 대해 제216조 내지 제244조에서 자세히 규정하고 있다. 원래 인접하는 부동산의 모두가 각각 완전히 이용되게 하기 위해서 각 소유권의 내용을 일정한 범위에서 제한하고, 각 소유자로 하여금 일정한 범위에서 상호 협력할 것을 규정하고 있으므로 상린관계 역시 토지소유권의 제한이라 할 수 있다. 토지소유권의 제한과 관련된 대표적인 상린관계로는 인지사용청구권(제216조), 임미씨온금지(제217조), 수도 등 시설권(제218조), 주위토지통행권(제219조), 경계표나 담의 설치권(제237조 내지 제239조), 수지나 목근의 제거권(제240조), 토지의 심굴금지(제241조), 지하시설 등에 대한 제한(제244조) 등이다. 이 밖에도 물에 관한 상린관계에 대해서도 자세히 규정하고 있다. 이와 같이 인접해 있는 토지소유권의 병존이라는 목적 때문에 생기는 소유권의 내용에 대한 제한과 확장이 상린관계의 중요한 내용이다. 현대의 추세는 소유권의 사회성과 공공성에 결부되어 상린관계의 범위를 넓게 해석하고 있다[57].

---

55) G. Winter, §905 BGB, in: AK-BGB, Rn.1.
56) 이에 대한 문헌으로는, Kleindienst, Der privatrechtliche Immissionsschutz nach §906 BGB, 1964; G. Köhler, Sportlärm und Nachbarschutz, in: Jura 1985, S.225ff.; H. Westermann, Die Funktion des Nachbarrechts, in: FS für K. Larenz, 1973, S.1003ff.; 박영우, 근린방해에 관한 입법례와 민법 제217조, 「법조」, 28-4 (1979. 4), 56면 이하; 정재길, 서독의 임미시온 보호법, 서울대 「법학」, 22-1 (1981), 180면 이하.
57) 임정평/석종현, "토지공개념과 사유재산제와의 법적 갈등에 관한 연구", 단국대 「논문집」, 1986, 323.

(바) 기타

용익권에 의한 제한은 토지소유권자의 자유의사에 의한 지상권(제279조 내지 제290조), 임차권(제618조 내지 제654조) 등을 설정하여 토지소유권자의 사용권, 수익권을 제한할 수 있는 것이다. 그러나 이러한 용익권에 의한 제한은 당사자의 계약에 의하여 설정되는 것이기 때문에 용익권의 설정기간 동안만 소유권이 허유화되는 것이다. 이러한 용익권의 설정 역시 소유자의 권리행사의 일부이다.

(3) 민사특별법에 의한 제한

사법적인 영역에서 이상과 같은 민법의 규정과 그에 관한 해석에 의한 제한뿐만 아니라, 제211조에 의한 특별법에 의해서도 제한할 수 있음은 당연하다. 여기서 법률이란 공사법을 총괄하는 넓은 의미의 법률이다. 이 범주에 들어가는 법률들은 헤아릴 수 없을 정도로 많지만, 대표적인 것을 들어보면, '집합건물의 소유 및 관리에 관한 법률', '농지법', '산림법', '신탁법', '주택임대차보호법' 등이다. 이러한 특별법에 의한 제한은 어느 것이나 사법적인 영역에서 소유권을 제한하고 있다. 특히 최근에는 담보권의 조정이나 이용권의 보호가 강조되어 '가등기담보 등에 관한 법률'이나 명의신탁의 금지를 골자로 하는 '부동산실권리자명의등기에 관한 법률'들이 시행되고 있는데, 이러한 특별법 역시 소유권을 제한할 수 있는 기능을 하고 있다.

다. 소유권 제한의 내용

(1) 부작위의무

소유권자가 보유하고 있는 소유권의 권능, 즉 사용, 수익, 처분 기타 권능 중에서 하나 또는 수개의 권능을 행사할 수 없도록 제한하는 것이다[58]. 예컨대 자신의 토지이지만 일정한 깊이 이상은 팔 수 없는 토지의 심굴금지(제241조)나 우물을 파거나 용수, 하수 또는 오물 등을 저치할 지하시설을 하는 때에는 경계로부터 2미터 이상 거리를 두어야 하는 것(제244조)이 대표적인 것이다.

(2) 작위의무

소유자가 적극적으로 어떤 행위를 하도록 강요하는 것이다. 예컨대 인접지의 수목의 가지가 경계를 넘은 때에는 그 소유가자에 대하여 가지제거를 청구할 수 있는 것(제240조)이나 경계로부터 2미터 이내의 거리에서 이웃의 주택내부를 관망할 수 있는 창이나 마루를 설치하는 경우에 적당한 차면시설을 요구할 수 있는 것(제243조)이 대표적인 것이다[59].

(3) 인용의무

소유자가 타인의 침해가 있음에도 불구하고 그에 대한 거부나 배척하지 못하고 인용을 해야 하는 경우이다. 예컨대 토지소유자는 경계나 그 근방에서 담 또는 건물을 축조하거나 수선하기 위하여 필요한 범위 내에서 이웃토지의 사용을 청구할 수 있도록 하고 있는데 이 경우 당해 토지소유자는 인접토지소유자의 청구를 인용해야만 한다(제216조). 이밖에도 통상의 용도에 적당한 임미씨온의 인용의무(제217조 제2항), 수도 등의 시설의 경우의 인용의무(제218조 제1항), 주위토지통행의 경우 인용의무(제219조 제1항) 등과 같은 상린관계에 주로 발생한다. 더 나아가 정당방위나 긴급피난의 요건을 구비한 경우에는 토지소유자는 이러한 것을 당

---

58) 김상용, "제211조", 「민법주해 (V)」(박영사, 1992), 64면.
59) 김상용(주 58), 65면.

연히 인용해야만 한다. 또한 특별법에 의한 토지 수용 또는 사용에 대한 인용의무도 이에 해당한다(토지수용법 제2조 제1항)[60].

라. 소유권 제한에 따른 보상

(1) 헌법상 소유권의 보장과 제한

바이마르공화국 헌법 제153조로부터 영향을 받아 제정된 우리 헌법 제23조는 재산권의 보장과 그 한계를 규정하고 있다. 우리 헌법 제23조에서는 "① 모든 국민의 재산권은 보장된다. 그 내용과 한계는 법률로 정한다. ② 재산권의 행사는 공공복리에 적합하도록 하여야 한다. ③ 공공필요에 의한 재산권의 수용·사용 또는 제한 및 그에 대한 보상은 법률로써 하되 정당한 보상을 하여야 한다."고 규정하고 있다. 따라서 타인의 소유권을 제한하는 경우에 보상의 문제가 따르게 된다. 공법상의 제한의 경우 보상의 문제는 분석적으로 접근해야 한다. 첫째로 헌법상 공공필요에 의한 소유권의 사용이나 제한의 경우에는 헌법 제23조 제1항 2문에 의한 소유권의 한계에 해당하여 국가의 보상의무는 존재하지 않는 것으로 여겨진다. 그러나 비록 그러한 제한이라 하더라도 제한 정도가 심하고 헌법 제23조 제3항의 요건을 충족하는 경우에는 예외적으로 보상해야만 한다. 그러나 왜 보상해야만 하는가의 문제가 발생한다(헌법 제23조 제3항)[61].

(2) 소유권의 제한과 보상

소유권의 제한은 공법상의 제한과 사법상의 제한으로 나눌 수 있고, 사법상의 제한 특히, 민법 제211조에서 규정하고 있는 법률이나 기타 법규에 의한 제한은 내재적 제한으로서 통상의 경우에는 보상의 문제는 발생

---

60) 김상용(주 58), 63-64면.
61) 이영준, 「물권법」(박영사, 2004), 390면.

하지 않는다. 다만 타인의 재산권에 대한 제한이 민법 제750조의 불법행
위의 요건을 구비한 경우에는 손해배상책임이 발생할 것이다. 이와 달리
공법상의 제한은 소유권의 사회적 구속과 공용수용으로 나누어 전자의
경우에는 통상의 경우 보상의 문제는 발생하지 않으나, 공용수용의 경우
에는 정당한 보상을 해야 할 것이다[62]. 대표적인 재산권인 소유권은 헌법
에 의해 보장된다.

IV. 개정방향

1. 민법 제211조의 개정의 필요성

우리 민법 제211조에서는 소유권의 권능을 사용, 수익, 처분할 수 있는
것으로 열거하고 있다. 이러한 열거주의적 입법주의는 프랑스민법과 일
본민법과 같은 입법태도이다. 이와는 달리 독일민법 제903조는 추상적 포
괄적으로 규정하고 있다. 소유권은 사용, 수익, 처분이라는 세 가지 권능
은 로마법 이래 가장 핵심적인 권능이지만, 보관이나 관리 등의 권능도
있는 포괄적 전면적인 권리이다. 소유권은 이러한 권능의 총화가 아니라
권능의 연원이라고 하는 것이 통설적인 견해이다[63]. 이러한 소유권의 본
질에 부합하는 추상적인 포괄주의가 입법상 타당하다고 생각한다. 왜냐
하면 우리 민법이 불법행위나 채무불이행책임에 대해 추상적 일반적인
규정을 두고 있는데, 이러한 태도와 같이 포괄적으로 규정하는 것이 전체

---

62) 이에 대해 자세한 것은 윤철홍, "토지공개념의 사법적 검토", 「배경숙교수화갑논문
집」(박영사, 1992), 495면 이하 참조.
63) 곽윤직, 「물권법」(박영사, 2004), 168면; 이은영, 「물권법」(박영사, 2006), 426면;
윤철홍, 「물권법」(법원사, 2009), 212면 등 다수.

입법태도와 부합하기 때문이다. 또한 "소유자는 법률의 범위 내에서"라고 규정하고 있는데, 독일민법에서와 같이 계약과 같은 법률행위에 의한 제3자의 권리에 의해서도 제한이 가능할 것이기 때문이다. 따라서 추상적인 요소와 법률행위에 의한 제한 가능성을 아울러 규정하는 것도 가능하다고 여겨진다. 이 밖에도 오스트리아민법에서는 소유권의 개념을 구체적으로 규정하고 이어서, 소유권의 내용을 별도로 규정하고 있는 입법주의를 취하고 있다. 아주 특이한 입법 형태인데, 이러한 소유권의 개념을 규정할 필요가 있는가라는 점과 중국물권법과 같이 소유권의 객체를 열거할 필요가 있는가라는 점에 대해서는 장기적인 과제로 삼아 이번 연구에서는 제외하고자 한다. 그러나 오늘날 반려동물과 관련하여 동물권과 동물의 복지가 시대의 화두처럼 회자되고 있다. 또한 오스트리아민법과 독일민법, 그리고 스위스민법에서 동물에 관한 법적지위를 구체적으로 규정하고 있다. 따라서 이러한 시대적 요청을 감안하여 우리 민법에 적극적으로 수용하고자 한다. 예컨대 독일민법 제903조 제2문에서는 "동물의 소유자는 그 권능의 행사시에 동물의 보호를 위한 특별규정을 준수하여야 한다."고 규정하고 있다. 이러한 민법의 규정을 적극적으로 수용하고자 한다.

2. 열거주의에서 추상적인 방법으로

민법 제211조가 권능을 열거하면서 법률의 범위 내에서 권능을 행사할 수 있다고 규정하고 있는데, 실제로는 법률에 의해서뿐만 아니라 제3자의 권리에 의해서 제한되고 있음은 쉽게 알 수 있다. 또한 우리 민법이 취하고 있는 열거주의가 큰 의미를 지니고 있지 못하고, 소유권의 본질과도 부합하지 않는 것이라 여겨진다.

독일민법 제903조에서는 "물건의 소유자는, 법률 또는 제3자의 권리에 반하지 아니하는 한, 물건을 임의대로 처리할 수 있고 또 타인의 어떠한 간섭도 배제할 수 있다. 동물의 소유자는 그 권능의 행사시에 동물의 보호를 위한 특별규정을 준수하여야 한다."고 규정하였다. 독일민법 제903조처럼 추상적 포괄적으로 정의하는 것이 입법 기술상 타당하다고 생각한다. 왜냐하면 우리 민법이 불법행위나 채무불이행책임에 대해 추상적 일반적인 규정을 두고 있는데, 이러한 태도와 같이 포괄적으로 규정하는 것이 전체 입법태도와 부합하기 때문이다64). 따라서 "물건의 소유자는, 법률 또는 제3자의 권리에 반하지 아니하는 한, 자신의 소유물을 임의대로 처리할 수 있고 또 타인의 간섭을 배제할 수 있다."라는 내용으로 개정할 것을 제안한다.

3. 동물에 대한 소유권자의 처분행위

독일민법은 1990년 민법 개정을 통해 제903조 2문에서는 "동물의 소유자는 그 권능의 행사시에 동물의 보호를 위한 특별규정을 준수하여야 한다."라는 규정을 신설하여, 민법 제90a조 "동물은 물건이 아니다."라는 규정을 보완하고 있다. 이 규정을 통하여 동물의 소유자는 자신의 권능의 행사시에 동물보호법 등의 규정들을 준수해야 하는 의무를 부담하게 되었다. 즉 동물들에 대한 인간의 개개인들이 인식할 수 있는 특별한 보호의무 부담이 부과된 것이다. 이러한 규정의 신설은 동물의 보호의식에 대한 발달을 위해 요구되고, 동의된 진보라고 긍정적으로 평가하는 견해도 나타나고 있으나65), 법적인 효과가 없는 민법전에서 특별한 프로그램적

---

64) 같은 견해로는 柚木馨, 「判例 物權法總論」, (東京: 有斐閣, 1956), 407면.
65) BT-Drs. 11/7369, S.7.

인 법문이라고 비판하는 견해도 있다[66]. 이러한 비판이 제기되고 있기는 하지만, 시대적 요청에 의해 이러한 규정을 두는 것이 바람직하다고 여겨진다. 왜냐하면 우리나라에서 역시 동물보호법에 의해서 동물의 복지 차원의 여러 가지 규제가 행해지고 있기 때문이다. 또한 동물의 소유자는 이러한 여러 가지 특별법에서 규정하고 있는 의무 조항을 준수해야 한다고 규정하는 것도 필요하기 때문이다. 따라서 우리 민법 제211조 제2항에 "동물의 소유자는 그 소유권의 행사시에 동물의 보호를 위한 별도의 규정을 준수하여야 한다."라는 규정을 신설할 것을 제안한다.

V. 맺음말

1. 소유권은 시대의 산물로서, 그 시대의 흐름을 가장 잘 반영하고 있는 권리라 할 수 있다. 다시 말해 사권 중에서는 시대사상을 가장 잘 반영하고 있는 권리인 것이다. 특히 오늘날과 같은 고도로 발달된 산업사회에서 로마법적인 자유적이고 절대적인 소유권으로 존속할 수는 없는 것이다. 시대정신은 소유권의 제한에서 가장 극명하게 나타난다. 예컨대 부동산 투기가 만연한 때에는 "토지공개념"이라는 추상적인 개념이 소유권 제한의 기초가 되기도 했다. 오늘날에는 인터넷의 발달로 물건에 대한 지배권보다는 접속권이라는 권리가 대두되어 "소유권의 종말"이라는 말이 나타나고 있기는 하지만, 여전히 사법상의 핵심적인 권리로 군림하고 있는 것이다.

2. 우리 민법 제211조에서는 소유권의 내용을 규정하고 있는데, 이것은

---

66) Palandt/Heinrichs, § 90a BGB, Rn. 1.

로마법에서 유래한 소유권의 3가지 주요한 권능을 구체적으로 열거한 것
으로, 추상적 포괄적으로 규정하고 있는 우리 민법 제390조의 채무불이행
과 제750조의 불법행위의 규정과 조화를 이루지 못하고 있다. 또한 제한
의 근거가 법률에 의해서만 할 수 있는 것처럼 규정하고 있는데, 법률행
위의 자유의 원칙에 계약 등 사인의 의사에 의해서도 얼마든지 제한이 가
능하다. 그런데 이러한 법률행위에 의한 제한 가능성을 배제하고 있는 듯
한 입법태도는 바르지 못한 것으로 여겨져 개정안을 제안한 것이다.

3. 오늘날 인간들의 핵가족 등 여러 가지 이유에서 인간들로부터 소외
되어 많은 경우에는 동물과 보다 긴밀한 관계를 유지하고 있다. 이에 따
라 반려동물이라는 개념이 회자되고 있는 것이다. 이것 역시 시대변화로
서 우리 민법에서도 동물의 법적 지위에 대한 입법을 적극적으로 검토해
야 한다고 생각한다. 이러한 관점에서 동물의 비물건성에 대한 적극적인
검토와 함께 동물의 소유자에게도 비록 프로그램적인 규정이지만 동물에
대한 소유권의 행사시 동물보호에 관한 규정을 준수하도록 하는 규정을
신설하는 것이 바람직하다고 생각한다.

〚 "소유권의 내용에 관한 개정론", 「토지법학」 제27-2호, 2011.12, 1-21면 〛

제2장

토지소유권의 변동과 그 법리

제1절 부동산등기와 공시

I. 서 설

1. 오늘날 세계의 많은 법제에서 채용하고 있는 거래안전을 위한 부동산공시제도로서 등기제도는 중세로부터 기원하지만[1] 1700년대 말부터 시작된 유럽의 저당권제도의 활성화 과정에서 체계화된 것으로 법기술적인 측면에서는 매우 뛰어난 제도로 평가되고 있다[2]. 우리나라 부동산법제에서도 이러한 근대법이 창안한 등기제도를 채택하고 있는데, 현행 등기제도는 조선시대 활용되었던 문기에 의한 부동산 양도와 입안제도와 같은 고유의 제도를 계승 발전시킨 것이 아니라 민법 등과 마찬가지로 서구제도들이 일본에 의해 강제로 이식된 것이다. 예컨대 근대적 의미의 등기제도는 1895년부터 9년간 시행되었던 지계제도와 지가제도에 의한 지권제도에서 시작하여, 1906년의 부동산증명제도, 1912년의 조선부동산등기령에 의해 강제적으로 이식되었다[3]. 이러한 일본에 의해 이식된 등기제도는 해방 후에도 계속 시행되다가 1960년 1월 1일부터 현행 부동산등기법(법률 제536호)이 시행되었다[4]. 최근에는 부동산등기사무처리의 효

---

1) H. Nehlsen, Grundbuch, in: HRG, 1971, S.1817f.
2) 곽윤직, 「부동산등기법」(박영사, 1994), 1면, 5면.
3) 이에 대해 자세한 것은 박병호, 「한국법제사고」(법문사, 1974), 14면 이하 참조.
4) 현재에 이르기 까지 부동산등기법은 17회에 이르는 개정작업이 행해졌다.

율화와 등기신청에 관한 국민의 편의증진을 위하여 전산정보처리조직을
이용하여 등기를 신청할 수 있는 근거를 마련하고5), 중복등기와 구분건
물의 대지사용권이전등기 등의 문제점을 개선하기 위해 부동산등기법이
개정되어 2006년 6월 1일부터 시행되고 있다. 따라서 이 개정 법률에서
새롭게 채택한 전산정보처리조직을 이용한 등기신청으로 인하여 발생되
는 문제들에 대해서도 종합적인 검토가 요구되고 있다. 현행 우리나라의
부동산등기법의 체계는 주로 독일의 등기제도에6) 기초를 두고 프랑스 제
도를7) 혼합한 것이다. 우리 등기제도는 물적편성주의, 공동신청주의와
형식적 심사주의, 성립요건 내지 형식주의, 공신력의 불인정, 서면신청주
의 등을 주된 원칙으로 삼고 있다8). 또한 사법부의 등기부와 행정관청의
대장을 이원적으로 운영하고 있다. 이러한 등기제도의 여러 가지 원칙들
은 자체에 내재해 있는 모순 내지 미흡함과 실체법과의 관계에서 여러 가
지 문제들이 발생되고 있다. 예컨대 거래 안전을 위해 고안된 등기제도의
본질에 부합하기 위해서는 등기의 공신력이 인정되어야 함에도 불구하
고, 여러 가지 이유로 부정되고 있다. 이에 따라 거래 안전에도 문제가 된

---

5) 등기의 전산화 작업에 대해서는 법원행정처, 「등기업무 전산화 백서(1994-2004)」,
    2004; http://www.iros.go.kr 참조.
6) 독일 등기법의 주된 원칙은 등기강제주의원칙(Eintragungsgrundsatz), 합의원칙
    (Einigungsgrundsatz: 형식적·실질적 합의주의), 신청주의원칙(Antragsgrundsatz),
    공시의원칙(Öffentlichkeitsgrundsatz), 확정성원칙(Bestimmtheitsgrundsatz), 유형강
    제주의원칙(Typenzwang), 실질적 심사주의원칙(Grundsatz der Sachprüfung), 우선
    주의원칙(Vorrangsgrundsatz) 등을 들 수 있다. 또한 물적 편성주의를 취하고, 등기
    에 대해 공신력을 인정하고 있다. 이에 대해 자세한 것은 H. Schoener/K. Stoeber,
    Grundbuchrecht, 13. Aufl., 2004, S.5ff.를 참조할 것.
7) 프랑스 등기제도는 독일과 달리 등기부는 인적편성주의에 의해 편성되고, 대항요건
    주의를 취하면서, 등기공무원에게 형식적 심사권을 부여하고 있으며, 등기의 공신
    력을 인정하지 않고 있다. 이에 대해서는 곽윤직(주 2), 18면 이하 참조.
8) 이에 대해 자세한 것은 곽윤직(주 2), 57면 이하; 최명구, 「부동산등기법론」(세창출
    판사, 2003), 7면 이하 참조.

다. 또한 등기제도의 운용과 실체법과의 관계에서도 물권행위의 개념과 등기와의 관계, 물권변동의 요건으로서 등기와의 관계 등에서도 다양한 문제가 발생되고 있다.

2. 우리 민법 제186조에서는 "부동산에 관한 법률행위로 인한 물권의 득실변경은 등기하여야 그 효력이 생긴다."고 규정하여 부동산 물권변동의 기본원칙을 천명하고 있다. 이 제186조는 물권변동시에 의사주의를 채택하였던 구민법과는 달리 형식주의 내지 등기주의를 취한 것으로 부동산거래에 큰 변화를 가져왔다. 이러한 형식주의의 채택에 따라, 민법제정 후 시행시까지 비록 3년여 유예기간이 있었다고는 하나 거래 현실과 괴리가 발생하게 된 것은 너무나 당연하였다. 따라서 법이론과 현실의 조화를 고려한 연구가 시작되고, 당시 활발한 연구활동을 전개한 고김증한 교수의 물권변동에 대한 여러 연구 업적이 나오자, 이에 대한 곽윤직교수의 반론에 의해 촉발된 물권변동이론에 대한 첨예한 대립은 민법의 발전에 크게 기여한 것으로 평가된다9). 특히 물권행위의 독자성과 무인성론을 중심으로 한 양자의 첨예한 대립은 논쟁을 통한 학문의 발전이라는 순기능뿐만 아니라 역기능이10) 발생할 정도로 학계에 지대한 영향을 미쳤다. 민법 제186조와 관련한 지난 수 십년 동안 지배적인 견해에 의하면 민법

---

9) 양자의 대립은 물권행위의 독자성과 무인성뿐만 아니라 민법 제186조의 적용범위와 관련된 재단법인 설립시 출연재산의 귀속시기, 미등기매수인의 법적 지위에 관한 논쟁, 그리고 소멸시효의 완성의 효과 등에서도 크게 대립되었는데, 이 논쟁을 통해 이러한 분야의 법이론이 정치해지고, 그로 인해 후대에 크게 영향을 미쳐 민법학의 발전에 기여한 것은 다언을 요하지 않는다.

10) 연구 역량이 물권변동이론에 과도하게 집중되었다는 비판뿐만 아니라 후학들에게 무언중 편가르기를 강요한 점도 있었다고 한다. 후자와 관련한 에피소드에 대해서는 이은영, "물권행위에 관한 이론적 논쟁", 「한국민법이론의 발전」(I)(박영사, 2001), 219면 참조.

제186조의 법률행위는 물권행위를 의미한다고 해석하였다. 그러나 최근
에는 기존의 지배적인 견해와는 달리 민법 제186조의 법률행위를 채권행
위로 해석하는 견해가 유력하게 주장되고 있다[11]. 여기서 물권행위의 개
념을 인정하든 인정하지 않든 형식주의를 취하는 우리 민법 하에서 부동
산물권변동시 등기가 중요한 역할을 한다는 것은 주지의 사실이다. 이러
한 부동산물권변동과 등기와의 관계는 물권행위 개념의 문제, 민법 제186
조의 적용범위에 관한 문제, 물권변동과 등기와의 관계, 부동산등기 자체
에 내재되어 있는 문제 등과 관련하여 여러 가지 문제들이 발생되고 있다.

  3. 부동산물권변동과 관련한 물권행위에 대한 논의가 요즈음 다시 활기
를 띠고 있다. 원래 1960년대 활동했던 1세대 학자들은 위에서 언급한 바
와 같이 민법 제186조에서 말하는 법률행위를 물권행위로 해석하였는
데[12], 1980년대 2세대에 들어오면서[13], 물권행위의 개념과 물권행위의
독자성을 함께 검토하였다. 즉 민법 제186조의 법률행위를 물권행위로 해
석하면서도, 물권행위의 개념 자체에 대해 다양하게 검토하기 시작했다.
특히 1990년대에 들어서는 이러한 물권행위에 대한 새로운 접근이 시작
되었는데, 먼저 민법 제186조의 법률행위를 전술한 바와 같이 채권행위라
고 해석하는 견해이다. 이러한 견해에 따르면 물권행위의 독자성의 문제
를 법률행위의 해석론적인 문제로 접근하게 된다[14]. 또한 최근에는 물권

11) 홍성재, 「부동산물권변동론」(법문사, 1992), 238면 이하, 특히 256면; 이은영, 「물
    권법」(박영사, 2002), 124면.
12) 1세대에 속하는 학자 중에서도 채권행위로 해석하자는 견해가 있었다. 예컨대 현승
    종, 「민법」(총칙·물권)(일신사, 1975), 181-182면.
13) 2세대라는 말은 필자가 편의상 구분한 것으로 특별한 어떤 기준이 있는 것이 아니
    라 물권변동에 관한 저서나 논문들을 기준으로 80년대 주로 활략한 학자들을 지칭
    한 것이다. 이에 해당할 수 있는 학자들로서는 이영준, 고상룡, 정옥태교수 등을 들
    수 있다.

행위의 개념을 인정하면서도, 물권적 의사표시 혹은 물권적 의사표시와 함께 등기를 물권행위로 보는 견해들과는 달리 등기신청행위를 물권행위로 해석하는 견해가 나타났다15). 이러한 등기신청행위를 물권행위로 해석하는 견해는 우선 신선한 주장으로 여겨진다. 그러나 이 견해에는 우선적으로 검토해야 할 여러 가지 문제들이 내포되어, 비판적인 견해도 없지 않다16). 이러한 물권행위의 개념 자체도 '부동산등기와 공시'라는 본 논제와 직·간접적으로 관련되어 있지만 여기서는 이에 대해 자세히 논할 수는 없다.

4. 우리 물권법상 핵심적인 쟁점으로 지난 50여년 동안 논의되어온 부

---

14) 양창수, "한국 민사법학 50년의 성과와 21세기적 과제", 「민법연구」 제4권, (박영사, 1996), 16면; 홍성재(주 11), 256면 이하;홍성재, "윤진수교수의 「물권행위 개념에 대한 새로운 접근」에 관한 토론", 「민사법학」 제28호, 2005, 68면.

15) 윤진수, "물권행위 개념에 대한 새로운 접근", 「민사법학」 제28호, 2005, 27면 이하.

16) 우선 물권행위는 법률행위인데, 공법상의 행위인 등기신청행위를 어떻게 사법상의 법률행위로 해석할 수 있는가. 등기신청행위는 사법상의 법률행위가 아닌 공법상의 단순한 행위에 불과하다. 그 법적 성질도 구태여 따지자면 공법상의 준법률행위에 해당한다고 볼 수 있다. 또한 등기신청행위는 인감증명서나 검인계약서 등 여러 가지 요식을 필요로 한다. 따라서 등기신청행위를 물권행위로 본다면, 그 물권행위는 요식행위가 되고 만다. 그런데 요식행위가 되려면 당연히 법적 근거가 필요하다. 왜냐하면 물권행위가 엄격한 요식행위로 해석한다는 것은 물권행위를 제한한다는 의미가 되는데, 이렇게 법률행위를 제한하기 위해서는 법적 근거가 필요하기 때문이다. 그런데 우리 물권법상 어느 곳에도 물권행위를 요식행위로 해석할 만한 법적 근거가 존재하지 않는다. 더 나아가 등기신청행위의 실제 거래 모습 속에서도 문제가 있다. 예컨대 실제로 등기신청의 경우에는 법무사가 등기권리자와 등기의무자의 대리인으로서 즉, 쌍방대리인으로서 등기를 신청하는 것이 일반적이다. 그런데 등기신청행위가 물권행위가 된다면 물권행위에 대해서도 쌍방대리를 인정하는 것이 된다. 과연 물권행위에 대해서 쌍방대리를 허용할 수 있는 것인가. 우리 물권법 어느 곳에서도 물권행위에 대해서 쌍방 대리가 가능하다는 근거를 찾을 수 없다. 따라서 새로운 시도로서 시사해 주는 바가 크지만, 등기신청 행위를 곧바로 물권행위로 해석하는 것은 정당한 것으로 여겨지지 않는다.

동산물권변동과 관련된 문제들은 방대하고, 그 연구의 성과도 민법의 다른 어떠한 분야보다 뛰어난 것으로 여겨진다. 예컨대 부동산물권변동과 관련한 많은 연구가 이루어진 쟁점들로서는 물권행위의 개념과 그 구성요소[17], 물권행위의 독자성과 무인성론[18], 부동산물권변동으로서의 공시방법으로서의 등기와 관련한 특수한 문제들인 미등기매수인의 법적 지위, 이중보존등기, 중간생략등기, 무효등기유용 등을 들 수 있다. 이러한 문제들은 하나하나가 중요한 논제들로서, 그 중요성 만큼이나 논쟁도 많은 것들이다. 비록 이러한 모든 문제들이 이곳에서 다루고자 하는 연구과제의 범주속에 포함되는 것이지만, 이 글에서는 이러한 문제들을 모두 심층적으로 검토할 수는 없으며, 또한 이러한 검토는 연구자의 능력의 범위를 넘는 것이다. 따라서 이 글에서는 이상의 논제들 중에서 한국 민법학에 대한 회고와 전망이라는 학회의 원래 취지에 따라 학설사적인 의미가 있는 것과 주목해야 할 판례가 있는 것들을 선택하여 간략하게 검토해 보고자 한다. 검토할 순서는 부동산 등기와 공시와 직접 관련된 문제들로

---

17) 물권행위의 구성요소에 대해서는 곽윤직, 「부동산물권변동의 연구」(박영사, 1968), 39면 이하; 이영준 "물권행위의 구성요소", 「손해배상법의 제문제」(황적인교수화갑기념논문집)(박영사, 1990), 707면 이하; 정옥태, "물권행위와 구성요소", 「고시계」 1991. 1, 127면 이하; 홍성재(주 11), 244면 이하 참조.

18) 물권행위의 독자성과 무인성에 대한 연구 문헌은 언급할 수 없을 정도로 많다. 대략 몇가지만 열거하면 다음과 같다. 고상룡, "물권행위의 독자성과 무인성론의 재검토", 「고시계」, 1981년 1월호, 4월호, 5월호; 곽윤직(주 17), 47면 이하; 김용한, "물권행위의 독자성이론", 「재산법의 과제와 판례」(박영사, 1989); 김증한, "물권행위론", 「민법론집」(박영사, 1980); 양창수, "물권행위의 독자성론", 「고시계」 1991년 7월호; 이영섭, "물권행위의 독자성", 「법조」 1960년 7월호; 장경학, "물권행위와 독자성과 무인성", 「현대민법론」(이광신박사화갑기념논문집), 1982; 정옥태, "물권행위의 독자성", 「고시계」1991년 7월호; 동, "한국민법상 물권행위의 무인성론", 「현대재산법의 제문제」(김기선박사고희기념논문집) (법문사, 1987); 홍성재(주 11), 222면 이하 참조.

국한하여, 먼저 제2절에서는 물권행위의 구성요소로서 등기(II), 제3절에서는 물권변동의 공시로서 등기(III), 제4절에서는 부동산등기의 특수한 문제들(IV), 제5절에서는 부동산등기와 공시상의 과제와 앞으로 나아갈 방향(V)을 검토해 보고 글을 맺고자 한다.

II. 물권행위의 구성요소로서 등기

1. 개 관

우리 민법 제186조에서는 부동산물권변동시에 의사주의를 취하던 구민법과는 달리 형식주의 내지 성립요건주의를 취하였다. 조선민사령에 의해 일본민법이 의용민법으로서 약 50여년 간 시행되는 동안 의사주의에 의한 물권의 거래질서가 나름대로 확립되었기 때문에 이러한 형식주의의 채택에 대한 부정적인 견해도 많았다[19]. 특히 민사법학회의 모태가 된 민사법연구회를 중심으로 학자들도 형식주의의 채택을 반대하였다[20].

---

19) 국회에서 의사주의에서 형식주의로 변경한 것과 관련된 국회의 논의 과정에 대해서는, 민법제정시의 속기록(제30호); 양창수, "부동산물권변동에 관한 판례의 동향", 「민사판례연구(X)」(박영사, 1988), 350면 이하; 이은영, "물권행위에 관한 이론적 논쟁", 「한국민법이론의 발전(1)」(박영사, 2001), 220면 이하; 홍성재(주 11), 202면 이하 참조.

20) 예컨대 이에 대한 의견을 집필했던 고김증한교수는 반대의견을 개진하였다. 그에 따르면, 우선 "1) 법률관계의 획일화 자체는 절대적 가치를 가진 것이 아니다. 2) 형식주의채용의 가부는 현재등기가 어느 정도로 여행되고 있느냐에 달려 있다. 3) 형식주의를 채용하려면 등기에 공신력을 인정하여야 한다"는 전제 아래, 이러한 전제에 따라 검토해 본 결과 형식주의 채용이 부당하다는 것이다. 예컨대 "현재의 등기이행의 실정으로 보아서는 형식주의 채용은 도리어 막심한 폐해를 초래하리라고 생각되며, 또 형식주의 채용에는 등기의 공신력이 따라야 하는데, 현재의 실정

상당한 반대에도 불구하고 입법가들은 물권변동의 요건으로 형식주의를 채택하여 현행 민법 제186조와 제188조와 같은 조항들을 규정하였다. 이러한 전환에 대해 여러 가지 해석이 있을 수 있지만, 입법자의 의사가 독일보통법시대의 titulus modus이론을 기초로 한 것이 아니라, 물권행위의 개념을 기초하였다고 해석된다[21]. 그러나 이에 반대하는 견해에서는 물권행위개념의 인정여부가 문제의 핵심이라고 지적하고 있다[22]. 통설적인 견해에 의하면 다음과 같은 이유로 민법은 물권행위개념을 인정하고 있다고 한다[23].

첫째로, 민법 제186조의 법률행위는 물권편에 있을 뿐만 아니라 채권행위로 인한 물권변동과 법률규정에 의한 물권변동을 나눈 것이 의미가 없어지므로 물권행위를 가리킨다고 한다. 둘째로, 의사주의에 대한 비판과 관련하여 속기록상의 채권계약과 물권계약의 분계가 확실하지 않다는 표현은 물권계약의 개념의 존재를 전제로 하고 있다고 볼 수 있다.

셋째로, 국회법사위의 민법안심의록 초안 제177조(현행 제186조)에는 오스트리아민법에 대해서는 참고조문에 소개하지 않고 있을 뿐만 아니라, 스위스민법 제656조를 소개하면서 원인행위의 공증에 관한 제657조, 등기의 효력에 관한 유인주의를 선언하는 제974조 등은 소개하지 않고 있다. 결국 민법은 성립요건주의 중에서도 독일민법과 같은 물권행위개념을 기초로 하고 있다고 볼 수 있다. 민법 부칙 제10조와 관련한 판례나 농지개혁법 제19조 2항 관련 판례 등에서 볼 수 있는 것과 같이 판례는

으로는 도저히 등기에 공신력을 인정할 수 없다는 결론을 얻었다."는 것이다. 이에 대해 자세한 것은 민사법연구회, 「민법안의견서」(일조각, 1957), 67면 이하 참조.
21) 정옥태, "물권행위와 공시방법", 「고시계」 1991.1, 122면.
22) 이영섭, "물권행위의 독자성", 「법조」 1960. 7, 19면 이하; 이호정, "부동산최종매수인의 최초매도인에 대한 등기청구권", 「고시계」 1981.7, 19면.
23) 곽윤직(주 17), 20면 이하; 이영준, 「물권법」(박영사, 2001), 63면 이하; 이은영(주 11), 119면 이하; 정옥태(주 21), 122-123면.

물권행위의 개념 자체에 대해서는 인정하고 있다[24]. 프랑스민법은 물권
행위의 개념을 전제로 하지 않기 때문에 타인의 권리매매는 금지된다(제
1599조C.c.). 그러나 우리 민법은 제568조에서 매도인은 매수인에 대하여
매매의 목적이 된 권리를 이전하여야 한다고 규정하고 있으므로, 매매계
약 외에 물권행위가 있어야 소유권이전이 이루어진다고 할 수 있다. 그러
나 민법상 물권행위의 개념을 인정하는 견해들에서도 물권행위의 구성요
소에 대해서는 학설이 첨예하게 대립되고 있다.

2. 물권행위의 구성요소로서 등기에 대한 학설

우리 민법상 물권행위를 인정할 때 그것을 구성하는 요소, 즉 물권적
의사표시와 등기와의 관계를 어떻게 이해할 것인가에 대해서는 민법이
제정된 초기부터 첨예하게 대립되었다. 예컨대 물권행위는 물권적 의사
표시와 공시방법인 등기나 인도를 포함하는 것이라는 견해와 물권변동을
목적으로 하는 물권적 의사표시만을 의미하며, 등기를 효력발생요건 혹
은 또 다른 중요한 요건이라고 해석하는 견해가 대립되었다.

가. 물권적 의사표시와 등기가 결합되어 있다는 결합설

하나의 물권행위는 물권적 합의와 공시방법인 등기가 결합되어 이루어
진다는 견해이다[25]. 이에 대한 논거로서 첫째로, 형식주의하에서 물권행
위는 연혁적으로 물권적 의사표시와 등기나 인도를 포괄하는 개념으로

---

24) 대판 1966.9.27, 66다1612; 대판 1967.9.19, 67다1352; 대판 1977.10.11, 77다867등
   다수.
25) 강태성, 「물권법」(대명출판사, 2000), 103면; 이영준(주 23), 81면; 장경학, 「물권법」
   (법문사, 1988), 167면; 홍성재(주 11), 246면.

출발하였다. 만약 물권행위와 물권적 의사표시가 동의어라고 한다면, 물권적 의사표시 외에 따로 물권행위 개념이 필요하지 않다. 나아가 채권행위 이외에 물권적 의사표시에 대한 개념조차도 필요 없다. 이점을 간과한 것은 구민법시대의 의사주의 하에 전개된 이론을 답습한 것이라고 볼 수 있다. 둘째로, 물권적 의사표시만으로는 현행법상 물권변동의 효력이 발생될 수 없으므로 등기는 물권적 의사표시와 분리되어 존재할 수 없다. 다시 말해서 물권행위는 물권변동을 현실로 발생할 수 있어야만 의무이행의 문제가 남지 않게 되는데, 이것은 등기나 인도가 행해져야만 가능하다. 셋째로, 법률행위는 의사표시 이외에 법인설립시 주무관청의 허가를 요건으로 하는 것과 같이 주무관청의 인가나 허가 등 다른 사실을 구성요소로 할 수 있다. 즉 물권행위속에 여러 요소를 포함할 수 있기 때문에 의사적 요소와 사실적 요소로서의 성질을 그대로 유지할 수도 있다. 따라서 각각의 성립요건이나 성립시기, 효력 등이 분리되어 나타낼 수도 있다. 넷째로, 결합설은 공시방법이 물권적 합의와 결합되어 일체로서 행하여진다는 의미가 아니고, 때로는 물권적 합의의 시기와 효력을 등기와 분리하여 판단할 수도 있다는 것이다.

나. 효력발생요건설

일반적인 법률행위와 마찬가지로 물권행위의 요건에는 성립요건과 효력발생요건으로 분류할 수 있다. 이러한 분류에 따라 물권적 합의는 성립요건, 공시방법인 등기를 효력발생요건이라고 전제한다면, 물권적 합의만을 물권행위의 요소로 보고 등기나 인도는 물권행위의 효력발생요건이라고 보는 견해이다[26]. 이러한 견해의 논거로는 다음과 같다. 첫째로, 법률

---

26) 김증한·김학동, 「물권법」(박영사, 1997), 47면; 김용한, 「물권법」(박영사, 1993), 76면; 윤철홍, "물권적 기대권과 공시방법", 「비교사법」 제11-1호, 2004, 177면.

행위에 기한 법률효과가 발생하기 위해 요구되는 법률사실이 모두 법률행위의 구성요소가 되는 것은 아니다. 둘째로, 물권적 의사표시만으로 물권변동의 효과가 발생하지 않는다고 해서 물권행위로 취급할 수 없는 것은 아니다. 왜냐하면 법률행위에는 성립요건과 효력발생요건을 구별할 수 있기 때문에 물권행위가 성립되었지만 효력이 발생되지 못하는 경우도 존재할 수 있다. 셋째로 등기부에 기재하는 행위를 의미하는 등기는 등기공무원이 행하는 공법상의 국가행위인데, 그것이 사법상의 법률행위의 일부를 이룬다는 것은 타당치 않다. 특히 공법상의 행위인 등기에 관해서는 계약이나 법률행위에 관한 규정들이 적용될 여지가 없다. 넷째로, 물권적 합의와 등기 사이에 상당한 시간적 간격이 있는 경우가 많은데, 물권적 합의는 있었지만 아직 등기되지 않은 단계에 있는 자의 법적 지위를 단순히 채권계약만 있는 경우를 구별하기 위함이다. 다섯째로 물권적 의사 표시와 등기와의 사이에서 물권적 의사표시에 하자가 있으면 등기 전에도 그 무효 또는 취소를 주장할 수 있어야만 한다. 여섯째로, 단순히 채권행위만 있는 단계와 이미 물권적 의사표시가 있는 때와는 그 법률관계를 구별하는 것이 논리적으로 타당하다. 이를 위해서는 물권적 의사표시만으로 물권행위라고 해석하여야할 것이다.

다. 별개의 요건설

물권적 합의만을 물권행위의 요소로 보고 등기는 물권행위와 전혀 무관하게 법률이 요구하는 물권변동의 또 하나의 요건이라는 견해이다[27]. 이에 대한 근거로서는 첫째로 형식주의하에서 등기를 경료한 경우에 물권변동을 생기게 하는 것은 입법 정책적인 문제이지 효력발생요건이 아

---

27) 곽윤직(주 17), 62면; 김상용, 「물권법」(법문사, 1999), 97면; 이은영(주 11), 130면.

니라는 것이다. 예컨대 우리 민법 제186조도 등기를 물권행위의 효력이
아닌 물권변동의 효력요건으로 규정하고 있다. 둘째로 등기와 인도라는
공시방법은 물권행위의 형식이나 증명, 공증이 아니라 물권행위와 동등
한 요건으로서 물권행위로부터 독립된 것이라는 점이다. 결합설에 대한
비판은 앞서 언급한 효력발생요건설에서와 동일하다.

라. 검토 및 사견

(1) 물권적 의사표시에 등기까지 포함되어야 한다고 하는 견해는 물권
행위, 즉 법률행위가 있으면 언제나 그 법적 효과가 발생해야 한다는 것
을 전제로 하고 있다. 그러나 법률행위를 성립요건과 효력발생요건으로
구별할 수 있고, 실제로 성립요건과 효력발생요건이 구별되기도 한다. 따
라서 물권행위가 성립되었다 하더라도 물권변동이 발생하지 않을 수 있
고, 이러한 경우라고 해서 그 법적 성질이 달라지는 것은 아니다.

(2) 물권적 의사표시와 공시방법을 합한 것이 물권행위라는 견해에 대
해 등기는 공법상의 국가행위인데, 그것이 사법상 계약의 일부를 이룬다
면 그만큼 사적 자치가 제한되므로 이론상 가능하다고 하더라도 매우 부
자연스럽다. 또한 계약에 관한 규정들은 합의에만 적용될 수 있고 등기에
는 적용될 수 없다는 점과 합의와 등기 사이에는 상당한 시간적 거리가
있을 수 있는데, 합의만으로 법률행위가 성립될 수 없는 것이라면 합의에
하자가 있을 때 취소 또는 무효를 주장할 수 없게 된다.

(3) 합의가 있으나 아직 등기를 하지 않았을 때에 물권적 합의만이 물
권행위라고 볼 수 있다면, 이러한 관점에서는 물권적 기대권을 인정하여
매수인을 보호할 수도 있다. 더 나아가 물권적 의사표시와 공시방법을 합
한 것이 물권행위라는 견해 중에서도 물권변동과 관련하여 물권적 의사

표시가 공시방법 보다는 중시되어야 한다는 점을 강조하는 견해[28]가 있는데 이와 같이 의사표시를 공시방법보다 중시해야 한다는 점과 물권적 합의는 물권계약의 성립요건이며, 인도나 등기는 물권계약의 효력발생요건이라고 하는 것이 등기나 인도의 법적 지위를 설명하는데 명료하다. 따라서 이상에서 살펴본 바와 같은 이유로 효력발생요건설이 상대적으로 타당하다고 생각한다.

III. 부동산물권의 공시방법으로서 등기상의 문제들

1. 개 설

부동산물권변동의 공시수단으로서 등기는 형식주의를 취하고 있는 우리 민법의 체계상 효력발생요건으로서 중요한 의미를 지니고 있다. 원래 등기란 등기공무원이 등기부에 부동산물권변동에 관한 일정한 사항을 기재하여 공시하는 것 혹은 기재 그 자체를 의미한다. 이러한 등기가 유효하기 위해서는 등기공무원이 구체적으로 등기를 실행해야만 한다. 따라서 등기당사자들이 등기를 신청했다고 하더라도 등기공무원이 등기를 실행하지 않으면 등기의 효력이 발생하지 않음은 당연하다[29]. 다시 말해서 등기가 물권행위의 구성요소로서 그 효력을 발생시키기 위해서는 이상과 같은 부동산등기법에 의해 요구되는 절차상의 요건을 구비해야 함은 물론 물권행위와 그 내용에서도 부합되어야만 한다. 즉 절차법적 요건과 실

---

28) 이영준(주 23), 81면.
29) 대판 1971.3.24, 71다105.

체법적 요건을 구비해야만 등기로서 효력이 발생하게 된다. 따라서 등기의 성립과정상의 하자나 등기 후 절차상의 하자30), 실체적 진실과 부조화31), 등기자체의 무효 등으로 인하여 다양한 문제들이 발생한다.

부동산물권의 효력발생요건과 공시방법으로 요구되는 등기는 법이론상이나 입법제도상의 문제뿐만 아니라 운용상 여러 가지 문제들을 내포하고 있다. 우선 가장 기본적인 문제로 등기청구권을 들 수 있다. 물권행위의 개념의 인정여부와도 밀접하게 관련되어 있는 등기청구권의 발생원인과 법적 성질 등에 대해 학설이 첨예하게 대립되고 있다. 실제 부동산 거래에서 발생되는 분쟁의 해결방안으로서 판례는 후술한 바와 같이 이러한 견해의 대립을 반영한 것으로 추측된다. 또한 등기주의를 취하고 있음에도 불구하고 50년 이상 의사주의가 시행된 관계로 민법 시행 후 40년이 지났고, 그 동안 수 차례 '부동산소유권이전등기 등에 관한 특별조치법'32)에 의해 등기를 촉구해 왔지만 아직도 미등기 상태로 있는 부동산이 존재하고, 더욱이 부동산등기특별조치법에서 잔금 지급 후 60일 이내만 등기하면 되도록 규정하고 있기33) 때문에 시간의 장단의 차이는 있겠

---

30) 예컨대 후술하는 바와 같은 이중 보존등기와 같은 것이다.

31) 등기의 실체적 유효요건이라 할 수 있는 등기가 물권행위와 내용이 일치하지 않는 것으로 원칙적으로 무효가 될 것이다(대판 1967.12.19, 67다1250). 그러나 현실적으로 많이 발생하는 중간생략등기와 같은 경우에는 일률적으로 무효라고 할 수 없다.

32) 법률 제3094호(1977.2.31) 등 수 차례 같은 취지의 법이 제정되었다. 그러나 아직도 미등기가 존재하여 법률 제7500호(2005.5.26)로 또 다시 제정되어 2007년 12월 31일까지 한시법으로 시행되고 있다.

33) 부동산등기특별조치법(법률 제4244호) 제2조 제1항에서는 "부동산의 소유권이전을 내용으로 하는 계약을 체결한 자는 다음 각 호의 1에 정하여진 날로부터 60일 이내에 소유권이전등기를 신청하여야 한다. 다만 그 계약이 취소·해제되거나 무효인 경우에는 그러하지 아니한다"고 규정하고 있다. 따라서 당사자가 서로 대가적 의미의 채무를 부담하는 경우에는 반대급부의 이행이 완료된 날로부터, 그리고 일방만이 채무를 부담하는 경우에는 그 계약의 효력이 발생한 날로부터 60일 이내에 등기를 신청하면 된다.

지만, 거의 모든 부동산이 미등기상태를 경험할 수밖에 없다. 이 때 미등
기매수인을 비롯한 미등기 부동산취득자의 법적 지위가 문제된다. 또한
부동산등기 절차상의 하자나 실체적 진실과 등기 내용이 일치하지 않고
있는 것들에 대한 문제인 이중 보존등기나 무효등기유용의 문제, 더 나아
가 중간생략등기나 명의신탁의 문제도 이와 관련하여 논의되어야 할 테
마들이다[34].

2. 미등기매수인의 법적 지위

가. 문제의 소재

우리 민법 제186조에 의하면 물권적 합의와 등기가 있어야만 물권변동
의 효력이 발생한다. 따라서 수개의 요건 중 거의 모든 요건을 충족했다
하더라도 등기를 하지 않은 경우에는 물권변동의 효과가 발생할 수 없다.
그런데 실제 거래상에서는 매수인이 잔금을 지급하고 60일 이내에 등기
를 경료하면 되기 때문에 잔금 지급전에 소유권이전등기를 경료하지 않
는 한 시간에 장단은 있을지 몰라도 거의 모든 부동산 거래에서 미등기매
수인의 법적 지위가 문제될 수밖에 없다. 따라서 원칙만을 강조할 수 없
는 것이 현 부동산 거래 실정이다. 즉, 미등기매수인을 꼭 권리 위에 잠자
는 자라고 비난 할 수 없는 것이고, 잔금지급 후 60일이 지나지 않는 한
위법한 것이 아니기 때문에 법의 보호로부터 배제되어야 하는 것도 아니
다. 이런 이유 때문에 학자들은 이 미등기매수인을 법적으로 어떻게 보호

---

34) 그러나 이러한 주제들은 앞에서도 언급한 바와 같이 모두가 한편의 논문을 구성해
도 될 쟁점이 많은 큰 주제들로서 여기서는 문제점 중심으로 간략하게 논구해 보고
자 한다. 특히 명의신탁에 대해서는 '부동산실권리자명의 등기에 관한 법률'에 의
해 규율되고 있기 때문에 별도로 언급하지 않고자 한다.

하고, 이러한 보호시 보호이론을 어떻게 구성해야 할 것인가에 대하여 많은 논의가 행해졌다. 이에 대한 논의도 물권행위의 독자성만큼이나 활발하게 전개되었으며, 현실적인 문제와 직접 관련되어 있어 도외시 할 수 없는 사안이기도 하다.

나. 학설

미등기매수인의 법적 지위에 대해서는 다양한 견해가 개진되었다. 우선 물권적 기대권설이 있으며, 매각되어 인도된 물건의 항변권이 발생한다는 항변권설, 사실상 소유자로서 보호해야 한다는 사실상 소유권설, 민법 제213조의 정당한 점유자로서 순수한 채권적 지위를 지니고 있다는 채권설 등으로 나눌 수 있다.

(1) 물권적 기대권설

(가) 권리취득의 법률요건이 수개의 법률사실로 구성되어 있는 경우에 그 권리를 취득하기 위하여 필요한 법률요건의 전부는 아직 실현되지 않았으나, 이미 몇 개의 요건들이 성립되어 있으면 권리의 전단계에 도달한 것으로 볼 수 있다. 이와 같이 완전한 권리(Vollrecht)로 발전해 가고 있는 과정의 법적 지위가 기대권이며, 완전한 권리가 물권인 경우에는 물권적 기대권(dingliches Anwartschaftsrecht)이라고 한다[35]. 물권적 기대권은 완전한 물권에는 도달하지 못한 전단계에 있는 권리로서 물권과 채권의 중

---

35) 윤철홍, "물권적 기대권론", 「한국민법이론의 발전(1)」(박영사, 2001), 214면 이하. 이에 대한 국내 문헌 및 연구 성과들로서는 김용진, "물권적 기대권", 단국대학 「법학논총」 제4집, 1963 15면 이하; 최종길, "물권적 기대권", 「사법행정」 1965.2-6.; 김증한, "물권적 기대권", 「민법론집」(박영사, 1980), 111면 이하; 정옥태, "물권적 기대권", 「사법연구」 제1권(1992), 65면 이하 참조.

간적 권리이며, 그 효력 역시 아직은 완전한 물권이 아니고, 그 보다 약한 것이라고 할 수 있다. 그러나 근래 학설은 물권적 기대권을 될 수 있는 대로 완전한 물권과 동일하게 취급하려는 방향으로 나아가고 있다[36].

(나) 물권적 기대권의 인정여부와 관련하여 먼저 긍정론의 근거는 다음과 같다[37].

1) 우리 사회의 법의식과 부합된다는 것이다. 즉 매매계약을 체결한 것만으로는 부동산소유권을 취득한 것으로 보지 않으나, 매매대금을 완납하고 등기서류를 교부받으면 등기이전을 하지 않더라도 부동산의 소유권을 취득한 것으로 의식하는 것이 보통이다. 이러한 사실은 '부동산소유권이전등기 등에 관한 특별조치법(1977년, 법률3094호)'이나 '임야소유권등기이전 등에 관한 특별조치법(1969년, 법률211호)'에서도 나타나고 있다[38].

2) 등기를 하지 않은 취득자를 죄악시하고, 법의 보호로부터 배제해야 할 필요는 없다.

3) 권리의 취득요건이 수개의 사실로 구성되어 있는 경우에 권리의 전단계에 있는 권리 또는 생성중인 권리도 재산적 가치를 가지며, 권리로서 보호하고 인정할 필요가 있다.

(다) 이러한 긍정론의 근거에 대한 비판적인 견해의 근거들은 다음과 같이 요약할 수 있다[39].

1) 물권적 기대권은 독일의 학설과 판례를 통해서 이루어진 것으로서

---

36) 윤철홍, 「물권법강의」(박영사, 1998), 85면.

37) 윤철홍(주 36), 86면; 윤철홍(주 35), 242면 이하 참조.

38) 이밖에도 '분배농지소유권이전등기에 관한 특별조치법(1961. 법률 제613호)', '수복지역내 소유자 미복구토지의 복구등록과 보존등기 등에 관한 특별조치법', 지방세법 등에서 '사실상 소유권 혹은 소유자'로 표현하고 있다. 이에 대해 자세한 것은 윤철홍(주 35), 249면.

39) 강태성(주 25), 209면; 곽윤직, 「물권법」(박영사, 1999), 146면; 이은영(주 11), 97면; 이영준(주 23), 68면.

우리 민법의 물권변동에 관한 설명으로는 타당하지 못하다. 왜냐하면 부동산소유권이전에 대한 합의인 독일의 Auflassung은 엄격한 방식에 따라 행해지고, 기타 여러 요건이 많기 때문에 물권적 기대권의 유효성이 높으나, 우리 민법상의 물권적 합의는 그 유효성을 보장하는 정도가 미약하기 때문이다.

2) 우리 민법은 물권변동에 형식주의를 취하고 있으므로 부동산물권변동은 등기를 해야 함에도 불구하고 이러한 원칙을 따르지 않는 자를 적극적으로 보호할 필요가 없다.

3) 물권과 유사한 권리로서 물권적 기대권은 배타적인 권리이기 때문에 어떠한 형태이든 공시방법을 갖추어야 하는데, 공시방법을 갖추지 못하고 있다.

(라) 물권적 기대권을 인정할 때 그 실익의 존재여부가 문제된다. 물권적 기대권을 인정하는 경우에는 대략 다음과 같은 실익이 있다고 본다[40].

1) 우리 사회일반의 법의식에 보다 더 가까워진다. 우리 민법이 물권변동에 형식주의를 취하여 등기를 해야만 하나 거래의 현실은 여러 가지 이유 때문에 미등기로 되어 있는 사례가 많다는 것이다.

2) 모든 원인으로부터 생기는 창설적 등기의 등기청구권이 물권적 기대권의 효력으로서 발생한다고 일원적으로 설명할 수 있다. 즉 등기청구권에 대한 설명이 간단하고 명료해 진다.

3) 물권적 기대권에 의하면 소위 중간생략등기 역시 훨씬 간명하게 설명될 수 있으며, 종래와 같이 중간자의 동의를 요한다고 할 필요가 없다.

(2) 항변권설

부동산의 매수인이 목적물을 인도 받았으나 아직 이전등기를 갖추지

---

40) 김증한·김학동(주 26), 93면; 윤철홍(주 36), 86-87면 참조.

않은 상태에서 매도인이 그 매매계약이 유효함에도 불구하고 등기부상 소유자임을 이유로 소유물반환청구권을 행사한 경우에 매수인에게 로마법상의 '매도되어 인도된 물건의 항변'(exceptio rei venditae et traditae)의 법리를 도입하여 이 항변권을 가지고 반환을 거절할 수 있다는 견해이다41). 이 견해는 법적 근거를 민법 제213조의 단서 '점유할 정당한 권리'에서 찾고 있다. 즉 매도인은 부동산의 점유이전의무를 지게 되므로 매수인은 민법 제213조 단서의 점유할 정당한 권리를 갖고 있다는 것이다. 이 항변권의 적용범위에 대해서는 부동산소유권이전을 목적으로 하는 매매나 증여, 교환 등 채권행위가 유효한 경우에 한하여 인정된다는 것이다. 더 나아가 매매계약은 유효하지만 매도인이 등기명의에 불구하고 무권리자로 밝혀진 경우에도 이 항변권이 인정된다고 한다. 이 견해는 미등기매수인을 물권적 기대권을 가지고 두텁게 보호할 필요가 없으며, 독일에서와 달리 우리 현행민법에서 미등기매수인의 지위가 그렇게 확고하지 않다는 점을 들어 물권적 기대권설을 비판하였다.

(3) 채권설

매수인이 대금을 완불하고 등기서류를 교부받은 다음, 부동산을 인도받아 사용, 수익하고 있다고 하더라도 등기를 하지 않는 한, 매수인은 소유권과 유사한 물권법적 지위를 취득하지 못하고 단순한 채권자로서의 지위만을 가진다는 견해이다42). 미등기매수인이 점유하고 있는 물건에 대하여 매도인의 채권자가 강제집행을 하는 경우에, 그 법률상 소유자는 아직 매도인이므로 채권자에 불과한 매수인은 제3자 이의의 소를 제기하

---

41) 곽윤직(주 39), 145면; 곽윤직, "exceptio rei venditae et traditae의 현대적 관용", 서울대 「법학」 9권 1호, 136-156면.
42) 이영준(주 23), 68면.

지 못한다. 매도인은 매수인에게 매매목적물의 점유를 이전할 의무를 지므로 이에 기하여 매수인은 부동산을 인도받아 사용, 수익하고 있는 것이므로 그 목적부동산을 점유할 권리를 가진다고 한다. 매도인이 그 부동산의 반환을 청구하면 매수인[43]은 민법 제213조 단서의 '점유할 권리'를 가지고 반환을 거부할 수 있으며, 항변권설이 주장하는 것처럼 구태여 로마법상의 항변을 강조할 필요는 없다고 한다. 그리고 물권적 기대권은 물권유사의 배타적 권리이므로 어떠한 형태이든 공시방법을 갖지 않는 한 이를 인정할 수 없다고 한다[44]. 다만 처분권에 관하여는 매수인이 매매대금을 완불하고 인도받아 사용, 수익하고 있는 경우에는 그 부동산을 법률상 또는 사실상 처분할 수 있는 처분권을 가진다고 한다. 매수인이 제3자에게 전매하면 제 3 자는 매수인을 대위하여 매도인에 대하여 이전등기를 청구할 수 있다고 한다. 매수인이 그 부동산을 계속 점유하고 있으면, 그 소유권이전등기청구권은 소멸시효가 진행되지 않는다고 한다.

(4) 사실상 소유권설

미등기매수인을 매도인과의 관계에서 대금을 완납하고 점유를 이전받은 경우에 한하여 사실상 소유자로서 지위를 가진다는 견해이다[45]. 여기서 사실상 소유자는 법률상 소유자에 대비되는 표현으로서 그가 법적으로 소유권을 취득하지 못했음을 의미한다. 사실상 소유자라고 해서 그가 법적으로 인정받는 채권자의 지위가 높아지는 것은 아니고, 단지 채권자

---

43) 매수인으로부터 부동산을 승계받은 자도 포함된다.
44) 동산의 소유권유보부 매매에 있어서는 매수인이 매매대금을 완불하면 소유권을 취득한다는 물권적 기대권을 인정하는데, 여기서는 동산물권변동의 공시방법인 인도가 이미 매수인에게 갖추어져 있으므로 부동산매수인의 경우와 사정이 다르다고 한다. 이영준(주 23), 68면.
45) 이은영(주 11), 100면.

이지만 점유를 이전받은 부동산매수인의 독특한 지위를 다른 표현으로 부르는 것뿐이다. 사실상 소유권은 사실혼과 유사한 측면을 가진다. 법률혼의 성립요건인 혼인신고를 하지 않아 법률상 부부가 되지는 못했지만, 혼인의 사실적 측면인 부부공동생활을 영위하고 있고 사회적으로도 부부로서 인정되므로 학설과 판례는 이러한 부부를 사실혼배우자로서 인정하고 최소한의 법적 효과를 부여한다. 사실혼의 법리는 주로 혼인관계의 부당파기를 막고 사실혼배우자의 손해배상청구를 위하여 마련되었다46). 그러나 사실상 소유권은 미등기매수인에게 어떤 권리를 부여하기 위한 목적보다는 미등기매수인에게 세금 등을 부과하기 위하여 사용되는 개념이라는 점과 현재의 사실상태를 표현하려는 의도에서도 이용된다는 것이다.

미등기매수인은 소유권의 사실적 권능을 이미 보유하고 있기 때문에 사실상 소유자로 부른다고 한다. 소유권이 갖는 물건에 대한 사실적 지배권능인 물건에 대한 점유, 사용, 수익을 이미 매수인이 차지하고 있으며, 그 권능은 불법적인 것이 아니라 매도인에 대한 관계에서만 주장할 수 있는 채권자에 불과하고, 물권자가 아니므로 제3자에 대한 관계에서는 주장할 수 없다. 만약 제3자가 미등기매수인의 권리를 고의로 침해한 경우에 그것은 제3자의 채권침해에 해당하여 그 제3자는 피해자인 미등기매수인에 대하여 손해배상의무를 지게 되는 동시에 매도인의 침해행위는 형법상 배임죄 또는 횡령죄를 구성하게 된다47). 이러한 사실상의 소유자라는 개념은 특별법과48) 판례49)에서 사용되고 있다.

---

46) 이은영(주 11), 100면 각주 21번 참조.
47) 이은영(주 11), 101면.
48) 부동산실권자명의등기에 관한 법률 제2조 1호에서는 부동산에 관한 소유권을 '사실상 취득한 자'라고 표현하고 있다.
49) 대판 1976.11.6, 76다148.

다. 판례

미등기매수인의 법적 지위에 대한 법원의 태도는 분쟁해결의 지침으로서 중요한 의미를 지니고 있다. 그러나 이와 관련한 대법원의 태도가 분명한 것은 아니다. 명확하지는 않지만 물권적 기대권설의 관점에서 접근하고 있는 것으로 이해할 수 있는 태도를 보여 주고 있다. 예컨대 대법원은 "농지의 매매는 본조 제2항 소정의 소재지 관서의 증명이 없는 이상, 그 소유권이 적법하게 매수인에게 이전되는 효력이 생길 수는 없으나 매도인이 매수인에게 매매계약의 이행방법으로 그 점유를 이전하였다면 매수인의 점유는 그 매도인에 대한 관계에 있어서는 권원 없는 것이라고는 할 수 없다"고 판시한50) 바 있으며, 또한 "부동산의 소유권을 이전할 것을 목적으로 하는 계약이 있고, 그 계약당사자 사이에 등기청구권의 실현에 아무 법률상 지장이 없고, 등기의무자가 그 의무이행을 거절할 정당한 사유가 없으며, 양도인이 그 계약에 터 잡아 양수인으로 하여금 사실상 그 목적 부동산에 대한 전면적 지배를 취득케 하여 양도인에 대한 관계에서 양수인은 소유권 개념으로서 통합되어 그 실질적 내용을 이루고 있는 사용, 수익, 처분 등 모든 권능을 취득한 상태에 이른 경우에 특별한 사정이 없는 한 법적으로도 양도인과 양수인 사이의 실질적 관계를 외면할 수 없다. 이 상태에서 양당사자간의 관계를 상대적으로 다루는 데 있어서는 등기 전이라도 소유권은 실질적으로 양수인에게 옮겨져 있는 것으로 해도 무방하다. 따라서 등기가 양당사자의 실질적 관계에 상응하는 것이라면, 그 등기가 등기의무자의 신청에 의하지 아니한 하자가 있더라도 유효이다"고 판시하고51) 있다. 특히 최근에는 부동산매수인이 부동산을 인도받아 용익하다 그 부동산을 제3자에게 처분하고 인도한 경우에도 매수인

---

50) 대판 1971.3.23, 71다290.
51) 대판 1978.8.22, 77다 343

이 계속 용익하는 것과 달리 취급할 이유가 없으므로 매수인의 등기청구권은 소멸시효로 소멸하지 않는다고 한다. 이에 따라 매수인은 매도인에 대해 소유권이전등기청구권을 행사하여 자신의 명의로 이전등기를 한 후에 제3자에게 이전등기를 해줄 수도 있다[52].

라. 검토 및 사견

미등기매수인은 부동산 거래에서 현실적으로 발생할 수밖에 없고, 미등기상태가 60일 이내라면 위법한 것이 아니다. 또한 60일이 초과되었다고 하더라도 사법상의 효력에는 영향이 없고, 과태료만 부과받게 된다. 따라서 미등기매수인의 법적 지위에 대해 적극적으로 보호해야 할 어떤 법적 조치를 강구해야 할 것은 아니지만, 소극적으로는 보호되어야 한다고 생각한다. 예컨대 사실혼배우자를 제한적으로 보호하고 있는 것과 같은 관점이다. 이러한 관점에서 보면 사실상 소유권설이 이러한 법적 지위를 설명하고 있는 것으로 이해할 수 있지만, 사실상 소유권설은 그 법적 지위를 채권으로 보고 있다는 점에서 유사 물권으로 이해하는 물권적 기대권과는 다르다. 항변권설과 사실상 소유권설은 채권설과 같은 맥락에서 미등기매수인의 법적 지위를 채권으로 보고 있는데, 법적 지위가 단순한 채권이 아니라는 점에 문제가 있다.

물권적 기대권의 인정여부에 대해 학설이 첨예하게 대립하고 있으나, 최근에는 부정설이 유력하다[53]. 원래 부동산의 매수인이 대금을 완납하고 등기서류를 교부받고 등기만을 하지 않고 있는 경우 물권을 갖는다고 할 수는 없지만, 그렇다고 해서 순수한 채권만을 가지고 있다고 할 수 없다. 따라서 매수인이 가지고 있는 권리는 채권과 물권의 중간적인 것으로

---

52) 대판 1999.3.18, 98다32175.
53) 주 39번 참조.

서, 물권에는 절차상 미달한 권리이나 매수인은 최소한 앞으로 물권을 취
득할 기대는 가지고 있으므로 법적으로 보호할 필요가 있으며, 매수인 역
시 이것을 주장할 수 있어야 한다.

　판례에서 확인할 수 있듯이 미등기매수인이 점유를 하고 있는 경우에
는 소유권이전등기청구권은 소멸시효에 걸리지 않으며, 제3자에게 미등
기상태로 처분한 경우에 제3자는 채권자대위권을 통해 등기청구권을 행
사할 수도 있다. 다시 말해서 미등기매수인의 지위의 본질은 단순한 채권
이 아니라, 물권과 유사한 권리라고 볼 수 있기 때문에 물권적 기대권으
로 이해하는 것이 상대적으로 적합한 것이라고 여겨진다.

3. 등기청구권

가. 등기청구권의 의의[54]

　등기청구권은 우리 민법이 등기신청시에 공동신청주의를 취하고 있는
관계로 발생되는 것인데, 등기권리자가 등기의무자에 대하여 등기신청에
협력해 줄 것을 청구하는 권리이다. 그러나 등기청구권의 법적 성질과 발
생원인에 대해서는 이원설[55]과 다원설[56]이 대립되고 있다. 이원설은 등

---

54) 등기청구권에 대한 연구 문헌들로서는 곽윤직, 부동산물권변동의 연구(주 17), 77
　　면 이하; 곽윤직, "부동산매수인의 소유권이전등기청구권의 법률적 성질 및 그것
　　이 시효로 소멸하는지 여부", 서울대 「법학」 제19권 2호, 1979; 김황식, "등기청구
　　권에 관한 연구(1)", 「사법논집」 제11집; 이범주, "등기청구권과 등기수취청구권",
　　「재판자료」 제43집(등기에 관한 제문제), 1988; 이호정, "부동산의 최종매수인의
　　최초매도인에 대한 등기청구권", 「고시계」, 1981년 1월호; 윤기택, "등기청구권",
　　「한국민법이론의 발전(1)」(박영사, 1999), 262면 이하; 정옥태, "등기청구권에 관한
　　일고찰", 「사회과학논집 제5집)」(전남대, 1980); 홍성재(주 11), 279면 이하 참조.
55) 김증한·김학동(주 26), 97면.
56) 곽윤직(주 39), 191면.

기를 창설적 등기와 정정적 등기로 나누어 그 법적 성질을 설명하고 있는데 반하여, 다원설은 법률행위에 의한 물권변동시의 등기청구권, 취득시효의 경우의 등기청구권, 그리고 부동산임차권과 부동산환매권의 등기청구권으로 나누어 법적 성질을 설명하고 있다. 이원설에 따르면 창설적 등기의 경우에 등기청구권은 채권계약의 효력으로서 발생하기도 하지만, 물권적 기대권의 효력에 의해서도 발생한다고 해석하고, 실체관계와 등기가 일치하지 않을 경우의 등기인 정정적 등기의 경우에 등기청구권은 물권의 효력으로서 생기는 것으로 그 성질은 언제나 물권적 청구권이라는 것이다[57].

이에 반해 다원설은 법률행위에 의한 등기청구권과 취득시효에 의한 등기청구권은 채권적 청구권이라는 견해[58]와 물권적 기대권으로 해석하는 견해가[59] 대립되고 있다. 그러나 부동산임차권의 경우는 민법 제621조 제1항이 부동산임차인의 등기청구권을 규정하고 있어 이것의 법적 성질은 순수한 채권이다. 또한 부동산환매권의 등기청구권 역시 당사자의 계약에 의해 발생하는 것으로 그 성질은 채권적 청구권에 불과하다. 따라서 여기서 쟁점이 되는 것은 법률행위에 의한 경우와 취득시효에 의한 등기청구권이라고 할 수 있다. 이 두 가지의 경우만을 다시 고찰해 보기로 한다.

나. 법률행위에 의한 등기청구권의 경우

(1) 학설

법률행위에 의한 등기청구권의 법적 성질에 대해 학설이 대립되고 있

---

57) 김증한·김학동(주 26), 98면.
58) 곽윤직(주 39), 192면.
59) 김상용(주 27), 193면.

다. 물권행위의 독자성과 유인성의 인정여부, 즉 물권행위의 성질과 관련
하여 파악하는 견해가 주종을 이루었으나[60], 최근에는 등기청구권의 발
생원인의 고유한 문제로 접근하고자 하는 견해가 유력하게 제기되고 있
다[61]. 등기청구권의 법적 성질은 등기권리자가 등기의무자에 대해서만
청구할 수 있는 상대권이라고 하는 채권적 청구권설과 매도인 이외의 제
3자에 대해서도 청구할 수 있는 절대권이라는 물권적 청구권설이 대립되
고 있다.

(가) 채권적 청구권설

이 견해는 등기청구권이 등기 당사자 일방이 타방에게 등기절차에 협
력해 달라고 요구하는 것으로서 물권과 같은 절대권이 아니라 채권과
같은 상대권이라는 견해이다[62]. 이에 의하면 등기를 갖추기 전에 물권
행위가 행해졌다 하더라도 물권변동의 효력은 발생하지 않으므로 등기
권리자가 물권적 청구권을 가질 수 없다고 한다. 원래 물권적 청구권에
서 문제되는 물권적 성질이란 대세적 효력을 가지며, 누구에게나 양도할
수 있는 권리로서의 성격을 말한다. 그러나 아직 물권을 취득하지 못한
단계에 있는 등기청구권은 이러한 성질을 가질 수 없다는 것이다. 이러
한 채권적 청구권설에 의하면 등기청구권도 당연히 10년의 소멸시효에
걸린다고 한다.

(나) 물권적 청구권설

물권적 청구권설에 의하면 물권적 합의로부터 물권적 기대권이 발생하

---

60) 김상용(주 27), 193면; 장경학(주 25), 247면.
61) 이은영(주 11), 203면
62) 곽윤직(주 39), 193면; 윤기택(주 54), 273면; 홍성재(주 11), 283면.

고, 다시 이로부터 물권적 청구권의 성질을 가진 등기청구권이 발생한다[63]. 물권적 합의는 채권행위가 아니므로 그 효과로서 채권적 성질의 등기청구권이 발생할 수 없다[64]. 또한 등기청구권을 채권적 청구권이라 이해한다면 등기청구권을 양도하는 경우에도 대항요건을 필요로 하게 되는데, 이 점 역시 부당하며, 등기권리자가 이미 부동산을 인도받아 점유하고 있는 경우에도 소멸시효에 걸린다는 불합리한 결과가 발생하게 된다.

(2) 판 례

판례는 법률행위에 의한 물권변동상의 등기청구권에 대해 채권적 청구권으로 보고 있다. 즉 대법원은 "부동산을 정당히 매수하고 그 대금을 완불한 매수인은 현행 민법상 그 이전등기를 받기 전에는 물권변동이 생기지 아니하나, 등기청구권이라는 채권적 청구권에 의하여 소유자인 매도인을 대위하여 목적 부동산에 관한 원인무효의 등기의 말소청구를 할 수 있다"고 판시하여[65] 채권적 청구권설을 취하고 있다. 그러나 1976년 전원합의체 판결에서 등기청구권의 법적 성질을 채권적 청구권으로 보면서도 매수인이 점유하고 있는 경우에는 소멸시효에 걸리지 않는다고 판시하여, 채권적 청구권설에 의해 소멸시효에 걸리는 부당함을 시정하려는

---

63) 김증한·김학동(주 26), 92면; 김용한(주 26), 141면. 정옥태, "등기청구권에 관한 일 고찰," 「사회과학논집 (제5집)」(전남대, 1980), 41면에서는 물권적 기대권설을 취하면서도 등기청구권은 물권과 채권의 중간적 성질을 지닌 것이라고 한다.

64) 그러나 채권행위로부터 등기청구권이 발생할 수 없다고 보지는 않는다. 예컨대 매매계약이 있으면 그 효력으로서 매도인은 매매의 목적이 된 권리를 이전해야 할 의무를 부담하고(제567조), 이 권리의 이전은 부동산물권의 경우에는 등기함으로써 이루어진다〈김증한(주 18), 92면〉.

65) 대판 1962.5.10, 4294민상1232. 이 판결 이후 대법원은 일관되게 채권적 청구권으로 보고 있다.

태도를 취하고 있다[66]. 특히 이 판결에서 소수 견해는 "부동산의 매매와 같은 법률행위에 의한 경우에 있어서 매수인이 매도인에 대하여 가지는 등기청구권은 그 원인행위인 채권행위로부터 발생한다고 볼 것이 아니라 당사자 사이에 그 목적부동산의 소유권을 이전한다는 합의, 즉 이른바 물권적 합의가 있어서 이 합의로부터 당연히 소유권이전등기청구권이 발생한다고 봄이 상당할 것이고, 따라서 그 성질은 다분히 물권적인 것에 가깝다고 보아야 할 것이다"라고 하여 법률행위에 의한 등기청구권은 채권적 청구권이 아니라 물권적 청구권으로 해석하고 있다.

(3) 사견

부동산물권변동을 위한 물권적 합의를 물권행위로 해석하는 견해에 의하면, 그 효과로서 채권적 성질의 등기청구권이 발생할 수 없다. 이에 반하여 민법 제186조의 법률행위를 채권행위로 해석한다면 등기청구권이 채권행위에 의해서도 발생하는 것이 된다. 따라서 법률행위에 의한 등기청구권의 법적 성질에 대한 설명으로서 채권적 청구권설이나 물권적 청구권설이 모두 가능하다. 그러나 이러한 학설 중 어느 하나가 절대적인 우위성을 가지는 것이 아니다. 그러므로 이에 대한 접근은 결국 거래 현실과 다른 법원칙에 얼마나 부합하는가에 의해 판단해야 할 것이다. 물권적 기대권에 의하면 부동산물권변동을 위한 물권적 합의에 의해 물권적 기대권이 발생하고, 그에 의해 등기청구권이 발생한 경우는 물론, 등기청구권이 채권행위에 의해 발생하는 경우에도 물권행위와 부동산의 점유를 이전받으면 물권적 기대권의 효력에 의해 등기청구권이 발생한다고 할 수 있다는 점[67]과 물권행위와 점유의 이전이 행해진 경우에는 소멸시효

---

66) 대판 1976.11.23, 76다342.
67) 이와 같은 채권적 기초가 있는 경우나 없는 경우를 불문하고 모든 원인으로부터 생

에 걸린다고 할 수 없기 때문에, 물권적 기대권의 효력으로 등기청구권이 발생한다고 설명하는 것이 타당하다고 생각한다.

다. 시효취득에 의한 등기청구권

(1) 부동산의 시효취득과 등기청구권과 관련하여 민법 제245조 제2항의 등기부취득시효의 경우에는 이미 등기가 종료되어 있으므로 등기청구권이 문제될 여지가 없기 때문에 동조 제1항의 점유취득시효의 경우만이 문제된다. 민법 제245조 제1항에 의하면 비록 20년간 자주점유를 한 자주점유자라 하더라도 등기명의인에 대하여 등기청구권을 행사하여 등기를 경료하여야 그에 대한 소유권을 취득할 수 있게 된다. 이 경우에 점유자는 어떤 근거에서 등기청구권을 취득하였으며, 그에 대한 법적 성질이 무엇인가 하는 점이 문제되고 있다.

(2) 점유취득시효에서 등기청구권의 발생근거는 20년간의 자주점유 등 시효취득의 요건을 충족했다는 사실을 들 수 있다. 우리 민법 제245조 제1항은 ① 20년간 자주점유자일 것과 ② 그러한 점유가 공연·평온할 것이라는 요건을 갖춘 자에게 등기청구권을 부여한다고 규정한 것이다. 이것은 일정한 사실상태의 계속을 기초로 민법규정이 등기청구권을 발생시키고 있음을 의미한다[68]. 여기에서 본질적인 문제는 왜 민법이 시효완성자에게 등기청구권을 부여하고 있는가라는 점이다. 이 문제는 시효완성자의 법적 지위와 불가분의 관계에 있다고 할 수 있다.

(3) 등기권리자라고 할 수 있는 점유취득시효의 완성자는 시효완성 당

기는 창설적 등기의 등기청구권은 물권적 기대권의 효력으로서 발생한다고 일원적으로 설명이 가능하다는 점은 물권적 기대권을 인정하는 실익이 된다고 한다〈김증한(주 18), 90면〉.

68) 곽윤직(주 39), 196면.

시의 등기명의인에 대해서만 그 권리를 행사할 수 있기 때문에 채권적 청
구권에 불과하다고 하는 채권적 청구권설을 주장하는 견해가 있지만[69],
점유취득시효가 완성됨으로써 시효완성자인 부동산점유자는 물권적 합
의가 있는 취득자와 마찬가지로 물권적 기대권을 취득한다고 해석하고자
한다[70]. 다시 말해서 점유취득시효기간이 만료되면 물권적 기대권이 발
생하고, 이러한 물권적 기대권으로부터 등기청구권이 발생하며, 이 때 등
기청구권은 물권적 청구권이라고 본다[71]. 이렇게 물권적 청구권설에 의
하면 점유취득시효의 기간이 만료된 후에는 소유권이전등기를 이전받은
제3자에게도 대항할 수 있다고 해야 할 것이다. 이에 대해 대법원은 "소
유권취득기간의 만료만으로는 소유권취득의 효력은 없으나 이를 원인으
로 하여 소유권취득을 위한 등기청구권이 발생한다"고 판시하여[72] 채권
적 청구권설을 취하고 있다. 또한 시효취득자는 채권적 등기청구권을 취
득할 뿐이므로 이 등기청구권을 행사하여 소유권이전등기를 하기 전에
그 부동산소유권이 제3자에게 이전되어 소유권이전등기가 경료된 경우에
는 그 제3자에게 대하여 시효완성을 주장하지 못하게 된다[73].

---

69) 곽윤직(주 39), 197면; 이영준(주 23), 202면; 이은영(주 11), 211면.
70) 같은 견해로 김증한(주 18), 93면; 김상용(주 27), 193면, 199면.
71) 김상용(주 27), 199면.
72) 대판 1966. 10. 21, 66다976.
73) 대판 1971. 12. 28, 71다1566.

3. 중간생략등기

가. 중간생략등기의 의의74)

중간생략등기라 함은 부동산물권이 최초의 양도인으로부터 중간취득자에게, 중간취득자로부터 최종취득자에게 이전되는 경우에 그 중간취득자들의 등기를 생략하고 최초의 양도인으로부터 직접 최종취득자에게로 곧 바로 행해지는 등기를 말한다. 예컨대 김씨가 이씨에게 자신의 부동산을 매도하고, 매수인 이씨는 미등기 상태로 박씨에게 다시 매도한 경우에, 최초매도인 김씨로부터 최종매수인인 박씨에게 직접 소유권이전등기를 하는 것과 같은 것이다. 중간생략등기가 거래 관행상 널리 행해지는 것은 중간의 등기를 생략함으로써 시간과 등록세 등의 비용을 절약할 수 있다는 이유 때문이다. 이러한 관행은 구민법시대부터 행해지고 있다.

나. 중간생략등기의 유효성 검토

우리 민법전이 부동산물권변동에 대해 형식주의를 취함으로써, 민법 제186조와 제187조 단서에 의해 등기가 물권행위의 효력발생요건으로 요구된다. 따라서 중간취득자가 미등기상태로 처분한 부동산의 물권변동은 원칙적으로 효력이 발생하지 않는다. 그러나 거래상으로는 이러한 중간생략등기가 많이 행해지고 있어서 그 유효성에 대해 민법제정시부터 논

---

74) 중간생략등기에 대한 연구문헌으로서는 곽윤직, "중간등기의 생략과 물권변동의 효력", 서울대 「법학」, 9권 2호 1967; 권오승, "중간생략등기", 「월간고시」 1989년 1월호; 김상용, "중간생략등기의 가능성과 유효성여부", 「판례월보」, 1992년 2월호; 김학동, "중간생략등기", 「배경숙교수화갑기념논문집」(박영사, 1991); 김형배,"중간생략등기", 고시연구 1993년 5월호; 이보환,"중간생략등기", 「재판자료」, 법원행정처 1988; 조성민, "중간생략등기의 효력", 「고시계」 1993년 8월호 등 다수 참조.

란이 되었다. 특히 중간생략등기에 대한 유효성여부에 대해 학설이 대립하고 있다. 중간생략등기는 무효라는 견해가 유력하게 주장되고 있으나, 유효설이 절대 다수를 차지하고 있다. 유효설에도 물권적 기대권설, 독일민법 유추적용설, 채권양도설, 3자간의 합의설 등 다양한 견해로 나뉜다.

(1) 무효설

물권변동에 대한 형식주의를 취하는 우리 법제에서 현재의 권리상태를 공시하지 못하고 있기 때문에 무효라는 견해이다. 여기에도 그 논거는 다양하다. 우선 형식 논리적으로 물권변동에 관한 형식주의 하에서 중간생략등기는 물권변동의 과정뿐만 아니라 현재의 권리상태도 공시하지 못하므로 무효라는 견해와[75], 부동산등기특별조치법에 의해 형벌이 가해지고는 등 다양한 규제가 행해지고 있는 것을 고려하면 금지규정은 단순한 단속규정이 아니라 효력발생규정으로 보고 이것을 위반한 것은 무효라는 견해[76], 더 나아가 실체관계가 미흡하고 부동산등기법 제41조에 위반되므로 무효라는 견해가 있다[77].

(가) 상대적 무효설

우리 민법상의 원칙인 성립요건에서는 법률행위로 인한 부동산물권변동은 등기해야만 그 효력이 발생한다. 따라서 최초매도인으로부터 부동산을 매수한 매수인이 이전등기를 하지 않은 경우 소유권을 취득할 수 없고, 이러한 최초매수인이 중간취득자로서 미등기 상태로 전매한 경우에 이 중간취득자로부터 부동산을 매수한 최종매수인은 무권리자로부터 권

---

75) 김기선, 「한국물권법론」(법문사, 1979), 102면.
76) 김상용(주 27), 174면.
77) 조성민(주 74), 112면.

리를 이전받은 것이 된다. 따라서 중간생략등기는 물권변동의 과정은 물론 현재 물권상태도 공시하지 못하고 있기 때문에 무효라는 것이다. 그러나 거래안전을 위하여 중간생략등기를 기초로 하여 다시 전득한 제3자가 있는 경우에는 그 제3자에게는 중간생략등기의 무효를 주장할 수 없다는 견해이다[78]. 예컨대 중간생략등기는 무효이기는 하지만, 일정한 요건 하에서 권리를 취득한 제3자에게는 무효를 주장할 수 없다는 것이다. 이러한 이유에서 통상 이 견해를 상대적 무효설이라고 부른다[79]. 이 견해에 의하면 제3자의 등기가 유효하게 되므로 결국 공신력을 인정하는 결과가 된다.

(나) 효력규정의 위반에 따른 무효설

중간생략등기는 성립요건주의에 반하고 탈세와 탈법 및 부동산투기의 방법으로 이용되고 있다는 점과 이제는 형사처벌까지 하고 있는 점들을 고려하여 그 유효성을 부정해야 한다는 견해이다. 다시 말해서 중간생략등기신청을 금지하고 이를 위반한 자를 처벌하는 규정(부동산등기특별조치법 제2조 2항, 3항; 제4조; 제8조 1호; 제9조 1호)에 비추어 볼 때 중간생략등기의 신청을 금지하는 규정들은 효력규정으로 이해해야 한다는 것이다. 즉 형사처벌의 대상이 되고 있는 중간생략등기는 효력규정의 위반으로 무효인 등기로 보아야 한다는 것이다[80].

(다) 부동산등기법 제41조의 위반에 따른 무효설

형식주의 하에서는 이전등기가 이루어지지 않은 상태에서는 매수인은

---

78) 장경학, 「물권법」(법문사, 1990), 228-229면.
79) 곽윤직(주 39), 228면; 김상용(주 27), 171면.
80) 김상용(주 27), 174면.

부동산소유권을 취득할 수 없기 때문에 미등기 상태에서의 부동산 양도
는 무권리자의 행위일 수밖에 없다. 따라서 형식주의 하에서 중간생략등
기는 실체관계에서 미비라는 결과가 되어 무효라고 할 수밖에 없다. 또한
중간생략등기는 부동산등기법 제41조에 위반하므로 무효라는 것이다[81].
이에 따라 중간생략등기는 사법적 효력이 발생하지 않으며, 부동산등기
특별조치법에 의해 형사처벌을 받게 된다. 또한 중간생략등기 자체가 무
효이기 때문에 최종양수인의 중간생략등기청구권도 당연히 부정된다고
한다.

(2) 유효설
(가) 독일민법 유추적용설[82]

"무권리자가 목적물에 대하여 행하는 처분은 그것이 권리자의 승인을
얻어 한 것일 때에는 유효하다"는 독일민법상의 법리(독일민법 제185조
제1항)를 원용하고, 물권행위의 독자성을 부인하는 전제하에 최초매도인
과 중간취득자 사이의 매매행위 속에는 물권행위 내지 물권적 합의도 있
었던 것이 되고, 최초매도인과 중간취득자 사이의 물권행위는 미등기자
로서 무권리자인 중간취득자가 최종취득자에게 부동산을 처분하는데 대
한 동의로 본다는 것이다. 이 견해와 같이 물권행위의 독자성을 부인하게
되면 중간생략등기의 일반적인 유형인 최초매도인과 최초매수인 사이의
매매계약시에 물권적 합의가 있는 것으로 해석되며, 이러한 물권적 합의
는 최초매도인이 무권리자인 최초매수인에게 그 부동산의 처분권을 부여
한 것으로 해석된다. 이러한 처분권을 부여한 양당사자간의 매매계약이
있었다고 한다면, 이것은 양당사자간의 채권행위와 물권행위가 있었던

---

81) 조성민(주 74), 94면.
82) 곽윤직(주 39), 155면.

것으로 해석할 수 있다는 것이다. 이러한 견해에 의하면 최초매도인으로부터 최종매수인에게 중간생략등기가 행해지면, 소유권은 유효하게 최종매수인에게 이전된다. 이 경우에는 최초매도인과 최종매수인간에 채권행위가 있는 것으로 해석되므로, 결국 최종매수인은 최초매도인에게 등기청구권도 갖게 된다는 것이다[83].

(나) 물권적 기대권설[84]

최초매도인과 중간취득자 간의 물권행위로, 중간취득자는 목적물에 대한 물권과 유사한 물권적 기대권을 취득하고, 중간취득자와 최종취득자간의 물권행위도, 중간취득자의 물권적 기대권이 양도되는 것이며, 이에 기하여 최초매도인과 최종매수인간에 행해진 중간생략등기는 중간 취득자의 동의의 유무와 관계없이 유효하다는 것이다. 중간취득자의 동의유무를 논한다는 것은 물권적 기대권의 양도를 위한 합의가 있어야 한다는 점을 고려할 때 무의미한 것으로 이해한다[85]. 또한 물권적 기대권의 양도로 이해하는 경우에는 부동산등기특별조치법 등에서 금지하고자 하는 부동산투기목적의 중간생략등기에 대해 목적부동산의 인도가 행해진 뒤에 처분한 경우에는 투기목적과는 거리가 멀기 때문에 이것을 통해 중간생략등기를 방지할 수도 있다고 한다[86].

(다) 채권양도설[87]

최초매도인과 최초매수인 사이의 매매로, 이 매수인은 채권인 부동산

---

83) 곽윤직(주 39), 134면.
84) 김증한, 「물권법강의」(박영사, 1988), 74면: 김용한(주 26), 132면.
85) 김용한(주 26), 132면.
86) 정옥태, "물권적 기대권", 「사법연구」 제1집, 1992, 110-111면.
87) 이호정(주 22), 19-20면.

소유권이전등기청구권을 취득하게 되고, 이 매수인과 매매계약을 체결한
최종매수인 사이의 권리관계는 채권의 양도에 불과한 것이 되므로, 민법
제450조의 채권양도의 법리에 따라 최초매도인에게 통지하거나 최초매도
인의 승락이 있으면 중간생략등기는 유효하다는 견해이다. 예컨대 최초
매도인과 중간취득자인 최초매수인간에 전매계약이 체결된 경우에는 중
간취득자는 부동산소유권이전등기청구권이라는 채권을 취득하며, 이 중
간취득자가 부동산소유권이전등기를 하기 전에 그 부동산을 다시 최종매
수인에게 전매한 경우에는, 중간취득자가 이 부동산소유권이전등기청구
권이라는 채권을 양도한 것이 된다는 것이다. 중간취득자의 등기이전청
구권을 채권으로 보고 그것을 최종매수인에게 양도한 것이 되므로, 이에
대해서는 채권양도의 법리를 적용하자는 것이다. 이러한 채권양도의 법
리에 따라 중간취득자가 최초매도인에게 채권양도의 사실을 통지하면,
최종매수인으로부터 양수받은 부동산소유권이전등기청구권을 최초매도
인에게 행사할 수 있다는 것이다. 이러한 견해에 의하면 최종매수인은 최
초매도인에게 아직 매매대금을 지급치 않은 경우에는, 최초매도인은 최
초매수인에게 대항할 수 있는 사유로써 최종매수인에게 대항할 수 있으
므로 등기청구권이 최종매수인에게 이전된다고 하더라도 채권양도의 법
리에 의하여 최초매도인을 충분히 보호할 수 있다는 것이다.

(라) 3자간의 합의설[88]

이 견해에 의하면 중간생략등기는 최초매도인과 중간자취득자 최종매
수인간의 합의, 즉 3자간의 합의를 근거로 유효하다고 한다. 그러나 이러
한 3자간의 합의가 없더라도 일단 중간생략등기가 경료되면 이에 의하여
양도인으로부터 양수인에게 직접 경료된 등기는 유효하다는 것이다. 특

---

88) 이영준(주 23), 131면.

히 이 견해는 이에 대한 유효요건으로, 채권적 합의와 물권적 합의가 존재하되, 중간자의 등기만 생략되어, 이 등기가 있었다면 통상의 거래와 동일한 실질을 지니고 있어야 하고, 3자간의 합의가 있어야 한다는 것을 들고 있다. 그러나 실체관계에 부합하는 경우 3자간의 합의가 없다는 이유만으로 최초매도인이 그 말소를 청구할 수 없다고 한다.

다. 판례의 태도

우리 대법원은 중간생략등기의 유효성을 구민법시대부터 인정해 왔다. 물론 형식주의를 취하는 우리 민법의 태도 때문에 여러 가지 제한이 있었던 것은 사실이다. 예컨대 대법원은 동의 또는 합의를 요건으로 보고, 이 요건이 충족되는 중간생략등기에 대해 그 유효성을 인정하였다. 그러나 이러한 합의는 묵시적으로나 순차적으로도 가능하다고 보았다[89]. 묵시적인 합의를 인정한 관계로 위임장이나 매도증서 등의 등기서류의 매수인란을 백지로 하여 교부한 경우에도 유효한 것으로 보았다[90]. 그러한 합의가 없더라도 이미 중간생략등기가 적법한 등기원인에 기하여 성립되어 있는 때에는 합의가 없었음을 이유로 그 무효를 주장하지 못한다. 따라서 그 말소를 청구하지 못한다고 한다[91]. 특히 투기나 기타 반사회적인 요소가 없는 경우, 예컨대 미등기 건물의 양수인이 행한 건물의 소유권보존등기는 유효한 것으로 인정하고 있다[92]. 이러한 태도는 부동산등기특별조

---

89) 대판 1971.2.23, 70 다 2976.
90) 대판 1971.2.23, 70다2996; 1982.7.13, 81다254.
91) 대판 1980.2.12, 79다2104.
92) 대판 1984.1.24, 83다카1152. 이에 따르면 "토지조사부에 소유자로 등재되어 있는 자는 이의, 재심절차에 의하여 사정내용이 변경되지 않는 한 그 토지의 소유자로 사정받은 것으로 볼 것이고, 토지조사령에 의한 토지사정을 받은 자는 그 토지를 원시적으로 취득한다 할 것이며 미등기부동산이 전전양도된 경우 최후의 양수인이 소유권보존등기를 한 경우에도 그 등기가 결과적으로 실질적 법률관계에 부합된다

치법(1990.8.1, 법률 제4244호)이 시행된 이후에도 크게 달라지지 않았다. 예컨대 동법 제2조 제2항 후단에서 미등기매수인이 "제3자와 소유권이전을 내용으로 하는 계약이나 제3자에게 계약당사자의 지위를 이전하는 계약을 체결하고자 할 때에는 그 제3자와 계약을 체결하기 전에 먼저 체결된 계약에 따라 소유권이전등기를 신청하여야 한다"고 중간생략등기금지에 관한 규정을 두고 있으나, 이것은 효력규정이 아닌 단속규정으로 보고 미등기전매에 대해 형사처벌 등을 할 수 있으나, 사법적 효력까지 무효로 하는 것은 아니라고 판시하였다[93]. 그러나 농지매매증명[94]이나 토지거래허가[95]를 받아야 하는 경우에 이러한 규제를 피하기 위해 행해진 중간생략등기는 무효라고 한다.

라. 검토 및 사견

(1) 중간생략등기는 비록 물권의 변동과정을 공시하지는 못한다고 하더라도, 물권의 현재 상태를 공시하고 있다. 또한 중간생략등기를 무효로 한다면 거래안전에 큰 위협이 될 수 있다. 더 나아가 최종매수인의 권리에 대한 실체관계 자체는 부합하기 때문에 그것이 무효가 된다고 하더라도 여러 단계의 법적 조치를 통해 결국 최종매수인에게 소유권이 귀속되게 되므로 소송 경제상 낭비가 초래될 것이며, 반대로 이미 정당한 절차를 통해 매도한 최초매도인에게 소유권을 다시 귀속시키는 것은 정의에도 부합하지 못한다[96]. 따라서 엄격한 형식 논리적 관점에서 접근하고 있는 무효설을 취하기 어렵다고 생각한다. 이러한 이유에서 판례도 부동산

면 그 등기는 무효인 것이라고 볼 수 없는 것"이라 한다.
93) 대판 1993.1.26, 92다39112.
94) 대판 1960.7.21, 4292민상797 등 다수.
95) 대판 1996.6.28, 96다3982.
96) 같은 견해로 이은영(주 11), 259면.

등기특별조치법상 중간생략등기의 금지조항을 위반한 것에 대해 사법적 효력을 인정하고 형사처벌 등을 통해 제재를 가하고 있는 것으로 여겨진다. 중간생략등기를 유효하다고 인정할 때, 어떻게 법리를 구성할 것인가에 대해 전술한 바와 같이 학설은 첨예하게 대립하고 있다. 우선 독일민법 유추적용설에 대해서는 현행 민법에 독일민법 제185조 1항과 같은 규정이 없고, 또한 이론구성이 복잡하며, 물권행위의 독자성을 부정해야하는 전제에도 난점이 있다. 따라서 우리 민법의 해석론으로 채택하기에는 어렵다고 여겨진다. 또한 현행 민법 하에서는 등기가 이전되지 않으면 소유권도 이전되지 않으므로, 최초매도인으로부터 매수한 중간 매수인은 채권인 소유권이전등기청구권을 최종매수인에게 양도하는 것으로 이론을 구성한 채권양도설에 의하면, 그 양도가 가능함은 분명하다. 그러나 언제나 최종매수인에게 양도가 가능한 것은 아니고, 또한 양도인으로 해석되는 중간매수인이 최초매도인에게 통지해야만 하는데, 이점에도 난점이 있을 수 있다. 더 나아가 3자간의 합의설은 판례나 이 견해의 내용에서 확인할 수 있듯이 3자간의 합의가 없는 경우에도 유효하다고 한다. 따라서 3자간의 합의를 요건으로 하는 3자간의 합의설 자체가 성립되지 아니한다. 이에 반해 물권적 기대권설은 물권적 기대권론을 인정한다면 이론구성이 간명하고 타당하다고 생각한다. 그러나 현행 민법하에서는 독일민법과는 달리 최종매수인의 법적 지위가 확고하지 못하고, 이에 대한 인정여부에 논란이 있다.

   (2) 물권적 기대권론에 의한 중간생략등기의 설명에 대해 곽윤직교수는 실익도 없고, 오히려 부당하다고 비판한다[97]. 원래 독일의 물권적 기대권자도 중간생략등기를 이러한 법리를 통해 이론구성하려고 하였지만, 독일에서의 중간생략등기와 우리나라에서 그 관행과는 아주 차이가 있음

---

97) 곽윤직(주 39), 224면.

을 지적하고 있다. 예컨대 독일에서 중간생략등기가 문제되는 것은 부동산취득자가 일정한 경우에 부동산양도에는 소정의 관리관청의 추인 (Genehmigung)을 요하는 것으로 하고 있는데, 그 추인을 얻지 못하고 있는 동안에 다시 그 부동산을 처분할 필요가 생기는 경우에 관해서이다. 즉 부동산취득자가 자신의 사정으로 중간등기를 생략하려는 것이 아니라, 어떤 행정적인 요청으로 취득자가 이전등기를 갖추지 못하고 있는 동안에 다시 처분할 필요가 있다고 할 때에 취득자 앞으로 등기를 생략해서 거래자 사이의 관계를 청산하자는 데 있는 것이다. 그러므로 독일에서는 등기를 갖추지 못한 중간취득자를 보호할 필요가 있으나 우리나라에서 중간생략등기의 관행은 아주 다르다. 한국에서는 어떤 행정적 사정으로 중간취득자가 자기 앞으로 이전등기를 하지 못한 것이 아니라 자의로 등기를 갖추지 않고 있는 것이다. 따라서 이러한 미등기자를 보호해 줄 필요가 없다는 것이다. 뿐만 아니라 물권적 기대권설에 의하지 않더라도 중간생략등기의 유효성을 얼마든지 인정할 수 있는 반면에 물권적 기대권론으로 이를 해결하려고 할 때에는 마치 중간생략등기를 장려하는 것과 같은 결과를 초래하여 부당하다는 것이다[98]. 곽윤직교수의 견해와 같이 독일과 한국에서의 중간생략등기의 관행은 많은 차이가 있어 독일에서처럼 인정하기에는 난점이 있다는 지적은 일리가 있다. 그럼에도 불구하고 우리나라에서도 등기를 갖추지 않거나 못하고 있는 부동산취득자를 등기하지 않거나 못하고 있다고 하여 이를 무조건 비난하고, 이에 대해 법적으로 아무런 보호를 하지 않는 것은 타당하다고 할 수 없다. 왜냐하면 등기를 강제하는 부동산등기특별조치법 제2조에서조차도 60일의 유예기간을 두고 있기 때문이다. 또한 물권적 기대권론을 가지고 중간생략등기의 문제를 해결하고자 할 때에는 물권의 현재 상태만을 등기하는 것이 아니

---

98) 곽윤직(주 39), 224-225면.

라 물권의 변동과정을 등기하려고 하는 등기제도의 이상에 반하는 것으로 중간생략등기를 장려하는 결과를 초래하게 된다고 하는 비판 역시 수용할 수 없으며[99], 더 나아가 목적물의 인도가 행해진 후에 처분하는 경우에는 반드시 투기목적이 있다고 할 수도 없다[100].

중간생략등기 자체가 우리 물권변동의 대원칙인 형식주의에 반하기 때문에 무효라는 견해를 취하지 않는 한 중간취득자의 법적 지위에 대한 설명으로 물권적 기대권론이 가장 바람직하다고 생각한다. 이 때 물권적 기대권의 양도는 등기가 문제되지 않기 때문에 등기에 필요한 서류를 교부하고, 부동산을 인도함으로써 이루어진다[101]. 따라서 이 문제는 결국 등기청구권의 문제로 귀결된다.

4. 무효등기의 유용

가. 무효등기의 유용의 의의

무효등기의 유용이라 함은 어떤 등기가 행해졌으나 그것이 실체적 권리관계에 부합하지 않는 것이어서 무효로 된 후에 그 등기에 부합하는 실체적 권리관계가 다시 있게 된 경우에 무효인 등기를 나중에 발생한 실체적 권리관계의 등기로서 유용하는 것을 말한다. 문제는 부동산물권변동의 원칙상 실체적 요건을 갖추지 않는 등기는 그 내용대로 효력이 발생할 수 없는 것인데 이와 관련해서 무효등기의 유용이 허용되느냐의 여부이다.

---

99) 같은 견해로 권오승(주 54), 163면.
100) 같은 견해로 정옥태(주 54), 110면.
101) 여기서 물권적 기대권의 성립요건에 대한 문제가 발생하는데. 물권적 기대권의 적용분야에 따라 요건이 달라질 것이다.

나. 무효등기 유용의 유형

(1) 처음부터 실체관계를 결여하여 무효인 등기의 유용

처음부터 등기원인 등의 실체관계를 결여하여 무효인 등기가 그 후에 처음에 예정된 실체관계를 갖춘 경우이다. 이때에는 처음의 무효등기를 말소함이 없이 그 등기를 가지고 후의 적법한 등기로 다시 이용하는 것이다.

(2) 처음에는 유효하였으나 실체관계를 결여하여 무효로 된 등기의 유용

처음에는 물권행위에 부합하는 유효한 등기였던 것이 후에 실체관계를 상실하게 되어 무효로 되었으나, 그 후에 또 다시 내용상으로 처음의 등기와 비슷한 별개의 실체관계가 발생된 경우에 유효하다가 무효로 된 등기를 후에 발생한 별개의 실체관계의 공시방법으로서 이용하는 형태이다. 이것은 다시 저당권등기 등의 유용과 건물소유권등기의 유용으로 나눌 수 있는데, 전자가 사항란의 등기인데 반해, 후자는 건물 자체에 관한 표제부의 등기의 유용인 점에서 차이가 있다.

다. 무효등기유용의 유효성

(1) 처음부터 실체관계를 결하여 무효인 등기의 경우

이러한 무효인 등기를 유용하여도 당사자 사이에 부당한 결과를 초래하지 않으므로 유효하다고 한다. 판례도 "비록 당초의 소유권이전등기가 등기원인 없는 무효의 등기라 하더라도 진정한 소유자가 원인무효의 소유권이전등기를 유효한 것으로 인정하여 관계당사자 사이에서 적법한 거래관계를 성립시켰을 때에는 위 등기는 무효인 것이 아니고 현재의 진정한 권리자의 권리에 부합하는 유효한 등기로 볼 수 있다"고 판시하여[102]

---

102) 대판 1977.4.12, 76다 2516.

그 유효성을 인정하고 있다.

(2) 처음에는 유효하였으나 후에 실체관계를 결하여 무효로 된 등기의 경우

(가) 저당권등기의 유용인 경우

저당권의 등기가 행해진 후에 피담보채권이 성립되지 않거나 또는 소멸하였음에도 불구하고 등기를 말소하지 않고 당사자 간의 계약으로써 그 등기를 다른 채권을 위하여 유용할 수 있는가 하는 점이 문제이다. 과거에는 저당권의 부종성과 순위승진의 원칙을 근거로 하여 등기유용을 부정해야 한다는 부정설과 등기유용의 유효성의 근거를 물권행위의 무인성에서 찾는 것으로써 등기는 물권적 합의로부터 무효이기 때문에, 말소되지 않고 있는 등기는 유효하다고 하는 긍정설, 그리고 무효등기의 유용을 경우에 따라 허용하는 절충적인 견해로서 제한적 유효설이 대립되었으나, 현재는 제한적 유효설로 견해가 통일되었다[103]. 이에 의하면 저당권등기가 무효로 된 후에 그 부동산에 관해 제3자가 새로운 이해관계를 갖게 되는 경우에는 그 유용이 불가능하지만, 그렇지 않은 경우에는 허용된다는 것이다. 등기는 그 부동산에 대하여 앞으로의 거래관계를 맺고자 하는 제3자에게 손해를 주지 않도록 공시하는 기능을 본질로 하기 때문에 제3자에게 불측의 손해를 야기할 가능성이 없다면 그 유효성을 인정하여도 무방하다고 생각한다. 만약 등기의 유효요건을 엄격히 고수하면 무효등기가 빈번히 생기게 되어 등기의 공신력이 인정되지 않는 현행 법제 하에서는 부동산거래의 안전과 원활을 오히려 해치는 것이 될 수 있다. 따라서 제한적 긍정설이 타당하다고 생각한다. 이에 대한 대법원의

---

103) 곽윤직(주 39), 444면; 김용한(주 26), 553면; 김증한·김학동(주 26), 521면; 이영준(주 23), 140면; 이은영(주 11), 198면.

태도는 "근저당권설정등기의 유용은 그 유용합의 이전에 있어서 등기상 이해관계 있는 제3자가 없는 경우에 한하여 가능하다"고 판시한[104] 것이나, "실질관계의 소멸로 무효로 된 등기의 유용은 그 등기를 유용하기로 하는 합의가 이루어지기 전에 등기상 이해관계가 있는 제3자가 생기지 않은 경우에 한하여 허용된다"고 한 판례에서[105] 제한적 긍정설을 따르고 있음을 확인할 수 있다.

(나) 건물소유권등기의 유용인 경우

멸실된 건물의 보존등기를 멸실한 후에 신축한 건물의 보존등기로 유용하는 것은 인정되지 않는다[106]. 왜냐하면 ① 멸실건물의 소유권보존등기의 유용은 건물 자체에 관한 표제부에 대한 등기의 유용이므로 사항란의 등기의 유용인 무효등기유용과는 다르게 해석해야 하며 ② 건물이 신축된 때에는 양수인이 미등기건물로 알고 다시 보존등기를 할 가능성이 있어 이중등기의 우려가 있다. 따라서 이러한 등기의 유용은 허용되지 않는다고 해야 할 것이다.

5. 이중보존등기의 문제

가. 문제점

우리나라의 등기부는 하나의 부동산에 하나의 등기용지주의에 의해서 물적으로 편성되어 있다(부동산등기법 제15조). 따라서 하나의 부동산에 대하여 이중으로 등기할 수 없다. 그럼에도 불구하고 절차상의 하자로 말

---

104) 대판 1961.12.14, 4293민상813.
105) 대판 1989.10.27, 87다카425.
106) 대판 1976.10.26, 75다2211.

미암아 하나의 부동산위에 이중으로 등기가 행해지기도 하는데, 이 때 등기의 효력이 어떻게 되는 것인가. 예컨대 부동산등기법상의 1부동산 1등기용지주의를 중시하여 등기의 선후에 의하여 등기의 효력을 결정할 것이냐 아니면 실체관계를 중시하여 그에 부합하는가의 여부에 따라 그 효력을 결정할 것이냐의 문제가 발생하는데, 이것이 이중보존등기의 효력문제이다[107].

나. 학설

(1) 절차법설

이 견해에 따르면 이중등기가 존재하는 경우에 먼저 행하여진 보존등기가 유효하고, 뒤에 행해진 보존등기는 1부동산 1용지주의에 반하기 때문에 등기의 유효요건으로서의 절차적 요건을 갖추지 못한 것이 되어 무효라는 것이다[108]. 등기의 시간적인 선후에 의해서 후등기는 무조건 무효가 되므로, 소송을 하지 않고도 법률관계가 정리된다는 장점을 지니고 있다.

(2) 실체법설

일단 이중등기가 된 상태에서 어느 쪽이 유효한가는 오로지 두개 등기의 실체적 권리관계를 따져서 결정하여야 한다고 한다[109]. 이 견해의 논

---

107) 이에 대한 문헌으로서 고상룡, "중복등기에 있어서의 후 등기를 근거로 한 등기부취득시효의 여부", 「저스티스」 29권 3호, 1996; 김상용, "중복등기의 법적 처리 및 등기부취득시효의 기초가 되는 등기의 인정범위", 「판례월보」1997년 3월호; 박영식,"중복등기의 효력", 「사법논집」 9집, 1978; 백창훈, "중복된 멸실회복의 소유권이전등기의 효력", 「민사판례연구」 18집, 1996; 손지열, "이중등기의 효력", 「법조」 37권 7호, 1982; 동, "2중등기의 효력", 「민사판례연구 V」(박영사, 1983) 등 다수.

108) 조용완·신언숙, 「주해 부동산등기법」, 61면.

109) 가재항, "2중등기의 효력", 「민사판례연구 I」 (박영사, 1978), 83면; 김상용(주 27), 166면; 손지열, "2중등기의 효력", 「민사판례연구 V」(박영사, 1983). 47면 이하.

거에 대해 1부동산 1용지주의의 원칙은 절차상의 하자로 1부동산에 관하여 2개의 등기용지에 등기가 실행된 경우에 반드시 후등기를 무효로 하여야 한다는 원칙까지 의미하는 것이 아니며, 이미 불법등기라 하더라도 실체관계에 부합하다면 유효하다는 것이 물권법과 부동산등기법상의 확립된 원칙이라고 한다110).

(3) 절충적 절차법설

절차법설의 입장에 서면서 먼저 행해진 보존등기가 실체적 유효요건을 갖추지 못하고 나중에 행해진 보존등기가 예외적으로 실체적 요건을 갖춘 경우에는 나중의 보존등기를 유효한 것으로 보아야 한다는 견해이다111). 이 설은 선등기가 유효인 것으로 추정되므로 그 선등기가 무효라는 것이 입증되기 전까지는 등기관계가 명료하다는 점과 절차법설의 단점이라고 지적되는 실체법상의 법률관계를 고려할 수 있다는 점이 장점이다.

다. 판례

(1) 표시란의 이중등기

동일부동산에 관한 두 개의 보존등기가 행해져 그 중 하나가 그 부동산의 표시에 있어서 실물과 현격한 차이가 있어 도저히 그 부동산의 등기라 볼 수 없다면 등기의 선후에 관계없이 부동산의 실제상황과 일치하는 보존등기만이 효력을 가진다112).

---

110) 이영준(주 23), 111면.
111) 곽윤직(주 39), 128면; 윤철홍(주 36), 83면.
112) 대판 1968.11.19, 66다1473.

(2) 사항란의 이중등기

(가) 등기명의인이 동일인인 경우

실체관계에 부합되는지의 여부를 묻지 않고 선등기가 유효하고 후등기는 효력이 없다. 그리하여 뒤에 행해진 보존등기를 기점으로 하여 경료된 제3자 명의의 등기는 모두 무효가 된다113).

(나) 등기명의인이 동일인이 아닌 경우

대법원은 전원합의체 판결로서 실체법을 취하던 기존의 태도를114) 바꾸었다. 즉 대법원은 "동일부동산에 관하여 등기명의인을 달리하여 중복된 소유권보존등기가 경료된 경우에는 먼저 이루어진 소유권보존등기가 원인무효가 되지 아니하는 한, 뒤에 된 소유권보존등기는 실체관계에 부합되는지의 여부를 따질 필요도 없이 무효이다"라고 판시하였다115). 이러한 관점에서 뒤에 이루어진 소유권보존등기의 명의인이 당해 부동산소유권을 원시취득한 경우에도 그대로 적용된다116). 더 나아가 동일부동산에 중복된 소유권보존등기를 기준으로 하여 등기명의인을 달리하는 소유권이전등기가 경료된 경우의 등기효력에 대하여 대법원은 "동일부동산에 관하여 등기명의인을 달리하여 멸실 회복에 의한 각 소유권이전등기가

---

113) 대판 1978.12.26, 77다2427; 1983.12.13, 83다카743 등 다수 판결.
114) 대법원은 "부동산등기법 제15조에서 1부동산 1용지주의를 채택하고 있는 결과로써 이른바 이중등기가 허용되지 않는다고 하는 것은 등기수리단계에 있어서의 절차법상의 요건에 지나지 않는다고 이해되어야 할 것이므로 현실적으로 동일 부동산에 관하여 등기명의인을 달리하여 중복하여 보존등기가 이루어지고 또 이것이 그대로 존속하여 소송절차에서 서로 그 등기의 효력을 다투는 경우에 있어서는 법원으로서는 그 실체적 관계에 들어가서 어느 것이 진실한 소유권에 기하여 이루어진 것인가를 확정함으로써 그 유·무효를 결정하는 것이 옳다"고 판시하여(대판 1978.12.26, 77다2427) 실체법설을 취하였다.
115) 대판 1996.10.17, 96다12511; 대판 1990.11.27, 87다2961.
116) 대판 1997.11.28, 97다37494.

중복되고 각 그 바탕이 된 소유권보존등기가 동일인인지 중복등기인지, 중복등기라면 각 소유권보존등기가 언제 이루어졌는지가 불명인 경우에는 각 회복등기 상호간에는 각 회복등기일자의 선후를 기준으로 우열을 가려야 한다"고 판시하여 절차법설을 기초로 한 절충설적인 견해를 취하고 있다.

라. 검토 및 사견

절차법설에 의하면 등기의 시간상의 선후에 의해 무조건 후등기가 무효가 되므로 1부동산 1용지주의의 원칙에 충실한 반면, 선등기에 하자가 있고 후등기가 등기의 유효요건을 갖춘 경우에 후등기를 일단 말소한 다음 선등기를 실체적 무효를 이유로 말소하고 이어서 다시 보존등기를 해야 하는 등 절차가 번거롭다. 이에 반해 실체법설에 의하면 처음부터 소송에 의해 실체관계를 판단하여야 하므로 절차법설과 같은 번거로움은 없지만, 우리 등기제도가 공무원에게 실질적 심사권을 주지 않고 있으며, 실체관계의 판단이 오직 법원의 판결에 의할 수밖에 없으므로 오히려 이중등기를 조장할 우려가 있다. 이러한 점들을 고려하여 선등기가 원인무효에 의하여 실효되는 경우에 한하여 후등기가 유효하다는 절충설이 타당하다고 생각한다. 특히 기존의 부동산등기법시행세칙에 규정되었던 이중등기의 말소규정이 부동산등기법에 삽입되었는데, 등기공무원들에게 실질적 심사권이 없는 상황을 고려한다면 이 규정들은 원칙적으로 절차법설에 의하는 것으로 볼 수 있다. 따라서 절차법에 의해 시간상 선등기를 우선 유효한 것으로 추정하고, 그것이 무효가 되는 경우에 한하여 후등기를 유효하게 하는 절충설이 타당하다고 생각한다.

IV. 부동산등기와 공시상의 과제와 전망

이상에서 '부동산등기와 공시'와 관련된 쟁점 사항들에 대해 간략하게 살펴보았다. 다른 어떤 분야보다 많은 연구가 행해져 나름대로 이론이 정립되어 가고 있으며, 선학들의 연구가 가장 돋보이는 곳이기도 하다[117]. 이 분야의 쟁점들에 대한 학설과 판례의 동향과 그에 대한 앞으로의 과제들에 대해 다시 개괄적으로 검토해 보면 다음과 같다.

1. 등기제도의 개선과 과제

인터넷 등의 발달로 인하여 등기제도에도 많은 변화가 이루어지고 있다. 특히 2006년 6월 1일부터 시행되고 있는 '전산정보처리조직을 이용한 등기신청'제도는 등기제도에 대한 새로운 연구와 검토를 요하고 있다. 예컨대 등기신청 시 등기신청자의 진정성확보를 위하여 채택하고 있는 공동신청주의에 대한 재검토가 있어야 한다. 다시 말해서 부동산등기를 신청하고자 하는 자는 미리 사용자등록을 하고 전산정보처리조직을 통하여 부동산등기를 신청할 수 있도록 하고 있는데, 사전 사용자등록을 독일등기법상 등기의 승낙으로 해석하면 단독신청주의로 이해할 수도 있다. 따라서 차제에 공동신청주의 자체를 단독신청주의로 변경하는 것에 대해서도 신중히 검토해야 할 것이다[118]. 또한 등기경료시기와 관련해서도 온라

---

117) 이러한 관점에서 사적으로 청헌 김증한선생이나 후암 곽윤직선생의 생애와 사상을 집중적으로 조명해 보는 기회를 직계 제자들이 활동하고 있는 현 시기에서 시작하기를 제안하는 바이다. 예컨대 '청헌선생의 생애와 사상'이라는 전기 형태의 단행본이 발간되어 그 분의 연구 자세나 업적들이 민법학계나 법학계의 후학들에게 귀감이 될 수 있기를 기원해 본다.

118) 같은 견해로서 김황식, "부동산등기제도개선일반론", 「민사판례연구(IX)」(박영사, 1988), 281면 이하 참조.

인상으로 등기를 신청한 경우 등기공무원이 신청을 확인하여, 즉 교합과 같은 확인을 하는 경우에 경료된 것으로 본다면 의사표시의 도달시기를 요지주의로 해석해야 할 것이다. 또한 등기부의 전산화가 완료되어 앞으로 과거와 같은 단순한 절차상의 하자로 인한 이중보존등기와 같은 사례도 현저히 감소하게 될 것이다. 또한 지적제도 역시 전산화되었기 때문에 부동산등기부와 통합하는 문제나 등기의 공신력에 대한 문제 역시 앞으로 신중히 검토하여 전향적인 방향으로 나아가야 할 것이다. 특히 공신력의 인정의 전제라고 할 수 있는 거래당사자의 진정성 확보를 위해 1982년에 한국 민사법학회에서 진지하게 검토한 바 있는 등기원인증서의 공증제도를 적극적으로 검토해야 할 것이다.

2. 부동산등기와 관련한 학설대립의 의의와 과제

우선적으로 제기되는 문제는 물권행위 개념의 정립을 위한 논의와 물권행위의 독자성과 무인성에 대한 논의가 과연 비생산적이었는가 하는 점이다. 또한 부동산물권변동이론에 대한 연구가 무비판적인 외국법학의 수용이었는가. 부동산물권변동론을 둘러싼 논쟁이 비생산적이었다는 지적과 함께 외국, 특히 독일민법학의 해석론을 무비판적으로 우리 부동산 물권변동이론에 접목시키려고 했다는 비판이 비등하다. 우선 전자와 관련하여 이러한 논쟁을 통해 이론이 정치해지고, 한 단계 성숙된 것으로 여겨진다. 따라서 이러한 논의의 장을 개척한 선학들의 연구성과는 결코 폄하되어서 안된다고 생각한다[119]. 그러나 아직도 미해결의 장으로 남아 있다. 이에 대한 근본적인 발상의 전환을 통한 재해석의 논의가 행해지고

---

119) 윤진수교수는(주 15), 50면에서 "이러한 선학의 노력은 그 당시의 시점에서는 나름대로 의미를 가졌다고 생각된다"라고 평가하고 있다.

있는데, 그것이 바로 법률행위의 해석론적인 접근이다[120]. 주목해야 할 태도이다. 물권행위의 독자성의 문제를 다른 문제와 절연한 독자적인 영역으로 취급하기보다는 법률행위의 해석론적인 접근을 통해 유연하게 대체한다면 물권행위의 질곡에서 해방될 수 있다는 견해는 탁견이라 생각한다. 후자의 경우, 과연 비판받을 만큼의 비교법 연구가 이루어지기나 했는가. 독일의 부동산물권변동에 대한 간헐적인 연구가 행해졌을 뿐, 종합적인 연구가 있었는가에 대해 회의적일 수밖에 없다. 물권행위의 무인성 등 일부 논제에 대해 외국법을 무비판적으로 수용했다는 지적은 일리가 있다고 여겨지지만, 그것은 단편적인 제도를 논할 때 해당되는 것이다. 우리 민법학계에서 비판받을 만큼 외국법에 대한 종합적이고 심도 있는 연구가 이루지기를 오히려 소망한다.

둘째로, 논제들에 대한 학설은 이미 살펴본 바와 같이 현재에도 첨예하게 대립되고 있다. 미등기매수인의 법적 지위에 대해서는 채권설, 항변권설, 물권적 기대권설, 사실상 소유권설이 대립되고 있으며, 등기청구권에 대해서도 채권적 청구권설과 물권적 청구권설이, 중간생략등기에 대해서는 무효설과 유효설이 대립되고, 이 유효설 중에서도 독일민법 유추적용설과 물권적 기대권설, 채권양도설, 3자간의 합의설로 나누어지고 있다. 더 나아가 이중보존등기에 대해서도 실체법설, 절차법설, 절충설로 대립되고 있다. 무효등기의 유용에 대해서만 과거와는 달리 제한적 유효설로 통일되어 있다. 모든 학설은 나름대로의 법적 혹은 논리적 근거를 가지고 있을 것이라는 점을 전제한다면, 이러한 학설의 대립은 우선 환영할 만하다. 특히 논의의 실익이 있는 것이라면 더욱 그러하다. 당위규범을 연구대상으로 하는 법학 자체가 가치 상대주의적인 것이기 때문에 해석론에서도 절대적 우월성을 지닌 주장은 오히려 예외적인 현상일 것이다.

---

120) 주 14번 참조.

지난 수십년 동안 부동산등기에 대한 많은 논의에는 비생산적인 것도 없지 않았겠지만, 앞으로 논의를 계속해도 결론이 나올 수 없는 것도 상당히 있을 것이다. 결국 계속되는 논의를 종결해야할 필요성이 있는 사항이라면 입법에 의해서 해결될 수밖에 없다. 법학의 연구성과는 결국 입법으로 나타나게 되고, 입법의 수준은 당시 법학의 수준을 현출하는 것이기 때문이다. 따라서 이상에서 논구된 논제들에 대한 '있는' 법에 대한 연구는 비교법적 연구나 법사회학적 연구 등을 통한 입법의 방향을 제시하고, 판례를 선도해 가는 논의로 전환되어야 할 것이다.

3. 부동산등기에 대한 판례의 경향과 과제

가. 물권변동의 공시방법으로서 등기 문제는 물론 이러한 물권행위와 직간접적으로 관련되어 있어, 이러한 개념들로부터 자유롭지 못하지만 등기만을 국한해서 살펴볼 때 진정한 권리자 보호 보다는 거래 안전, 즉 동적 안전에 비중을 두고 있는 경향이다. 예컨대 등기부취득시효에서 합산설을 취하고 있는 것이 주된 것이다. 부동산등기의 공시와 관련하여 법원의 태도는 일관성이 없는 듯 보이기도 하지만, 하나의 경향은 학설이 대립되고 있는 경우에 철저히 현실 적합적인 해결을 지향하고 있다는 점이다. 예컨대 등기청구권과 소멸시효와의 관계에서 등기청구권을 채권적 청구권이라고 하면서도, 청구권자가 부동산을 점유한 경우에는 소멸시효의 대상이 되지 않는다고 하여, 마치 물권적 기대권으로 해석하는 것과 같이 해석하여, 현실적으로 존재할 수밖에 없는 미등기매수인의 법적 지위를 보호하고 있다. 1976년 전원합의체 판결문에서 물권적 청구권설을 취하는 소수 견해에 대해서는 논외로 한다고 하더라도, 다수견해 역시 명시적으로 언명하지 않았을 뿐 결과에서는 물권적 기대권과 같은 관점이

라 할 수 있다. 이러한 물권적 기대권과 관련하여 부동산에 대한 미등기 매수인 법적지위에 대한 보다 정치한 이론 구성이 필요하다.

　나. 형식주의 하에서 법원칙에 따른다면 중간생략등기는 무효가 되어야 한다. 그럼에도 불구하고 판례는 유효하다고 보고 있으며, 부동산등기특별조치법에 의해 중간생략등기가 금지되고 있는 상황에서 조차 사법적 효력을 인정하고 있다. 더 나아가 3자간의 합의를 요건이라고 하면서도 이미 등기가 경료된 경우에는 허가 등 다른 특별법상의 금지조항을 위반하지 않는 한 유효하다고 보아 거래안전과 함께 원만한 분쟁의 해결에 중점을 두고 있다. 또한 법원칙에 의하면 무효등기도 결코 유용되어서는 안된다. 그럼에도 불구하고 제3자에게 불이익이 발생되지 않는 범위 내에서 유용을 인정하고 있다. 더 나아가 이중보존등기 역시 부동산등기법상의 원칙에 의하면 절차법설에 의해 처리해야만 한다. 이에 대해서도 절차법을 우선 적용하되 실체적 진실관계를 고려하고 있다.

　다. 이상의 판례의 태도에서 확인할 수 있는 바와 같이 부동산 거래 현실을 중시하여 분쟁해결을 도모하고 있다. 특히 학설이 첨예하게 대립되는 경우에는 법원칙에 따라 문제를 해결하려는 것이 아니라, 어떠한 근거도 없는 독특한 이론으로 판시하기도 한다. 예컨대 등기청구권을 채권적 청구권이라고 하면서도 소멸시효에 걸리지 않는다고 하거나, 재단법인 설립시 출연재산의 귀속시기를 대내관계와 대외관계로 나누어 절충적인 해석을 도모하고 있는데, 이것은 명의신탁이론이 내부적 소유권과 외부적 소유권으로 나누고 있는 것과 같은 관점의 것이다. 이러한 근거가 희박한 절충적인 해결 모색뿐만 아니라 물권행위의 유인성, 중간생략등기, 취득시효완성 후 등기를 취득한 제3자에 대해 그 시효완성을 주장할 수 없다는 판례들은 대표적인 일제의 잔재라고 할 수도 있다[121]. 이러한 일

---

121) 이에 대해 자세한 것은 윤철홍, "민법상 일제잔재의 청산", 「광복50주년기념논문

제 잔재에 대한 청산 작업도 법원칙에 따라 이루어져야 한다. 그러나 분쟁해결의 도구인 판결에서는 이상만을 추구할 수 없는 한계가 있고, 소송이 제기된 이상 판결을 내려야 하기 때문에, 현실을 무시한 법학이나 법집행은 공허해질 수밖에 없을 것이다. 그럼에도 불구하고 우리 입법자가 상정하지 않았던 어떤 법해석이나[122] 원칙에 반하는 해석을 계속할 수만은 없을 것이다. 따라서 법원은 전향적인 자세에서 현행의 '있는' 법상의 법원칙과 입법자의 의사에 중심을 둔 그러한 판결을 지향해야 함은 너무나 당연하다. 그렇다고 조문의 해석에 매몰되어 형식 논리적인 개념 법학적인 범주에서 머물러서 안되고 때로는 자유로운 법창조적인 역할을 해야함은 다원화된 사회에서 법원이 지녀야 할 자세라고 생각한다.

4. 민법학의 연구방법론에 대한 새로운 모색

가. 부동산 물권변동과 등기와 관련한 우리 민법학의 연구 방법론에 가장 강조하고 있는 것은 비교법이나 법사적인 연구가 아니라 법사회학적인 방법의 도입이다. 물권행위의 독자성과 무인성에 대한 주장의 논거로서 부정하는 견해나 인정하는 견해 모두 다 거래 현실을 들고 있다. 즉 주장의 논거를 현실 적합성에 두고 있다. 그러나 양자 모두 탁상적인 추론에 의한 것이지, 부동산 거래의 실태 조사가 과연 있었는지 궁금하다. 법사회학적 혹은 법경제학적 조사 방법이 일반화된 서구 사회의 모습을 수용하여 현실에 대하 인식을 바탕으로 있는 법에 대한 연구와 있어야 할

집 1」(한국학술진흥재단, 1995), 139면 이하 참조. 부동산물권과 관련한 일제 잔재로서는 이상의 것 이외에도 종중의 개념, 명의신탁, 부동산의 부합, 관습법상 법정지상권에 관한 판례들을 지적할 수 있다.

122) 양창수, "부동산물권변동에 관한 판례의 동향", 「민사판례연구(X)」(박영사, 1988), 375면.

법에 대한 대안 모색이 진정한 민법학의 모습이라고 여겨진다.

나. 우리 민법학에 상존하고 있는 민법학계의 이중구조적[123] 현상을 탈피하기 위한 노력이 얼마나 행해지고 있는가? 부동산물권변동에서는 이러한 현상이 두드러지지 않고 있으나, 채무불이행의 체계나 손해배상의 범위 등과 같은 경우에 법전은 일본민법과 프랑스민법전의 영향을 받은 것인데, 그 해석은 독일민법학식의 해석을 시도하고 있는 것들이 눈에 띈다. 우리 부동산물권변동의 근거 조항이라 할 수 있는 민법 제186조 등에 대한 연혁 내지 계보에 따른 비교법적 연구가 선행된 다음, 기타 입법례들과의 가치 관계적인 연구가 행해져야 할 것이다.

V. 맺음말

1. '부동산등기와 공시'와 관련된 분야는 우리 민법학계에서 학설대립이 가장 심한 부분이고, 그에 따라 연구 문헌도 많은 부분에 속한다. 수십년 동안 논의가 계속되어 왔는데, 아직도 문제의 주변을 맴돌고 있다. 학설의 대립이 심하다는 것은 그 만큼 다양한 견해와 함께 논의의 실익이 있다는 표현이 될 수도 있다. 이러한 분야는 결국 입법론으로 완성되어야 할 분야라고 생각한다. 물론 학설대립이 있는 모든 분야를 입법론적으로 접근해야 할 필요는 없지만, 법사회학적 내지 법경제학적인 분석에 의해 입법화가 필요한 부분은 학자들이 적극적으로 앞 장 서야 할 것이다. 그러하기 위해서는 독일과 같이 상시적인 개정이 이루어 질 수 있도록 가칭 '민법개정연구회'를 민사법학회 산하에 두는 것도 한 방법이라고 생각한

---

123) 일본의 北川善太郎가 일본민법학의 역사와 이론이라는 저서에서 1930년대 일본 민법학을 분석하면서 제기한 문제이다.

다. 민법이 시행된지 50년이 넘었는데도 한번도 적용되지 않은 조항도 수 없이 많을 것으로 여겨진다. 이러한 사문화된 조항을 개폐하는 작업뿐만 아니라 시대에 맞는 민법전을 위해서도 이러한 노력은 필요하다고 생각한다. 이를 위해서는 외국 입법례들에 대한 비교법적 연구도 게을리 해서는 안될 것이다.

2. 부동산등기와 관련된 판례를 살펴보면 거래안전, 즉 동적인 안전을 중시하고 있으며, 원칙과 예외가 혼재되고 있는 것과 일제강점기하의 의사주의에 의해 행해진 판례들을 무비판적으로 답습하고 있는 것이 다른 어떤 분야보다 심한 것으로 여겨진다. 부동산물권 관련 사건들은 시민생활과 밀접한 관련이 있을 뿐만 아니라 소송가액도 크기 때문에 특히 보수적인 판결이 주류를 이루고 있는 것으로 추측된다. 그러나 우리 민법은 원칙적으로 실체관계를 중심으로 한 진정한 권리자 보호를 위해 존재하는 것이며, 진정한 권리자의 보호와 거래안전이 충돌 될 때에는 이익을 비교 형량하여 예외적으로 거래안전을 우선해야 한다고 생각한다. 따라서 거래안전을 모든 물권거래에서 우선시 하는 태도는 시정되어야 한다. 또한 판례가 우선적으로 분쟁 해결에 역점을 두고 있지만, 법원칙의 확립과 사법적 정의 실현을 위해 일제 잔재의 청산을 위한 전향적인 자세도 갖추어야 할 것이다.

3. 최근 부동산등기법의 개정에 의해 '전산정보처리조직에 의한 등기사무처리에 관한 특례'가 도입되어 등기부등본의 열람이나 등본발급의 신청뿐만 등기신청까지도 가능하게 되었다. 이에 따라 등기제도의 전반적인 재검토가 요구되고, 기존의 법원리에 대한 보충내지 변경이 요구된다. 등기의 공동신청이나 접수절차에 대한 해석, 분쟁에 대한 실무계의 대비

도 이루어져야 할 분야이다. 특히 등기부와 지적공부가 전산화가 완료됨에 따라 등기원인증서에 대한 공증제도와 이것을 통한 등기의 공신력의 인정 등과 관련한 적극적인 검토 작업이 시급히 이루어져야 할 것이다.

〖 "부동산등기와 공시", 「민사법학 특별호」 제36호, 2006.12, 197-240면 〗

제2절 중간생략등기의 유효성

I. 글머리에

1. 우리 민법이 부동산물권변동과 관련하여 구민법상의 대항요건주의를 버리고 성립요건주의 내지 형식주의를 채택하였음에도 불구하고, 부동산 거래에서는 50여 년 동안 시행되었던 구민법상의 부동산등기제도에 익숙하여 새로운 제도 대신 종전과 같은 방법대로 등기를 하지 않는 경향이 농후하였다. 이에 따라 민법상의 제도와 실제 거래가 일치하지 않는 사례가 자주 발생하여 이에 대한 해결방안이 민법제정 후 핵심적인 과제로 등장하였다. 그 대표적인 것이 미등기매수인의 법적 지위에 관한 것으로 물권적 기대권론 등 다양한 법리들이 개발되는 과정에서 우리 민법상 가장 격렬한 토론의 장이 되기도 하였다. 이와 같이 우리 민법이 새롭게 채택한 제도들, 특히 부동산물권변동과 관련한 제도들이 정착되는 과정에서 다양한 문제들이 발생하였다. 특히 등기가 행해지는 과정에서 물권적 의사표시와 등기가 일치하지 않는 문제가 나타났다. 예컨대 최초매도인 김씨가 甲이라는 부동산을 이씨에게 매각하였는데, 매수인 이씨가 등기하지 않은 채 박씨에게 전매한 경우에 소유권이전등기를 최초매도인 김씨에게서 최초매수인 이씨가 아닌 최종매수인 박씨에게 곧바로 이전해 주는 경우가 있을 수 있다. 김씨는 이씨에게 물권적 의사표시를 했음에도 불구하고, 등기는 박씨에게 이전해 주는 것이기 때문에 과정의 불일치가

나타나게 되는데, 이것이 바로 중간생략등기의 문제이다. 이러한 중간생략등기는 현재의 권리의 상태에 대해서는 정확히 공시하므로 대항요건주의를 취하던 구민법 하에서는 크게 문제되지 않았다. 따라서 이러한 구민법시대에 자유롭게 행해졌던 관행이 후술하는 바와 같이 여러 가지 이유에서 현재까지도 행해지고 있다. 특히 중간생략등기는 70년대 중반부터 불기 시작한 부동산 투기에 접목되어 활발하게 이용되었으며, 투기 이외에도 상속재산을 상속인이 양도하는 경우나 부동산에 대한 보존등기가 경료되기 전에 부동산을 양도하는 경우 등에서도 이용되었다.

2. 중간생략등기가 거래 관행상 널리 행해지는 이유는 등록세나 취득세 등의 면세와 중간자의 양도소득세의 포탈을 목적으로 행하는 경우가 많다. 또한 부동산 거래의 각종 공법적 규제를 회피하거나 절차의 생략을 통한 시간의 절약과 비용의 절감을 위해서 행해지고 있다[1]. 이러한 관행은 구민법시대부터 행해졌다. 전술한 바와 같이 구민법시대에는 등기가 물권변동 자체와는 관련되지 않은 대항요건의 유무를 결정짓는 것이었기 때문에 제도적인 차원에서는 전혀 문제가 되지 않았다. 그러나 현행민법은 형식주의를 취하고 있기 때문에, 중간취득자는 물권을 취득하지 못한 상태에서 전매를 하는 것이 되고, 이러한 전매는 형식 논리적으로는 당연히 무효가 되어야 한다. 그럼에도 불구하고 70년대 중반부터 부동산투기에 이용되고, 기타 세금의 절감 등 여러 가지 이유에서 자주 행해지게 되어 모든 중간생략등기를 무효로 할 수 없을 정도로 빈번하게 이루어지고

---

1) 곽윤직, "중간등기의 생략과 물권변동의 효력", 서울대 「법학」 9권 2호, 1967; 권오승, "중간생략등기", 「월간고시」 (1989.1) ; 김상용, "중간생략등기의 가능성과 유효성 여부", 「판례월보」 (1992. 2); 김학동, "중간생략등기", 「배경숙숙교수화갑기념논문집」 (박영사, 1991); 이보환, "중간생략등기", 「재판자료」, 법원행정처, 1988 등 참조.

있다. 특히 모든 중간생략등기를 무효로 하는 경우 거래안전을 심각하게 저해할 수도 있게 되어 이에 대한 효력의 인정여부가 민법 제정 시부터 문제되었다.

3. 이러한 중간생략등기는 민법 제186조와 제187조 단서에 따르면 부동산물권변동의 유효요건을 충족하지 못하는 것이 되기 때문에 무효가 되어야 할 것이다. 그러나 이러한 중간생략등기를 모두 무효라고 한다면 그 등기를 기초로 행해진 이후 등기들도 모두 무효가 되어 거래안전을 크게 위협하게 될 것이고, 당사자들은 중간생략등기를 말소하고, 결과적으로는 말소되기 이전의 중간생략등기와 똑같은 등기를 다시 하게 되어 경제적으로나 시간적으로 손실이 발생하게 된다. 이러한 점들을 고려하여 후술하는 바와 같이 다수설과 판례는 중간생략등기를 유효한 것으로 해석하였다. 다수설과 판례에 따르면 중간생략등기가 유효하다고 하는데, 이에 대한 비판적인 견해도 유력하게 제기되고 있다. 또한 유효하다고 가정할 때에도 그 법리를 어떻게 구성해야 하며, 그 유효의 범위를 어디까지 인정해야 할 것인가의 문제가 대두된다. 본고에서는 중간생략등기에 대해 입법적으로 해결하고 있는 독일의 모습을 제2장에서는 간략하게 살펴보고, 제3장에서는 중간생략등기의 유효성에 대한 학설과 판례 등을 검토한 다음, 제4장에서 결론을 맺고자 한다.

II. 중간생략등기의 유효성에 대한 입법례

1. 개 관

우리 민법전은 중간생략등기와 관련하여 어떤 조항도 규정하지 않고
있다. 다만 부동산등기특별조치법이 중간생략등기 자체를 규제하고 있을
뿐이다. 즉 동법 제2조 제2항에 의하면 부동산소유권을 이전받는 것을 내
용으로 하는 계약을 체결한 자는 계약당사자가 서로 대가적 채무를 부담
하는 경우에는 반대급부의 이행이 완료된 날 이후, 그리고 계약당사자 일
방만이 채무를 부담하는 경우에는 그 계약의 효력이 발생한 날 이후, 그
부동산에 대하여 다시 제3자와 소유권이전을 내용으로 하는 계약이나 제
3자에게 계약 당사자의 지위를 이전하는 계약을 체결하고자 하는 할 때
에는 그 제3자와 계약을 체결하기 전에 먼저 체결된 계약에 따라 소유권
이전등기를 신청해야만 한다. 등기권리자가 상당한 사유 없이 이러한 등
기신청을 해태한 때에는 그 해태한 날 당시의 그 부동산에 대한 등록세액
의 5배 이하에 상당하는 금액의 과태료에 처하게 된다(동법 제11조 제1항
본문). 또한 조세부과를 면하려 하거나 다른 시점간의 가격변동에 따른
이득을 얻으려하거나 소유권 등 권리변동을 규제하는 법령의 제한을 회
피할 목적으로 등기신청을 해태한 경우에는 3년 이하의 징역 또는 1억원
이하의 벌금에 처하게 된다(동법 제8조). 또한 중간생략등기를 원천적으
로 금지할 수 있는 제도는 아니지만, 방지하기 위해 간접적인 제도들이
있다. 예컨대 매도인의 부동산소유권이전등기의 신청을 위한 인감증명의
효력기간을 6개월로 단축하고(부동산등기법 시행규칙 제55조), 그 인감의
용도란에는 반드시 매수인의 성명, 주소 및 주민등록번호를 기재하도록
하고 있다(부동산등기법 시행령 제13조 제2항). 더 나아가 백지 검인계약

서의 이용을 배제하고 있다(부동산등기특별조치법 제3조 제1항).

여기서 문제가 되는 것은 부동산등기특별조치법상의 규제조항에 대한 해석이다. 만약 이러한 규제조항을 효력발생규정으로 본다면, 등기과정이 일치하지 않음으로서 물권변동의 원칙에 반하는 것이냐의 문제와 관계없이 이에 위반하는 중간생략등기는 무효가 될 것이다. 이와 같은 관점에서 효력발생규정으로 해석하는 견해가 없지 않으나[2], 다수설과 판례는 단속규정으로 보고 있다[3]. 따라서 부동산등기특별조치법을 위반한 중간생략등기에 대해 사법상의 효력을 부정하지 않고 있다. 이러한 태도와는 달리 독일민법은 제185조에서 무권리자의 처분이라 하더라도 권리자의 승인이 있을 경우에는 유효한 것으로 규정하여 중간취득자가 최초양도인의 승낙을 받아 중간생략등기를 할 수 있는 길을 열어 놓고 있다. 이장에서는 이러한 독일민법상의 태도에 대해 간략하게 살펴보고자 한다.

2. 독일에서의 중간생략등기

가. 개 관

독일민법 제185조 제1항에서는 "무권리자가 어떤 목적물에 대하여 한 처분이 권리자의 사전승인 아래 행해진 경우에는 그 처분은 효력이 있다"고 규정하고, 이어서 제2항에서는 "권리자가 이를 추인한 경우, 처분자가 목적물을 취득한 경우 또는 권리자가 처분자를 상속하고 또 권리자가 상속채무에 대하여 무한의 책임을 지는 경우에는 그 처분은 효력이 있게 된다. 후 2자의 경우에 목적물에 대하여 한 다수의 처분이 서로 저촉되는 때에는 최초 처분만이 효력이 있다"고 규정하고 있다. 기본적으로

2) 김상용, 「물권법」(법문사, 1999), 174면.
3) 대판 1993.1.26, 92다39112.

유효한 처분은 처분자가 권리를 보유하고 처분권능을 가지고 있어야 한다. 만약 처분자에게 이러한 권리가 없거나 혹은 그가 처분권능을 가지고 있지 못하면, 그는 제185조의 의미에서 무권리자이다. 그러나 그의 처분은 비록 하자있는 권능이라 하더라도, 유효할 수 있다. 선의취득을 제외하고라도, 독일민법 제185조에 따르면, 무권리자의 처분이 예외적으로 효력을 가지는 것으로 4가지 유형이 규정되어 있다. 즉 사전승인을 받은 경우, 사후에 추인을 받은 경우, 상속을 받은 경우, 상속채무에 대해 무한책임을 지는 경우이다. 이것은 권리자가 사전을 승인을 하였거나 혹은 여러 가지 이유에서 원권리자를 보호할 필요가 없는 경우를 규정한 것이다. 무권리자가 자신의 이름으로 권리자의 사전승인이 없어 무효가 되는 하나의 처분행위를 한 때에는 공통적으로 적용된다. 그러나 우리 민법상 문제되고 있는 중간생략등기의 유효성과 관련하여 문제되는 것은 제1항의 무권리자가 권리자로부터 사전승인을 받고 처분한 경우이다. 이것을 중심으로 살펴보고자 한다.

나. 무권리자의 처분행위의 유효요건

(1) 무권리자가 처분행위를 행하였어야 한다.

여기서 처분행위는 존재하고 있는 권리에 대해 직접적으로 침해하는 모든 법률행위를 의미한다[4]. 따라서 권리를 소멸시키는 것뿐만 아니라 변경이나 양도하는 것을 포함한다[5]. 단독적인 처분행위가 아닌 것으로 처분행위의 필수적인 요소들인 행위들이 여기에 속한다. 예컨대 부동산등기법 제19조에 의한 부동산등기법상의 등기승낙(Eintragungsbewilligung)

---

4) Heinrichs/Palandt, 60. Aufl., 2001, §185, Rn. 1.
5) Erman-Palm, §185, 11.Aufl., Rn.2; BGHZ 1, 304 ; 75, 226; Haedicke, in: JuS 2001, S.966.

과 같은 것이다6). 독일민법 제185조는 개개의 법영역의 규정들에 따라 부합하는 처분의 대상을 요구하고 있다는 법기술적인 의미에서 하나의 조건을 전제하고 있다. 점유권의 이전에 대해서도 제185조는 정확하게 적용된다. 왜냐하면 그것은 처분행위와 아주 유사하기 때문이다.

여기서 무권리자는 전에는 권리자 이었으나 더 이상 권리를 가지고 있지 않는 자(Nicht-Mehr-Berechtigter), 완전한 권리자가 아닌 자(Nicht-Voll-Berechtigter), 더 나아가 아직 권리를 취득하지 못한 자(Noch-Nicht-Berechtigter)를 포함한다7).

(2) 권리자의 사전동의가 있어야 한다.

무권자의 처분의 효력은 모든 사례에서 권리자가 어느 정도 관여했느냐에 따라 달라진다. 권리자는 통상 권리의 보유자이다8). 만약 이 처분권능이 권리보유자에 대해 하자가 있다면, 권리보유자의 처분권능은 전체든 부분적이든 제한받게 되는 사람이다. 예컨대 강제집행관재인, 파산관재인, 유언관재인과 같은 경우이다. 처분권능이 동의하는 시점에 존재해야만 하는가9) 혹은 처분의 시점에 존재해야만 하는가에 대해 대립되고 있다. 승낙은 소급적 효력이 인정되어야 하므로, 승낙이 효력을 발생하고 있는 시점에 처분할 권능을 보유하고 있어야 한다10). 만약 승낙자가 처분권능을 무권리자가 처분한 다음에야 비로소 취득하였다면, 이 승낙은 취득한 시점부터 효력이 있다11).

---

6) Duesseldorf NJW 1963, S.162; BayObLG NJW 1971, S.514.
7) 이에 대해 자세한 것은 Soergel-Leptien, §185, 13. Aufl., Rn.13ff. S.706ff.
8) Ermann- Palm, §185, Rn.3 ; Soergel-Leptien, §185, 13.Aufl., Rn.20.
9) Flume, AT des BGB §57, 3a ; Staudinger-Gursky, §184, Rn.21f. ; BGHZ 107, 340= NJW 1989, 204.
10) Erman- Palm, §185, Rn.6; Soergel-Leptien, §185, Rn.14.
11) Larenz/Wolf, AT des BGB, §51, Rn. 28.

비록 무권리자의 처분이라고 하더라도 사전에 권리자의 동의를 받아 행한 처분은 유효하다. 이 동의는 사전에 고지한 동의, 즉 사전승인을 의미한다. 여기에서 동의는 독일민법 제182조와 제183조에서 규정하고 있는 것들이 해당된다. 동의는 행위의 상대방으로서 처분자에게 표현되고, 만약 동의를 표시한 자가 착오에 의해서 행하였다면 제119조 이하에 따라 취소할 수도 있다.

다. 판례의 태도

독일의 판례에 의하면 무권리자의 처분, 즉 중간생략등기와 같은 처분의 유효성의 근거를 독일민법 제185조 제1항에서 찾고 있다. 상술한 바와 같이 독일민법 제185조 제1항에 의하면 무권리자의 처분이라 하더라도 권리자의 사전승낙이 있을 때에는 유효하다는 점에서 무권리자의 처분에 대한 유효성의 근거를 찾고 있다. 예컨대 다음 사건은 중간생략등기와 관련한 가장 전형적인 사건으로서 이점을 확인할 수 있는데, 사실관계는 다음과 같다. 원고는 베를린에 소재하는 택지의 소유자였다. 그는 1922년 9월 10일에 계약을 통해 B에게 이 토지를 매각하였다. 부동산소유권이전에 대한 합의인 아우프라쑹(Auflassung)은 1922년 10월 19일에 행해졌다. 매수인 B는 소유권자로서 이전등기를 경료하지 않은 채, 1922년 12월 7일에 이 땅을 M에게 전매하면서, 동시에 아우프라쑹도 행하였다. M 역시 소유권자로서 등기를 하지 않은 채, 1923년 4월 18일에 피고에게 이 택지를 매각하면서, 아우프라쑹을 행하였다. 1923년 4월 18일의 계약은 pr. GrBerkG 제7조 4항을 근거로 암묵적으로 관청의 추인을 받았다. 피고는 1922년 10월 19일, 1922년 12월 7일과 1923년 4월 18일의 아우프라쑹들을 근거로, 1923년 7월 9일에 소유권자로서 등기부에 이전등기를 경료하였다. 이에 대해 원고는 이 택지의 소유권자가 되지 못하였으며, 소유권

은 자신에게 귀속되어야 한다고 주장하면서, 등기부의 정정과 함께 소유
물반환의 소를 제기하였다. 이에 대해 베를린 지방법원은 원고의 청구를
기각하였는데, 고등법원은 원고의 청구를 인용하였다. 그래서 피고가 상
고하였다. 이러한 일련의 거래에서 마지막 행위에 대해서만 추인되었을
때, 마지막 추인인 1923년 1월 10일의 추인으로서 충분한 것인가가 핵심
쟁점이다[12]. 이에 대해 제국법원은 매도인과 매수인 사이의 아우프라쑹
에는 매수인이 다시 그 부동산을 처분해도 좋다는 매도인의 승낙이 포함
되어 있다고 보았다. 그리고 매도인의 승낙은 이른바 물권행위의 구속력
때문에 일방적으로 철회하지 못한다. 따라서 취득자인 매수인은 자기 앞
으로 이전등기를 함이 없이 그 부동산을 다시 제3자에게 양도할 수 있고,
제3자는 직접 원매도인으로부터 그 부동산소유권을 이전받은 것과 같이
등기할 수 있다고 판시하였다[13].

III. 중간생략등기의 유효성에 대한 검토

1. 개 설

전술한 바와 같이 우리 민법전이 부동산물권변동에 대해 형식주의를
취함으로써, 민법 제186조와 제187조 단서에 의해 등기가 물권행위의 효
력발생요건으로 요구된다. 따라서 중간취득자가 미등기상태로 처분한 부
동산의 물권변동은 원칙적으로 효력이 발생하지 않는다. 그러나 거래상

---

12) RGZ 129, 150.
13) RGZ 129, 150(153ff.). Vgl. Eintragungsbewilligung eines nicht eingetragenen
Auflassungsempfaengers, in: NJW 1971, S.514; NJW-RR 1991, S.465 usw.

으로는 이러한 미등기상태로 전매하는 중간생략등기가 많이 행해지고 있어서 그 유효성에 대해 민법 제정 시부터 논란이 되었다. 특히 중간생략등기에 대한 유효성여부에 대해 학설이 첨예하게 대립하고 있다. 중간생략등기는 무효라는 견해가 유력하게 주장되고 있기는 하지만, 유효설이 절대 다수를 차지하고 있다. 유효설에도 물권적 기대권설, 독일민법 유추적용설, 채권양도설, 3자간의 합의설 등 다양한 견해로 나뉜다.

2. 학 설

가. 무효설

물권변동에 대한 형식주의를 취하는 우리 법제에 반하는 것이기 때문에 무효라는 견해이다. 이 무효설도 주장하는 논거에 따라 대략 세 가지로 나눌 수 있다. 우선 형식 논리적으로 물권변동에 관한 형식주의 하에서 중간생략등기는 물권변동의 과정뿐만 아니라 현재의 권리상태도 공시하지 못하므로 무효라는 견해와[14], 부동산등기특별조치법에 의해 형벌이 가해지는 등 다양한 규제가 행해지고 있는 것을 고려하면 금지규정은 단순한 단속규정이 아니라 효력발생규정으로 보고 이것을 위반한 것은 무효라는 견해[15], 더 나아가 실체관계가 미흡하고 부동산등기법 제41조에 위반되므로 무효라는 견해가 있다[16].

(1) 상대적 무효설

우리 민법상의 원칙인 형식주의 하에서는 법률행위로 인한 부동산물권

---

14) 장경학, 「물권법」(법문사, 1990), 228면 이하.
15) 김상용(주 2), 174면.
16) 조성민, "중간생략등기의 효력", 「고시계」(1993.8), 112면.

변동은 등기해야만 그 효력이 발생한다. 그러므로 이러한 원칙에 따라 최초매도인으로부터 부동산을 매수한 매수인이 이전등기를 하지 않은 경우에는 소유권을 취득할 수 없고, 이러한 최초매수인이 중간취득자로서 미등기 상태로 전매한 경우에 이 중간취득자로부터 부동산을 매수한 최종매수인은 무권리자로부터 권리를 양수받은 것이 된다. 따라서 중간생략등기는 물권변동의 과정은 물론 현재 물권상태도 공시하지 못하고 있기 때문에 무효라는 것이다. 그러나 거래안전을 위하여 중간생략등기를 기초로 하여 다시 전득한 제3자가 있는 경우에는 그 제3자에게는 중간생략등기의 무효를 주장할 수 없다는 견해이다[17]. 예컨대 중간생략등기는 무효이기는 하지만, 일정한 요건 하에서 권리를 취득한 제3자에게는 무효를 주장할 수 없다는 것이다. 이러한 이유에서 통상 이 견해를 상대적 무효설이라고 부른다[18]. 이 견해에 의하면 제3자의 등기가 유효하게 되므로 결국 공신력을 인정하는 결과가 된다.

(2) 효력규정의 위반에 따른 무효설

중간생략등기는 성립요건주의에 반하고 탈세와 탈법 및 부동산투기의 방법으로 이용되고 있다는 점과 이제는 행정벌을 넘어서 형사처벌까지 하고 있는 점들을 고려하여 그 유효성을 부정해야 한다는 견해이다. 다시 말해서 중간생략등기신청을 금지하고, 이를 위반한 자를 처벌하는 규정(부동산등기특별조치법 제2조 제2항, 제3항 ; 동법 제4조 ; 동법 제8조 제1호 ; 동법 제9조 제1호)에 비추어 볼 때 중간생략등기의 신청을 금지하는 규정들은 효력규정으로 이해해야 한다는 것이다. 즉 형사처벌의 대상이 되고 있는 중간생략등기는 효력규정의 위반으로 무효인 등기로 보아

---

17) 장경학(주 13), 228-229면.
18) 곽윤직, 「물권법」 (박영사, 1999), 228면 ; 김상용(주 2), 171면.

제2장 토지소유권의 변동과 그 법리 133

야 한다는 것이다[19].

(3) 부동산등기법 제41조의 위반에 따른 무효설

의사주의 하에서는 부동산에 관한 소유권이전의 합의만으로 부동산소유권이 이전되므로 이전등기를 하지 않았어도 매수인이 완전한 소유권자가 되고, 매수인이 소유권이전등기를 하지 않은 채 다시 제3자에게 부동산을 양도할 때, 매수인의 처분행위에는 아무런 법적 문제가 없었다. 그러나 형식주의 하에서는 이전등기가 이루어지지 않은 상태에서는 매수인은 부동산소유권을 취득할 수 없기 때문에, 미등기 상태에서 행한 부동산처분행위(양도)는 무권리자의 행위일 수밖에 없다. 따라서 형식주의 하에서 중간생략등기는 실체관계에서 미비라는 결과가 되어 무효라고 할 수밖에 없다. 또한 중간생략등기는 부동산등기법 제41조에 위반하므로 무효라는 것이다[20]. 이에 따르면 중간생략등기는 실체관계에서 요구하는 요건이 미비 되어 사법적 효력이 발생하지 않으며, 부동산등기특별조치법에 의해 형사처벌을 받게 된다는 것이다. 또한 중간생략등기 자체가 무효이기 때문에 최종양수인의 중간생략등기청구권도 당연히 부정된다고 한다.

나. 유효설

(1) 독일민법 유추적용설[21]

"무권리자가 어떤 목적물에 대하여 한 처분이 권리자의 사전승인 아래 행해진 경우에는 그 처분은 효력이 있다"는 독일민법상의 법리(독일민법

---

19) 김상용(주 2), 174면.
20) 조성민(주 16), 94면.
21) 곽윤직(주 18), 155면.

제185조 제1항)를 원용하고, 물권행위의 독자성을 부인하는 전제하에 최초매도인과 중간취득자 사이의 매매행위 속에는 물권행위 내지 물권적 합의도 있었던 것이 되고, 최초매도인과 중간취득자 사이의 물권행위는 미등기자로서 무권리자인 중간취득자가 최종취득자에게 부동산을 처분하는데 대한 동의로 본다는 것이다.

이 견해와 같이 물권행위의 독자성을 부인하게 되면 중간생략등기의 일반적인 유형인 최초매도인과 최초매수인 사이의 매매계약 시에 물권적 합의가 있는 것으로 해석되며, 이러한 물권적 합의는 최초매도인이 무권리자인 최초매수인에게 그 부동산의 처분권을 부여한 것으로 해석된다. 이러한 처분권을 부여한 양당사자간의 매매계약이 있었다고 한다면, 이것은 양당사자간의 채권행위와 물권행위가 있었던 것으로 해석할 수 있다는 것이다. 이러한 견해에 의하면 최초매도인으로부터 최종매수인에게 중간생략등기가 행해지면, 소유권은 유효하게 최종매수인에게 이전된다. 이 경우에는 최초매도인과 최종매수인간에 채권행위가 있는 것으로 해석되므로, 결국 최종매수인은 최초매도인에게 등기청구권도 갖게 된다는 것이다[22].

(2) 물권적 기대권설[23]

최초매도인과 중간취득자 간의 물권행위로, 중간취득자는 목적물에 대한 물권과 유사한 물권적 기대권을 취득하고, 중간취득자와 최종취득자 간의 물권행위도, 중간취득자의 물권적 기대권이 양도되는 것이며, 이에 기하여 최초매도인과 최종매수인간에 행해진 중간생략등기는 중간취득자의 동의의 유무와 관계없이 유효하다는 것이다. 중간취득자의 동의유

---

22) 곽윤직(주 18), 155면.
23) 김증한, 「물권법강의」(박영사, 1988), 74면 ; 김용한, 「물권법」(박영사, 1993), 132면.

무를 논한다는 것은 물권적 기대권의 양도를 위한 합의가 있어야 한다는
점을 고려할 때 무의미한 것으로 이해된다[24]. 또한 물권적 기대권의 양도
로 이해하는 경우에는 부동산등기특별조치법 등에서 금지하고자 하는 부
동산투기 목적의 중간생략등기에 대해 목적 부동산의 인도가 행해진 뒤
에 처분한 경우에는 투기목적과는 거리가 멀기 때문에 이것을 통해 중간
생략등기를 방지할 수도 있다고 한다[25].

(3) 채권양도설[26]

최초매도인과 최초매수인 사이의 매매로, 이 매수인은 채권인 부동산
소유권이전등기청구권을 취득하게 되고, 이 매수인과 매매계약을 체결한
최종매수인 사이의 권리관계는 채권의 양도에 불과한 것이 되므로, 민법
제450조의 채권양도의 법리에 따라 최초매도인에게 통지하거나 최초매도
인의 승낙이 있으면 중간생략등기는 유효하다는 견해이다. 예컨대 최초
매도인과 중간취득자인 최초매수인간에 전매계약이 체결된 경우에는 중
간취득자는 부동산소유권이전등기청구권이라는 채권을 취득하며, 이 중
간취득자가 부동산소유권이전등기를 하기 전에 그 부동산을 다시 최종매
수인에게 전매한 경우에는, 중간취득자가 이 부동산소유권이전등기청구
권이라는 채권을 양도한 것이 된다는 것이다. 중간취득자의 등기이전청
구권을 채권으로 보고 그것을 최종매수인에게 양도한 것이 되므로, 이에
대해서는 채권양도의 법리를 적용하자는 것이다. 이러한 채권양도의 법
리에 따라 중간취득자가 최초매도인에게 채권양도의 사실을 통지하면,
최종매수인은 중간취득자로부터 양수받은 부동산소유권이전등기청구권

---

24) 김용한(주 23), 132면.
25) 정옥태, "물권적 기대권", 「사법연구」 제1집, 1992, 110-111면.
26) 이호정, "부동산최종매수인의 최초매도인에 대한 등기청구권", 「고시계」(1981.7),
    19-20면.

을 최초매도인에게 행사할 수 있다는 것이다. 이러한 견해에 의하면 최종매수인이 최초매도인에게 아직 매매대금을 지급치 않은 경우에는, 최초매도인은 중간취득자인 최초매수인에게 대항할 수 있는 사유로써 최종매수인에게 대항할 수 있으므로 등기청구권이 최종매수인에게 이전된다고 하더라도 채권양도의 법리에 의하여 최초매도인을 충분히 보호할 수 있다는 것이다.

(4) 3자간의 합의설27)

이 견해에 의하면 중간생략등기는 최초매도인과 중간취득자, 최종매수인인 3자간의 합의를 근거로 유효하다고 한다. 그러나 3자간의 합의가 없더라도 일단 중간생략등기가 경료되면 이에 의하여 양도인으로부터 양수인에게 직접 경료된 등기는 유효하다는 것이다. 특히 이 견해는 이에 대한 유효요건으로, 채권적 합의와 물권적 합의가 존재하되, 중간자의 등기만 생략되어, 이 등기가 있었다면 통상의 거래와 동일한 실질을 지니고 있어야 하고, 3자간의 합의가 있어야 한다는 것을 들고 있다. 그러나 실체관계에 부합하는 경우 3자간의 합의가 없다는 이유만으로 최초매도인이 그 말소를 청구할 수 없다고 한다.

3. 판례의 태도

우리 대법원은 중간생략등기의 유효성을 구민법시대부터 인정해 왔다. 물론 형식주의를 취하는 우리 민법의 태도 때문에 중간생략등기의 유효성을 인정하는데 여러 가지 제한이 있었던 것은 사실이다. 예컨대 대법원은 중간생략등기가 유효하기 위해서는 우선 동의 또는 합의가 있어야 한

---

27) 이영준, 「물권법」 (박영사, 2001), 130-131면.

다고 한다28). 따라서 최초매도인으로부터 최초매수인으로, 이어서 최종
매수인으로 미등기전매된 경우에도 특약이 있은 경우에야 가능하므로 이
3자간에 합의가 있어야 한다는 것이다29). 따라서 이러한 3자간에 합의가
없다면 최종매수인은 최초매도인에게 소유권이전청구권을 행사할 수 없
고, 중간취득자인 최초매수인을 대위하여 청구할 수밖에 없다30). 그러나
이러한 합의는 묵시적으로나 순차적으로도 가능하다31). 묵시적인 합의를
인정한 관계로 위임장이나 매도증서 등의 등기서류의 매수인란을 백지로
하여 교부한 경우에도 유효한 것으로 보았다32). 그러나 단순히 매도증서
만이 교부된 경우에는 합의가 있다고 할 수 없다33). 대법원은 이렇게 중

---

28) 대판 1991.4.23, 91다5761에 의하면 "부동산이 전전 양도된 경우에 중간생략등기의
합의가 없는 한 그 최종 양수인은 최초 양도인에 대하여 직접 자기명의로의 소유권
이전등기를 청구할 수는 없다 할 것이고, 부동산의 양도계약이 순차 이루어져 최종
양수인이 중간생략등기의 합의를 이유로 최초 양도인에게 직접 그 소유권이전등기
청구권을 행사하기 위하여는 관계당사자 전원의 의사합치, 즉 중간생략등기에 대한
최초 양도인과 중간자의 동의가 있는 외에 최초 양도인과 최종 양수인 사이에도 그
중간등기생략의 합의가 있었음이 요구된다"고 한다.
29) 대판 1965.3.23, 64다1900.
30) 대판 1983.12.13, 83다카881. 대법원은 이 판결에서 "이 사건 부동산에 관한 교환계
약이 원고의 망부와 피고들의 피상속인 사이에 체결된 것이라면 원고가 망부 생전
에 위 교환계약에 따른 소유권이전등기청구권 등 일체의 권리를 증여받았더라도
그와 같은 증여는 원고와 망부 간의 법률관계에 지나지 않는 것이므로 중간생략등
기에 관한 합의가 없는 이상, 피고들이 그 피상속인과 원고의 망부와의 교환계약에
따른 이 사건 부동산의 소유권이전등기를 계약당사자도 아닌 원고에게 직접 이행
하여야 할 의무는 없다"고 판시하여 이점을 분명히 하고 있다.
31) 대판 1971.2.23, 70다2976.
32) 대판 1971.2.23, 70다2996 ; 대판 1982.7.13, 81다254.
33) 대판 1991.4.23, 91다5761. 이 판결에 의하면 "최초 양도인인 피고가 중간등기생략
을 거부하고 있는 이 사건에 있어 다른 특단의 사정이 없는 한, 원심판시와 같이
중간자인 소외 김00이 원고에게 이 사건 토지지분을 대물변제로 양도하면서 동 소
외인 피고로부터 받은 판시 매도증서 등의 서류를 넘겨주었다는 것만으로는 원·피
고간에 중간등기생략에 관한 합의가 있었다고 할 수는 없"다고 한다.

간생략등기를 유효하기 위해 등기관계자의 전원의 합의가 요구된다고 하면서도, 일반 부동산 거래에서 행해지는 중간생략등기가 동의 또는 합의가 없이 이루어는 것이 보통이므로, 이러한 거래 현실을 반영하여 이미 중간생략등기가 경료된 경우에는 합의를 요구하지 않고 있다. 예컨대 당사자 사이에 적법한 원인행위가 성립되어 중간생략등기가 이루어진 이상, 중간생략등기에 관한 합의가 없었다는 사유만으로는 그 소유권이전등기를 무효라고 할 수 없다고 하였다34). 따라서 그 말소를 청구하지 못한다고 한다35). 특히 투기나 기타 반사회적인 요소가 없는 경우, 예컨대 미등기 건물의 양수인이 행한 건물의 소유권보존등기를 행하는 경우나36), 상속인에 의한 피상속인으로부터 양수인 명의로의 소유권이전등기를 하는 경우에는37) 전혀 문제 삼지 않았다.

이러한 태도는 부동산등기특별조치법(1990.8.1, 법률 제4244호)이 시행된 이후에도 크게 달라지지 않았다. 예컨대 동법 제2조 제2항 후단에서 미등기매수인이 "제3자와 소유권이전을 내용으로 하는 계약이나 제3자에게 계약당사자의 지위를 이전하는 계약을 체결하고자 할 때에는 그 제3자와 계약을 체결하기 전에 먼저 체결된 계약에 따라 소유권이전등기를 신청하여야 한다"고 중간생략등기금지에 관한 규정을 두고 있으나, 이것은 효력규정이 아닌 단속규정으로 보고 미등기전매에 대해 형사처벌 등

---

34) 대판 1980.2.12, 79다2104 ; 대판 1969.3.8, 69다648 ; 대판 1969.7.10, 79다847.
35) 대판 1980.2.12, 79다2104.
36) 대판 1984.1.24, 83다카1152. 예컨대 대법원은 이 판결에서 "토지조사부에 소유자로 등재되어 있는 자는 이의, 재심절차에 의하여 사정내용이 변경되지 않는 한 그 토지의 소유자로 사정받은 것으로 볼 것이고, 토지조사령에 의한 토지사정을 받은 자는 그 토지를 원시적으로 취득한다 할 것이며 미등기부동산이 전전 양도된 경우 최후의 양수인이 소유권보존등기를 한 경우에도 그 등기가 결과적으로 실질적 법률관계에 부합된다면 그 등기는 무효인 것이라고 볼 수 없는 것"이라고 판시하였다.
37) 대판 1964.11.24, 64다685.

을 할 수 있으나, 사법적 효력까지 무효로 하는 것은 아니라고 판시하였다[38]. 그러나 농지매매증명[39]이나 토지거래허가[40]를 받아야 하는 경우와 같이, 허가나 증명을 요구하는 등 규제가 있음에도 불구하고 이러한 규제를 피하기 위해 행해진 중간생략등기는 무효라고 한다[41].

---

38) 대판 1993.1.26, 92다39112.
39) 대판 1960.7.21, 4292민상797 등 다수. 예컨대 대법원 1990.12.11. 선고 89다카34688 판결에 의하면 "국가가 농지개혁법 제16조의2에 의하여 농지수분배자에게 소유권이전등기를 함에 있어서는 국가명의의 중간등기가 필요 없고 위 법 시행당시의 소유자의 협력도 필요로 하지 않으므로 이미 소유권보존등기가 되어 있는 농지가 분배된 경우 국가는 농지수분배자에게 국가명의의 소유권보존등기를 하여 이에 터 잡아 이전등기를 하여 줄 것이 아니라 이미 경료되어 있는 등기로부터 소유권이전등기를 하여 주어야 하고 수분배자도 이러한 소를 제기할 수 있을 뿐이다"라고 판시하고 있다.
40) 대판 1996.6.28, 96다3982.
41) 예컨대 대판 1997.11.11, 97다33218에서는 "토지거래허가구역 내의 토지가 토지거래허가 없이 소유자인 최초매도인으로부터 중간 매수인에게, 다시 중간 매수인으로부터 최종매수인에게 순차로 매도되었다면 각 매매계약의 당사자는 각각의 매매계약에 관하여 토지거래허가를 받아야 하며, 위 당사자들 사이에 최초의 매도인이 최종매수인 앞으로 직접 소유권이전등기를 경료하기로 하는 중간생략등기의 합의가 있었다고 하더라도 이러한 중간생략등기의 합의란 부동산이 전전 매도된 경우 각 매매계약이 유효하게 성립함을 전제로 그 이행의 편의상 최초의 매도인으로부터 최종의 매수인 앞으로 소유권이전등기를 경료하기로 한다는 당사자 사이의 합의에 불과할 뿐, 그러한 합의가 있었다고 하여 최초의 매도인과 최종의 매수인 사이에 매매계약이 체결되었다는 것을 의미하는 것은 아니므로 최초의 매도인과 최종매수인 사이에 매매계약이 체결되었다고 볼 수 없고, 설사 최종매수인이 자신과 최초매도인을 매매 당사자로 하는 토지거래허가를 받아 자신 앞으로 소유권이전등기를 경료하였다고 하더라도 이는 적법한 토지거래허가 없이 경료된 등기로서 무효이다"라고 판시하여 이점을 분명히 하고 있다.

4. 학설의 검토 및 사견

가. 무효설에 대한 검토

중간생략등기는 비록 물권의 변동과정을 공시하지는 못한다고 하더라도, 물권의 현재 상태를 공시하고 있다. 또한 중간생략등기를 무효로 한다면 거래안전에 큰 위협이 될 수 있다. 더 나아가 최종매수인의 권리에 대한 실체관계 자체는 부합하기 때문에 그것이 무효가 된다고 하더라도 여러 단계의 법적 조치를 통해 결국 최종매수인에게 소유권이 귀속되게 되므로 소송 경제상 낭비가 초래될 것이며, 반대로 이미 정당한 절차를 통해 매도한 최초매도인에게 소유권을 다시 귀속시키는 것은 정의에 부합하지도 못한다[42]. 그러나 이러한 비판은 현실론을 중심으로 한 것으로 법원칙, 즉 형식주의를 취하고 있는 우리 민법의 원칙에 부합한다고는 말할 수 없다. 이러한 관점에서 우리 민법이 요구하는 형식을 갖추지 못한 경우에는 효력을 인정할 수 없다는 무효설이 일리는 있지만, 그렇다고 상대적 무효설이나 부동산등기법 제41조의 위반에 따른 무효설을 취하기는 어렵다고 생각한다. 특히 상대적 무효설은 원래 의도와는 달리 등기의 공신력을 인정하는 결과를 초래하기 때문에 부당하다. 또한 독일민법은 철저하게 형식주의를 취하면서도 예외적으로 무권리자의 처분을 유효하다고 규정하여, 이에 따라 중간생략등기의 유효성을 인정하고 있음은 무효설의 해석에도 시사해 주는 바가 크다고 생각한다. 더 나아가 부동산등기특별법의 금지조항을 효력규정으로 이해하는 견해는 일리가 있고, 법정책적인 차원에서 충분히 고려해야 할 견해라고 생각한다. 다만 앞에서 언급한 바와 같은 현실론의 입장에서 단속규정으로 해석하는 것뿐이다. 판례도 부동산등기특별조치법상 중간생략등기의 금지조항을 위반한 것에

---

42) 같은 견해로 이은영, 「물권법」(박영사, 2002), 259면.

대해 사법적 효력을 인정하고 형사처벌 등을 통해 제재를 가하고 있는 것은 이러한 현실을 반영한 것으로 여겨진다.

나. 유효설에 대한 검토

중간생략등기를 유효하다고 인정할 때, 어떻게 법리를 구성할 것인가에 대해 전술한 바와 같이 학설이 첨예하게 대립하고 있다. 우선 독일민법 유추적용설에 대해서는 현행 민법에 독일민법 제185조 제1항과 같은 규정이 없고, 또한 이론구성이 복잡하며, 물권행위의 독자성을 부정해야 하는 전제에도 난점이 있다. 따라서 우리 민법의 해석론으로 채택하기에는 어렵다고 여겨진다. 또한 현행 민법 하에서는 등기가 이전되지 않으면 소유권도 이전되지 않으므로, 최초매도인으로부터 매수한 최초매수인은 채권인 소유권이전등기청구권을 지니고, 이것을 최종매수인에게 양도하는 것으로 이론을 구성한 채권양도설에 의하면, 양당사자의 금지특약이 없는 한 그 양도가 가능하다고 한다. 그러나 단순한 지명채권일 경우에는 채권을 양도할 수 있을 것으로 여기나, 투기나 면탈의 목적으로 행하는 채권양도를 인정할 수는 없는 것이고, 판례도 등기청구권은 그 성질상 양도가 부정되는 것으로 해석하여, 양도의 통지만으로는 대항력이 발생하지 않는다고 한다[43]. 또한 채권양도설에 따르면, 최초매수인과 최종매수

---

43) 대판 2001.10.9, 2000다51216 ; 대판 2005.3.10, 2004다67653, 67660. 대법원은 이 판결에서 "부동산의 매매로 인한 소유권이전등기청구권은 물권의 이전을 목적으로 하는 매매의 효과로서 매도인이 부담하는 재산권이전의무의 한 내용을 이루는 것이고, 매도인이 물권행위의 성립요건을 갖추도록 의무를 부담하는 경우에 발생하는 채권적 청구권으로 그 이행과정에 신뢰관계가 따르므로, 소유권이전등기청구권을 매수인으로부터 양도받은 양수인은 매도인이 그 양도에 대하여 동의하지 않고 있다면 매도인에 대하여 채권양도를 원인으로 하여 소유권이전등기절차의 이행을 청구할 수 없고, 따라서 매매로 인한 소유권이전등기청구권은 특별한 사정이 없는 이상 그 권리의 성질상 양도가 제한되고 그 양도에 채무자의 승낙이나 동의를 요한다

인간에는 부동산매매계약을 체결되었음에도 불구하고, 최종매수인이 최초매수인에게 부동산등기이전청구권을 행사할 수 없는 결과가 되므로 부당하다. 이것은 양자 간에 행한 법률행위의 성질에도 반하는 것이다. 더 나아가 3자간의 합의설은 판례나 이 견해의 내용에서 확인할 수 있듯이 동의나 합의는 순차적이나 묵시적으로도 가능하고, 더욱이 중간생략등기가 경료된 경우에는 3자의 합의가 없는 경우에도 유효하다고 한다. 따라서 3자간의 합의를 요건으로 하는 3자간의 합의설의 본래 취지에도 부합하지 못하는 것으로 여겨진다. 이에 반해 물권적 기대권설은 물권적 기대권을 인정한다면 이론구성이 간명하고 타당하다고 생각한다. 그러나 현행 민법 하에서는 독일민법과는 달리 미등기매수인의 법적 지위가 확고하지 못하고, 이에 대한 인정여부에 대해 비판적인 견해가 다수를 차지하고 있다는44) 점이 문제가 된다.

다. 물권적 기대권론에 대한 비판과 사견

물권적 기대권론에 의한 중간생략등기의 설명에 대해 곽윤직 교수는 실익도 없고, 오히려 중간생략등기를 조장하기 때문에 부당하다고 비판한다45). 이러한 비판에 의하면, 원래 독일의 물권적 기대권자도 중간생략등기를 이러한 법리를 통해 이론구성하려고 하였지만, 독일에서의 중간생략등기와 우리나라에서 그 관행과는 아주 차이가 있음을 지적하고 있다고 한다. 예컨대 독일에서 중간생략등기가 문제되는 것은 부동산취득

고 할 것이므로 통상의 채권양도와 달리 양도인의 채무자에 대한 통지만으로는 채무자에 대한 대항력이 생기지 않으며 반드시 채무자의 동의나 승낙을 받아야 대항력이 생긴다"고 하여 이점을 분명히 하고 있다.

44) 강태성, 「물권법」 (대명출판사, 2000), 199면 ; 곽윤직(주 18), 224면 이하 ; 이영준(주 27), 60면 이하, 130면 ; 홍성재, 「물권법」 (대영문화사, 2006), 308면 등 참조.

45) 곽윤직(주 18), 224면.

자가 일정한 경우에 부동산양도에는 소정의 관리관청의 사후 추인 (Genehmigung)를 요하는 것으로 하고 있는데, 이 추인을 얻지 못하고 있는 동안에 다시 그 부동산을 처분할 필요가 생기는 경우에 관해서 인정된다. 즉 부동산취득자가 자신의 사정으로 중간등기를 생략하려는 것이 아니라, 어떤 행정적인 요청으로 취득자가 이전등기를 갖추지 못하고 있는 동안에 다시 처분할 필요가 있다고 할 때에 취득자 앞으로 등기를 생략해서 거래자 사이의 관계를 청산하자는 데 있다는 것이다. 그러므로 독일에서는 등기를 갖추지 못한 중간취득자를 보호할 필요가 있으나 우리나라에서 중간생략등기의 관행은 아주 다르다. 한국에서는 어떤 행정적 사정으로 중간취득자가 자기 앞으로 이전등기를 하지 못한 것이 아니라 자의로 등기를 갖추지 않고 있는 것이다. 따라서 이러한 미등기권리자를 보호해 줄 필요가 없다는 것이다. 뿐만 아니라 물권적 기대권설에 의하지 않더라도 중간생략등기의 유효성을 얼마든지 인정할 수 있는 반면에 물권적 기대권론으로 이를 해결하려고 할 때에는 마치 중간생략등기를 장려하는 것과 같은 결과를 초래하여 부당하다는 것이다[46]. 곽윤직 교수의 견해와 같이 독일과 한국에서의 중간생략등기의 관행은 많은 차이가 있어 독일에서처럼 인정하기에는 난점이 있다는 지적은 일리가 있다. 그럼에도 불구하고 우리나라에서도 등기를 갖추지 않거나 못하고 있는 부동산취득자를 등기하지 않거나 못하고 있다고 하여 이를 무조건 비난하고, 이에 대해 전혀 아무런 법적으로 보호하지 않는 것은 타당하다고 할 수 없다. 왜냐하면 등기를 강제하는 부동산등기특별조치법 제2조에서조차도 60일의 유예기간을 두고 있기 때문이다. 또한 물권적 기대권론을 가지고 중간생략등기의 문제를 해결하고자 할 때에는 물권의 현재 상태만을 등기하는 것이 아니라 물권의 변동과정을 등기하려고 하는 등기제도의 이

---

46) 곽윤직(주 18), 224-225면.

상에 반하는 것으로 중간생략등기를 장려하는 결과를 초래하게 된다고 하는 비판 역시 수용할 수 없으며[47], 더 나아가 목적물의 인도가 행해진 후에 처분하는 경우에는 반드시 투기목적이 있다고 할 수도 없다[48]. 중간 생략등기 자체가 우리 물권변동의 대원칙인 형식주의에 반하기 때문에 무효라는 견해를 취하지 않는 한 중간취득자의 법적 지위에 대한 설명으로 물권적 기대권론이 가장 바람직하다고 생각한다. 이 때 물권 적기대권의 양도는 등기가 문제되지 않기 때문에 등기에 필요한 서류를 교부하고, 부동산을 인도함으로써 이루어진다. 따라서 이 문제는 결국 등기청구권의 문제로 귀결된다.

IV. 맺음말

1. 부동산물권변동과 관련한 규정들은 거의 모두가 강행규정들로서 이에 위반한 법률행위는 무효가 되는 것이 법원칙에 부합된다고 생각한다. 특히 그러한 위반행위가 투기와 조세면탈과 같은 행위와 접목되어 반사회적인 행위의 무효요건을 충족하는 경우는 더 이상 언급할 필요가 없다. 이러한 법원칙을 모든 중간생략등기에 대해 고수할 수 있다면 어떤 경우에도 전혀 문제가 발생하지 않겠지만, 그렇지 못하는 것이 현실이다. 따라서 중간생략등기가 투기나 조세면탈 등으로 반사회질서의 요건을 충족하는 경우에는 원칙적으로 무효로 하되 기타 예외적인 경우에 한하여 유효성을 고려해야 할 것이다.

---

47) 같은 견해로 권오승(주 1), 163면.
48) 같은 견해로 정옥태(주 25), 110면

2. 판례와 3자간의 합의설에서 주장하는 바와 같이 중간생략등기의 관계자들이 동의한 경우에 유효로 하는 것이 이러한 예외적인 현상에 대한 법리로는 타당할 것처럼 보인다. 그러나 중간생략등기가 행해지는 거래 현실을 보면 엄격한 의미의 동의는 거의 존재하지 않는다는데 문제가 있다. 그래서 판례는 순차적인 동의뿐만 아니라 백지위임장과 같은 묵시적인 동의까지 유효한 동의로 해석하고, 더 나아가 중간생략등기가 경료된 경우에는 이러한 동의가 없어도 유효하다고 판시하고 있다. 결국 판례와 3자간의 합의설은 어떤 형태로든 동의가 있으면 유효하고 동의가 없는 경우에도 등기가 경료된 경우에는 중간생략등기를 유효한 것으로 해석함으로써, 투기나 공법상의 제한규정을 위반하는 등 반사회적 질서로서의 요건을 충족하는 것 이외에는 모두 유효한 것으로 해석하게 된다.

3. 중간생략등기를 형식주의의 법원칙상 무효로 해석해야 함에도 불구하고 거래안전과 당사자의 경제적인 편의라는 차원에서 중간생략등기의 유효성을 인정하고자 한다면, 거래 현실이 가장 잘 반영될 수 있도록 해석해야만 한다. 최초매도인으로부터 매수한 최초매수인이 미등기 상태로 지니고 있는 부동산에 대한 권리는 어떤 성질을 지닌 것인가? 부동산등기 이전청구권을 보유하고 있다는 이유로 이것을 채권으로 보는 견해도 있지만, 중간취득자의 권리가 단순한 채권자가 아니라는 점은 우리 거래 관행이나 법의식에 의해 확인할 수 있는 것이다. 법은 현실이고, 법이론은 현실의 문제를 해결하기 위한 도구이다. 따라서 그 중간취득자의 권리의 실체를 가장 잘 반영할 수 있는 모습으로 이론을 전개해야 하는데, 이것이 바로 물권적 기대권에 의한 접근이라고 생각한다. 왜냐하면 등기청구권이라는 단순한 채권만 지닌 것이 아닌 물권의 바로 전단계, 등기만 하면 소유권을 취득할 수 있는 소유권에 유사한 물권에 준하는 중간 단계의

권리이기 때문이다.

4. 앞서 살펴본 바와 같이 중간생략등기의 유효성에 대한 법리의 구성과 관련한 학설이 첨예하게 대립되고 있다. 그러나 어느 하나의 학설이 다른 견해들을 압도할 만큼 절대적으로 유력한 것이 아니라는데 문제가 있다. 모두 나름대로 일리가 있는 견해들이지만, 반대로 무든 학설이 약점을 지니고 있다. 따라서 중간생략등기가 발생하는 한 학설대립은 여전히 계속될 것이다. 그러므로 이러한 학설대립을 종결하는 방법은 입법적인 접근뿐이다. 예컨대 독일민법 제185조와 같은 입법을 통해 꼭 인정해야 할 미등기매수인의 처분권에 대해서는 예외적으로 인정하고 불필요한 투기나 조세면탈목적의 중간생략등기는 부동산등기특별조치법상의 금지조항을 효력규정화 하는 방법을 모색할 수 있을 것이다.

〔 "중간생략등기의 유효성에 관한 소고", 「이선영박사 화갑기념논문집」 (법원사, 2006), 255-272면 〕

제3절 물권적 기대권론

I. 서 설

물권변동과 관련하여 형식주의를 취하고 있는 우리 법제 하에서 물권 변동의 효과가 발생하기 위해서는 여러 가지 형식적인 요건을 구비하여야만 한다. 따라서 비록 수개의 요건 중에 거의 모든 요건을 충족하고 그 중 일부의 요건만을 구비하지 못한 경우라 하더라도 원래 목적하였던 물권변동의 효과가 발생하지 않는다. 예컨대 부동산 거래에서는 물권적 합의와 등기가 있어야 하고(제186조), 동산의 경우에는 물권적 합의와 인도가 있어야만(제188조) 물권변동의 효과가 발생한다. 이러한 요건 중 등기에 필요한 서류를 모두 보유하고 있으면서도 사정상 등기를 하지 못하였다든가, 소유권유보부 매매에서처럼 동산을 인도받았음에도 불구하고 아직 대금을 완제하지 못한 경우에 미등기매수인이나 소유권유보부 매수인의 법적지위를 어떻게 이해해야 하는가(?)라는 문제가 발생한다. 현행 법제 하에서 이들에게 원래 목표했던 소유권을 취득한 것으로 인정할 수는 없다. 그렇다고 단순한 채권만을 가지고 있다고 할 수도 없다. 이러한 문제를 해결하기 위해 고안된 법리가 바로 물권적 기대권론이다. 이 이론의 배경이 되는 기대권의 존재에 대해 연혁적으로 추론해 보면 고대 법제 하에서도 발견할 수 있지만[1] 하나의 독자적인 권리로서 기대권, 특히 물권적 기대권은 후술하는 바와 같이 20세기 초 독일에서 논의가 시작되었다

고 한다. 따라서 물권적 기대권을 논할 때에는 독일에서의 논의가 필수적
이다. 그러나 본고의 목적은 물권적 기대권에 대한 한국 내에서의 논의,
특히 물권적 기대권의 인정 여부와 적용사례에 중점을 두고 있기 때문에
연혁이나 외국에서의 법리에 대한 논의는 한국의 물권적 기대권의 논의
와 실제를 이해하기 위한 정도로 제한하고자 한다. 이러한 이유에서 본고
에서는 먼저 물권적 기대권의 연혁을 독일에서의 논의를 중심으로 간략
하게 살펴보고(II), 이어서 한국에서의 물권적 기대권의 개념과 긍정여부
에 대한 논의를 살펴본다(III). 더 나아가 물권적 기대권에 대한 적용범위
와 그에 따른 문제점을 중점으로 고찰한 다음(IV), 논의들에 대한 결론을
피력하고자 한다.

II. 물권적 기대권의 연혁

'기대'(Anwartschaft) 혹은 '기대권'(Anwartschaftrecht)이라는 용어와 관
련해서는 로마법이나 게르만법 등 고대의 법제에서도 찾아 볼 수 있다[2].
그러나 구체적인 하나의 권리로서의 기대권에 대한 논의는 20세기 초에
나타났다. 예컨대 Zitelmann은 그의 국제사법 교과서에서 권리취득을 위
해 여러 가지 요건을 필요로 하는 경우에 "한편으로는 구성요건의 완전한
성취가 점점 더 확실해져 가며 또 가까워져 가고, 다른 한편으로는 점점
더 이미 성취된 구성요건중의 일부분을 소멸시킬 수 없게 되면 될 수록,
장래 취득자의 법적인 지위가 과도기에서도 이미 재산적 가치있는 재화

---

1) 이에 대해 자세한 것은 W. Sponer, Das Anwartschaftrecht und seine Pfandung,
   Diss. Universitaet Tubingen, 1965, S.20ff.
2) Ebenda; 이에 대한 국내 문헌으로는 정옥태, "물권적 기대권", 「사법연구」, 제1집
   1992, 67면 이하를 참조할 것.

로서 나타나게 된다. 더욱이 이것은 이미 독자적인 권리로서, 즉 기대권
으로 구성할 수 있는 경향으로 나타난다"라고 기술하고 있는데[3] 이러한
언급에서 기대권이라는 개념이 구체화된 것으로 보는 것이다. 그 후 v.
Tuhr가 자신의 민법총칙교과서에서 기대권을 '권리의 전단계' 또는 '생성
중인 권리'라는 관점에서 자세히 언급하면서[4] 일반화되었다. 그러나 물
권적 기대권이 확고하게 자리매김을 할 수 있는 계기는 1959년 독일사법
학자대회에서 L. Raiser가 "Dingliche Anwartschaften"라는 제목의 발제에
의해서이다. Raiser는 "기대권은 권리취득에 대한 전망이다. 즉 완전한 권
리의 취득을 위한 요건 중 다른 또는 적어도 하나의 요건은 아직 실현되
지 않고 있는 동안, 권리취득의 요건의 개별적인 구성요건들이 이미 실현
된 것을 통해 기초된 권리취득의 전망"(die Aussicht auf den Erwerb eines
subjektiven Rechts, und zwar eine Aussicht, die dadurch begrundet ist, dass
einzelne Tatbestandsstucke des Erwerbstatbestandes bereits verwirklicht sind,
wahrend andere oder mindestens ein letztes zum vollen Tatbestand gehoriges
Stuck noch ausstehen.)이라고 정의하였다[5]. 이러한 물권적 기대권의 정의
와 관련하여 '이미'와 '아직'이라는 말은 실현된 구성요건들을 의미하는
것으로서, 이러한 시간적 요소(Zeitfactor)가 물권적 기대권을 이해하는 데
가장 본질적인 것이다[6]. 이후에 많은 논문들이 나와 물권적 기대권은

---

3) E. Zitelmann, Internationales Privatrecht, 2. Bd., 1912, S.51.
4) v. Tuhr, Der Allgemeine Teil des deutschen Buergerlichen Rechts, I. Bd., 1920,
   S.180ff.; L. Raiser, Dingliche Anwartschaften, 1960, S.3. 이후부터 1960년대 논의
   가 본격화되기까지에도 상당한 연구 성과들이 있는데, 중요한 것으로는 Wurdinger,
   Die privatrechtliche Anwartschaft als Rechtsbegriff, 1928; Letzgus, Die
   Anwartschaft des Kaufers unter Eigentumsvorbehalt 1938; A. Blomyer, Studien zur
   Bedingungslehre, 1939 usw.
5) L. Raiser(주 4), S.3f.
6) L. Raiser(주 4), S.4.

1960년대 독일민법학계의 화두가 되었다[7]. 독일 물권법상에서 물권적 기대권론이 적용될 수 있는 영역은 주로 다음과 같은 세 가지로 설명되고 있다[8].

첫 번째 적용영역은 동산 소유권유보부 매매시 매수인의 법적 지위에 관한 것이다. 독일민법 제455조에 의하여 소유권유보 또는 기한부 법률행위에 의한 물권취득의 경우이다. 기대권론은 주로 이러한 경우에 문제되었다. 소유권유보부 매매는 일반적으로 정지조건부 소유권이전행위로 이해되고 있고, 기대권에 관한 학설과 판례상의 논의는 소유권유보부 매수인의 지위에 관한 것이 가장 많다[9].

둘째 적용영역은 부동산 소유권이전의 합의(Auflassung)가 있은 후 등기하기 전의 취득자, 즉 등기전의 부동산 소유권이전의 합의수령자(Auflassungsempfaenger)의 법적지위에 관해서이다[10]. 원래 독일민법은 제873조 제2항에서 물권적 합의를 한 당사자들에게 구속력을 부여하고 있으며, 더 나아가 제878조에서는 부동산등기소에 등기신청을 제출한 후에는 권리자가 처분의 제한을 받았다 하더라도 무효로 하지 않는다고 한다. 이러한 구속력이 있는 부동산소유권이전의 합의와 등기와의 사이에 상당한 시간적 간격이 있을 수 있다. 또한 등기를 하려면 허가나 납세 등 각종

---

7) 이러한 물권적 기대권에 대한 1960년대 주요 연구 성과들로서는 Forkel, Grundfragen der Lehre vom privatrechtlichen Anwartschaftsrecht 1962; Georgiades, Die Eigentumsanwartschaft beim Vorbehaltskauf, 1963; Lempennau, Direkterwerb oder Durchgangserwerb bei Ubertragung kunftiger Rechte, 1968; Sponer, Das Anwartschaftsrecht und seine Pfandung, 1965 usw. 국내 문헌에서 연구 성과의 소개는 정옥태(주 2), 71면 이하 참조.
8) L. Raiser(주 4), S.13ff.; Baur-Stürner, Lehrbuch des Sachenrechts, 16. Aufl., 1992, §3II(S.22).
9) L. Raiser(주 4), S.18; Baur-Stürner(주 8), §59ff.(S.641ff.).
10) L. Raiser(주 4), S.15; Baur-Stürner(주 8), §19 B I 2(S.180f.).

의 공법상의 의무의 이행을 국가가 요구하고 있는 경우도 많아지고 있기 때문에 이러한 현상은 더 심해지고 있다고 한다[11]. 여기에서 이 등기전의 기대권자의 법적 지위를 양도할 필요성도 커지고 있다. 따라서 이러한 부동산 소유권이전의 합의의 수령자의 법적 지위를 보호하기 위해 물권적 기대권론이 적용되고 있다.

셋째, 적용영역은 저당권의 채권자로 등기되었으나 아직 채권이 성립하지 않은 자의 법적 지위에 관해서이다. 독일민법 제1163조에 의하면 아직 채권이 성립하지 않았기 때문에 토지담보권은 우선 소유자에게 귀속한다. 그러나 채권자로 등기된 자는 등기부상의 권리를 가진 자로서 채권이 성립함으로써 곧 완전한 권리(Vollrecht)로 전환될 기대권을 가지고 있는 것이다[12]. 따라서 저당권자로 등기된 자는 사실상은 기대권자에 불과하지만, 토지담보권에 대한 처분권을 통하여 소유자측으로부터의 방해가 배제된다. 또한 이것은 장래의 채권에 대한 양도, 즉 제1145조의 채권양도의 형식을 취하는 것이다[13].

이러한 물권적 기대권론은 독일법원에서 직접적으로 채택되었는데, 우선 독일연방법원은 소유권유보부 매수인의 기대권과 관련하여 "소유권의 단순한 전단계"(blosse Vorstufe des Eigentums)이며, 소유권과 비교할 때 "별개의 것이 아니라 본질적으로는 유사하면서 그보다 약한 권리"(kein aliud, sondern ein wesensgleiches minus)[14] 라고 정의하였다.

이렇게 1960년대 이후 독일에서 하나의 법리로 정착하게 된 물권적 기대권론에 대해 우리나라에서는 김중한 교수가 다음 장에서 상술하는 바와 같이 그의 저서 「신물권법 상권」(1960년)에서 처음으로 소개하면서 우

---

11) L. Raiser ebenda.
12) L. Raiser(주 4), 16면.
13) F. Baur-Stürner(주 8), §46 III(S.475).
14) BGHZ 28, 16(21).

리 민법의 해석론으로 삼고자 하였다.

III. 물권적 기대권의 개념과 인정여부

1. 물권적 기대권의 개념과 그 내용

가. 기대권의 개념

Raiser는 전술한 바와 같이 기대권이란 완전한 취득을 위한 요건중 일부는 이미 실현되었으나 다른 또는 적어도 하나의 요건은 아직 실현되어 있지 않은 자의 권리취득의 전망이라고 정의하였다[15]. 또한 Baur도 거의 같은 관점에서 물권취득을 위한 몇 개의 요건은 갖추어졌으나 아직 갖추어지지 않은 요건이 남아 있는 자의 지위로서 순수한 권리취득 전망권(blosse Erwerbaussicht)보다는 강하나, 완전한 권리(Vollrecht)보다는 약한 것을 물권적 기대권이라고 한다[16]. 국내에서 이에 대한 심도 있는 연구를 수행한 최종길 교수 역시 거의 같은 관점에서 이해하고 있다. 그에 의하면 권리취득의 법률요건이 수개의 법률요건으로 되어 있는 경우에 그 권리를 취득하기 위하여 필요한 법률요건의 전부는 아직 실현되어 있지 않았으나 이미 몇 개의 법률요건이 실현되어 있으면 권리의 전단계(Vorstufe)에 도달한 것이고, 아직 실현되지 않은 법률요건이 적을수록 완전한 권리에 접근하며, 이와 같이 완전한 권리를 향하여 발전하고 있는 과정에 있는 법적 지위가 곧 기대권이라고 한다[17]. 이러한 정의는 현재

---

15) L. Raiser(주 4), S.3f.
16) F. Baur, Lehrbuch des Sachenrechts, 8. Aufl., §3.; Baur-Stürner(주 8), §3 II 3.
17) 최종길, "물권적 기대권(I)", 「사법행정」(1965.2), 56면.

국내의 학자들에 의해서 통설적으로 인정되고 있는 것이다[18].

나. 법적 성질

전술한 바와 같이 "완전한 권리로 발전해 가고 있는 과정에 있는 법적 지위"를 기대권이라 할 때 완전한 권리가 물권이면 물권적 기대권이고, 채권이면 채권적 기대권이 될 것이다. 그러면 이러한 물권적 기대권은 구체적으로 어떤 성질의 권리인가 하는 것이 문제된다. 이러한 물권적 기대권의 성질과 관련하여 Larenz는 전통적 법개념이 새로운 사회 경제적 사정을 적절히 설명할 수 없을 때에는 새로운 법개념을 정립할 수밖에 없다고 하면서, 기대권 개념을 그 자신의 사회정형적 행위의 개념과 함께 예로 들고 있다. 그는 기대권론은 채권과 물권을 준별하는 전통과는 융합하기 어려운 것이라고 한다[19]. 또 Georgiades는 필연적으로 어느 한쪽으로 분류해 넣을 수 없는 채권과 물권의 중간적 지위가 존재한다고 하면서 소유권에 대한 기대권도 이에 속한다고 한다[20]. 또한 Serick도 Georgiades와 마찬가지로 물권적 기대권을 물권이나 채권이 아닌 채권-물권적 권리 (Schuldrechtlich-dingliches Recht)라는 특수한 종류의 권리가 있다고 전제하고 물권적 기대권이 바로 이러한 권리의 예라고 한다[21]. 이러한 견해들을 종합해 보면 물권적 기대권은 물권과 채권의 중간적인 권리라는 것이다. 그러나 근래의 경향은 물권적 기대권을 완전한 물권과 같이 다루려는 경향으로 나아가고 있다[22]. 그러나 본질에서는 물권과 유사한 것으로서

---

18) 김증한, 「신물권법(상)」(법문사, 1960), 46면; 황적인, 「현대민법론(물권)」(박영사, 1987), 104면 등.

19) K. Larenz, Entwicklungstendenz der heutigen Zivilrechtsdogmatik, in: JZ 1962, S.105ff.

20) A. Georgiades(주 7), S.111.

21) R. Serick, Causa und Anwartschaft, in: AcP 166, S.129.

완전한 물권에 가깝다고 하더라도 물권이 아닌 것만은 분명하다. 물권적 기대권을 물권이라고 부를 수 없게 하는 것은 형식적일 뿐만 아니라 그 의미에서도 종종 과대평가된 물권법정주의라는 한계 때문이라고 한다23). 도식화된 물권법정주의와 물권과 채권이라는 2분화된 권리체계의 강조 때문에 법적 성질을 규정하는 데 난점이 있는 것이다. 물권적 기대권을 물권과 채권의 중간적인 권리이지만 물권에 가까운 권리라고 이해하고 있는 까닭에 물권적 기대권은 그 자체를 처분할 수 있으며 질권을 설정할 수도 있다. 더 나아가 압류의 목적으로 삼을 수 있다. 물권적 성질을 강하게 지니고 있기 때문에 물권적 기대권의 양도는 채권양도가 아니라 오히려 물권적 권리의 양도이다. 따라서 물권적 합의에 의하여 행해지고 채권양도와 같은 대항요건을 필요로 하지 않는다24).

2. 우리나라에서 인정여부에 대한 논의

가 . 개 관

김증한 교수는 1960년에 그의 물권법(상)교과서에서 독일의 물권적 기대권에 대한 소개와 함께 우리의 해석론으로 도입할 것을 최초로 주장하였다. 이러한 주장이 제기된 후에 1960년대부터 매우 활발하게 논의되어 물권적 기대권의 쟁점들에 대한 연구가 다양하게 이루어졌다. 따라서 이에 대한 연구성과도 다른 분야에 비해 상대적으로 많이 축적되었다고 할 수 있다. 이러한 물권적 기대권론은 미등기매수인의 법적 지위와 관련하여 제기된 이래, 이 법리에 대한 적용분야는 대략 등기청구권과 중간생략

---

22) L. Raiser(주 4), S.63; 김증한, 「민법론집」(박영사, 1980), 183면.
23) 김증한(주 22), 140면.
24) 김증한(주 22), 148면 이하.

등기, 소유권유보부 매매 등으로 요약된다[25]. 여기서 중요한 점은 부동산 물권변동과 관련하여 물권적 기대권에 대해 부정하는 견해를 취하는 학자들도 소유권유보부 매매에 대해서는 대체로 긍정하고 있다는 것이다[26]. 따라서 이하에서의 물권적 기대권의 인정여부도 당연히 부동산 물권변동시 문제되는 전 2자와 관련하여 논하고 있는 것이다.

나. 1960년대 초기논의

(1) 긍정론

전술한 바와 같이 김증한 교수는 우리 나라에서 최초로 독일에서 발전된 물권적 기대권론을 수용하여 해석론으로 발전시켰다. 그는 물권적 합의의 구속력을 전제로 하여 다음과 같이 주장하였다.

"물권적 합의는 아무런 법적효과도 발생시키지 않으며, 취득자는 물권적 합의가 있기 전과 마찬가지로 채권계약상의 권리를 가질 뿐이냐. 이미 물권적 합의가 있었고 더구나 처분자가 등기에 필요한 일절의 서류를 취득자에게 교부하여, 이제는 취득자가 단독으로 등기절차를 밟을 수 있는 상태에 달하여 있는 때에는, 처분자는 이미 채권계약상의 채무의 이행을 다하였다고 할 수 있고, 따라서 취득자는 처분자에게 채권계약의 이행으로서 청구할 아무것도 남아 있지 않을 것이다. 이러한 경우의 양자간의 법률관계를 물권적 합의가 있기 전과 꼭같다는 것은 타당치 않은 것이다.

---

25) 김증한 교수는 부당이득에 대해서도 적용하였다. 즉, 부동산소유권이전의 합의를 하고 이전등기에 필요한 일체의 서류를 취득자에게 교부하였으나 등기전에 원인행위가 무효 또는 취소할 수 있는 것임을 알았을 때에 그 등기에 필요한 서류의 반환을 청구할 수 있어야 하는데, 이는 취득자에게 물권적 기대권이라는 이익이 있으므로 부당이득으로서 반환을 청구할 수 있다고 하여야 한다고 주장한다< 김증한(주 18), 294면>. 그러나 큰 지지를 받지 못했다.

26) 예컨대 곽윤직 교수와 이영준 변호사가 대표적이다.

물권적 합의가 있은 때에는, 특히 처분자가 등기승낙서를 취득자에게 교부하여 취득자가 단독으로 등기신청을 할 수 있는 상태로 된 경우에는, 취득자는 아직 물권적 합의 목적인 부동산물권을 취득하지는 못하지만, 물권적 기대권—물권적 합의의 목적인 부동산물권을 취득할 기대권—을 가지게 된다"27).

또한 물권적 기대권의 의의와 효과와 관련하여 다음과 같이 언급하고 있다. "이것은 물권을 취득하기 위한 본질적인 요건(즉 물권행위)은 이미 갖추어졌지만 아직 덜 갖추어진 요건(즉 등기 또는 인도)이 있어서 아직 완전한 물권을 취득하지 못하고, 말하자면 그 예비단계의 상태에 있는 자의 권리이다. 전기의 가등기된 권리와는 (i) 가등기도 없는 점, (ii) 그러나 물권의 취득을 위한 본질적인 요건은 이미 갖추어진 점에서 구별된다. 그 가장 중요한 예는, 부동산거래에 있어서 물권적 합의는 있었으나 등기를 필하지 않은 경우의 취득자의 권리이다. 이 기대권의 발생을 위하여는 가등기는 물론 인도도 필요치 않다. 이 권리의 효력은 완전한 부동산물권에 준하며, 권리자는 목적물을 처분(양도·입질 등) 할 수 있고 또 압류의 목적이 될 수 있다"28). 이러한 김증한 교수의 견해에 대해 최종길 교수는 지지와 함께 심도 있는 연구를 통해 물권적 기대권론을 우리 민법의 해석론으로 발전시켰다. 그는 「사법행정」, 1965년 2월호에서 6월호에 걸쳐 "독일민법에 있어서 새로운 법이론"이라는 부제를 달고 독일법상의 물권적 기대권에 대해 자세히 소개하였다. 특히 5·6월호에 게재된 "우리 나라의 민법이론"에서는 우리 민법의 해석론으로 적용하고자 하였다. 그에 의하면 물권적 기대권은 "법제도와 현실적인 법의식 사이에 벌어지는 「갭」이 현저하다면 이를 어느 정도 메꾸어 사실상의 현소유자를 법의 보호 밖

---

27) 김증한(주 18), 292-293면.
28) 김증한(주 18), 46면.

으로 축출하지 않으려는 물권적 기대권의 이론구성은 현시점으로 보아서 극히 타당한 것이라고 생각"하면서 우리 현실에 입각한 이론이라는 것을 강조하였다29). 최종길 교수는 김증한 교수가 물권행위의 독자성을 물권적 기대권의 전제조건으로 삼았는 데에 반하여 물권행위의 독자성을 인정하면서도 물권적 기대권의 전제조건으로 삼지 않고 있다는 점이나 부동산의 점유를 물권적 기대권의 요건으로 하여 물권적 기대권의 성립요건을 강화한 점 등에서는 차이가 있다. 그 후 그는 동산 소유권유보부 매매시에 매수인의 법적 지위에 대해 보다 정교하게 이론을 체계화시켰다30).

(2) 부정론

물권적 기대권에 대해 최초로 반대의 견해를 표명한 학자는 최식 교수라고 한다. 그는 특별한 논거를 제시함이 없이 물권적 기대권을 반대한다고 하였다. 그는 중간생략등기와 관련하여 언급하면서 " '물권적 기대권의 양도' 운운은 법률상의 지위의 양도에 관한 이론으로 설명되는 것이고… 채권양도의 이론으로도 충분히 설명될 수 있다. … 물권적 기대권보다 강한 물권의 양도에도 물권적 합의 외에 등기를 필요로 한다는 것과도 균형이 맞지 않은…, 기대권의 일종인 조건부권리의 처분 등에 관한 규정인 제149조에 준하여 물권적 기대권이 기대하고 있는 권리, 즉 물권에 관한 [일반규정]에 의하여 처분할 수 있는 것으로 해석하여야 할 것이고 그렇다면 마땅히 물권적 합의 외에 등기를 필요로 한다"고 비판하였다31). 이러한 비판과 거의 같은 시기에 김용진 교수도 물권적 기대권을 비판하였다. 그에 의하면 "신민법 하에 있어서는 특별한 사유가 없는 한 매매로

---

29) 최종길, "물권적 기대권(V)", 「사법행정」(1965.6), 36면.
30) 최종길, "소유권유보부 매매의 법률관계에 관한 고찰", 서울대학교 「법학」 9권 2호 (1967), 61면 이하.
31) 최 식, "중간생략등기", 「법정」(1963.6), 16면.

인하여 매수인이 장차 자기의 이름으로 등기하면 소유권을 취득한다는
물권적 기대권이 발생하는 셈"이라고 물권적 기대권에 대한 개념 자체에
대해서는 긍정하면서도32), "등기(부동산) 또는 인도(동산)를 하지 아니하
면 물권행위의 내용을 이루는 물권변동이 발생하지 못함은 물론이고, 그
러므로 소위 물권적 기대권의 성립을 인정한다고 하더라도 그것은 어디
까지나 장차 물권을 취득한다는 기대권임에 불과하고, 이를 곧 그 물권행
위의 내용을 이루는 물권 자체라고 볼 수 없을 것이고, 따라서 그것에서
등기청구권이라든가 동산의 인도청구권이라든가가 발생할 수 없다"고 비
판하였다. 더 나아가 "만약 물권행위의 내용을 이루는 물권 자체가 아닌
물권적 기대권에서 물권적인 등기청구권이라든가 물권적인 인도청구권
이 발생하는 것으로 해석한다면 그것은 물권법정주의에 반한다"고 주장
하였다33).

　　이러한 견해들 보다 이론적으로 정치한 본격적인 비판은 곽윤직 교수
에 의해 행해졌다. 그에 의하면 독일민법과 우리 민법이 모두 법률행위에
의한 부동산물권변동에 관하여 등기주의 내지 독법주의를 채용하고 있는
점은 동일하지만, 부동산소유권이전의 합의에 관한 두 민법의 규정을 구
체적으로 비교해 보면 상당히 많은 차이가 있다는 것이다. 원래 기대권이
란 일방 당사자에 의한 권리취득이 대단히 확실한 것이어서, 이 권리취득
을 타방 당사자가 방해할 수 없을 정도로 취득자의 지위가 안전한 경우에
이를 인정하려는 것이고, 독일에서의 Auflassung은 엄격한 방식에 따라서
행해지게 되어 있고, 기타 여러 가지 요건이 있기 때문에 그 유효성이 매
우 확실한 것이다. 이에 반하여 우리 민법상 물권적 합의는 그 유효성에
대한 보장의 정도가 독일민법에 비하여 현저히 떨어진다34). 더 나아가 독

---

32) 김용진, "물권적 기대권", 단국대 「법학논총」, 제4집 1963, 17면.
33) 김용진(주 32), 19면.

일민법의 해석상 오직 부동산소유권이전의 합의수령자(Auflassungemp-
faenger)자에게만 물권적 기대권을 인정하고 그 밖의 부동산에 관한 제한
물권의 취득자에게는 이를 인정하지 않은 까닭은 다른 제한물권의 취득
자의 지위가 부동산소유권이전의 합의수령자의 지위만큼 안전하거나 확
실하지 못하기 때문이라고 한다. 그런데 부동산소유권이전의 합의수령자
의 지위에 비하여 그 권리취득의 안전성이나 확실성이 훨씬 못한 우리 민
법상의 부동산취득자에게 물권적 기대권을 인정하려는 이론은 우선 그
기초가 튼튼하지 못하다는 점과 물권적 기대권론을 인정할 때 실익이 있
다고 주장하는 것들, 예컨대 중간생략등기와 등기청구권, 부당이득에 대
해 검토하면서[35] 인정해야 할 아무런 필요성을 발견할 수 없다고 비판하
였다[36].

다. 70년대 이후 인정여부에 관한 논의

70년대에 들어 새로 출간된 국내 물권법 교과서에서는 물권적 기대권
론에 대한 지지의 견해가 두드러진다. 우선 김용한 교수는 1975년에 나온
초판에서부터 1993년에 출간된 재전정판에 이르기까지 지지를 보내고 있
다. 그는 "우선 물권행위까지는 하였지만 아직 등기를 하지 않고 있는 상
태에 대하여 물권적 기대권의 발생을 거부할 이유는 없는 것으로 본다.
왜냐하면 당사자는 물권을 취득하기 위한 본질적 요건(물권행위)은 이미
갖추고 이제는 종국적인 요건(여기서는 등기)을 갖추기 위한 예비단계에
있는 자로서 그 지위는 법적 보호를 받을 만한 충분하고도 특별한 가치가
있기 때문이다"라고 한다. 따라서 그는 "우리 민법의 해석론으로서도 유

---

34) 곽윤직, 「부동산물권변동의 연구」(박영사, 1969), 218-220면.
35) 곽윤직(주 34), 223-227면.
36) 곽윤직(주 34), 227면.

용할 뿐만 아니라, 그 이론적 가치를 높이 평가하기 때문에" 인정한다고 한다[37]. 이와 거의 같은 관점에서 황적인 교수도 "부동산매수인이 대금을 완급하고 등기서류까지 교부받고 등기만을 하고 있지 않는 경우에 매수인의 지위가 무엇인가에 관하여, 결국 등기는 갖추고 있지 않으므로 물권을 갖는다고는 할 수 없고, 그렇다고 해서 등기서류를 가지고 있어서 언제라도 등기를 할 수 있으므로 매도인에 대하여 순전한 채권(등기청구권 내지는 대금반환청구권)을 가지고 있다고 할 수 없을 것이다. 결국 매수인이 가지고 있는 권리는 채권과 물권 사이, 물권에는 절차상 미달한 권리이며, 매수인은 최소한 명백히 앞으로 물권을 취득할 기대는 가지고 있으므로 이것은 법적으로 보호할 가치가 있고 매수인은 이것을 권리로서 주장할 수 있고, 또한 보호하지 않을 수 없다는 것이다"라고 하면서 긍정하고 있다[38]. 이 밖에도 김상용 교수는 "물권적 기대권은 성립요건주의 하에서 그 제도의 이상인 등기의 이행과 등기의 이행을 하지 않은 현실간의 괴리현상을 메꾸어 줄 수 있는 이론"이라고 전제하고, "성립요건주의를 취한다고 하더라도 등기하지 않은 사례가 발생할 가능성이 있고, 부동산의 불법점유가 아닌 한 등기하지 않은 자를 완전히 법의 보호밖에 둘 수만은 없다. 우리 판례는 물권적 기대권을 명시적으로 인정하고 있지 않지만 결국 물권적 기대권을 인정하는 것과 동일한 결과를 인정하고 있다. 물권적 기대권은 형식주의 하에서 등기를 갖추지 못한 진실한 권리자를 보호할 사회적 필요성에 부딪쳐 정립된 이론이므로 우리 판례도 이를 명시적으로 인정함이 타당하다고 생각한다"고 한다[39]. 이외에도 권오승[40], 정옥태[41], 윤철홍 교수도[42] 찬성하는 견해이다.

---

37) 김용한, 「물권법」(박영사, 1993), 88면.
38) 황적인(주 18), 104면.
39) 김상용, 「물권법」(법문사, 1998), 185면.
40) 권오승, "물권적 기대권", 「민법특강」(홍문사, 1994), 160면.

이러한 긍정론에 반해 부정하는 견해도 유력하다. 우선 이은영 교수는 다음과 같은 세 가지 이유로 물권적 기대권론을 부정하고 있다[43]. 첫째로 만약 물권적 기대권이라는 제3의 권리를 인정한다면 민법의 권리체계는 물권과 채권이라는 2원적 권리체계에서 3원적 권리체계로 변화하는 것을 의미하는데, 이러한 권리체계의 변경이 법률이 아닌 관습법이나 조리에 의하여 결정되는 것은 부당하다는 것이다. 둘째로는 물권적 기대권을 취하는 경우에도 매수인의 지위가 채권자의 지위에 비해 월등히 높아지지 않음에도 불구하고 구태여 물권적 기대권이라는 과대포장을 하고 있다는 것이다. 셋째로 물권적 기대권론은 매수인의 법적 지위를 모호하게 표현하고 있으므로 채권자라고 하는 편이 민법과 민사소송법 등의 채권에 관한 규정을 적용하여 그 법률관계를 정확하게 파악할 수 있다고 한다. 또한 이영준변호사는 물권적 기대권이 물권 유사의 배타적인 권리이기 때문에 어떤 형태이든 공시방법을 갖추어야만 한다고 전제하고, 동산 소유권유보부 매매에서는 매수인이 매매대금을 완불하면 소유권을 취득한다고 하는 물권적 기대권이 인정되는데, 여기서는 동산 물권변동의 공시방법인 인도가 이미 매수인에게 이루어져 있기 때문이라 한다. 이에 반하여 부동산의 경우에는 공시방법이 등기인데 현행 민법상 물권적 기대권을 등기할 수 있는 길이 열려 있지 아니할 뿐만 아니라 달리 이에 비견할 수 있는 공시방법이 없기 때문에 물권적 기대권을 인정할 수 없다는 것이다. 또한 매도인·매수인·제3자간의 이해관계를 고려할 때 부동산매수인에 대하여 물권적 기대권을 인정할 실익이 존재하지 않는다고 하면서 물권적 기대권을 부동산물권변동에까지 확장하여 적용하는 것에 대해 반대하

---

41) 정옥태(주 2), 특히 104면 이하.
42) 윤철홍, 「물권법강의」(박영사, 1998), 87면.
43) 이은영, 「물권법」(박영사, 1998), 97-98면.

고 있다[44]. 이 외에도 권용우[45]와 장경학 교수[46]도 반대견해를 보여 주
고 있다.

3. 인정여부에 대한 검토 및 사견

물권적 기대권론의 도입을 부정하는 견해들을 요약하면 ① 부동산 물
권변동시 등기를 요하는 형식주의를 취하는 우리 법제에 반하고, 미등기
자를 보호하는 것은 형식주의를 부인하는 결과가 된다. ② 물권적 기대권
을 인정한다고 하더라도 채권자의 지위와 크게 다르지 않는 것으로 인정
실익이 크지 않다. ③ 물권법정주의에 반하고, 물권적 기대권의 법적 성
질 및 매수인의 법적 지위가 모호하다는 것이다.

첫 번째 주장과 관련하여 곽윤직 교수는 상설하기를, 현행 민법은 법률
행위에 의한 부동산물권변동은 형식주의를 취하고 있기 때문에 등기를
갖추지 않으면 물권을 취득하지 못한 것으로 규정하고 있는데, 물권적 기
대권은 이러한 입법주의에 정면으로 반한다는 것이다. 즉 등기주의에 따
르지 않는 자를 법이 적극적으로 보호할 필요가 없다는 것이다. 또한 그
러한 자를 보호하는 것은 우리 민법이 불법주의를 버리고 독법주의를 취
한 입법정신에도 반한다는 것이다. 더 나아가 그러한 자를 보호하려는 것
은, 특히 이들을 두텁게 보호하면 할수록 독법주의를 부인하는 결과가 된
다고 비판한다. 또한 현행법상 그러한 부동산취득자들에 대해서는 가등
기제도를 통해 충분히 보호할 수 있다는 것이다. 이러한 제도가 있음에도
불구하고 이러한 제도를 이용함이 없이 등록세를 부당히 면세하고 기타
의 비용을 절약하려는 자를 구태여 보호할 필요는 없다고 한다[47]. 그러나

---

44) 이영준, 「물권법」(박영사, 1996), 68면.
45) 권용우, 「물권법」(법문사, 1992), 120면.
46) 장경학, 「물권법」(법문사, 1988), 237면, 247면.

우리 법 현실은 독법주의라는 하나의 법원칙만으로 설명할 수 있을 만큼 단순하지 않다는 데 문제가 있다. 그래서 긍정론자들은 물권적 기대권을 인정하면 우리 사회 일반의 거래 및 법의식에 더욱 가까워진다는 것이다. 예컨대 우리 사회에서 매매계약을 체결한 것만으로 아직 부동산이 내 것이 되었다고 의식하지는 못하지만 매매대금을 완급하고, 이에 따른 상환으로 등기이전에 필요한 서류를 교부받으면 비록 등기가 되지 않았다 하더라도 그 부동산이 자기 것이 되었다고 생각하는 것이 일반적인 거래의식이다. 다시 말해서 우리 민법이 물권변동에 관하여 형식주의를 취하여, 모든 부동산거래는 등기하여야 효력이 발생한다(제186조)고 규정하고 있으나, 우리의 실정은 거래를 하고서도 등기하지 않은 상태로 있는 것이 허다하다. 또한 이러한 현실을 인정하여 '분배농지소유권이전등기에관한특별조치법'(1961, 법 제613호)에서는 '사실상의 현소유자'(동법 제2조)라는 말로서, '임야소유권이전등기에관한특별조치법'(1969. 법 제2111호)에서는 '임야의 권리를 이어받은 등기하지 못한 자'를 등기신청인으로 규정하고, '부동산소유권이전등기등에관한특별조치법'(1977, 법 제3904호) 제5조 제1항이 부동산의 '사실상의 소유자'라는 말을 쓰고 있으며, 지방세법이 납세의무자를 소유자로 규정하면서 '소유권의 귀속이 분명하지 아니한 때로 인하여 권리의 변동이 생겼을 때에는 실지의 소유자'를 납세의무자로 규정하고 있다(동법 제182조)[48]. 이러한 특별법들은 모두 등기를 갖춘 소유자는 아니지만 소유자에 준하여 다루어야 할 경우가 많음을

---

47) 곽윤직(주 34), 223면.
48) 황적인 교수도 지방세법 제182조가 말하는 소유자나 사용자는 등기를 하지 않은 취득자이지만, 세법상으로는 소유자에 준하여 다루어지고 있다는 점과 실질적으로 등기를 하지 않은 취득자를 죄악시하고 소유권을 박탈할 이유가 없다는 점을 들어 등기를 하지 않은 자를 보호하지 않은 것이 비현실적이라 한다〈황적인(주 18), 64면〉.

말하는 것으로, 이러한 자들을 법적으로 보호해 주어야 한다는 것이다[49]. 따라서 등기를 경료한 자만이 권리를 취득할 수 있다는 것을 원칙으로 하고, 예외적으로 물권적 기대권의 요건을 충족한 경우에는 물권적 기대권을 인정하여 현실적으로 존재할 수밖에 없는 미등기자들도 보호해야 한다는 긍정론이 보다 타당한 견해라고 생각한다.

두 번째 논거인 물권적 기대권자의 법적 지위가 채권자의 지위와 다르지 않다는 견해는 보는 각도에 따라 전혀 다른 평가를 할 수 있다. 미등기 권리자의 등기청구권을 채권적 청구권으로 해석한다면 법리상 당연히 10년의 소멸시효에 걸려야 한다. 그러나 현실은 점유를 이전한 경우에 주지하는 바와 같이 판례도 소멸시효에 걸리지 않는다고 판시하고 있다[50]. 이것은 미등기권리자를 보호할 수밖에 없는 현실을 반영한 것이다. 또한 채권은 소멸시효에 걸리는데, 등기권리자가 점유를 이전받은 경우에도 소멸시효에 걸린다고 하는 것은 법 이론에 맞지 않는다. 따라서 이 경우에는 비록 채권적 청구권이지만 예외적으로 소멸시효에 걸리지 않는다고 해석하기보다는 물권적 기대권에 의해 일원적으로 설명할 수 있다는 장점이 있다. 더 나아가 미등기상태로 이전된 경우 매도인은 채권을 양도한 경우가 되어 제3자에게 대항하기 위해서는 채권양도의 통지가 필요한데 현실은 그렇지 못하다. 따라서 이 경우의 채권양도의 법리에 의한 설명은 매우 불완전하다. 그러나 후술하는 바와 같이 물권적 기대권론을 인정할 때에는 모든 원인으로부터 생기는 창설적 등기의 등기청구권을 물권적 기대권으로부터 발생한다고 일원적으로 설명할 수 있으며, 이러한 설명 하에서 등기청구권은 소멸시효에 걸리지 않는다고 해석하는 것이 논리적으로 합당하다.

---

49) 김중한(주 22), 100-101면.
50) 대판 1976.11.6, 76다148.

세 번째 논거인 물권적 기대권론은 물권법정주의에 반하고, 물권적 기대권의 법적 성질 및 매수인의 법적 지위가 모호하다는 비판 역시 물권적 기대권을 부정하는 결정적인 요소는 되지 못한다고 생각한다. 우리 민법이 채택하고 있는 물권법정주의는 제3자나 거래안전을 위해 채택하고 있는 것으로 꼭 법률에 의해서만 창설될 수 있는 것이 아니라 관습법에 의해서도 창설할 수 있음은 제185조에 의해서도 확인할 수 있다. 또한 물권적 기대권자의 법적 지위가 모호하고 채권과 물권의 중간적인 성질이라는 제3의 권리 영역을 판례나 조리에 의해 인정한다는 비판이 있지만, 지위의 모호성은 앞으로의 연구과제로서 얼마든지 확고하게 이론을 개발할 수 있다고 생각한다. 물권적 기대권론은 우리 물권변동의 대원칙인 형식주의 그 자체를 설명하는 이론이 아니라, 법원칙이 있음에도 불구하고 현실에서는 많은 부조화가 나타나고 있어, 이러한 법원칙에 대한 부조화 내지는 예외를 완전히 법 영역의 보호대상에서 제외할 수는 없는 것이라는 점에서 이를 설명하기 위한 이론이다. 따라서 물권적 기대권론을 인정하는 것이 우리 법 현실을 보다 적합하게 설명할 수 있는 견해라고 생각한다.

IV. 물권적 기대권의 적용범위

1. 개 관

독일에서는 물권적 기대권론이 부동산 소유권이전의 합의수령자(Auflassungempfaenger)의 법적 지위, 채권성립 전에 저당채권자로 등기된 자의 법적 지위 및 동산 소유권유보부 매수인의 법적 지위 등에 대해 적용되고 있다. 그러나 우리나라에서 처음 물권적 기대권론을 해석론에 적용하고자 한 김증한 교수는 이 이론의 적용범위를 주로 미등기매수인의 법적 지위에 집중시켰다. 미등기매수인의 법적 지위를 논할 때에 전전 유통된 경우는 원 매수인에 대한 경우와는 달리 접근하여야 한다. 예컨대 매도인이 부동산을 매각하고 점유를 이전해주었는데도 불구하고, 여러 가지 이유로 매수인이 등기를 경료하지 않은 경우에 원 매수인의 점유는 매매계약의 이행으로서 매도인에 의해 이전받은 것이므로 그 점유는 계약상 점유할 권리로서 매도인에 대한 관계에서는 언제든지 주장할 수 있다. 왜냐하면 채권자인 매수인은 채권의 기본적인 효력에 의해 채무의 이행으로서 인도된 물건을 보유할 급부보유력을 가지고 있으며, 이러한 급부보유력에 의해 그가 점유하고 있는 부동산은 부당이득으로서 반환청구 당하지 않기 때문이다. 따라서 이러한 원매수인의 지위에 대한 설명으로는 '물권적 기대권론'이나 '매각되어 인도된 물건의 항변' 등의 법리가 꼭 필요한 것인가(?)에는 의문이 있을 수 있다. 그러나 원 매수인이 아닌 전전 유통된 매수인이나 양수인에 대해 자신의 이름으로 등기되어 있다는 것을 기화로 소유권에 기한 반환청구권을 행사했을 때 점유자의 법적 지위가 문제된다. 만약 점유자가 그 물건을 점유할 정당한 권리가 있다면 그 반환을 거부할 수 있을 것이다(제213조 단서). 따라서 우선 이 경우에 매수인이나 양수인들이 이러한 점유할 권리를 갖고 있는가 하는 것이 문제이다. 법률상의 소유자와 현재 점유자 사이에 직접적인 계약당사자관계는 없다. 계약 당사자가 아닌 전전 유통 후 최종 매수인이나 양수인에 대해 반환을 청구하였을 때에 발생되는 주된 문제가 바로 중간생략등기와 등기청구권에 대한 문제인데 이러한 두 제도에 대해 물권적 기대권론을 적용하고자 하였다. 이에 대해 최종길 교수는 이러한 두 가지 문제 외에도 독일에서와 마찬가지로 소유권유보부 매매를 가장 대표적인 적용례

로 삼았다. 전술한 바와 같이 부동산에 대한 물권적 기대권을 부정하는
학자도 동산에 대한 소유권유보부 매매시 매수인의 법적 지위에 대해서
는 동산 소유권의 기대권을 인정하고 있다. 이러한 적용 분야에서 발생하
는 문제들에 대해 살펴보고자 한다.

2. 중간생략등기

가. 중간생략등기에 대한 유효성여부에 대해 학설이 대립되고 있다. 유
력한 무효설이 있으나[51] 유효설이 절대 다수를 차지하고 있다. 유효설에
도 물권적 기대권설[52], 독일민법유추적용설[53], 채권양도설[54], 제3자 합
의설[55]로 나뉜다.

나. 물권적 기대권을 최초로 주장한 김증한 교수는 중간생략등기를 설
명하는 데도 유용하게 적용될 수 있다고 하였다. 예컨대 그는 "갑이 을에
게 부동산소유권을 이전한다는 물권적 합의가 있은 후, 을이 그 물권적
기대권을 병에게 양도한 경우에는, 병은 직접 갑에 대하여 자기 앞으로
이전등기할 것을 청구할 수 있으며, 이 경우에 을·병간의 물권적 기대권
의 양도를 갑에게 대항하기 위한 아무런 요건도 필요치 않고, 또 중간자
을의 협력도 필요치 않다. 병도 또한 등기를 하지 않은 채 물권적 기대권
을 양도한 경우에도 마찬가지이다. 이리하여 전전 양도된 후 최종자는 직
접 갑에 대하여 등기의 이전을 청구할 수 있는 것이다. 그러므로 종래의

---

51) 김상용(주 39), 174면 이하.
52) 김증한, 「물권법강의」(박영사, 1988), 74면; 황적인(주 18), 100-101면; 김용한(주
    37), 132면.
53) 곽윤직, 「물권법」(박영사, 1992), 155면.
54) 이호정, "부동산의 최종매수인의 최초매도인에 대한 등기청구권", 「고시계」(1981.
    7), 19-20면.
55) 이영준, 「민법총칙」(박영사, 1996), 134면.

이른바 중간생략등기는 훨씬 간명하게 설명될 뿐만 아니라, 종래와 같이 중간자의 동의를 요한다고 할 필요가 없다"고 주장하였다56). 이러한 주장에서 볼 수 있듯이 갑이 중간자 을에게 매도하고, 을은 다시 최종매수인 병에게 매도했을 경우에, 중간자 을이 자기 명의로 등기하지 않고 병에게 양도하는 권리를 물권적 기대권에서 찾은 것이다. 따라서 최종매수인인 병이 을과의 계약에 의해 목적부동산의 점유를 이전받으면 병은 물권적 기대권을 취득하게 된다는 것이다. 그러므로 병의 등기청구권은 물권적 기대권의 효력으로서 발생하고, 이 때의 물권적 기대권을 일종의 물권적 청구권으로 간주하는 것이다. 이에 따라 병은 중간자 을의 동의없이 갑을 상대로 하여 중간생략등기청구권을 행사할 수 있고, 그 청구권의 행사에 의해서 갑에게서 직접 병의 명의로 중간생략등기를 할 수 있다57). 이 경우에는 제3자의 합의가 없어도 중간생략등기는 유효하고 적극적으로 중간생략등기청구권까지도 인정하게 된다.

　다. 이러한 물권적 기대권론에 의한 중간생략등기의 설명에 대해 곽윤직 교수는 실익도 없고 오히려 부당하다고 비판한다58). 원래 독일의 물권적 기대권자도 중간생략등기를 이러한 법리를 통해 이론구성하려고 하였지만, 독일에서의 중간생략등기와 우리나라에서 그 관행과는 아주 차이가 있음을 지적하고 있다. 예컨대 독일에서 중간생략등기가 문제되는 것은 부동산취득자가 일정한 경우에 부동산양도에는 소정의 관할관청의 동의(Genehmigung)을 요하는 것으로 하고 있는데, 그 동의를 얻지 못하고 있는 동안에 다시 그 부동산을 처분할 필요가 생기는 경우에 관해서이다. 즉 부동산취득자가 자신의 사정으로 중간등기를 생략하려는 것이 아니

---

56) 김증한(주 18), 293면.
57) 김증한, 「물권법(개정판)」(박영사, 1983), 89-90면; 김용한(주 37), 132면.
58) 곽윤직(주 34), 224면.

라, 어떤 행정적인 요청으로 취득자가 이전등기를 갖추지 못하고 있는 동안에 다시 처분할 필요가 있다고 할 때에 취득자 앞으로 등기를 생략해서 거래자 사이의 관계를 청산하자는 데 있는 것이다. 그러므로 독일에서는 등기를 갖추지 않은 중간취득자를 보호할 필요가 있으나 우리나라에서 중간생략등기의 관행은 아주 다르다. 한국에서는 어떤 행정적 사정으로 중간취득자가 자기 앞으로 이전등기를 하지 못한 것이 아니라 자의로 등기를 갖추지 않고 있는 것이다. 따라서 이러한 미등기자를 보호해 줄 필요가 없다는 것이다. 뿐만 아니라 물권적 기대권론에 의하지 않더라도 중간생략등기의 유효성을 얼마든지 인정할 수 있는 반면에 물권적 기대권론으로 이를 해결하려고 할 때에는 마치 중간생략등기를 장려하는 것과 같은 결과를 초래하여 부당하다는 것이다[59].

곽윤직 교수의 견해와 같이 독일과 한국에서의 중간생략등기의 관행은 많은 차이가 있어 독일에서처럼 인정하기에는 난점이 있을 것이다. 그럼에도 불구하고 우리나라에서도 등기를 갖추지 않고 있는 부동산취득자를 등기하지 않고 있다고 하여 이를 무조건 비난하고, 이에 대해 전혀 아무런 법적 보호도 해주지 않는 것은 타당하다고 할 수 없다. 왜냐하면 등기를 강제하는 부동산등기특별조치법 제2조에서조차도 60일의 유예기간을 두고 있기 때문이다. 또한 물권적 기대권론을 가지고 중간생략등기의 문제를 해결하고자 할 때에는 물권의 현재 상태만을 등기하는 것이 아니라 물권의 변동과정을 등기하려고 하는 등기제도의 이상에 반하는 것으로 중간생략등기를 장려하는 결과를 초래하게 된다고 하는 비판 역시 수용할 수 없으며[60], 더 나아가 목적물의 인도가 행해진 후에 처분하는 경우에는 반드시 투기목적이 있다고 할 수도 없기 때문이다[61].

---

59) 곽윤직(주 34), 224-225면.
60) 같은 견해로 권오승(주 40), 163면.

라. 중간생략등기 자체가 우리 물권변동의 대원칙인 형식주의에 반하기 때문에 무효라는 견해를 취하지 않는 한 중간취득자의 법적 지위에 대한 설명으로 물권적 기대권론이 가장 바람직하다고 생각한다. 이 때 물권적 기대권의 양도는 등기가 문제되지 않기 때문에 등기에 필요한 서류를 교부하고, 부동산을 인도함으로써 이루어진다[62]. 따라서 이 문제는 결국 등기청구권의 문제로 귀결된다.

3. 등기청구권

가. 문제의 소재

물권적 기대권론을 인정할 때 유용하게 적용될 수 있는 또 다른 분야가 바로 등기청구권에 대해서이다. 원래 등기청구권은 우리 민법이 등기신청시에 공동신청주의를 취하고 있는 관계로 발생되는 것인데, 등기권리자가 등기의무자에 대하여 등기신청에 협력해 줄 것을 청구하는 권리이다. 그러나 등기청구권의 법적 성질과 발생원인에 대해서는 이원설[63]과 다원설이[64] 대립되고 있다. 이원설은 등기를 창설적 등기와 정정적 등기로 나누어 그 법적 성질을 설명하고 있는 데 반하여, 다원설은 법률행위에 의한 물권변동의 등기청구권, 취득시효의 경우의 등기청구권, 그리고 부동산임차권과 부동산환매권의 등기청구권으로 나누어 법적 성질을 설명하고 있다. 이원설을 취하는 견해는 창설적 등기의 경우에 등기청구권은 채권계약의 효력으로서 발생하기도 하지만, 물권적 기대권의 효력에

---

61) 같은 견해로 정옥태(주 2), 110면.
62) 여기서 물권적 기대권의 성립요건에 대한 문제가 발생하는데, 물권적 기대권의 적용분야에 따라 요건이 달라질 것이다. 이에 대한 논의는 후일로 미룬다.
63) 김증한(주 57), 91면.
64) 곽윤직(주 34), 191면.

의해서도 발생한다고 해석하고, 실체관계와 등기가 일치하지 않을 경우의 등기인 정정적 등기의 경우에 등기청구권은 물권의 효력으로서 생기는 것으로 그 성질은 언제나 물권적 청구권이라는 것이다.

　이에 반해 다원설은 법률행위에 의한 등기청구권과 취득시효에 의한 등기청구권은 채권적 청구권이라는 견해와 물권적 기대권으로 해석하는 견해가 대립되고 있다. 그러나 부동산임차권의 경우는 민법 제621조 제1항이 부동산임차인의 등기청구권을 규정하고 있어 이것의 법적 성질은 순수한 채권이며, 부동산환매권의 등기청구권 역시 당사자의 계약에 의해 발생하는 것으로 그 성질은 채권적 청구권에 불과하다. 따라서 여기서 쟁점이 되는 것은 법률행위에 의한 경우와 취득시효에 의한 등기청구권이라고 할 수 있다. 이 두 가지의 경우만을 다시 고찰해 보기로 한다.

나. 법률행위에 의한 등기청구권의 경우

(1) 학 설

　법률행위, 즉 물권행위에 의한 등기청구권의 법적 성질을 어떻게 이해할 것인가(?)에 대해 학설이 대립되고 있다. 이에 대해 물권행위의 독자성과 유인성의 인정여부, 즉 물권행위의 성질과 관련하여 파악하는 견해가 주종을 이루었으나[65], 최근에는 등기청구권의 발생원인의 고유한 문제로 접근하고자 하는 견해가 유력하게 제기되고 있다[66]. 등기청구권의 법적 성질은 등기권리자가 등기의무자에 대해서만 청구할 수 있는 상대권이라고 하는 채권적 청구권설과 매도인 이외의 제3자에 대해서도 청구할 수

---

65) 김상용(주 39), 193면; 장경학(주 46), 247면.
66) 이은영(주 43), 203면; 원래 최종길, "물권적 기대권(IV)", 「사법행정」(1965.5), 18면 이하에서도 물권적 기대권과 물권행위의 독자성 및 무인성을 별개의 문제로 취급하였다.

있는 절대권이라는 물권적 청구권설이 대립되고 있다.

(가) 채권적 청구권설

이 견해는 등기청구권이 등기 당사자 일방이 타방에게 등기절차에 협력해 달라고 요구하는 것으로서 물권과 같은 절대권이 아니라 채권과 같은 상대권이라는 견해이다[67]. 이에 의하면 등기를 갖추기 전에 물권행위가 행해졌다고 하더라도 물권변동의 효력은 발생하지 않으므로 등기권리자가 물권적 청구권을 가질 수 없다고 한다. 원래 물권적 청구권에서 문제되는 물권적 성질이란 대세적 효력을 가지며 누구에게나 양도할 수 있는 권리로서 성격을 말한다. 그러나 아직 물권을 취득하지 못한 단계에 있는 등기청구권은 이러한 성질을 가질 수 없다는 것이다. 이러한 채권적 청구권설에 의하면 등기청구권도 당연히 10년의 소멸시효에 걸린다고 한다(민법 부칙 제10조).

(나) 물권적 청구권설

물권적 청구권설에 의하면 물권적 합의로부터 물권적 기대권이 발생하고 다시 이로부터 물권적 청구권의 성질을 가진 등기청구권이 발생한다는 것이다[68]. 물권적 합의는 채권행위가 아니므로 그 효과로서 채권적 성질의 등기청구권이 발생할 수 없다[69]. 또한 등기청구권을 채권적 청구권

---

67) 곽윤직(주 34), 193면.
68) 김증한(주 57), 92면; 김용한(주 37), 141면. 정옥태, "등기청구권에 관한 일고찰",
「사회과학논총(제5집)」(전남대, 1980), 41면에서는 물권적 기대권설을 취하면서도
등기청구권은 물권과 채권의 중간적 성질을 지닌 것이라고 한다.
69) 그러나 채권행위로부터 등기청구권이 발생할 수 없다고 보지는 않는다. 예컨대 매
매계약이 있으면 그 효력으로서 매도인은 매매의 목적이 된 권리를 이전해야 할 의
무를 부담하고(제567조), 이 권리의 이전은 부동산물권의 경우에는 등기함으로써
이루어진다〈김증한(주 57), 92면〉.

이라 이해한다면 등기청구권을 양도하는 경우에도 대항요건을 필요로 하게 되는데, 이 점 역시 부당하며, 등기권리자가 이미 부동산을 인도받아 점유하고 있는 경우에도 소멸시효에 걸린다는 불합리한 결과가 야기된다.

(2) 판 례

판례는 법률행위에 의한 물권변동상의 등기청구권에 대해 채권적 청구권으로 보고 있다. 즉 "부동산을 정당히 매수하고 그 대금을 완불한 매수인은 현행 민법상 그 이전등기를 받기 전에는 물권변동이 생기지 아니하나, 등기청구권이라는 채권적 청구권에 의하여 소유자인 매도인을 대위하여 목적부동산에 관한 원인무효의 등기의 말소등기청구를 할 수 있다"고 판시하여[70] 채권적 청구권설을 취하고 있다. 그러나 1976년 전원합의체 판결에서 등기청구권의 법적 성질을 채권적 청구권으로 보면서도 매수인이 점유하고 있는 경우에는 소멸시효에 걸리지 않는다고 판시하여 채권적 청구권설에 의해 소멸시효에 걸리는 부당함을 시정하려는 태도를 취하고 있다[71]. 특히 이 판결에서 소수 견해는 "부동산의 매매와 같은 법률행위에 의한 경우에 있어서 매수인이 매도인에 대하여 가지는 등기청구권은 그 원인행위인 채권행위로부터 발생한다고 볼 것이 아니라 당사자 사이에 그 목적부동산의 소유권을 이전한다는 합의, 즉 이른바 물권적 합의가 있어서 이 합의로부터 당연히 소유권이전등기청구권이 발생한다고 봄이 상당할 것이고, 따라서 그 성질은 다분히 물권적인 것에 가깝다고 보아야 할 것이다"라고 하여 법률행위에 의한 등기청구권은 채권적 청구권이 아니라 물권적 청구권으로 해석하고 있다.

---

70) 대판 1962.5.10, 4294민상1232. 이 판결 이후 대법원은 일관되게 채권적 청구권으로 보고 있다.
71) 대판 1976.11.23, 76다342.

(3) 사 견

부동산물권변동을 위한 물권적 합의는 채권행위가 아니므로 그 효과로서 채권적 성질의 등기청구권이 발생할 수 없는 경우가 있다. 반면에 등기청구권이 채권행위에 의해서도 발생하기도 한다. 따라서 법률행위에 의한 등기청구권의 법적 성질에 대한 설명으로 채권적 청구권설이나 물권적 청구권설 중의 하나가 절대적인 우위성을 가지는 것이 아니다. 따라서 이에 대한 접근은 결국 현실과 다른 법원칙에 얼마나 부합하는가에 의해 판단해야 할 것이다. 물권적 기대권에 의하면 부동산물권변동을 위한 물권적 합의에 의해 물권적 기대권이 발생하고 그에 의해 등기청구권이 발생한 경우는 물론, 등기청구권이 채권행위에 의해 발생하는 경우에도 물권행위와 부동산의 점유를 이전받으면 물권적 기대권의 효력에 의해 등기청구권이 발생한다고 할 수 있다는 점[72]과 물권행위와 점유의 이전이 행해진 경우에는 소멸시효에 걸릴 수 없기 때문에 물권적 기대권의 효력으로 등기청구권이 발생한다고 설명하는 것이 타당하다고 생각한다.

다. 취득시효에 의한 등기청구권

(1) 부동산의 시효취득과 등기청구권과 관련하여 민법 제245조 제2항의 등기부취득시효의 경우에는 이미 등기가 경료되어 있으므로 등기청구권이 문제될 여지가 없기 때문에 동조 제1항의 점유취득시효의 경우만이 문제된다. 민법 제245조 제1항에 의하면 비록 20년간 자유점유를 한 점유자라 하더라도 등기명의인에 대하여 등기청구권을 행사하여 등기를 경료

---

72) 이와 같은 채권적 기초가 있는 경우나 없는 경우를 불문하고 모든 원인으로부터 생기는 창설적 등기의 등기청구권은 물권적 기대권의 효력으로써 발생한다고 일원적으로 설명이 가능하다는 점은 물권적 기대권을 인정하는 실익이 된다고 한다〈김증한(주 57), 90면〉.

하여야 그에 대한 소유권을 취득할 수 있게 된다. 이 경우에 점유자는 어떤 근거에서 등기청구권을 취득하였으며 그에 대한 법적 성질이 무엇인가 하는 점이 문제되고 있다.

(2) 점유취득시효에서 등기청구권의 발생근거는 20년간의 자유점유 등 시효취득의 요건을 충족했다는 사실을 들 수 있다. 우리 민법 제245조 제1항은 ① 20년간 자주점유자일 것과 ② 그러한 점유가 공연·평온할 것이라는 요건을 갖춘 자에게 등기청구권을 부여한다고 규정한 것이다. 이것은 일정한 사실상태의 계속을 기초로 민법규정이 등기청구권을 발생시키고 있음을 의미한다[73]. 여기에서 본질적인 문제는 왜 민법이 시효완성자에게 등기청구권을 부여하는가(?) 하는 점이다. 이 문제는 시효완성자의 법적 지위와 불가분의 관계에 있다고 할 수 있다.

(3) 등기권리자라고 할 수 있는 점유취득시효의 완성자는 시효완성 당시의 등기명의인에 대해서만 그 권리를 행사할 수 있기 때문에 채권적 청구권에 불과하다고 하는 채권적 청구권설을 주장하는 견해도 있지만[74], 점유취득시효가 완성됨으로써 시효완성자인 부동산점유자는 물권적 합의가 있는 취득자와 마찬가지로 물권적 기대권을 취득한다고 하는 견해가 타당하다고 생각한다[75]. 다시 말해서 점유취득시효기간이 만료되면 물권적 기대권이 발생하고, 이러한 물권적 기대권으로부터 등기청구권이 발생하며, 이 때 등기청구권은 물권적 청구권이 된다는 것이다[76]. 이렇게 물권적 청구권설에 의하면 점유취득시효의 기간이 만료 후에는 소유권이전등기를 이전받은 제3자에게도 대항할 수 있다고 해야 할 것이다. 이에 대해 대법원은 "소유권취득기간의 만료만으로는 소유권취득의 효력은 없

---

73) 곽윤직(주 53), 196면.
74) 곽윤직(주 53), 197면; 이영준(주 44), 202면; 이은영(주 43), 211면.
75) 같은 견해로 김증한(주 52), 93면; 김상용(주 39), 193면·199면.
76) 김상용(주 39), 199면.

으나 이를 원인으로 하여 소유권취득을 위한 등기청구권이 발생한다"고 판시하여[77] 채권적 청구권설을 취하고 있다. 또한 시효취득자는 채권적 등기청구권을 취득할 뿐이므로 이 등기청구권을 행사하여 소유권이전등기를 하기 전에 그 부동산소유권이 제3자에게 이전되어 소유권이전등기가 경료된 경우에는 그 제3자에게 대하여 시효완성을 주장하지 못하게 된다[78].

4. 소유권유보부 매매

가. 개 설

소유권유보부 매매라 함은 매매대금을 완제하기 전에 목적물의 점유를 매도인으로부터 매수인에게 이전하는 형식을 취하는 매매에서 매도인이 대금완납시까지 목적물의 소유권을 유보하는 것을 말한다. 이러한 소유권유보는 고가품의 매매시에 대금채권의 변제를 확보하기 위한 담보방법으로도 많이 이용되고 있다. 예컨대 세탁기나 피아노 등 소비적 상품뿐만 아니라 건설기계나 건물의 할부판매에 이르기까지 다양하게 이용되고 있다. 이러한 소유권유보의 법적 구성에 대하여 순수한 매매법리로써 파악하는 경우에는 소유권을 정지조건부로 하고, 조건성취가 있기까지는 소유권은 매도인에게 귀속되며 매수인은 목적물의 이용권만을 가지는 것이된다. 그러나 소유권유보에서의 매도인의 실질적인 목적이 담보에 있으므로 매매법리를 넘은 담보적 구성이 요구되고 있다. 즉 매수인에게 목적물에 대한 이용권과 기대권뿐만 아니라 지배권까지도 인정하고 매도인에게는 잔존대금을 피담보채권으로 하는 담보권을 가지는 것으로 이론을

---

77) 대판 1966.10.21, 66다976.
78) 대판 1971.12.28, 71다1566.

구성할 수 있다. 이렇게 이론을 구성할 때 매수인의 법적 지위에 대한 법적 성질이 문제된다.

나 소유권유보부 매수인의 법적지위와 물권적 기대권

독일에서 물권적 기대권은 부동산소유권이전의 합의수령자(Auflassung-empfaenger)의 법적 지위와 소유권유보부 매매시 매수인의 법적 지위, 저당채권자로 등기되었으나 아직 채권이 성립하지 않은 자의 법적 지위 등에 적용되지만, 오늘날에는 소유권유보부 매매의 경우가 가장 적절한 적용예로서 인정되고 있다[79]. 우리나라에서도 최종길교수가 이 분야에 대한 연구를 행한 이후[80] 이러한 적용에 대해 많은 논의가 행해졌다. 예컨대 부동산에 대한 물권적 기대권을 부정하고 있는 곽윤직 교수도 "소유권유보는 대금의 완급을 정지조건으로 하는 소유권양도이다. 여기서 정지조건부인 것은 소유권양도의 물권적 합의이며, 채권계약인 매매 자체는 무조건 성립하고 효력을 발생하는 것이다. 그러므로 매수인이 목적 동산을 인도받고 있더라도, 소유권을 취득하지 않으며, 그는 다만 소유권이전에 관한 정지조건부 물권행위를 하고 있을 뿐이다. 따라서 매수인의 소유권취득은 오직 대금의 완제라는 조건의 성취여부에 의하여 좌우되는 것이고, 대금의 완제가 있을 때에 당사자가 다시 물권적 합의를 할 필요는 없는 것이다. 여기서 매수인은 매도인의 의사와는 관계없이 조건이 성취되기만 하면 법률상 당연히 완전한 무조건의 소유권을 취득하게 되는 기대 내지 법률적 지위를 차지한다"고 주장하여[81] 동산의 소유권유보부 매

---

79) 예컨대 Wieling은 자신의 물권법 교과서에서 소유권유보부 매매에 대해서만 언급하고 있을 정도이다(H.-J. Wieling, Sachenrecht, 2.Aufl., 1995, S.223ff.).

80) 최종길(주 30), 61면 이하 참조.

81) 곽윤직, 「채권각론」(박영사, 1995), 288면.

매에서 물권적 기대권론을 인정하고 있다. 우리 민법은 특히 조건부 권리를 보호하는 규정(제148조)과 조건부 권리의 처분이나 상속, 보존 또는 담보로 할 수 있다는 규정(제149조)을 두고 있는데, 이러한 민법의 해석으로서도 동산의 소유권유보부 매매시에 매수인의 법적 지위를 소유권에 대한 기대권(Eigentumsanwartschaft)이라는 물권적 기대권이 인정될 수 있다고 생각한다. 이렇게 소유권유보부매수인의 법적지위를 물권적 기대권으로 접근할 때에는 다음과 같은 문제가 발생한다.

(1) 매수인의 기대권의 처분의 문제

소유권유보부 매수인은 그의 기대권을 현재의 재산권으로서 처분할 수 있다(제149조). 그 방법은 완전한 권리, 즉 소유권의 이전에 관한 규정에 의한다. 즉, 기대권의 이전에 관한 물권적 합의와 목적 동산의 인도로 양도할 수 있다[82]. 기대권의 양도로 이제는 그 양수인이 조건의 성취시에 완전한 소유권을 취득할 가능성을 갖게 된다. 매도인의 동의 없이 기대권을 양도할 수 있는 것과 같이 기대권이 양수인이 완전한 소유권을 취득하는 데도 매도인의 동의는 필요치 않다. 매도인의 동의 없이는 소유권유보부 매매의 목적 동산을 처분하지 못한다는 특약이 있어도 그것은 당사자 사이의 채권적 효력이 있을 뿐이다. 주의할 것은 기대권의 양도가 있다고 해서 그 양수인이 자동적으로 소유권유보부 매매의 매수인의 법률적 지위에 들어서는 것은 아니라는 것이다. 그러기 위해서는 계약인수가 있어야 하고, 따라서 매도인의 동의가 있어야 한다[83].

---

82) 물권적 기대권의 양도는 현실의 인도에 한하지 않고 점유개정, 목적물반환청구권의 양도 및 간이인도를 포함한다고 해석한다〈같은 견해로 최종길(주 30), 81면〉.
83) 곽윤직(주 81), 288면. 그러나 독일 판례는 오래 전부터 동의를 요하지 않는 태도를 취하고 있다(BGHZ 20, 88).

(2) 법률상 기대권의 보호

물권적 기대권은 물권적 성질을 지니는 권리이므로 제3자에 의해서 불법하게 침해된 경우에는 불법행위에 의한 손해배상을 청구할 수 있음(제750조)은 당연하다. 더 나아가 소유권유보부매수인은 목적물의 직접점유자로서 민법 제205조 내지 제206조에 의한 점유권에 의해서도 보호를 받는다. 또한 매도인이 소유권에 기하여 목적물의 반환을 청구한 경우에도 매수인이 점유할 정당한 권리를 가지고 있기 때문에(제213조 단서) 그 반환을 거부할 수 있다[84].

V. 결 어

물권적 기대권론에 대한 연혁과 한국에서의 인정여부에 대한 논의와 적용범위에 관련한 문제들에 대해 살펴보았다. 이러한 논의과정에서 필자의 견해를 다음과 같이 요약할 수 있겠다.

1. 현행 민법이 법률행위에 의한 부동산물권변동에 관하여 이른바 독법주의 내지 등기주의를 채용하여 등기를 갖추지 않으면 원칙적으로 물권을 취득하지 못하는 것으로 하고 있다. 그럼에도 불구하고 아직도 우리 국민들의 관념속에는 매매대금을 완제하고 이와 상환으로 등기이전에 필요한 서류의 교부를 받으면, 등기이전이 행해지지 않았다 하더라도 그 부동산에 대한 소유권을 취득하였다는 거래의식이 있는 것은 사실이다. 따라서 이러한 의식을 개선해 나가는 작업은 필요할 것이지만 미등기자들을 죄악시할 필요가 없다고 생각한다. 왜냐하면 미등기의 문제는 시간의

---

84) 최종길(주 30), 83-84면.

장단의 문제로서 언제나 발생할 수밖에 없기 때문이다. 예컨대 등기강제주의를 취하는 부동산등기특별조치법에서도 60일의 유예기간을 두고 있다. 이 문제는 법률혼주의를 취하면서도 사실혼의 문제가 발생할 수밖에 없는 우리 현실과 궤를 같이하는 것이다. 이렇게 실제로 존재하고 있는 미등기자들에 대한 공법적인 제재는 별론으로 하고 사법상 현실적으로 존재하고 있는 문제에 대한 구제법리가 바로 물권적 기대권론으로서, 학설로뿐만 아니라 법원에서도 적극적으로 인정하는 방향으로 접근해야 할 것이다.

2. 물권적 기대권론을 인정하는 경우 그 적용 범위가 문제되는데, 동산 소유권유보부 매매의 경우는 우리 물권변동의 원칙과도 부합하기 때문에 인정하는 데 큰 문제가 없다고 생각한다. 또한 창설적 등기청구권의 경우에 등기청구권자가 부동산을 점유하고 있는 때에는 소멸시효에 걸리지 않는다는 점과 통일적으로 설명할 수 있다는 점 때문에 물권적 기대권을 통해 법리를 구성하는 것이 바람직하며, 중간생략등기를 무효라고 하지 않는 한 독일민법유추적용설이나 채권양도설 등보다는 물권적 기대권론에 의한 설명이 간명하여 상대적으로 적합한 것으로 생각한다.

3. 물권적 기대권론을 인정한다고 하더라도 기대와 기대권에 관한 구별 문제, 물권적 기대권의 성립요건과 효과, 더 나아가 유형에 따라 그 보호 범위에 차이가 있게 되는데 이러한 문제들에 대해서는 지면관계상 다루지 못하였다.

〔 "물권적 기대권론", 「한국민법이론의 발전(1)」 (박영사, 2000), 237-261면 〕

제4절 물권적 기대권과 공시방법

I. 서 설

1. 우리 민법학의 대표적인 논쟁적인 과제중의 하나는 물권변동이론과 관련한 물권적 기대권론이라 할 수 있다. 이 물권적 기대권론은 독일에서 발전된 것으로, 국내에 소개되어 우리 민법학에 구체적으로 적용하고자 시도되었다[1]. 특히 이 이론이 우리나라에 수용된 이후 이에 대한 찬반 논쟁이 본격화되면서 이론적으로도 많이 정교하게 되었다. 우리나라에서 이 물권적 기대권론과 관련한 쟁점은 형식주의 하에서, 특히 독일민법과 같은 아우프라쑹제도가 없는 우리 법제에 이것을 인정할만한 실익이 있는가라는 점과 만약 부동산에 대해 준물권 내지는 유사 물권으로서 물권적 기대권을 인정하는 경우 그것을 어떻게 공시하고, 보호할 것인가라는 문제로 요약할 수 있다. 우리 민법은 물권에 대한 공시방법으로서 부동산에 대해서는 등기(제186조), 동산에 대해서는 인도(제188조)를 그 원칙으로 삼고 있다. 그런데 준물권 내지 유사 물권으로서 물권적 기대권은 부동산의 경우 이러한 등기를 하지 않은 혹은 못한 경우에 주로 인정되는 것이다. 따라서 형식주의를 취하고 있는 우리 민법의 원칙에는 부합하지 않게 되어 이 점을 어떻게 극복할 것인가도 문제가 된다. 그러나 동산의

---

1) 이에 대해 자세한 것은 윤철홍, "물권적 기대권론", 「이영준박사화갑기념논문집」 (박영사, 2000), 237면 이하 참조.

경우 물권적 기대권의 중요한 적용분야로 지적되고 있는 소유권유보부 매매에서는 이러한 공시문제가 발생하지 않는다. 왜냐하면 소유권유보부 매매의 경우에는 물권적 합의와 함께 매수인이 이미 매매의 객체인 동산을 인도받아 점유하고 있으므로, 매수인에게 물권적 기대권을 인정한다고 해서 별도의 공시방법이 필요한 것이 아니기 때문이다[2]. 이러한 이유에서 소유권유보부 매매에 대해서는 물권적 기대권을 인정하는 것이 국내에서도 지배적인 견해이다[3].

2. 물권적 기대권과 관련한 부동산의 공시문제는 부동산에 대한 물권적 기대권을 부정하는 견해의 주된 비판논거일뿐만 아니라[4] 인정하는 경우에도 이것이 문제가 될 것이다. 물권변동과 관련하여 형식주의를 취하고 있는 우리 법제하에서, 부동산 물권변동시 등기가 없는 경우에는 어떠한 물권적 효력도 발생하지 않는 절대적인 요건인가의 여부가 문제된다. 그러나 후술하는 바와 같이 물권변동시에 등기나 인도를 요한다는 형식주의 원칙은 절대적인 것은 아니다. 예컨대 법률행위로 인한 부동산 물권변동의 경우에는 등기를 효력발생요건으로 규정하고 있는데(제186조) 반하여 상속, 공용징수, 판결, 경매 기타 법률의 규정에 의한 부동산에 관한 물권의 취득은 등기를 요하지 않고 있다(제187조). 더 나아가 명인방법에 의한 부동산 물권의 취득의 경우 관습법상 명인방법을 공시방법으로 인정하고 있으나, 미분리과실이나 농작물에 대한 '밭떼기'의 경우에는 사실

---

2) 윤철홍(주 1), 258면 이하 참조.
3) 예컨대 부동산에 대해서는 강력히 부정하는 곽윤직교수나 이영준교수도 동산의 소유권유보부 매매에 대해서는 인정하고 있다. 곽윤직 「채권법각론」(박영사, 2003), 163면; 이영준 「물권법」(박영사, 2001), 921면 이하.
4) 물권적 기대권은 물권 유사의 배타적인 권리이므로 어떠한 형태이든 공시방법을 갖추지 않는 한 이를 인정할 수 없다고 한다〈이영준(주 3), 60면〉.

상 공시방법 자체가 없는 것이다. 만약 부동산에 대해 물권적 기대권을
인정하는 경우에, 민법 제187조와 같은 근거규정이 없기 때문에 명인방법
에서와 같이 관습법에서 근거를 찾아야 할 것이다. 실제로 부동산 매매시
에 잔금을 지급하고 소유권이전등기를 경료하기까지는 시간의 장단의 차
이가 있을 수는 있으나, 모든 거래에서 미등기매수인으로서 문제가 발생
할 것이다. 예를 들어 부동산등기특별조치법 제2조 제1항에 의하면 반대
급부의 이행이 완료된 날로부터 60일 이내에 등기를 신청하면 된다. 따라
서 등기의 서류를 넘겨받아 바로 등기를 신청하든 59일이 지난 후에 신청
하든 법적으로 문제가 되지 않는다. 더 나아가 매매계약서에 시청이나 군
청 등에서 '검인'을 받아 곧 바로 등기를 신청하였다 하더라도 등기가 경
료되기 까지는 통상 24시간이 소요된다[5]. 따라서 정상적인 부동산거래라
하더라도 짧게는 24시간에서부터 길게는 60일 동안 미등기매수인으로서
지위가 문제된다고 볼 수 있다. 그러므로 이러한 미등기매수인에 대한 법
률문제를 "단순한 권리위에 잠자는 자"의 문제로 치부해서는 안될 것이
다. 이렇게 미등기매수인과 관련하여 발생되는 문제를 법이론적으로는
여러 가지 관점에서 접근할 수 있는데[6], 그중 하나가 물권적 기대권을 인
정하자는 것이다.

3. 물권적 기대권과 관련한 공시방법상의 문제는 동산에 대한 소유권유

---

5) 대법원 등기업무처리 지침(예규 797) 제5조 2항에서는 특별한 경우를 제외하고는
   늦어도 접수후 24시간 이내에 등기필증을 작성하여 교부하여야만 한다고 규정하고
   있다.

6) '매각되어 인도된 물건의 항변'으로 해석하는 방법(곽윤직, "exceptio rei venditae
   et traditae"의 현대적 관용, 서울대 「법학」 9-1호, 136면 이하), 단순한 채권자로 보
   는 견해(이영준〈주〉 68면 이하), 더 나아가 사실상 소유자로 보는 견해〈이은영, 「물
   권법」(박영사, 2002), 100면 이하〉 등이다.

보부 매매의 경우에는 문제가 되지 않으므로, 결국 부동산의 공시방법으로 귀결될 수밖에 없다. 따라서 이곳에서는 부동산에 대한 물권적 기대권에 관해서만 논의하고자 한다. 논구할 순서는 먼저 물권적 기대권의 의의와 그 인정실익에 대해서 간단히 살펴보고(II), 우리와 같이 형식주의를 취하면서도 광범하게 물권적 기대권이 인정되고 있는 독일에서의 물권적 기대권과 그 공시방법(III)을 살펴본 다음, 이어서 우리나라에서의 물권적 기대권의 공시방법에 대해 검토한(IV) 후 이 글을 맺고자 한다.

II. 물권적 기대권의 의의와 그 인정 실익

1. 물권적 기대권의 의의

물권적 기대권론을 구체적으로 체계화시킨 L. Raiser는 "기대권은 권리취득에 대한 전망이다. 즉 완전한 권리의 취득을 위한 요건 중 다른 또는 적어도 하나의 요건은 아직 실현되지 않고 있는 동안, 권리취득의 요건의 개별적인 구성요건들이 이미 실현된 것을 통해 기초된 권리취득의 전망"이라고 정의하였다7). 이러한 기대권이란 완전한 권리의 취득을 위한 요건 중 일부는 이미 실현되었으나 다른 또는 적어도 하나의 요건은 아직 실현되어 있지 않은 자의 권리취득의 전망이라는 것이다8). Baur도 거의 같은 관점에서 물권취득을 위한 몇 개의 요건은 갖추어졌으나 아직 갖추어지지 않은 요건이 남아 있는 자의 지위로서 순수한 권리취득의 전망권보다는 강하나, 완전한 권리(Vollrecht) 보다는 약한 것을 물권적 기대권이

---

7) L. Raiser, Dingliche Anwartschaften, 1960, S. 3f.; 윤철홍(주 1), 238-239면.
8) L. Raiser(주 7), S. 3f.

라고 한다9). 국내에서도 이와 유사하게 정의되고 있다. 예컨대 권리취득
의 법률요건이 수개로 구성되어 있는 경우에 그 권리를 취득하기 위하여
필요한 법률요건의 전부는 아직 실현되어 있지 않았으나 이미 몇 개의 법
률요건이 실현되어 있으면 권리의 전단계(Vorstufe)에 도달한 것이고, 아
직 실현되지 않은 법률요건이 적을수록 완전한 권리에 접근하며, 이와 같
이 완전한 권리를 향하여 발전하고 있는 과정에 있는 법적 지위가 곧 기
대권이라고 한다10). 이러한 정의는 현재 국내의 학자들에 의해서 지배적
인 견해로 인정되고 있는 것이다11).

2. 물권적 기대권의 인정 실익

부동산매매시에 물권적 합의와 함께 매매대금을 완납하고, 등기이전에
소요되는 일체의 서류를 인도받은 동시에 매매목적물도 인도받아 사용·
수익하고 있어서 등기를 신청만 하면 완전한 소유권을 취득할 수 있는 단
계에 있는 매수인의 법적 지위는 완전한 소유권을 취득하지는 못했지만
소유권에 유사한 물권을 취득한 것으로 보자는 것이 물권적 기대권이다.
이 경우 등기를 하지 않았기 때문에 완전한 물권인 소유권을 취득하지는
못한 것이다. 그러나 처분행위인 물권행위를 완료하고, 대금도 완납했으
나 등기만을 하지 않은 상태이기 때문에 단순한 채권자로만 볼 수 없는
것이다. 따라서 물권과 채권의 중간적인 권리로서 물권에 가까운 것이라

---

9) F. Baur, Lehrbuch des Sachenrechts, 8. Aufl., § 3 Ⅱ, 3.; Baur-Stürner, Lehrbuch
　　des Sachenrechts, 16. Aufl., § 3 Ⅱ 3.
10) 최종길, "물권적 기대권(Ⅰ)," 「사법행정」(1965. 2), 56면.
11) 김증한, 「신물권법(상)」(법문사, 1960), 46면; 윤철홍, 「물권법강의」(박영사, 1998),
　　85면; 정옥태, "물권적 기대권", 「사법연구」창간호 76면 이하; 황적인, 「현대민법
　　론(물권)」(박영사, 1987), 104면 등 참조.

고 한다[12]). 이러한 물권적 기대권을 인정하는 실익은 어디에 있는가?

가. 거래 현실과 일반의 법의식에 부합

(1) 물권적 기대권을 인정하는 견해들에 의하면 물권적 기대권을 인정하게 되면 우리 사회 일반의 거래 및 법의식에 더욱 가까워진다는 것이다. 예컨대 우리 사회에서 매매계약을 체결한 것만으로 아직 부동산이 내것이 되었다고 의식하지는 못하지만, 매매대금을 모두 지급하고, 이에 따라 등기이전에 필요한 서류를 교부받으면 비록 등기가 되지 않았다 하더라도 그 부동산이 자기 것이 되었다고 생각하는 것이 일반적인 거래의식이라는 것이다[13]). 다시 말해서 우리 민법이 물권변동에 관하여 형식주의를 취하여, "법률행위로 인한 물권의 득실변경은 등기하여야 효력이 발생한다"(제186조)고 규정하고 있으나, 거래의 현실은 부동산거래가 이루어졌다고 해서 모든 거래에서 곧바로 등기가 행해지는 것은 아니다. 예컨대 50여년 동안 행해진 의사주의적 사고에서 뿐만 아니라, 곧바로 등기를 할 수 없는 개인적인 사정이나 토지거래 허가나 인가를 받아야 하는 경우 등 법적인 사정도 있어서 미등기 상태로 있는 경우가 허다하다는 것이다. 더 나아가 전술한 바와 같이 부동산등기특별조치법 제2조 제1항에 의하면 반대급부의 이행이 완료된 날로부터 60일 이내에만 등기를 신청하면 되도록 규정하고 있다. 따라서 미등기매수인의 문제는 시간의 장단의 차이가 있을 뿐 모든 부동산거래에서 발생할 수 있는 것이다. 이러한 미등기가 만연하고 있는 현실, 특히 그중에서도 장기간 계속되고 있는 미등기매수인의 문제를 해결하기 위해 정부는 1960년 현행 민법이 시행된 이후에도 끝임없이 특별법들을 제정하였다. 예컨대 '분배농지소유권이전등기에

---

12) 윤철홍(주 1), 241-242면.
13) 김증한·김학동, 「물권법」(박영사, 1997), 93면; 정옥태(주 11), 104면.

관한특별조치법'(1961.5.5, 법 제613호: 1961.5.5-1965.6.30 시행) 제2조에
서는 '사실상의 현소유자'라는 말로서, 그리고 '임야소유권이전등기에관
한특별조치법'(1969.5.21, 법 제2111호: 1969.6.20.- 1971. 12.19 시행)에서
는 '임야의 권리를 이어받은 등기하지 못한 자'를 등기신청인으로 규정하
고, '부동산소유권이전등기등에관한특별조치법'(1977,12,31, 법 제3904호:
1978. 3.1-1981.2.28; 1982.4.3-1984.12.31 시행) 제5조 제1항이 부동산의
'사실상의 소유자'라는 말을 쓰고 있으며14), 지방세법에서는 납세의무자
를 소유자로 규정하면서도 '재산세 과세대장에 등재된 자의 권리에 변동
이 생겼거나 재산세 과세대장에 등재가 되지 아니하였을 때에는 사실상
소유자'가 재산세를 납부토록 규정하고 있다(동법 제182조 제1항 단서)15).
이러한 특별법들은 매수인을 모두 등기를 경료하지는 못했지만 소유자에
준하여 보호하고 있는 것으로 해석된다16). 이러한 특별법에서 규정하고
있는 '사실상 소유자'란 이미 물권행위와 부동산의 점유의 이전은 있었으
나 등기를 갖추지 못한 자의 법적 지위를 의미하는 것이다17). 지방세법을
제외한 이상의 특별조치법들은 공동신청주의를 취하고 있는 민법상의 원
칙과 달리 사실상의 소유자로 하여금 단독으로 등기를 신청할 수 있도록
하고 있는데, 이렇게 단독으로 등기를 신청할 수 있도록 규정함과 동시에
사실상의 소유권을 인정한 이유는 실체관계와 등기를 일치시키기 위한

---

14) 이러한 부동산소유권이전등기등에관한특별조치법은 1993년에도 다시 한번 2년의
한시법으로 시행되었다(1993.1.1-1994.12.31).
15) 황적인 교수는 지방세법 제182조가 말하는 사실상 소유자나 사용자는 등기를 하지
않은 취득자이지만, 세법상으로는 소유자에 준하여 다루어지고 있다는 점과 실질적
으로 등기를 하지 않은 취득자를 죄악시하고 소유권을 박탈할 이유가 없다는 점을
들어 등기를 하지 않은 자를 보호하지 않은 것이 비현실적이라 한다〈적인(주 11),
64면〉.
16) 김증한, "물권적 기대권론", 「민법론집」(박영사, 1980), 100-101면.
17) 김상용, 「물권법」(법문사, 1999), 181면.

고육책으로 이해된다[18]. 이러한 입법 태도는 민법상 원칙적으로는 등기를 경료한 자만이 권리를 취득할 수 있지만, 예외적으로 물권적 기대권의 요건을 충족한 경우에는 물권적 기대권을 인정하여 현실적으로 존재할 수밖에 없는 미등기매수인들을 보호하려는 의도로 이해할 수 있을 것이다.

(2) 우리 대법원은 부동산에 대한 소유권을 그 권능에 따라 분류하여 이해하는 경향을 보여주고 있다. 예컨대 매수인이 매도인에게 대금을 완급하고 부동산의 점유를 이전받아 당사자 사이에서는 매수인이 그 부동산의 사용·수익권을 누리고 있는 경우, 미등기매수인의 법적지위에 대해 내부적 소유권과 외부적 소유권으로 분화시켜 이해하고 있는 것이다. 이러한 소유권의 분화형태에 대해 형식주의라고 하여 매수인의 내부적 소유권을 부인할 법적 근거는 없다고 주장하기도 한다[19]. 그러나 이것은 오히려 우리 민법의 대원칙인 일물일권주의와 물권법정주의에 반하는 것이라고 생각한다. 이러한 소유권의 분화로 이해하기 보다는 물권적 기대권으로 인정하는 것이 더 현실적이라고 생각한다.

(3) 현실적으로 나타나고 있는 미등기매수인의 법적 지위를 물권적 기대권으로 해결하려는 견해에 대해, 현행 민법은 물권변동과 관련하여 형식주의를 취하고 있기 때문에 등기를 갖추지 않으면 물권을 취득하지 못한 것으로 규정하고 있는 입법주의에 정면으로 반한다고 한다[20]. 따라서 이렇게 입법주의에 반하는 자를 법이 적극적으로 보호할 필요가 없다는

---

18) 김상용(주 17), 181면. 이러한 관점에서 제정된 법률은 이 밖에도 많다. 예컨대 '수복지역내소유자미복구등록과보존등기에관한특별조치법(1982.12.31, 법제3627호)이나 두 차례나 시행된 '공유토지분할에관한특례법' 등이다.
19) 이러한 내부적 소유권은 소유권의 채권적 측면이라고 부르고 있는데〈이은영(주 6), 96면〉이것은 물권의 대원칙인 일물일권주의와 물권법정주의에 반한다고 할 수 있다.
20) 곽윤직, 「부동산물권변동의 연구」(박영사, 1968), 223면.

것이다. 또한 그러한 자를 보호하는 것은 우리 민법이 의사주의를 버리고 형식주의를 취한 입법정신에도 반한다는 것이다. 더 나아가 그러한 자를 보호하려는 것, 특히 이들을 두텁게 보호하면 할수록 형식주의를 부인하는 결과가 된다고 비판한다. 또한 그러한 부동산취득자에 대해서는 가등기제도를 통해서 충분히 보호할 수 있다고 한다21). 이러한 가등기제도가 있음에도 불구하고 이를 이용하지 않고 있는 자들, 특히 등록세를 부당히 면탈하고 기타의 비용을 절약하려는 자를 새로운 이론을 통해 보호할 필요는 없다는 것이다22). 그러나 우리 부동산 거래현실은 전술한 바와 같이 원칙만으로 모든 것을 해결할 수 있을 만큼 단순하지 않으며, 부동산매매계약 체결 후 곧 바로 등기하지 않는 자들을 위법한 자라고 할 수도 없으며, 더욱이 미등기매수인에 대해 등록세 등을 면탈하려는 자라고 일률적으로 매도해서는 안된다고 생각한다. 왜냐하면 물권적 기대권자의 법적 지위가 완전한 물권자에 비하여 상대적으로 훨씬 미약한데, 등록세 납부연기를 위해 소유권취득을 미루는 행위는 소유권상실이라는 큰 위험에 노출될 수도 있는 것이기 때문에 일반적으로는 생각할 수 없는 것이며, 또한 지방세법에 의하면 미등기매수인을 사실상의 소유자로 보고 과세하기 때문에 이러한 지적은 타당하다고 할 수 없다.

(4) 물권적 기대권론은 우리 민법상 물권변동의 대원칙인 형식주의 그 자체를 설명하는 이론이 아니라, 법원칙이 있음에도 불구하고 현실적으로 나타나고 있는 부조화된 현상을 설명하기 위한 것이다. 다시 말해서 물권변동에 관한 법원칙에 대한 부조화 내지는 예외적인 현상을 법의 보호영역에서 완전히 제외시킬 수 없다는 현실적인 요청에서 이를 설명하기 위한 이론이라고 생각한다23). 이러한 물권적 기대권론을 인정하는 것

---

21) 곽윤직(주 20), 223면.
22) 곽윤직(주 20), 223면; 이영준(주 3), 68면.

이 미등기매수인의 법적 지위를 설명하는 다른 법이론들 보다는 상대적
으로 우리 법현실을 보다 적합하게 설명할 수 있다고 생각한다.

나. 등기청구권의 법적 성질과 등기청구권자의 보호

부동산매매계약이 체결된 이후에 매수인이 취득하게 되는 등기청구권
의 법적 성질에 대해서는 채권적 청구권설과 물권적 청구권설이 대립되
고 있다. 미등기매수인의 등기청구권을 채권적 청구권으로 해석한다면
법리상 당연히 10년의 소멸시효에 걸려야 한다. 그러나 주지하는 바와 같
이 대법원은 부동산에 대한 점유를 매수인이 하고 있는 경우에는 그것이
비록 채권적 청구권이라고 하더라도 소멸시효에 걸리지 않는다고 판시하
고 있다24). 이것은 미등기매수인을 보호할 수밖에 없는 현실을 반영한 것
으로 여겨진다. 또한 모든 채권은 소멸시효에 걸리는데도 불구하고, 등기
권리자가 점유하고 있는 경우에는 비록 채권이라 하더라도 소멸시효에
걸리지 않는다고 하는 것은 법이론에 맞지 않는다. 따라서 이 경우에 비
록 채권적 청구권이지만 예외적으로 소멸시효에 걸리지 않는다고 해석하
기보다는 물권적 기대권을 인정하여 이에 따라 일원적으로 설명하는 것
이 타당하다고 생각한다. 더 나아가 중간생략등기의 경우에 우리 물권법
의 대원칙인 형식주의에 반하기 때문에 무효라는 견해를 취하지 않는다
면, 중간 취득자의 법적 지위에 대한 법리구성이 문제가 된다. 이에 대해
독일민법 유추적용설25), 채권양도설26) 등이 있지만 물권적 기대권으로

---

23) 같은 견해로, 김상용(주 17), 181면.
24) 대판 1976. 11. 6, 76다148.
25) 곽윤직, 「물권법」(박영사, 1992), 155면.
26) 이호정, "부동산의 최종매수인의 최초매도인에 대한 등기청구권", 「고시계」(1981.
    9), 19-20면.

이해하는 것이 바람직하다고 여겨진다[27]. 미등기상태로 부동산이 이전된 경우에 매도인은 채권을 양도한 경우가 되어 제3자에게 대항하기 위해서는 채권양도의 통지가 필요한데 현실은 그렇지 못하다. 따라서 이 경우의 채권양도의 법리에 의한 설명은 매우 불완전하다[28]. 이 때 물권적 기대권의 양도는 등기가 문제되지 않기 때문에 등기에 필요한 서류를 교부하고 부동산을 인도함으로써 이루어진다. 이렇게 되면 결국 등기청구권의 문제로 귀결된다. 그런데 물권적 기대권을 인정할 때에는 모든 원인으로부터 생기는 창설적 등기의 등기청구권을 물권적 기대권으로부터 발생한다고 일원적으로 설명할 수 있을 것이다.

다. 미등기매수인에 대한 강한 보호

물권적 기대권이라는 권리를 인정하는 것은 물권법정주의에 반하고, 물권적 기대권의 법적 성질 및 매수인의 법적 지위가 모호하다는 비판이 있다[29]. 그러나 이러한 비판 역시 물권적 기대권을 부정하는 결정적인 이유는 되지 못한다고 생각한다. 우리 민법 제185조에서 채택하고 있는 물권법정주의는 물권의 종류와 내용을 법률이나 관습법에 의해서만 창설할 수 있다는 것으로서, 제3자나 거래안전을 위해 채택하고 있는 것이다. 이 규정에 의하면 물권의 종류와 내용은 법률뿐만 아니라 관습법에 의해서도 창설될 수 있기 때문에, 이 물권적 기대권은 이 같은 관습법에서 그 근거를 찾을 수 있을 것이다. 또한 물권적 기대권자의 법적 지위가 모호하고, 채권과 물권의 중간적인 성질이라는 제3의 권리영역을 판례나 조리에 의해 인정하는 것은 부당하다는 비판은[30] 일리 있는 지적이라고 생각

---

27) 이에 대해 자세한 것은 윤철홍(주 1), 251면 이하 참조.
28) 이호정(주 26), 20면.
29) 이은영(주 6), 97면.

한다. 그러나 채권과 물권이라는 2분법이 절대적인 것이라고 할 수 없다. 예컨대 임차권의 물권화 경향에서 확인할 수 있는 바와 같이 주택임차권이나 상가건물임차권은 등기 없는 경우에도 전입신고와 인도(주택임대차보호법 제3조) 혹은 사업자등록신청과 인도(상가건물임대차보호법 제3조)를 받은 경우에는 제3에게 대항할 수 있고, 때로는 물권보다도 우선변제를 받을 수 있는 권리로 인정되고 있다31). 따라서 예외적으로 물권과 채권의 중간형태의 권리가 존재할 수 없는 것은 아니라고 생각한다. 또한 물권적 기대권자의 법적 지위가 단순한 채권자 보다 크게 강하지 않다는 비판 역시 바른 것이라 할 수 없다32). 본고에서 문제삼고 있는 미등기매수인의 법적지위는 매도인에 대한 관계에서는 물건에 대한 완전한 지배권으로서 사용·수익·처분권을 가진다. 예컨대 매수인은 인도받은 물권에 대한 사용·수익은 타인의 물건을 무단으로 사용하는 것이 아니고, 매도인으로부터 임차하여 사용하는 것은 더 더욱 아니다. 그러므로 매수인이 그 사용·수익을 부당이득으로 반환해야 할 필요가 없으며, 불법행위로 인한 손해배상책임도 지지 않는다. 더 나아가 매수인이 처분권을 보유하고 있기 때문에 매도인이 물건을 처분한다면 이는 매수인에 대한 관계에서 채무불이행책임과 함께 때로는 불법행위로 인한 손해배상책임도 지게 된다33). 그러나 물권적 기대권의 성질상 완전한 물권이 아니기 때문에 지위가 불안하고 모호한 것은 사실이다. 그럼에도 불구하고 물권적 기대권의

---

30) 이은영(주 6) 97면.
31) 특히 일본에서 논의되었던 채권의 물권에 대한 우월적 지위와 관련해 보면 고전적인 2분법에 대한 유연한 사고가 필요함을 느낄 수 있다.
32) 물권적 기대권에 대해 절대권적 성격과 배타적 성격을 부정할 때 더욱 그러하다는 것이다〈이은영(주 6), 98면〉.
33) 부동산을 매수한 자가 그 소유권이전등기를 하지 아니한 채 이를 다시 제3자에게 매도한 경우에 이것을 제569조에서 말하는 타인의 권리매매라고 할 수 없다(대판 1996.4.12, 95다55245).

내용에서 후술하는 바와 같이 제한적이지만 절대성을 지니고 있으며, 당
사자간의 합의나 계약의 성질에 의해 제한할(제450조) 수 있는 단순한 채
권과는 달리 제한 없이 양도할 수 있기 때문에 단순한 채권자의 지위보다
는 강력한 것이라고 할 수 있다.

3. 물권적 기대권의 내용

만약 물권적 기대권이 인정된다는 어떠한 효력이 발생하고 있는가? 물
권적 기대권은 물권과 채권의 중간적인 권리로서 물권에 유사한 권리 내
지 준물권이라고 한다. 이러한 물권적 기대권의 구체적인 효력은 그에 대
한 완전한 물권이 어떤 것이냐에 따라 달라질 것이다. 예컨대 동산에 대
한 소유권유보부 매매에서의 물권적 기대권과 부동산 거래시 미등기매수
인에게 인정되는 물권적 기대권의 효력은 서로 많은 차이가 있을 것이다.
여기서는 동산에 대한 소유권유보부 매매상의 물권적 기대권은 별론으로
하고 있으므로, 부동산물권의 취득을 위한 물권적 기대권은 물권에 가까
운 재산권이므로 이를 양도하거나 담보로 제공할 수 있으며, 이러한 기대
권에 대한 위법한 침해는 불법행위를 구성하게 된다. 구체적으로 살펴보
면 다음과 같다.

가. 부동산에 대한 사용·수익권능

물권적 합의와 대금완납 및 등기서류와 부동산을 인도받은 물권적 기
대권자는 자기의 권능으로 부동산을 계속 점유하고 이를 사용·수익할 권
능을 가진다. 즉 취득자의 사용·수익권은 매도인에 대한 채권에 기한 것
이 아니라 자신의 권리로서 사용·수익하는 것이다. 이러한 점에서 제3자
가 그의 사용이나 수익을 방해한 경우에는 점유권에 기한 방해배제청구

권뿐만 아니라 기대권 자체에 기해서 방해배제청구권을 행사할 수 있으며, 아울러 손해배상청구권을 행사할 수 있다[34]. 물권적 기대권자는 자기의 권능으로 부동산을 사용·수익하기 때문에 그로 인하여 이익을 얻었다 하더라도 부당이득으로서 반환할 필요가 없을 것이다.

나. 부동산에 대한 처분권능과 양도성

물권적 기대권자는 부동산을 준물권 혹은 물권에 유사한 전단계의 권리로서 점유하고 있기 때문에, 이 부동산을 자유롭게 처분할 수 있을 것이다. 다시 말해 등기를 하지 않았다고 해서 소유권의 권능 중 처분권이 부존재 내지는 크게 제한되는 것이 아니라는 것이다. 대법원 역시 "부동산을 매수한 자가 그 소유권이전등기를 하지 아니한 채 이를 다시 제3자에게 매도한 경우에 이것을 제569조에서 말하는 타인의 권리매매라고 할 수 없다."고 판시하여[35] 미등기매수인은 자신의 권리를 처분한 것으로 인정하고 있다[36]. 이러한 물권적 기대권을 준물권으로 취급한다면, 채권과 달리 거의 제한 없이 양도할 수 있을 것이다. 그러므로 물권적 기대권의 양도에 관하여는 채권양도에 관한 규정이 적용되어서는 안될 것이다[37]. 그러나 중간 생략등기의 경우에는 이것을 금하는 법률을 고려하여 원칙적으로는 일단 자신에게 등기를 이전한 다음 다시 제3취득자에게 등기를 이전해야 할 것이다[38].

---

34) 김증한·김학동(주 13), 96면.
35) 대판 1996.4.12, 95다55245.
36) 물론 이러한 경우 제3자가 매수인의 법적 지위를 대위하여 이전등기를 청구할 수도 있을 것이다.
37) 같은 견해로 김증한(주 16), 189면; 김증한·김학동(주 13), 96면.
38) 김증한·김학동(주 13), 96면.

다. 절대성과 배타성의 문제

물권의 본질적인 속성이라 할 수 있는 절대성이 물권적 기대권에도 인정될 수 있는가는 의문의 여지가 있다. 부정하는 것이 지배적인 견해이다[39]. 이에 따르면 물권적 기대권자는 제3자에 대해 자신이 소유권자라는 사실을 주장할 수 없다는 것이다. 따라서 매도인이 그 부동산을 제3자에게 이중양도한 때에는 물권적 기대권자는 그 제3자에게 소유권을 주장할 수 없다는 것이다. 절대권을 모든 사람에 대해 주장할 수 있는 권리로 이해한다면 일리 있는 지적이다. 독일에서도 등기부상에 가등기가 행해지지 않은 아우프라쑹수령자의 법적지위를 부동산소유권과 유사한 기대권, 그리고 독일민법 제823조가 말하고 있는 기타 권리로 간주할 수 있는가의 여부에 대해 학설이 대립되고 있다[40]. 그러나 소유권유보부 매매에 의해 물권에 대한 소유권의 취득을 위한 물권적 기대권과[41], 토지에 대한 아우프라쑹을 체결하고 아우프라쑹에 대한 가등기를 행한 경우에는 독일민법 제909조에 의해 상린법적인 보호에 의해 독일민법 제823조의 배타적인 권리가 인정되고 있다[42]. 그러나 등기를 신청하지 않은 혹은 등기신청이 반려된 경우에는 아우프라쑹수령자의 법적지위는 절대적인 권리로 인정되지 않고 있다[43]. 우리나라에서도 독일에서처럼 소유권유보부 매매의 경우에는 절대성이 인정될 수 있을 것이며, 후술하는 바와 같이 물권적 기대권의 성립요건을 물권적 합의와 점유 및 매매대금의 완제와 등기신청에 필요한 서류의 교부로 해석한다면 그 물권성을 예외적으로 인정

---

39) 김증한·김학동(주 13), 96면; 이은영(주 6), 99면.
40) Staudinger-Schäfer, Rn.91 zu §823 BGB; M. Wolf, Sachenrecht, 6.Aufl., 1985, Rn. 346(S.155).
41) BGHZ 55, 20; Palandt-Thomas, 60.Aufl., Rn.12 zu §823 BGB.
42) BGHZ 114, 161.
43) BGHZ 45, 186; 49, 197.

할 수 있을 것이다. 이렇게 된다면 일반물권과 같은 완벽한 절대권성은
아니라도 부분적으로는 인정될 수 있을 것이다44). 이에 따르면 물권적 기
대권이 제3자에 의해 침해 될 경우 당연히 불법행위로 인한 손해배상청
구가 가능할 것이다. 그러나 물권적 기대권을 보유하고 있다고 하더라도,
부동산이중매매에서처럼 선의의 제3자가 그 부동산의 소유권을 취득할
수 있으므로 배타성은 부정될 것이다.

III. 독일에서의 물권적 기대권의 성립요건과 보호방법

1. 개 설

독일민법상 동산에 대한 소유권취득은 우리 민법과 마찬가지로 합의와
인도만에 의해서 이루어진다(독일민법 제929조). 따라서 동산에 대한 소
유권유보부 매매의 경우에는 이미 인도되어 매수인이 점유하고 있기 때
문에 인도, 즉 공시의 문제는 발생하지 않는다. 따라서 부동산에 대한 물
권적 기대권을 인정하는데 주저하는 학자들도 이 경우에는 기대권을 인
정하는 것이 독일에서도 지배적인 견해이다45). 이에 반해 부동산에 대한
소유권취득은 우선적으로 독일민법 제873조 제1항과 제925조에 의거한
계약당사자간의 부동산소유권이전에 대한 합의인 아우프라쑹(Auflassung)
이 행해져야 하고, 이어서 부동산등기법 제19조, 제20조, 제29조에 의해

---

44) 같은 견해로 정옥태(주 11), 104면.
45) 예컨대 Wieling은 소유권유보부 매매에서의 물권적 기대권을 자세히 기술하면서도
기타의 경우는 전혀 언급하지 않고 있다. Vgl. H. J. Wieling, Sachenrecht, Bd. 1,
1990. S.773ff.

요구되는 서류들을 갖춘 부동산등기법 제13조에 의거하여 등기가 신청되어야 하며, 최종적으로는 등기부에 등기가 기재되어야 한다. 이것은 부동산소유권이전의 합의뿐만 아니라 등기가 효력발생요건임을 보여주는 것이다. 따라서 아우프라쑹뿐만 아니라 등기를 신청한 경우에도 완전한 소유권을 취득한 것이 아니다. 특히 독일에서는 등기공무원에게 실질적 심사권이 부여되어 있기 때문에 등기신청으로부터 등기가 경료되기까지는 상당한 시간이 소요된다. 따라서 이렇게 등기를 신청한 후 소유권이전등기가 완료되지 않은 기간동안에 단순한 채권자로서 취급하기에는 문제가 있다는 것이다. 이러한 아우프라쑹수령자의 지위보호와 관련하여 논의되고 있는 것이 물권적 기대권으로서, 이 경우에 물권적 기대권을 취득한 것으로 보자는 것이 독일의 지배적인 견해이다[46]. 이러한 소유권유보부 매매와 아우프라쑹수령자의 경우뿐만 아니라 저당권의 채권자로 등기되었으나 아직 채권이 성립하지 않은 자의 법적 지위에 대해서도 물권적 기대권이 인정되기도 한다[47]. 본고에서는 아우프라쑹수령자에게 인정되는

---

46) D. Medicus, Bürgerliches Recht, 19. Aufl., Rn.459; Westerman- Eickmann §75 I, 6; Hager, Die Anwartschaft des Auflassungsempfängers, in: JuS 1991, S.1ff.; Reinicke / Tiedtke, Das Anwartschaftrecht des Auflassungsempfängers und die Formbedürftigkeit der Aufhebung eines Grundstückskaufvertrages, in: NJW 1982, S.2282ff. usw.

47) L. Raiser(주 7), S.18ff.;Baur- Stürner(주 7), II §3, Übersicht 2(S.25); D. Medicus (주 46), S.293ff.; 윤철홍(주 1), 239-240면. 특히 Baur는 같은 곳에서 이것을 다음과 같이 잘 요약해 놓고 있다.

Hauptfälle	vorhandene Erwerbsakte	Fehlende Erwerbsakte
Auflassungsanwartschaft	Auflassung, Eintragung	Eintragung im Grundbuch
AnwR des Käufers bei Eigentumsvorbehalt	Einigung, Übergabe	Eintritt der Bedingung
AnwR des Hypothekars	Einigung, Eintragung	Entstehung der gesicherten Forderung

물권적 기대권에 대해서만 살펴본다.

2. 물권적 기대권의 성립요건과 그 보호[48]

가. 아우프라쑹의 수령자가 어떤 시점으로부터 양도인에 의해 더 이상 침해될 수 없는 법적인 지위의 보유자가 되고, 그리고 그것을 통해 물권적 기대권을 취득하느냐에 대해서는 학설이 대립되고 있다[49]. 이와 관련하여 우선 물권적 기대권의 성립요건은 오직 아우프라쑹의 표시이기 때문에 아우프라쑹의 표시 후에는 곧 바로 물권적 기대권이 성립된다는 견해가 있다[50]. 이에 대한 근거로서는 제873조 제2항에 의해 매도인의 취소권을 저지하는 아우프라쑹의 구속력에 의해 증명된다는 것이다. 비록 아우프라쑹의 수령자의 법적 지위가 완벽한 것은 아니라고 하더라도, 그럼에도 불구하고 물권적 기대권을 인정하기 위한 그의 지위는 아우프라쑹을 선언하기 전 부동산의 매수인의 법적 지위와 비교해서는 아주 강력한 것이기 때문이다. 이에 반해 아우프라쑹의 표시 이외에도 소유권이전등기의 신청 혹은 아우프라쑹에 대한 가등기의 청구를 위한 취득자의 등기신청이 추가적으로 요구된다는 견해도 있다[51]. 이러한 추가적인 요건을

---

48) 물권적 기대권자의 보호에 대해 자세한 것은 D. Medicus(주 46), Rn.462ff (S.295ff.); A. Dickmann, Zum Schutz des Auflassungsempfängers, der sich mit dem Berechtigten geeinigt und den Eintragungsantrag gestellt hat, in: FS für G. Schiedermair, 1976, S.93ff. 참조.

49) Münchener-Kanzleiter, § 925 BGB, Rn.34 ; Hager(주 46), S.1ff.; Medicus, Das Anwartschaftsrecht des Auflassungsempfängers, in: DNotZ, 1990, S.275.

50) Hoche, Abtretung und Verpfändung des Anwartschaftsrecht aus der Auflassung, in: NJW 1955, S.652; Reinicke/Tiedtke(주 46), S.2281 u. 2285; Soergel-Stürner, §878 BGB, Rn. 14; Wolf-Raiser, Sachenrecht, §61 II.

51) BGHZ 83, 395 u. 399; 89, 41 u. 44f.; 106, 108ff.; Hager(주 46), 1991, S.1f.; Münchener-Kanzleiter, §925 BGB, Rn. 34.

요하는 견해의 경우에, 한편으로는 후발적으로 효력있는 처분권능의 제한들이 제878조에 의해 인정되지 않는다는 것과, 다른 한편으로는 부동산등기법 제17조에 의해 부동산등기소를 위해 이 의무가 요구되는 점을 들고 있다. 이것을 이러한 신청을 한 후에 우선적으로 경료시키기 위한 것이 주된 것이다. 이에 따르면 이러한 범위내에서는 아우프라쑹의 수령자의 소유권취득을 방해하는 것은 더 이상 불가능하다는 것이다. 이 경우에 명실상부한 물권적 기대권이 논의될 수 있다는 것이다52). 물론 등기신청이 등기공무원에 의해 거절되지 않아야 함은 당연하다. 더 나아가 이러한 사례들에서 확고한 법적 지위를 인정하기 위해서는 아우프라쑹에 대한 가등기의 신청이 필수적인 것으로 간주하는 견해도 있다53). 즉 부동산등기법 제17조는 순수한 절차법적 질서조항으로서, 그것의 침해는 실체법적 효과를 가져올 수 없다는 이유 때문이다54). 실무상에서는 이러한 논쟁이 질권 설정과 관련하여 아주 중요하게 다루어진다55). 인도청구권에 대한 질권 설정은 물권적 기대권의 성립 전에도 매매계약으로부터 가능하기 때문이다. 이것은 독일민사소송법 제228조 이하의 규정들에 의해 정당화된다. 다른 경우에는 물권적 기대권의 담보설정이 고려된다.

　나. 이러한 요건과 관련하여 독일연방법원은 매수인의 물권적 기대권은 매수인이 아우프라쑹 후에 등기소에 소유자로서 등기를 신청한 때에 한하여 취득될 수 있는 것이라고 하였다56). 그런데 1982년에 이러한 기존의 태도를 변경하여 가등기까지 요구하고 있다57). 이 판결에 의하면 단순

---

52) Schreiber, Sachenrecht, 3.Aufl., 2000, Rn. 363.
53) Medicus(주 46), Rn.363.
54) Vgl. BGH NJW 1966, S. 1019; Hager(주 46), S.1; Medicus(주 49), S.275 u. 280f.
55) Medicus(주 49), S.275.
56) BGHZ 49, 197(200)=NJW 1968, S. 493.
57) BGH NJW 1982, 1639.

한 등기신청만으로는 부족하고, 아우프라쑹이 표시되고, 이어서 등기부상
에 소유권창설에 관한 청구권의 보전을 위한 가등기가 청구된 때에 물권
적 기대권이 매수인에게 귀속된다는 것이다. 그러나 매수인이 등기신청
을 청구하지 않았다고 해서 손해가 발생하는 것은 아니라고 한다[58].

다. 아우프라쑹수령자의 기대권의 이전은 완전한 권리에 관한 동일한
규정들, 즉 독일민법 제873조 제1항, 제925조 제1항에 의해 이루어진다.
그러나 여기서 기대권 자체는 등기부에 현현되지 않고 있음을 주의해야
한다. 그래서 이러한 이전을 위해서는 등기가 없는 순수한 아우프라쑹만
으로 만족해야 한다[59]. 이 경우에는 제925조의 형식이 유지되어야 한다.
또한 부가적으로 물권적 기대권의 양도를 위한 의무부담은 민법 제311조
b의 형식을 요한다. 즉 당사자 일방이 부동산 소유권을 양도하거나 취득
할 의무를 부담하는 계약은 공증인의 증서작성을 필요로 한다. 이러한
형식을 준수하지 아니하고 체결한 계약은 부동소유권이전의 합의와 부
동산등기부에의 등기가 행해진 때에 한하여 그 전 내용이 유효하다는 것
이다[60].

라. 앞서 언급한 부동산소유권이전의 합의에 대한 하나의 구속력을 규
정하고 있는 제873조 제2항으로부터 합의 및 아우프라쑹은 제873조 제1
항과 제925조에 의하여 철회할 수 있는 효과가 발생한다. 그러나 부동산
등기법 제20조와 제29조 때문에 아우프라쑹은 원칙적으로 공정증서
(notarielle Beurkund)에 의한 공증을 받아야만 한다. 그래서 실무상으로는
제873조 제2항에 의해 철회할 수 없는 합의가 전제된다. 처분의 제한에

---

58) 이 판결에 대한 문제점에 대해서는 Reinicke/Tiedtke(주 46), S.2282ff. 참조.
59) Medicus(주 49), S.275 u. 277; Reinicke/Tiedtke(주 46), S.2281.
60) 그러나 이러한 부동산계약의 취소에 대한 공증인의 공증증서의 문제에 대해서는
    매수인이 이미 물권적 기대권을 취득한 때 발생되는 것이다. 이에 대해서는 BGH,
    NJW 1982, 1639; Reinicke/Tiedke(주 46), S.2281 u. 2286.

앞선 보호는 등기청구가 행해진 후부터 제878조를 초월하여 보장된다. 동시에 부동산등기법 제17조는 하나의 형식법적인 보호를 제공하였다. 제17조에 따르면 같은 종류의 권리에 적용되는 등기청구들이 오직 그들의 시간적인 연속에서 효과가 발생할 수 있다. 이러한 것을 통해 취득자는 일반적인 사례에서 우선 그가 등기되고 양도인의 계속적인 처분이 더 이상 가능하지 않다는 것을 기대할 수 있다. 이 순간부터 양도인 역시 부동산등기법 제39조에 의해 더 이상 형식적으로 권리변동을 위한 권능을 가지지 못한다.

그러나 이것이 하나의 기대권의 취득을 위해 충분한 것인지 여부에 대해서는 논란이 있다. 한편에서는 부동산등기법 제17조로부터 보호는 형식적인 성질의 것이라는 점이다. 부동산등기법 제17조에 충돌되는 경우에 계속적인 처분은 오직 양도인 혹은 공무원들의 책임이 있는 경우 국가에 대해 손해배상청구권들이 존재한다는 점에서 실질적인 효력이 있다. 다른 한편으로는 부동산등기법 제17조에 따른 해결은 구부동산등기법 제18조 제1항 1,1 에 의해 기피될 수 있다. 이것을 통해 계속적인 처분의 등기에 대해 방해가 되지 않을 것이다. 따라서 최소한 이러한 청구의 해결 이후부터는 기피 혹은 반환을 통해 물권적 기대권은 전제되지 않을 것이다. 그러나 부동산등기법 제17조의 형식적인 보호가 효력을 발생하고 있는 동안에는 판례들에 의하면 기대권이 성립하는 것이다[61].

학설들에서는 이것은 부분적으로는 그 충돌 때문에 부정된다. 왜냐하면 부동산등기법 제18조에 의한 등기청구의 기각과 같은 처분행위는 물권적 기대권을 해소시킬 수 없기 때문이다. 이에 대해 부동산등기법의 보호는 민법 제161조 제1항을 소유권유보부매수인에게 제공하는 것 보다 아주 어려운 것이다. 결국 취득자는 한편으로는 이미 민법 제885조 제1

---

61) BGHZ 45, 186ff.

항, 1문을 초월하여 일시적인 처분수단으로서 하나의 가등기를 통해 확실하게 보호될 수 있는 것이다.

IV. 한국에서의 물권적 기대권의 요건과 그 공시

1. 한국에서의 물권적 기대권의 성립요건

물권적 기대권은 완전한 물권은 아니지만 물권의 전단계 권리 내지는 준물권이라고 한다. 이러한 물권적 기대권을 인정하기 위해서는 어떠한 요건이 필요한 것인가? 우선 부동산 물권변동에 대한 당사자간의 합의와 등기에 필요한 등기서류만 교부받음으로써 성립되는 것인지 아니면 부동산을 인도받아 점유하는 것이 필요한 것인지가 문제된다.

가. 물권적 합의

(1) 물권적 합의의 의미

원래 물권행위란 물권변동을 목적으로 하는 당사자간의 물권적 의사표시를 요소로 하는 법률행위를 말한다. 우리 민법은 독일민법상 부동산소유권이전에 대한 합의인 아우프라쑹이 조건이나 기한을 붙일 수 없는 공증증서(notarielle Beurkunde)라는 엄격한 형식을 요하는 것과는 달리 특별한 방식을 요구하지 않는다. 따라서 특정한 방식의 서면을 요구하지 않으며, 구두의 합의도 가능한 것이다. 이러한 물권행위와 관련하여 두 가지의 쟁점이 나타나고 있다. 우선 물권변동에 형식주의를 취하는 우리 법제에서 그 형식으로 등기와 인도를 필요로 하는데, 이러한 등기나 인도가 물권행위의 구성요소인가 하는 점과 부동산등기특별법의 제정에 따라 새로 도입된 검인제도를 어떻게 이해할 것인가 하는 점이다.

(2) 등기나 인도와 물권행위와의 관계

(가) 효력발생요건설

일반적 법률행위와 마찬가지로 물권행위의 요건에는 성립요건과 효력발생요건을 분류하여 성립요건은 물권적 합의이고, 효력발생요건은 공시방법이라고 전제한 다음, 물권적 합의만을 물권행위의 요소로 보고 등기나 인도는 물권행위의 효력발생요건이라고 보는 견해이다[62]. 이러한 견해의 논거로는 다음과 같다. 첫째로, 법률행위에 기한 법률효과가 발생하기 위해 요구되는 법률사실이 모두 법률행위의 구성요소가 아니다. 둘째로, 등기는 등기공무원이 행하는 공법상의 행위인데 그것이 사법상의 법률행위의 일부를 이룬다는 것은 타당치 않다. 셋째로, 물권적 합의와 등기 사이에 상당한 시간적 간격이 있는 경우가 많은데, 물권적 합의는 있었지만 아직 등기되지 않은 단계에 있는 자의 법적 지위를 채권계약만 있는 경우와 구별하기 위함이다.

(나) 별개의 요건설

물권적 합의만을 물권행위의 요소로 보고 등기는 물권행위와 전혀 무관한 법률이 요구하는 물권 변동의 또 하나의 요건이라는 견해이다[63]. 이에 대한 근거로서는 첫째, 형식주의하에서 등기를 한 경우에 물권변동을 생기게 하는 것은 입법정책적인 문제이지 효력발생요건이 아니라는 것이다. 예컨대 우리 민법 제186조도 등기를 물권행위의 효력이 아닌 물권변동의 효력요건으로 규정하고 있다는 것이다. 둘째 등기와 인도라는 공시

---

62) 김증한·김학동(주 13), 47면; 김용한, 「물권법」(박영사, 1993), 76면.
63) 곽윤직(주 25), 62면; 김상용(주 17), 97면; 이은영(주 6), 130면.

방법은 물권행위의 형식이나 증명, 공증이 아니라 물권행위와 동등한 요건으로서 물권행위로부터 독립된 것이라는 점이다.

(다) 결합설

하나의 물권행위는 물권적 합의와 공시방법이 결합되어 이루어진다는 견해이다64). 이에 대한 논거로서 첫째로, 형식주의하에서 물권행위는 연혁적으로 물권적 의사표시와 등기나 인도를 포괄하는 개념으로 출발하였다. 둘째로, 물권행위는 물권변동을 현실로 발생하게 하여야 의무이행의 문제를 남기지 않게 되는데, 이것은 등기나 인도가 행해져야 가능하다. 셋째로, 법률행위는 의사표시 이외에 주무관청의 인가 등 다른 사실을 구성요소로 할 수 있다. 넷째로, 결합설은 공시방법이 물권적 합의와 결합되어 일체로서 행하여진다는 의미가 아니고, 때로는 물권적 합의의 시기와 효력을 등기와 분리하여 판단할 수도 있다는 것이다.

(라) 검토 및 사견

결합설에 의한 양견해의 비판의 핵심은 물권행위가 존재함에도 불구하고 그 물권의 효력이 발생하지 않는 것은 부당하다는 것이다. 그러나 이 비판은 법률효과가 발생하기 위하여 요구되는 요건이 모두 법률행위의 구성요소가 아니라는 점을 간과한 것이다. 다시 말해서 법률행위가 성립했다고 해서 모두 효력이 발생하는 것이 아니라, 그 효력발생요건을 충족해야 한다는 점이다. 등기 등이 물권적 합의와 동등한 가치를 지니고 있다는 소유권 별개요건설은 등기가 소유권이전을 공시하기 위해 요구되는 것에 불과하고 물권변동에서의 주된 것은 물권적 합의라는 점을 도외시

---

64) 이영준(주 3), 81면; 장경학, 「물권법」(법문사, 1988), 167면; 강태성, 「물권법」(대명출판사, 2000). 103면.

하고 있어 부당하다는[65] 지적을 면치 못할 것이다. 또한 결합설은 등기가
공법상의 행위지만 사법상의 행위속에 포함될 수 없는 것은 아니라고 한
다. 그러나 부동산 물권행위는 당사자의 의사를 핵심적인 요소로 삼고 있
기 때문에 공법상의 등기신청행위를 물권적 의사표시속에 포함시키는 것
은 부자연스럽다고 생각한다. 필자는 인정실익에서 살펴본바와 같이 여
러 가지 이유에서 물권적 기대권을 인정하는 것이 바람직하다고 생각한
다. 이러한 관점에서 살펴보면 물권적 합의의 본질과 물권적 기대권의 인
정여부와는 직접적인 관련은 없지만, 물권적 기대권을 인정하기 위한 전
제 조건으로서 물권행위와 공시방법인 등기나 인도가 분리되어야만 한
다. 따라서 물권적 기대권을 인정하는 관점에서는 결합설을 취할 수가 없
다고 생각한다[66].

(3) 물권행위의 방식과 검인계약서

우리 민법은 물권행위에 대해 특별한 방식을 규정하지 않고 있다. 그러
나 이에 대해서도 물권행위의 정의와 마찬가지로 학설이 대립되고 있다.
우선 우리 민법에서 특별한 방식을 규정하고 있지 않으므로 일정한 방식
이 없이 행해진다는 견해[67]와 물권행위는 검인계약서에 의해 행해지는
요식행위라는 견해이다[68]. 제3설에 의하면 부동산 물권변동을 위해서는
등기를 해야 하는데, 매매 기타 계약을 원인으로 하는 때에는 이러한 등
기신청의 전제 조건으로 '검인'계약서를 제출하도록 규정하고(부동산등
기특별조치법 제3조 제1항), 이 검인계약서에 의해 행해지는 요식행위라

---

65) 김증한·김학동(주 13) 47면.
66) 물론 김상용과 같은 별개 요건설을 취하면서도 물권적 기대권을 인정하고 있기도
    하다.
67) 김증한·김학동(주 13), 48면; 이은영(주 6), 119면.
68) 김상용(주 17), 82면.

는 것이다. 그러나 '검인'은 매매계약단계에서 매매계약 자체를 검인계약
서에 의하여 체결하도록 한 것이 아니라, 등기신청 전 단계에서 해당관청
으로부터 이미 체결된 무방식의 계약서에 '검인'을 받는 것이다. 이렇게
검인을 받은 이후에 등기를 신청하도록 하고 있기 때문에, 검인은 등기신
청시에 제출해야하는 서면의 하나에 불과한 것이다. 따라서 물권행위가
관인계약서에 의해 행해지는 요식행위라는 것은 부당하다고 생각한다69).
또한 물권행위가 등기 등을 포함한다고 하는 결합설을 취하는 경우, 물권
행위는 등기 또는 인도라는 방식으로 행해진다고 해석할 수도 있을 것이
다. 그러나 이 견해는 모든 물권행위가 등기 혹은 인도와 일체로 나타날
경우에는 가능한 것이지만 물권적 합의와 등기가 시간적으로 분리되어
나타나는 경우에는 물권행위의 방식이라고 할 수 없다. 이러한 이유에서
결합설을 취하는 학자들도 물권행위는 무방식의 불요식행위라고 한다70).
따라서 물권행위는 검인제도가 도입되었다고 하더라도 검인이라는 형식이
나 등기 등의 형식과도 관계없는 불요식행위라고 해석하여야 할 것이다.

나. 대금지급의 완료 혹은 그에 준하는 행위

민법상 물권행위의 방식이 없고 그 완고성 역시 확실치 않다는 점을 고
려하여 대금완불을 요구하는 견해가 있다71). 매매의 경우에 물권행위의
독자성을 인정한다면 대금완불과 등기서류의 교부시에 물권적 합의가 있
다고 해석함이 보통이기 때문에 이와 같이 해석할 수 있는 것이다. 그러
나 대금의 일부를 지급하지 않은 경우에도 완불한 것이나 마찬가지로 취
급할 만한 사정이 있을 수도 있기 때문에 이를 일률적으로 요구할 필요는

---

69) 같은 견해로 김증한·김학동(주 13), 48면.
70) 이영준(주 3); 강태성(주 64), 90면.
71) 김증한(주 16), 206면.

없을 것이다[72]. 예컨대 대금 중 극히 일부분을 지급하지 못했다고 해서 계약을 해제하는 경우 신의칙상 인정하지 않는 것과 같은 문제이다. 그러나 대금의 완납여부는 실제 거래에서는 물권적 기대권의 요건으로서 크게 문제되지 않을 것이다. 왜냐하면 아주 특수한 경우를 제외하고는 보통 대금을 완납해야만 등기에 필요한 서류를 교부해 주는 것이 일반적인 것이기 때문이다.

다. 점유

물권적 합의와 대금의 완납 및 등기에 소요되는 서류의 교부 이외에도 부동산의 점유를 요건으로 요구되느냐의 여부에 대해서는 학설이 대립되고 있다.

(1) 점유불요건설

물권적 합의와 대금의 완납 및 등기에 소요되는 서류의 교부만을 물권적 기대권의 성립요건으로 보는 견해이다. 이 견해는 부동산물권변동에서 점유는 요건이 아니기 때문에 물권적 기대권의 요건으로서도 큰 의미가 없다는 점을 고려한 것이다[73].

(2) 점유요건설

물권적 합의와 대금의 완납, 등기에 필요한 서류의 교부, 더 나아가 부동산의 인도를 필요로 한다는 견해이다[74]. 이 견해의 논거들을 요약해 보

---

72) 같은 견해로 정옥태(주 11), 91면.
73) 김용한(주 62) 88면; 황적인(주 11), 105면.
74) 김증한·김학동(주 13), 96면; 김상용(주 17), 181면; 최종길(주 10); 정옥태(주 11), 94면.

면, 첫째로 부동산이 내 것으로 되었다고 하는 의식은 대금완납이나 등기
서류의 수령시 보다는 부동산을 인도받아 점유하고 있는 경우에 확실해
진다는 점, 둘째로 부동산물권변동의 원칙에 부합하지 않는 미등기매수
인을 보호하기 위해서 예외적으로 인정하려는 것으로 요건을 제한해야
한다는 점이다. 예컨대 법률이 '사실상 소유자'라고 하는 경우 혹은 판례
가 미등기매수인을 보다 강하게 보호하려는 경우는 양수인이 부동산을
명도받아 점유하고 있는 경우와 같은 관점이다. 셋째로 물권적 기대권에
는 물권에 준하는 효력이 인정되는 것이기 때문에 그 상태가 보다 객관화
혹은 가시화된 경우에 이를 인정하는 것이 적절하다는 것이다.

(3) 검토 및 사견

원래 부동산 물권변동은 그 요건으로 부동산에 대한 점유를 필요로 하
지 않는다. 그러나 물권적 기대권은 우리 법의식을 바탕으로 하고 있음을
전제로 할 때, 점유를 요건으로 해석할 수도 있다고 생각한다. 특별법상
의 개념이나 판례상의 실체적 권리관계라는 관점에서도 보통은 부동산에
대하여 현실적 지배를 하고 있는 경우를 가리키고 있다. 또한 등기청구권
이 채권적 청구권임에도 불구하고 소멸시효에 걸리지 않기 위해서는 등
기권리자가 점유를 하고 있어야 한다는 판례의 태도에서도 이러한 점을
알 수 있다. 특히 물권적 기대권이 특별한 공시방법이 없는 점을 고려한
다면 제한된 의미에서지만 점유가 유사한 기능을 할 수 있다는 주장도 있
다[75]. 이렇게 되면 투기목적을 위하여 매수하여 사용·수익도 하지 않는
자와 구별하는 의미도 있을 수 있다는 것이다[76]. 물권적 기대권이 부동산
물권변동시 요구하는 형식을 구비하지 못하고 있음에도 불구하고 인정되

---

75) 정옥태(주 11), 92면.
76) 김학동, "제186조", 「주석물권법 (上)」(사법행정학회, 1991), 266면.

는 예외적인 것이라는 점을 고려한다면 그 인정 범위를 제한하는 것이 바람직하다고 여겨진다. 따라서 부동산에 대한 공시방법으로 점유가 큰 의미가 있는 것은 아니지만 점유를 요구하는 견해가 타당하다고 여겨진다.

라. 등기의 신청

독일민법상 물권적 기대권의 개념이나 권리의 체계상 지위를 명확히 하려는 노력의 일환으로 적극적인 당사자의 등기신청을 물권적 기대권의 인정요건으로 해석하는 견해가 지배적인 것이다[77]. 이에 대해 등기신청으로 법적 지위에 어떤 질적 변화가 있다고 할 수 없다는 이유 때문에 부정하는 견해도 있다[78]. 독일연방법원은 물권적 기대권을 제823조 제1항의 소정의 절대권으로 인정하기 위해서는 최소한 등기신청이 있어야 한다고 판시하고 있다[79]. 더 나아가 물권적 기대권자를 보호하기 위해 가등기까지 요구하고 있다[80]. 그러나 우리나라에서는 독일민법 제878조와 같은 규정이 없을 뿐만 아니라 등기신청을 해야 비로소 물권적 기대권을 인정된다고 해석한다면 등기 신청후 등기가 경료되기까지는 상당한 기간이 요구되는 독일에서와는 달리 24시간이내 등기가 경료되기 때문에 제한적으로 인정되는 물권적 기대권의 인정 실익이 거의 없어질 것이다. 그러므로 등기신청을 요건으로 요구하는 것은 부당하다고 생각한다[81].

---

77) Baur(주 9), S.23; Soergel-Baur(주 9), S.85; Ermann-Hagen, §925 BGB, Rn. 42.; Westermann, Sachenrecht S.969.

78) Hoche(주 50), S.652; Reinicke/Tiedtke(주 46), S.2281,2285; Soergel-Stürner, §878 BGB, Rn. 14; Wolf-Raiser, Sachenrecht, §61 II.

79) BGHZ 49, 197

80) BGHZ 83, 395

81) 같은 견해로, 정옥태(주 11), 91면.

2. 물권적 기대권의 공시 방법

가. 물권적 기대권에 대한 공시의 필요성

이상에서 언급한 바와 같이 물권적 합의가 있고, 대금을 완납하면서 등기이전에 소요되는 일체의 서류를 교부받는 동시에 부동산에 대한 점유도 이전받았다면, 물권적 기대권의 성립요건을 어떻게 해석하든 물권적 기대권의 모든 요건을 충족하여 물권적 기대권이 성립될 수 있을 것이다. 물권적 기대권을 부정하는 견해에 의하면, 물권적 기대권은 물권에 유사한 배타적 권리이므로 어떠한 형태이든 공시방법을 갖추지 않는 한 이를 인정할 수 없다고 한다. 예컨대 부동산의 경우에는 공시방법이 등기인데 물권적 기대권을 등기할 수 있는 길이 열려 있지 아니할 뿐만 아니라 달리 이에 비견할 수 있는 공시방법이 없기 때문에 인정할 수 없다는 것이다[82]. 주지하는 바와 같이 법률행위로 인한 부동산물권의 변동은 등기해야 그 효력이 발생한다. 그러나 물권적 기대권은 완전한 권리의 전단계의 권리, 예컨대 소유권에 대한 기대권은 소유권의 전단계의 권리에 속한다고 해석된다. 그러나 엄격한 의미에서 소유권, 즉 물권은 아니다. 따라서 물권변동시에 요구되는 공시방법이 요구된다고 볼 수 없다. 그러나 이러한 물권적 기대권 역시 물권에 유사한 권리로 이해하기 때문에 이러한 권리를 공시할 수 있는 방법이 필요하다고 여겨진다. 이 때 어떠한 방법으로 물권적 기대권을 공시할 수 있는가?

나. 공시제도의 의의

공시원칙이란 절대적 배타적인 권리로서 물권은 추상적으로는 물권법

---

82) 이영준(주 3), 60면.

정주의에 의하여 어떠한 물권이 존재할 수 있는가를 예견 가능하게 하지 않으면 안되는 동시에, 구체적으로는 실제로 존재하는 개개의 물권의 존재를 외부로부터 인식 가능케 하지 않으면 아니된다. 구체적으로 물권의 존재를 일정한 징표에 의하여 외부에 알려야 한다는 원칙을 말한다[83]. 전술한 바와 같이 우리 민법은 공시원칙을 절대적인 것으로 규정하고 있지는 않는다[84]. 즉 민법은 법률행위에 의한 물권변동의 경우에만 공시원칙을 취하고, 법률의 규정에 의한 물권변동의 경우에는 이러한 공시방법을 갖추지 않더라도 물권변동의 효력이 발생하도록 규정하고 있는 것이다(제187조). 또한 공시원칙은 물권의 성립과 이전에 국한되는 것이므로 물권의 소멸은 적용되지 않는다. 따라서 이러한 공시방법을 갖추지 않아도 소멸의 효력이 발생하는 것이다. 그러나 민법상의 등기와 인도라는 공시의 방법 외에도 수목의 집단이나 미분리과실 등에 대해서는 관습법상 '명인방법'이 인정되고 있다. 더 나아가 다양한 특별법에 의한 등록이라는 공시방법이 인정되고 있다. 예컨대 광업권은 광업원부에(광업법 제44조; 광업등록령 제4조, 제2조), 어업권은 어업권원부에(수산업법 제16조 1항; 어업등록령 제9조, 제6조), 특허권은 특허원부에(특허법 제85조; 특허등록령 제5조, 제8조). 실용신안권은 실용신안등록원부에(실용신안법 제32조, 제37조; 실용신안등록령 제3조 이하), 의장권은 의장등록원부에(의장법 제39조, 제37조 의장등록령 제2조 이하), 상표권은 상표원부에(상표법 제41조, 제39조; 상표등록령 제3조 이하) 등록함으로써 효력이 발생한다.

다. 물권적 기대권에 대한 공시방법은 없는가?

(1) 민법 제186조에서 물권변동의 효과는 등기하여야 효력이 발생한다

---

83) 이영준(주 3), 9면.
84) 같은 견해로 이영준(주 3), 12면.

고 규정하고 있는데, 물권적 기대권은 이러한 등기가 경료되지 못한 것이므로 완전한 물권이 되지 못한다. 따라서 이에 대한 부동산 물권으로서 등기가 요구되는 것이 아니다. 다만 유사물권 혹은 완전한 물권의 전단계의 권리로서 인정되는 것이기 때문에 이에 대한 공시가 필요한데, 제3자가 물권적 기대권의 존재를 알 수 있는 것은 '점유'라고 할 수 있다. 따라서 물권적 기대권을 인정하는 견해들 중에는 이러한 점유를 공시방법의 일환으로 해석하기도 한다. 그러나 엄밀히 말해서 점유는 부동산에 대한 공시방법으로서 의미가 없는 것이다. 그렇다면 점유 이외의 방법은 없는 것인가?

(2) 부동산거래를 단계적으로 분석해 보면 우선 당사자간의 물권적 의사표시의 합의가 있고(계약서를 작성하는 것이 통상일 것임), 이에 따라 계약금, 중도금, 잔금 순으로 대금을 완납하면서 등기이전에 소요되는 일체의 서류를 교부받는 동시에 부동산에 대한 점유도 이전하게 될 것이다. 이렇게 교부받은 등기서류를 통해 소유권이전등기를 신청하여 등기가 경료되면 소유권을 취득하게 될 것이다. 여기에서 등기신청에 필요한 또 하나의 서류가 필요한데, 그것은 부동산등기특별조치법 제3조 제1항에 의한 시·구·군청으로부터 계약서상에 '검인'을 받아야 한다는 것이다.

(가) 검인의 시기

우선 시·구·군청의 검인은 계약서상에다 하는 것이기 때문에 계약의 구체적인 내용이 기재되어 있지 않은 계약서에는 검인을 할 수 없다. 따라서 계약서의 검인의 시기는 계약의 체결후 등기신청전이면 언제든지 임의로 신청할 수 있을 것이다. 그러므로 아파트나 연립주택 등의 분양계약서에 대한 검인은 그 건물이 준공 또는 소유권보존등기가 이루어지기 전이라도 검인을 신청할 수 있다[85].

(나) 검인을 신청할 수 있는 자

계약서상의 검인 신청은 계약을 체결한 당사자 1인중이나 그 위임을 받은 자, 계약서를 작성한 변호사나 법무사 및 중개업자가 신청할 수 있다(특조법 제1조 제1항). 계약의 쌍방 당사자는 자신이 소지하고 있는 계약서에 각자 검인을 받는 것도 가능하다.

(다) 검인권자

계약서의 검인은 부동산의 소재지를 관할하는 시장·구청장·군수 또는 그 권한을 위임받은 자로부터 받아야 한다(특조법 3조 제1항). 시장 등으로부터 검인의 권한을 위임받을 수 있는 자는 읍·면·동장으로 한다(특조법 규칙 제1조 제6항). 시장 등이 읍·면·동장에게 검인의 권한을 위임한 때에는 지체없이 관할 등기소장에게 그 뜻을 통지하여야 한다. 2개 이상의 시·군·구에 있는 수개의 부동산의 소유권이전을 내용으로 하는 계약서 등을 검인받고자 하는 경우에는 그 중의 1개의 시·군·구를 관할하는 시장 등에게 검인을 신청할 수 있다(특조법 규칙 제1조 제5항).

(라) 검인신청과 검인절차

검인신청인이 검인을 신청할 때에는 계약서 등에 검인신청인을 표시하여야 하고, 계약서의 원본 또는 판결서 등의 정본과 그 사본 2통(2개의 이상의 시군구에 있는 수개의 부동산의 소유권이전을 내용으로 하는 계약서 등을 검인 받고자 하는 경우에는 시군구의 수에 1을 더한 수)을 제출하여야 한다(특조법규칙 제1조 제2항).

시장 등이 이러한 검인신청을 받은 경우에는 계약서 또는 판결서 등을 형식적 요건의 구비여부만을 확인하고, 그 기재에 흠결이 없다고 인정된

---

85) 1994.2.3, 제3402-76호 회답.

때에는 지체없이 검인을 하여 검인신청인에게 교부하여야 한다. 검인을 하는 때에는 동법 제3조의 규정에 의한 검인의 취지, 검인의 번호, 연월일의 기재와 시장 등의 표시가 있어야 한다(특조법 제1조 제3항, 제4항).

   (3) 우리의 거래 현실을 고려해 볼 때 독일민법에서와 같은 아우프라쑹 제도는 없지만 이상과 같은 행정관청의 '검인'절차가 요구되고 있다. 이러한 검인은 통상 잔금지급 후 신청하게 된다. 이러한 검인이 없는 계약서로는 등기신청할 수 없는 것이기 때문에 이러한 검인 절차는 등기신청에 필수적으로 요구되는 서류이다. 그러면 이러한 '검인'을 공시의 일환으로 볼 수 없는가? 다시 말해서 부동산거래에서 이러한 계약서상의 '검인'이 있을 경우에, 이것을 물권적 기대권의 공시의 일환으로 해석하고자 하는 것이 개인적인 견해이다. 즉 점유를 이전받고, 계약서상에 검인을 받은 경우에 이러한 검인을 하나의 공시방법으로 보자는 것이다. 앞서 살펴본 다양한 특별법상의 등록을 공시방법으로 간주하고 있는 것이나 주택 혹은 상가건물에 대한 임차권에서 전입신고나 사업자등록신청에 따라 유사 물권 혹은 물권보다 우선 적용받는 것이 좋은 예라고 생각한다.

IV. 맺음말

1. 이상에서 검토한 바와 같이 물권적 기대권을 인정한다고 해서 형식주의 원칙을 침해하는 것도 아니고, 소유권에 비견할만한 완전한 물권을 취득하는 것으로 인정하자는 것도 아니다. 다만 현실적인 거래에서 불가피하게 발생하고 있는 미등기매수인의 지위나 소유권유보부 매수인의 법적 지위 등을 원활하게 설명하고자 하는 차원에서 인정하자는 것이다. 다시 말해서 형식주의하에서 그 이상이라 할 수 있는 철저한 등기이행과 현

실적으로 존재하고 있는 미등기간의 괴리현상을 극복하고자 예외적으로
인정하자는 이론인 것이다.

2. 원래 물권적 기대권은 완전한 물권은 아니다. 왜냐하면 완전한 물권
을 취득하기 위한 요건이 약간 결여된 전단계 내지는 생성중인 권리에 불
과하기 때문이다. 그럼에도 불구하고 그러한 권리를 보호해야 할 충분한
법적 가치가 있다는 점에 대해서는 이것의 인정실익, 예컨대 거래현실과
일반 국민의 법의식에 부합된다는 점, 등기청구권의 법적 성질의 규명과
미등기매수인에 대한 강한 보호 등에서 구체적으로 살펴볼 수 있다.

3. 물권적 기대권이 성립되기 위한 요건으로 우선 물권적 합의가 있어
야 하며, 둘째 대금을 완불하고, 셋째 부동산을 인도받아 점유하고 있어
야 하며, 넷째 등기에 필요한 서류들을 교부받으면 될 것이다. 더 나아가
계약서상에 시·구·군청으로부터 검인을 받아야 한다. 그러나 독일 연방
법원에서 요구하고 있는 바와는 달리 등기신청이나 '가등기'를 요하지는
않는다. 물론 가등기를 한 경우에는 미등기매수인을 확실히 보호하는 방
안이 될 것이다.

4. 물권적 기대권을 인정하는 경우에, 그의 법적성질은 준물권 내지 유
사 물권이 될 것이다. 이 때 제기되는 공시 문제는 물권적 기대권이 물권
자체가 아니기 때문에 크게 문제가 되지 않는다고 볼 수 있으며, 더욱이
민법 제187조에서처럼 공시방법 자체가 요구되지 않는 경우도 있다. 부동
산의 공시방법인 등기가 절대적인 것은 아니라는 점이다. 예컨대 미분리
과실이나 농작물을 '밭떼기'로 거래하는 경우 관습법상 명인방법에 의한
방법으로 공시한다고 하나 사실상 공시방법이 없다고 여겨진다. 또한 다

양한 특별법에 의한 등록이 공시방법으로 인정되기도 한다. 이러한 것들을 고려해 볼 때 물권적 기대권의 공시방법은 부동산의 점유와 함께 계약서에 '검인'을 받은 것을 공시방법으로 제안하고자 한다. 따라서 독일에서처럼 등기를 청구한 후의 법적 지위나 소유권이전청구권의 보전을 위해 가등기를 경료해 놓은 경우뿐만 아니라 계약서에 '검인'을 받은 경우에는 물권적 기대권을 인정해도 좋을 것으로 여겨진다. 이러한 요건들을 충족하는 경우에는 법원에서도 적극적으로 물권적 기대권을 인정하여 문제를 해결해 줄 것을 기대해 본다.

〚 "물권적 기대권과 공시방법" 「비교사법」 제11-1호, 2004, 157- 190면 〛

제5절 토지거래의 규제에 관한 사법적 고찰

I. 서 설

1. 토지는 인간의 생존을 위한 삶의 터전이다. 인간들의 생존을 위해 필요한 토지를 소유하기 위한 노력은 인류의 역사와 궤를 같이 하였다. 이러한 토지는 삶의 터전이기 때문에 그것을 소유하기 위한 과정에서는 주요한 거래의 객체로서 투기의 대상이 되기도 한다. 토지는 여러 가지 특성상 유한할 수밖에 없다. 간척 등 아주 예외적인 경우를 제외하고 한 국가내의 가용할 수 있는 토지는 확대할 수 있는 가능성이 거의 없다. 대한민국과 같이 면적이 작은 나라에서는 토지에 대한 수요의 증가로 수요와 공급이 극심한 불균형을 이루고 있다. 토지소유의 질서를 규율하기 위해 마련된 각국의 토지소유제도는 역사적 경험적인 범주에서 제안된 것으로서 시대의 산물이다[1]. 따라서 토지가 위치한 지역이나 시대정신에 의해 소유제도 자체가 다르게 나타날 수밖에 없다. 이러한 관점에서 볼 때 대한민국의 토지 문제는 국토의 협소함과 인구밀도의 과도함, 그리고 토지를 소유하고자 하는 과도한 소유의식 등으로부터 발생한 것으로 여겨진다[2]. 이러한 이유 때문에 한국에서는 토지소유권에 대한 제한이 다른 어

---

1) W. Merk, Das Eigentum im Wandel der Zeit, in: paedagogisches Magazin, 1388 (1934). S.7; 윤철홍, 「소유권의 역사」(법원사, 1995), 1면 이하 참조.
2) 권오승, "토지소유권의 법적성질과 그 제한", 「법과 토지」, (삼영사, 1982), 39면.

느 나라보다 많으며, 같은 관점에서 행정청의 규제 역시 적지 않은 상태
이다.

2. 민법이 비록 사적자치와 자기결정을 대원칙으로 삼고 있다고 하더라
도, 토지면적의 유한성 때문에 토지소유권에 대한 제한은 예외적인 정도
를 넘어 소유권의 개념 자체에 제한이 내재되어 있다고 해석될 정도로 광
범하며[3], 유형도 다양하다. 토지소유권에 대한 제한은 공사법의 분류의
원칙에 따라 먼저 공법적인 제한과 사법상의 제한으로 나눌 수 있다. 우
선 공법적 제한은 주로 개별 특별법들에 의해 행해지는데, 이것은 다시
한국 헌법 제23조 제3항에 의해 정당한 보상이 강제되는 토지수용과 보
상이 없는 사회적 구속으로 나눌 수 있다[4]. 이에 반해 사법적 제한은 민
법전상의 다양한 규정들에 의해서뿐만 아니라 실질적 의미의 민법에 속
하는 특별법들에 의해 행해진다. 사법적 제한이 불법행위 등의 요건을 구
비한 경우에는 손해배상을 청구할 수 있지만, 그러한 요건을 구비하지 못
한 경우, 특히 위법성이 없을 경우에는 손해배상도 인정되지 않는다.

3. 토지소유권의 제한의 한 방법으로서 토지의 거래만을 규제하는 방식
이 있다. 이러한 규제방식 역시 토지소유권의 제한에서와 마찬가지로 공
법상 규제와 사법상 규제로 나눌 수 있다[5]. 공법상 규제는 계약의 효력발
생에 행정청의 허가나 인가를 조건으로 하고, 이러한 허가나 인가 없이는

---

3) 이러한 소유권의 내재적 제한에 대해서는 윤철홍, "소유권의 개념과 제한의 법리",
「토지법학」, 제24-1호, 2008. 6, 1면 이하 참조.
4) 이러한 분류에 대해서는 김문현, "재산권의 사회구속성에 관한 연구", 서울대 박사
학위청구논문, 1987, 24면 이하; 윤철홍, "토지공개념의 사법적 고찰", 「배경숙교수
회갑기념논문집」(박영사, 1991), 486면 이하 참조.
5) 이 밖에도 직접규제와 간접규제로 나눌 수 있다. 토지거래허가나 농지취득자격증명
등이 전자에 속하고, 부동산실명제나 부동산실거래가격신고제 등은 후자에 속한다.

토지거래계약의 효과를 부정하는 것이다. 다시 말해서 행정법상의 목적을 달성하기 위해 토지소유권의 처분을 제한하는 것이다. 특수한 목적을 위해 특별법에 의해 토지를 거래하고자 하는 자에게 허가나 인가 등을 요구하는 것이다. 이에 반해 사법상의 규제는 민법상 강행규정을 통해 행해지는 것이 일반적이다. 그러나 이러한 구별은 명확한 것이 아니며, 사법상의 규제 역시 민법전뿐만 아니라 실질적인 의미의 민법의 범주에 포함시킬 수 있는 특별법들에 의해 행정청으로부터 허가나 인가를 받아야 하거나 신고하는 방식으로 행해진 경우에는 공법상의 규제와 같은 형태를 지닌다. 공법상이나 사법상 요구되는 허가제도나 인가제도 역시 소유권의 행사, 특히 처분의 제한 내지 침해이다. 그러나 대부분의 경우는 헌법에서 보장하고 있는 재산권을 본질적으로 침해하지 않는 범위 내에서 행해지는, 즉 과도한 규제에 이르지 아니한 것으로 위헌이라 할 수 없다6).

4. 본고에서는 공공의 이익을 위해 도입된 토지거래의 규제를 사법적인 관점에서 검토해 보고자 한다. 먼저 검토할 순서는 우선 민법뿐만 아니라 실질적인 의미의 민법이라 할 수 있는 특별법들에서 요구하고 있는 다양한 규제의 유형들을 논구해 보고, 이어서 이러한 규제를 위반한 경우에 사법상의 법률관계를 검토한 다음, 결론을 맺고자 한다.

---

6) 헌재 1989. 12. 22, 88헌가13.

II. 토지거래 규제의 유형

1. 개 관

사법상 토지거래는 주로 매매나 증여, 교환 등 계약에 의해 이루어지고 있다. 토지거래의 계약을 체결하는 과정에서 행정청의 인가나 허가를 요구하는 것 역시 일반적인 토지소유권의 제한의 범주에 포함되지만, 별도로 토지거래의 규제라 칭하고 있다. 이러한 규제는 엄밀히 말하면 토지소유권의 처분에 대한 제한이라 할 수 있다[7]. 토지소유권의 처분에 대한 제한으로서 토지거래의 규제는 토지거래 행위의 효력발생에 허가나 인가를 조건으로 삼고 있는 것이다. 따라서 행정청의 허가나 인가, 신고 또는 증명을 하나의 법정조건으로 삼고 있는 조건부 법률행위이다. 그러므로 조건의 성취여부에 따라 법률행위의 효력이 달라지게 된다. 토지거래의 규제는 특별법에 의해 조건이 부여되는 것이 일반적이지만, 민법에서도 비영리법인에 속하는 토지를 처분하고자 할 때에는 주무관청의 허가를 유효요건으로 규정하고 있는데, 이러한 규정은 강행규정으로서 이에 위반한 경우에는 무효가 될 것이다.

전술한 바와 같이 토지의 유한성이라는 특성 때문에 토지이용의 효율성 등을 위하여 다양한 형태로 행해지던 행정규제가 행정규제 완화정책에 의해 지속적으로 완화되고 있다. 그러나 현재에도 여전히 사적자치의 영역에 행정청의 개입이라 할 수 있는 규제들이 많이 존재한다. 이러한 토지거래의 규제를 규정하고 있는 유형들을 민법과 특별법으로 대별한 후 구체적으로 살펴보고자 한다.

---

7) O. Werner, Grundstuecksverkehrsrecht, in: Deutsches Rechtslexikon, Bd. 2, 3.Aufl., S.2109.

2. 민법상 재단법인에 속하는 토지의 처분에 대한 허가

민법상 비영리법인은 주무관청의 허가(민법 제32조)와 법인의 주된 사무소의 소재지에서 설립등기(제33조)를 함으로써 성립한다8). 이러한 비영리법인 중 재단법인의 설립을 위해서는 재산을 출연하여야 하는데, 이렇게 출연된 재단법인의 재산을 처분하고자 할 때가 문제된다. 재단법인의 기본재산, 특히 토지의 처분과 관련하여 대법원은 "재단법인의 정관에는 본법 제43조, 제40조 제4호에 의하여 자산에 관한 규정을 기재하여야 하고, 따라서 재단법인의 기본재산의 처분은 결국 재단법인 정관변경을 초래하게 됨으로 정관의 변경이 이루어지지 아니한다면 재단의 기본재산에 관한 처분행위는 그 효력을 발생할 수 없다."고 판시하여9) 재단법인의 기본재산의 처분에는 주무관청의 허가를 필요로 함을 분명히 하고 있다. 또한 "재단법인의 기본재산에 관한 사항은 정관의 기재사항으로서 기본재산의 변경은 정관의 변경을 초래하기 때문에 주무부장관의 허가를 받아야 하고, 따라서 기존의 기본재산을 처분하는 행위는 물론 새로이 기본재산으로 편입하는 행위도 주무부장관의 허가가 있어야만 유효하다 할 것이므로 재단법인 명의로 소유권이전등기가 경료된 부동산이 재단법인의 기본재산에 편입되었다고 인정하기 위해서는 그 편입에 관한 주무부장관의 허가가 있었음이 먼저 입증되어야 한다."고 판시하여10), 공익성

---

8) 이러한 법인설립에 대한 허가주의는 많은 비판을 받고 있으며, 현재 법무부산하 민법개정위원회에서 인가주의로 개정해야 하는 것으로 개정안이 제안되어 있다. 이에 대해 자세한 것은 윤철홍, "비영리법인설립에 관한 입법론적 고찰",「민사법학」, 제47호, 2009.12, 729면 이하; 윤철홍, "비영리법인의 설립요건에 관한 입법론적 검토",「민사법학」, 제50호, 2010. 12, 3면 이하 참조.
9) 대판 1966.11.29, 66다1668; 대판 1974.4.23, 73다544.
10) 대판 1982.9.28, 82다카499; 대판 1969.7.22, 67다568; 대판 1978.7.25, 78다783; 대판 1978.8. 22, 78다1038, 1039 판결 등.

있는 단체의 재산상태의 악화방지 내지 부실화를 방지하기 위하여 기본
재산에 편입시키는 것 역시 허가를 요한다고 하는 점은 타당한 것으로 여
겨진다[11].

3. 특별법상 토지거래에 요구되는 허가나 인가(증명) 및 신고제도

가. '사립학교법'상 학교법인설립을 위한 토지의 출연과 기본재산인 토지의 처분

사립학교법 제10조 제1항에 의하면, 학교법인을 설립하고자 하는 자는
일정한 재산을 출연하고, 정관을 작성하여 교육과학기술부장관의 허가를
받아야 한다. 이렇게 설립한 학교재단의 기본재산에 속한 토지를 처분하
고자 할 때에는 설립시와 마찬가지로 주무관청의 허가를 받아야 한다. 예
컨대 사립학교법 제28조 제1항에서는 "학교법인이 그 기본재산을 매도·
증여·교환 또는 용도변경하거나 담보에 제공하고자 할 때 또는 의무의
부담이나 권리의 포기를 하고자 할 때에는 관할청의 허가를 받아야 한
다."고 규정하고, 이어서 대통령령이 정하는 경미한 사항에 대해서는 관
할청에 신고해야 하는 것으로 완화시켜 주고 있다. 또한 사립학교법 제16
조 제1항 제1호는 차입금 및 재산의 취득이나 처분에 관한 사항은 이사회
심의의결을 요하도록 규정하고 있다. 다만 허가의 대상은 매도처분 자체
를 의미하기 때문에, 매매가격의 문제는 학교법인의 자유재량행위에 속
한다고 해석된다[12]. 더 나아가 대법원은 "사립학교법시행령 제5조 제1항

---

11) 이시윤, "토지거래에 관한 규제를 어긴 경우의 효력과 장래의 이행의 소", 「사법연
　　구」, 3집, 1995. 8, 178-191면.
12) 대판 1969.10.14, 69도1420.

제1호의 규정에 의하면 학교법인의 소유인 부동산은 당연히 학교법인의 기본재산이 된다고 볼 것이고, 그 부동산이 학교법인의 정관상 기본재산으로 기재되어 있지 않고 그 부동산을 기본재산으로 편입시키기로 하는 이사회의 결의가 없었거나 그 부동산의 취득에 관한 주무관청의 인가가 없었다고 하여 기본재산이 아니라고 볼 수는 없다."고 판시하여[13], 이러한 기본재산의 귀속은 편입을 위한 이사회의 결의나 주무관청의 허가와 관계없다는 점을 명확히 하고 있다. 따라서 교사 또는 운동장과 같은 기본재산은 비록 주무관청의 허가를 얻어 처분하는 경우에도, 이러한 처분은 공서양속에 반하는 것으로 무효가 될 것이다[14].

나. 전통사찰재산의 처분에 대한 허가

민족문화의 유산으로서 역사적 의의를 가진 전통사찰과 전통사찰에 속하는 불교전통문화유산을 보존 및 지원함으로써 민족문화 향상에 이바지함을 목적으로 제정된 '전통사찰의 보존 및 지원에 관한 법률' 제9조 제1항에서는 "전통사찰의 주지는 동산이나 부동산을 양도하려면 소속 대표단체 대표자의 승인서를 첨부하여 문화체육관광부장관의 허가를 받아야 한다."고 규정하고 있으며, 동조 제7항에서는 "제1항과 제2항에 따른 허가를 받지 아니하고 제1항 및 제2항 제1호에 따른 행위를 한 경우에는 이

---

13) 대판 1994.12.22, 94다12005. 이 판결에서 대법원은 "학교법인의 이사장이 아닌 자가 학교법인의 이사회의 결의나 감독관청의 허가 없이 기본재산인 토지를 매도하였다면, 학교법인의 이사장이 토지매도행위를 추인하였고 그 매매대금이 학교법인의 채무변제에 사용되었다는 등의 사정이 있다고 하더라도, 위와 같은 토지매매가 있은 후 4년이 경과한 후 학교법인이 그 매매가 무효라고 주장하면서 매수인에 대하여 토지의 반환을 청구하는 것이 신의성실의 원칙에 반하는 것이라고 볼 수 없다."고 한다.
14) 이시윤(주 11), 179면.

를 무효로 한다."고 규정하여, 허가가 효력발생 요건임을 분명히 하고 있다. 따라서 전통사찰보존법에 의해 보존되고 있는 토지를 허가받지 않고 거래한 경우에는 이러한 규정들에 의해 무효가 될 것이다. 대법원의 판례에 의하면 사찰 자체의 존립을 부정 또는 위태롭게 하는 정도라면 주무관청의 허가를 얻어 후 행해진 그 재산의 처분도 무효라고 한다15). 전통사찰의 보존을 위한 목적에 부합하는 태도로서 타당한 견해라 여겨진다.

다. 향교재산의 처분에 대한 허가

향교재산에 대한 기본적인 사항을 정하여 향교재산을 적절하게 관리하고 운용할 수 있도록 하기 위해 제정된 향교재산법 제8조 제1항에서는 향교재산 중 동산이나 부동산을 처분하거나 담보로 제공하려는 때 등 각 호의 어느 하나에 해당하는 때에는 대통령령으로 정하는 바에 따라 특별시장·광역시장·도지사 또는 특별자치도지사의 허가를 받도록 규정하고 있다. 동조 제3항에서는 "제1항과 제2항에 따라 허가를 받은 자가 자의로 그 허가받은 내용을 변경하거나 허가에 관한 조건이나 지시사항을 위반한 경우에는 그 허가를 취소할 수 있다."고 규정하고 있다. 이러한 규정에 따르면 향교재산에 속하는 토지의 처분은 허가사항으로서 허가를 받지 않은 경우에는 무효가 될 것이며, 허가를 받은 후에 허가의 내용이나 허가조건을 위반한 경우에도 허가 자체를 취소할 수 있도록 규제하고 있다.

라. '국토의 계획 및 이용에 관한 법률' 상 토지거래의 허가

(1) 개정전의 '국토이용관리법' 제21조의7에 의하면 건설부장관은 토지의 투기적인 거래가 성행될 우려가 있고 지가가 급격히 상승할 우려가 있

---

15) 대판 1965.10.19, 65다1676.

는 지역을 5년내의 기간을 정하여 토지 등의 거래계약신고구역으로 지정할 수 있으며, 신고구역내의 토지 등에 관한 거래계약(소유권, 지상권)을 체결하고자 하는 당사자는 공동으로 권리의 종류·면적·용도·계약예정금액 등과 그 토지의 이용계획 등을 도지사에 신고하여야 한다. 신고일로부터 25일내에는 신고토지에 대한 거래계약을 체결하여서는 안된다(동법 제21조의7 제4항). 다만 신고된 계약예정금액이 기준지가를 초과하는 경우나 그 토지의 이용목적이 적합하지 않을 때에는 도지사는 거래계약의 체결의 중지 등을 권고할 수 있다(동법 제21조의8). 이러한 신고제의 취지는 토지거래정보를 파악하는 데 있었지만, 이러한 목적으로서의 신고제도는 불필요하다고 여겨 개정 법률에서는 신고제도를 폐지하였다.

(2) 새로 제정된 '국토의 계획 및 이용에 관한 법률'(제6655호, 2002. 2.4) 제117조 제1항에서는 "국토해양부장관은 국토의 이용 및 관리에 관한 계획의 원활한 수립과 집행, 합리적인 토지 이용 등을 위하여 토지의 투기적인 거래가 성행하거나 지가가 급격히 상승하는 지역과 그러한 우려가 있는 지역으로서 대통령령으로 정하는 지역에 대하여는 5년 이내의 기간을 정하여 제118조 제1항에 따른 토지거래계약에 관한 허가구역(이하 "허가구역"이라 한다)으로 지정할 수 있다."고 규정하여 토지거래계약에 관한 허가구역을 지정할 수 있도록 했다. 이러한 규정에 따라 허가구역으로 지정된 곳에서 토지를 거래하고자 하는 경우에는 동법 제118조에 의해 토지거래계약에 관한 허가를 받아야만 한다. 예컨대 동조 제1항에서는 "허가구역에 있는 토지에 관한 소유권·지상권(소유권·지상권의 취득을 목적으로 하는 권리를 포함한다)을 이전하거나 설정(대가를 받고 이전하거나 설정하는 경우만 해당한다)하는 계약(예약을 포함한다. 이하 "토지거래계약"이라 한다)을 체결하려는 당사자는 공동으로 대통령령으로 정하는 바에 따라 시장·군수 또는 구청장의 허가를 받아야 한다. 허가받

은 사항을 변경하려는 경우에도 또한 같다."고 규정하고 있다. 이러한 허가구역 내에서 허가를 받지 않거나 받을 수 없음에도 불구하고 토지를 거래하는 경우에 사법상의 효과가 문제된다. 이러한 허가구역내에서 토지를 거래하는 경우의 관례는 먼저 매매계약을 체결한 다음 허가를 신청하게 된다. 따라서 허가를 신청한 후 허가를 받기까지의 거래계약의 효력이 문제될 것이다. 처음부터 허가를 받지 않으려는 의도가 명백한 경우가 있는가 하면 허가를 신청했음에도 불구하고 허가받지 못한 경우가 있을 것이다. 따라서 허가를 받지 못했다고 해서 동일하게 취급할 수는 없다.

마 외국인의 한국 내 토지취득을 위한 신고 혹은 허가

(1) '외국인토지법' 제4조 제1항에 따르면 "외국인, 외국정부 또는 대통령령으로 정하는 국제기구(이하 "외국인등"이라 한다)가 대한민국 안의 토지를 취득하는 계약(이하 "토지취득계약"이라 한다)을 체결하였을 때에는 계약체결일부터 60일 이내에 대통령령으로 정하는 바에 따라 시장(구가 설치되지 아니한 시의 시장과 '제주특별자치도 설치 및 국제자유도시 조성을 위한 특별법' 제17조에 따른 시장을 말한다. 이하 같다)·군수 또는 구청장에게 신고하여야 한다. 다만, '공인중개사의 업무 및 부동산 거래신고에 관한 법률' 제27조에 따라 부동산거래의 신고를 한 경우 또는 '주택법' 제80조의2에 따라 주택거래의 신고를 한 경우에는 그러하지 아니하다."고 규정하여, 허가주의를 취하던 종래 태도를 완화하여 일반적인 토지에 대해서는 신고주의를 채택하고 있다.

(2) 외국인토지법 제4조 제2항에 따르면 "제1항에도 불구하고 외국인등이 취득하려는 토지가 다음 각 호의 어느 하나에 해당하는 구역·지역 등에 있으면 토지취득계약을 체결하기 전에 대통령령으로 정하는 바에 따라 시장·군수 또는 구청장으로부터 토지취득의 허가를 받아야 한다. 다

만, '국토의 계획 및 이용에 관한 법률' 제118조에 따라 토지거래계약에 관한 허가를 받은 경우에는 그러하지 아니하다.

1. '군사기지 및 군사시설 보호법' 제2조 제6호에 따른 군사기지 및 군사시설 보호구역, 그 밖에 국방목적을 위하여 외국인등의 토지취득을 특별히 제한할 필요가 있는 지역으로서 대통령령으로 정하는 지역
2. '문화재보호법' 제2조 제2항에 따른 지정문화재와 이를 위한 보호물 또는 보호구역
3. '자연환경보전법' 제2조 제12호에 따른 생태·경관보전지역
4. '야생동·식물보호법' 제27조에 따른 야생동·식물특별보호구역을 특별히 지정하여, 이러한 지역내의 토지를 취득하고자 하는 외국인은 개정전과 마찬가지로 허가를 받도록 규정하고 있다. 동조 제4항에 따르면 이렇게 허가를 받지 않고 체결한 토지취득계약은 그 효력이 발생하지 아니하는 것으로 규정하여, 허가가 효력발생 요건임을 명확히 하고 있다. 그러나 신고를 하지 않고 토지를 거래한 경우에는 사법상의 효력은 무효가 되지 않을 것이다.

바. '농지법'상 농지 매매시 농지취득자격증명

구 '농지개혁법'(1949.6.21. 법률 제31호) 제19조 제2항[16])에서는 농지를 취득하고자 할 때에는 '소재지관서의 증명', 즉 농지매매증명을 얻어 매매할 수 있었다[17]). 이러한 농지개혁법과 그 후 제정된 '농지임대차보호

---

16) 동조에서는 "본법에 의하여 분배받지 않은 농지급 상환을 완료한 농지는 소재지 관서의 증명을 얻어 당사자가 직접 매매할 수 있다."고 규정하였다.
17) 이러한 농지매매증명과 궤를 같이 하여 임야매매증명도 한동안 시행되었다. 예컨대 임야매매증명은 임야의 투기화와 유휴화를 방지하고 실수요자 중심으로 임야거래가 이루어질 수 있도록 하여 합리적인 산림경영과 이용을 촉진하기 위하여 1990. 1. 13. 산림법의 개정(법률 제4206호)에 의하여 도입되어 1990. 7. 14.부터 시행되

법'에 의해 시행되었던 농지매매증명제도는 '농지법' 제정에 따라 농지취득자격증명제도로 전환되었다. 이에 따라 이러한 농지취득증명제도와 예전의 매매증명제도와의 관계 및 그 법적 성질이 문제되었다. 예전의 농지매매증명제도에 대한 판례의 태도는 크게 두 단계의 과정을 통해 변천되었다. 농지개혁법 제정초기에 대법원은 소재지관서의 증명을 매매계약의 효력발생을 위한 법정조건이며, 이러한 증명이 없으면 그 정지조건부 매매계약은 무효가 된다고 판시하였다[18]. 그러나 1964년에 행해진 대법원 전원합의체 판결에서 "종래 구민법의 적용을 받을 농지 매매로서 소재지관서의 증명이 없는 경우에는 그 효력을 발생할 수 없다고 판시하였음은 소재지관서의 농지 매매증명이 없는 경우에는 매매에 의한 물권변동의 효과 즉 소유권 이전의 효과를 발생할 수 없다는 취지에 지나지 않으며 농지 매매 당사자 사이의 채권계약인 농지 매매계약 자체까지 효력이 발생하지 못한다는 취지가 아니며 농지 매매에 있어 소재지관서의 농지증명이 없을 지라도 농지 매매 당사자 사이에 채권계약으로서의 매매계약이 유효히 성립될 수 있는 것이다."고 판시하여[19] 매매계약의 전체를 무효로 한 종전의 판례와는 달리 농지매매증명은 물권행위의 효력발생요건이므로 그 증명이 없는 경우 소유권이전의 효과는 발생하지 않을 뿐 채권계약으로서 매매계약은 유효하다고 하였다[20]. 그러나 이러한 판결이 내려진 후에도 기존의 태도를 따르는 판결이 내려지는[21] 등 일관된 모습을

었으나 이것 역시 1997. 4. 10.에 폐지되었다.

18) 대판 1958.5.8, 4290민상540, 541; 대판 1962.2.15, 4294민상829; 대판 1962.3.29, 4294민상858; 대판 1963.1.24, 62다740 등 다수.

19) 대판(전합) 1964.10.1, 64다563.

20) 이러한 태도는 대판 1964.9.15, 64다617 판결에서도 나타난 바 있으며, 이후로는 이러한 판례의 태도가 주류를 이루었다. 예컨대 대판 1965.9.7, 65다1293; 대판 1967.1.24, 63다24; 대판 1987.4.28, 85다카971; 대판 1991.8.13, 91다10992 등이 이러한 태도를 따르고 있다.

보이지 못한 것도 사실이다. 이러한 상황에서 학설은 채권행위유효설[22]), 채권행위무효설[23]), 채권행위의 제한적 유효설[24]), 채권계약의 유동적 무효설[25]) 등으로 대립되었다[26]).

사. '부동산등기특별조치법'상 검인과 '공인중개사의 업무 및 부동산 거래신고에 관한 법률'상의 신고를 해야 하는 경우

(1) 검인계약서제도는 부동산의 거래정보를 파악하도록 함으로써 미등기전매 등에 의한 부동산투기를 방지하기 위하여 1990. 8. 1. '부동산등기특별조치법'(법률 제4244호)이 제정됨에 따라 계약서의 검인제도가 시행되고 있다. 계약을 원인으로 소유권이전 등을 신청할 때에는 소정사항이 기재된 계약서에 검인신청인을 표시하여 부동산의 소재지를 관할하는 시장, 군수 또는 권한의 위임을 받은 자의 검인을 받아 관할 등기소에 이를 제출하여야 등기가 가능하다(부동산등기특별조치법 제3조 제1항). 그러나 경락 또는 공매를 원인으로 한 소유권이전등기 및 계약의 일방당사자가

---

21) 대판 1966.5.31, 66다531; 대판 1978.3.28, 78다49; 대판 1984.11.13, 84다75 등.
22) 1964년 대법원의 전원합의체판결과 그것을 따르는 태도이지만 학자들은 아무도 지지하지 않았다.
23) 변동걸, "소재지관서의 증명이 없는 농지매매계약의 효력", 「대법원판례해설」, 제5호, 1986, 23면; 이주흥, "농지매매증명과 소유권이전등기청구", 「사법행정」(1991. 2), 32면; 김상용, "농지매매증명과 비농민의 농지소유", 「민사판례평석(I)」(법원사, 1995), 73면 이하 등.
24) 신성택, "농지개혁법 제19조 제2항에 관련한 몇 가지 문제", 「사법연구자료」, 제8집, 1981. 4, 213면; 윤호일, "농지개혁법의 해석, 그 실체법적 면", 「법조」(1968. 2), 54면.
25) 강신섭, "농지매매와 소재지관서의 증명", 「사법논집」, 제25집, 1994. 12, 128면 이하; 김능환, "소재지관서의 증명없는 농지매매계약의 효력", 「민사재판의 제문제」, 제7권, 1993. 6, 573면 이하 등.
26) 이러한 학설에 대해 자세한 것은 송재일, "농지거래에 관한 법적 연구", 서울대학교 박사학위청구논문, 2010. 2, 215면 이하 참조.

국가 또는 지방자치단체의 경우의 소유권이전등기와 선박, 입목, 재단등기의 경우에는 검인을 요하지 않으며[27], 계약을 원인으로 하지 않는 상속과 법률의 규정에 의한 소유권이전의 경우에도 검인을 요하지 않는다.

  (2) 부동산중개업을 건전하게 지도·육성하고 공정하고 투명한 부동산거래질서를 확립함으로써 국민경제에 이바지함을 목적으로 제정한 공인중개사의 업무 및 부동산 거래신고에 관한 법률 제27조 제1항에서는 "거래당사자(매수인 및 매도인을 말한다. 이하 이 조에서 같다)는 다음 각 호의 어느 하나에 해당하는 부동산 또는 부동산을 취득할 수 있는 권리에 관한 매매계약을 체결한 때에는 부동산 등의 실제 거래가격 등 대통령령이 정하는 사항을 거래계약의 체결일부터 60일 이내에 매매대상부동산(권리에 관한 매매계약의 경우에는 그 권리의 대상인 부동산) 소재지의 관할 시장·군수 또는 구청장에게 공동으로 신고하여야 한다. 다만, 거래당사자 중 일방이 신고를 거부하는 경우에는 국토해양부령으로 정하는 바에 따라 상대방이 단독으로 신고할 수 있다."고 규정하여 토지 또는 건축물을 거래 할 때 신고하도록 의무화 하고 있다. 동법 제51조 제2항에서 "제27조 제1항 또는 제2항을 위반하여 부동산거래의 신고를 하지 아니한 자(공동신고를 거부한 자를 포함한다)"에게 500만원 이하의 과태료를 부과하도록 규정하고 있다. 특히 중요한 것은 동법 제27조 제3항과 제4항에서는 "신고를 받은 시장·군수 또는 구청장은 그 신고내용을 확인한 후 신고필증을 신고인에게 즉시 교부하여야"하며, "중개업자 또는 거래당사자가 제3항에 따른 신고필증을 교부받은 때에는 매수인은 '부동산등기특별조치법' 제3조 제1항에 따른 검인을 받은 것으로 본다"고 규정하여 검인의 의무를 대체하고 있다.

---

27) 등기사무처리지침, 제1항 가(2)(3).

III. 각종 규제의 사법상의 효과

1. 개 설

토지거래에 대한 규제의 유형에서 살펴 본 바와 같이 규제는 행정청의 허가나 인가를 받아야 하는 경우와 신고를 해야 하는 경우로 크게 나눌 수 있다. 우선 토지거래에 허가를 요건으로 규정하고 있는 법률들은 민법과 '국토의 계획 및 이용에 관한 법률', '사립학교법', '전통사찰보존법', '향교재산관리법', '외국인토지법' 등이다. 민법상 비영리법인의 재산을 처분하고자 할 때 주무관청의 허가를 취득하여야 함에도 불구하고 허가를 취득하지 못했거나 취득하려고 하지 않은 경우나 국토의 계획 및 이용에 관한 법률상 토지거래계약허가구역내의 토지를 매매하면서 허가를 취득하지 않은 경우의 효력이 문제될 것이다. 이렇게 민법이나 기타 민사특별법상 허가를[28) 요구하는 규정을 두고 있는 경우에 판례에 따르면 그 규정들은 효력발생규정으로서, 이러한 규정을 위반한 경우에는 무효가 될 것이다. 이에 반해 외국인토지법이나 사립학교법 및 공인중개사의 업무 및 부동산거래신고에 관한 법률상 요구되는 신고를 위반한 경우에는 사법상의 거래 자체를 무효로 하지 않고, 단속규정으로서 과태료 등의 의무를 부과하고 있다. 예컨대 개정되기 전 '국토 이용 및 관리에 관한 법률'에 의한 토지거래계약 신고지역 내에서 신고하지 않고 거래 한 경우에

---

28) '외국인토지법'상 허가를 요하는 토지를 보유한고 있던 내국인이 구적을 상실한 경우에, 대법원은 외국인 등이 토지소유권을 향유할 수 없게된 때에는 1년이내 이를 양도하도록 되어 있으나 그 양도를 하지 않을 경우에도 경매법에 의하여 경매됨으로써 비로소 토지에 관한 권리를 상실하게 된다고 한다(대판 1970.12.22, 70다860). 따라서 경매절차를 하기까지는 토지에 관한 권리를 양도할 수 있다고 보고 있다(대판 1965.11.30, 66다2038; 대판 1966.8.31, 66스2).

도 사법상의 효력은 그대로 인정되었다[29]. 더 나아가 농지법상 농지의 경우에는 매매취득자격증명을 취득한 후에 농지를 거래해야 함에도 불구하고 매매취득자격증명을 받지 않고 거래 한 경우의 법적 효력이 문제될 것이다. 또한 부동산등기특별조치법상 검인을 받아야 하는 경우에 검인 받지 않은 경우의 효력은 어떻게 되는가? 이러한 점들에 대해 유형별로 나누어 살펴보고자 한다.

2. 허가를 취득하지 못한 경우

가. 문제의 소재

민법상 비영리법인의 기본재산에 속하는 토지를 처분하는 경우나 전통사찰보존법상 허가와 사립학교법상 학교법인에 속하는 기본재산인 토지를 처분한 경우[30], 국토의 계획 및 이용에 관한 법률상 요구되는 허가를 받지 않고 토지를 거래한 경우에 허가를 요구하고 있는 규정들은 어떤 성질을 지닌 것인가? 다시 말해 이 같은 허가를 요구하고 있는 규정들이 효력발생규정인가 단속규정인가의 문제가 오랫동안 논의되었다. 판례는 전술한 바와 같이 효력발생규정으로 해석하여[31], 허가를 취득하지 못한 경

---

29) 대판 1994.5.24, 93다53450 판결에 의하면 "국토이용관리법 제21조의7 제1항 소정의 신고의무에 위반한 거래계약이라고 하여 그 사법적 효력까지 부인되는 것은 아니므로, 그 신고 이전에 이루어진 거래계약이라고 하여 무효라고 할 수 없고, 설령 그와 같은 거래계약 이후에 허위의 신고가 있었다 하여도 그 거래계약의 효력에는 영향이 없다."고 한다.

30) 대판 1967.2.22., 66다2442 판결이나 대판 1987.10.28, 87누640 판결에 따르면 '사립학교법'에 의하면 기본재산을 매도, 증여, 교환 또는 용도변경하거나 담보제공을 하고자 하는 자는 신청에 의하여 허가를 받도록 하고 있을 뿐 그와 같은 행위를 일반적으로 금지하는 취지라고는 볼 수 없으므로 '사립학교법' 소정의 허가는 당사자의 계약 또는 법률행위를 보충, 완성하여 주는 인가의 성질을 갖는 것으로 보고 있다.

우에는 무효라고 하면서 우리 민법학에 생경한 유동적 무효법리에 의해
설명하였다.

각종의 특별법상 허가가 요구되는 토지를 거래할 때, 먼저 허가를 취득
한 다음 토지거래 계약을 체결하거나 처분하는 경우란 거래 관행상 거의
없을 것이다. 통상적으로는 먼저 토지거래계약을 체결한 다음, 그에 따른
하나의 조건으로 허가의 취득을 위한 행위를 착수하게 된다. 만약 이 같
은 허가규정을 효력발생요건으로 해석한다면, 허가를 취득하지 못한 경
우에는 처음부터 무효이기 때문에 토지거래의 계약은 확정적으로 무효가
될 것이다. 따라서 이렇게 토지거래계약 자체가 무효가 된다면, 허가를
취득한 후에 다시 계약을 체결해야 만 한다. 그러나 이러한 현상은 거래
현실을 무시한 것으로, 실제 거래에서는 기대할 수 없는 것이다. 이러한
허가제도는 거래 관행상의 문제뿐만 아니라, 그 법률상의 성질도 문제가
될 것이다. 왜냐하면 여러 특별법들이 규정하고 있는 허가가 토지거래행
위를 일반적으로 금지하는 취지라고는 볼 수 없기 때문이다. 특히 사립학
교법이나 전통사찰보존법과 국토의 계획 및 이용에 관한 법률 등에서 규
정하고 있는 허가는 당사자의 계약 또는 법률행위를 보충, 완성하여 주는
인가의 성질을 갖는 것이라고 보아야 할 것이다[32]. 이러한 인가적 성격을
지니고 있는 허가를 취득함이 없이 토지를 거래한 경우 그에 대한 법리를
어떻게 구성할 것인가는 우리 민법학계의 쟁점 중의 하나였다. 이에 대해
학설과 판례의 태도를 검토해 보고자 한다.

---

31) 대판(전합) 1991.12.24, 90다12243.
32) 대판 1967.2.22, 66다2442; 대판 1971.12.28, 71다2036; 대판 1987.10.28, 87누640
    판결 등 다수

나. 학설의 태도

(1) 채권행위 유효설

이 견해는 토지거래허가를 받지 않은 매매계약은 물권행위의 효력은 발생하지 않지만, 채권행위는 유효하다는 것이다[33]. 이러한 견해에 따르면 허가 없는 토지거래의 채권적 효력을 부정하면서 당사자의 허가에 대한 협력의무를 요구하는 것은 논리적으로 모순이며, 거래당사자의 의사도 무효인 계약을 관청의 허가에 의해 유효로 하겠다는 것이 아니라, 유효한 계약을 관청의 허가에 의하여 확정하겠다는 의사로 이해해야 한다는 것이다. 또한 계약이 무효라는 것은 법적으로 무가치하다는 판단에 따라 이미 소멸하여 폐기된 법률행위를 의미하는 것이지, 장래에 완성을 요구하거나 완성을 전제로 한 미완성의 법률행위는 아니기 때문에, 유동적이건 확정적이건 그러한 계약에 대하여 무효라는 용어를 사용할 수는 없다는 것이다[34].

(2) 절대적 무효설

허가구역 내에서 허가 전에 체결된 계약은 확정적으로 무효이기 때문에 물권행위는 물론 채권행위의 효력도 발생하지 않는다는 견해이다[35].

---

33) 조규창, "유동적 무효-대법원 기본 판례에 대한 비판적 고찰-", 「고시계」(1996. 10), 111면 이하; 허노목, "국토이용관리법상의 규제지역내의 토지에 대하여 허가받을 것을 전제로 체결한 거래계약의 효력", 「형평과 정의」, 제7집, 대구지방변호사회, 1992. 11, 181면.

34) 또 다른 근거로서 투기목적의 토지거래는 허가과정에서도 규제가 가능하기 때문에, 허가를 받지 않은 상태에서 정상적인 토지거래를 포함한 모든 계약을 무효화하거나 처벌할 수 있도록 하는 것은 과도한 규제라고 하여, 입법적으로 수정함이 타당하다는 견해(고상룡, "거래허가구역내 토지매매계약과 사후허가시 유효여부", 법률신문, 제2110호, 1992. 3, 15면)도 있다.

35) 강인애, "토지공개념관계법의 해설-국토이용관리법상의 토지거래허가제와 택지소

이에 따르면 토지거래허가제도는 관할관청이 허가의 적부를 판단하기 이전부터 당사자 사이에 구속력을 갖는 법률관계의 형성을 방지하는 것을 목적으로 하는 것이기 때문에, 절대적으로 무효로 하지 아니한다면 토지투기의 방지라는 입법취지에 반할 뿐만 아니라 허가제도의 실효성도 거둘 수 없다는 것이다.

(3) 제한적 무효설

허가 받기 이전의 토지거래행위 중 채권행위는 원칙적으로 무효이지만, 그 중 일부분을 제한적으로 유효하도록 하자는 견해이다. 여기에는 유효의 내용에 따라 투기거래의 궁극적인 목적으로서 물권변동과 직접적으로 관련된 부분은 무효로 보고, 그 외의 부분에 대하여는 유효로 보자는 견해와[36] 허가 없는 매매계약의 채권적 효력은 인정할 수 없기 때문에 목적물의 인도 및 소유권이전등기청구권, 대금지급청구권 등은 발생하지 않지만, 허가 전에도 매매계약을 향한 당사자의 사전합의 자체는 유효하므로, 당사자가 허가를 받기 위하여 협력할 의무는 유효하다는 견해로 나뉜다[37].

(4) 유동적 무효설

이 견해는 허가구역 내에서 허가를 받지 못한 토지거래는 물권적 효력

유상한에 관한 법률 개관-", 「인권과 정의」, 제175호, 1991. 3, 52면; 대법원(전합) 1991. 12. 24. 선고, 90다12243 판결에서 유철균 재판연구관의 견해.

36) 오창수, "토지거래허가를 받지 아니한 거래당사자간의 법률관계", 「판례월보」 (1995. 5), 16면; 강문종, "토지거래허가(국토이용관리법)를 받지 않고 체결한 매매계약의 효력", 「판례연구」, 제2집, 부산판례연구회, 1992. 2, 129-130면.

37) 이은영, "토지거래허가를 조건으로 하는 매매계약 및 배상액예정의 효력", 「판례월보」, 제255호, 1991. 12, 18-21면; 대판(전합) 1991.12.24, 90다12243 판결에서 배만운 대법관의 보충의견.

뿐만 아니라 채권적 효력도 발생하지 아니하는 무효의 계약이지만, 허가를 받을 때까지는 미완성의 법률행위로서, 허가를 받으면 그 계약은 소급하여 유효한 계약이 되고, 허가를 받지 못하면 확정적으로 무효가 되는 유동적 상태에 있다는 것이다38). 이러한 유동적 무효의 법리에 따르면, 허가 받기 전의 상태에서는 토지거래계약의 채권적 효력도 발생하지 않으므로, 권리의 이전 또는 설정에 관한 어떠한 내용의 이행청구도 할 수 없고, 허가를 받으면 그 계약은 소급해서 유효가 되므로, 허가 후에 다시 거래계약을 체결할 필요가 없게 된다. 다만 계약관계의 성립 이전에 발생할 수 있는 일반적 효과로서, 당사자가 허가를 받는데 필요한 조치를 취할 협력의무와 허가를 받은 후에 계약의 이행을 위하여 방해하지 않을 충실의무가 있으며, 이러한 의무를 위반한 경우에는 상대방에 대하여 손해배상책임을 부담한다는 것이다.

다. 판례의 태도

(1) 1991년 전원합의체 판결 이전의 태도

허가 없이 행한 토지거래계약에 대한 1991년 전원합의체판결 이전 까지, 대법원은 기본적으로 "토지거래허가에 필요한 모든 서류를 매도인이 마련하되 실제 거래가액보다 훨씬 적은 허가 조건 가액으로 허위 기재하기로 한 경우에 매매계약의 효력은 무효"라고 판시하였다39). 예컨대 "국

---

38) 이주홍, "토지거래허가를 받지 아니한 토지매매계약의 효력(하)", 「법조」, 제39권제7호(1990. 7), 66면; 김상용, "토지거래허가·신고제에 관한 고찰(II)", 「고시계」(1989. 1), 100면; 정옥태, "유동적 무효", 「사법행정」(1992. 7), 25면; 김민중, "유동적 무효-국토이용관리법상의 토지거래허가를 중심으로-", 「법조」 제523호, 49-50면; 공순진, "토지거래허가제", 「토지법학」, 제12호, 1997. 1, 169면; 진영광, "토지거래허가제에 관한 사법적 고찰", 「인천법조」, 창간호, 인천지방변호사회, 1993. 1, 62면.

토이용관리법의 취지가 관할관청의 거래허가 전에는 당사자 사이에 채권
적 구속력을 가지는 계약의 체결을 금지함으로써 투기억제·지가폭등규제
등의 목적을 달성하기 위한 것이며, 토지거래계약은 동법 제21조의 3 제7
항 또는 제31조의 2에 위배된 범법행위로서 그 효력이 없다"고 판시하
여40), 허가 없는 토지거래계약은 절대적 무효임을 분명히 하였다. 그러나
법률행위 이외의 물권취득사유로서 경매에 의한 경우나 단독행위로서 명
의신탁의 해지에 의한 경우에는 그러한 허가를 요하지 않는다는 판결도
있었기41) 때문에 허가 없는 토지거래계약의 효력에 대한 판례의 태도는
일관되지 못했던 것으로 여겨진다.

(2) 1991년 전원합의체 판결의 태도

(가) 토지거래허가구역내에서 토지거래시 요구되는 허가와 관련하여
대법원은 1991년 12월 24일에 선고한 90다12243 전원합의체 판결에서 독
일에서 인정되고 있었으나42), 당시 우리 민법학의 해석론에서는 생경하
던 '유동적 무효'라는 법리를 적용하여 토지거래허가와 관련한 복잡한 법
적 문제의 해결을 시도하였다. 이 판결에서는 "국토이용관리법상의 규제
구역 내의 토지 등의 거래계약허가에 관한 관계규정의 내용과 그 입법취
지에 비추어 볼 때 토지의 소유권 등 권리를 이전 또는 설정하는 내용의
거래계약은 관할 관청의 허가를 받아야만 그 효력이 발생하고 허가를 받
기 전에는 물권적 효력은 물론 채권적 효력도 발생하지 아니하여 무효라

---

39) 대판 1990.12.11, 90다8121.
40) 대판 1991.6.14, 91다7620.
41) 대판 1990.11.6, 90마769; 대판 1991.10.25, 91다29378.
42) 이에 대해 자세한 것은 S. Lorenz, Schwebende Unwirksamkeit und Präklusion im
    Zwangsvollstreckungsrecht, in: NJW 1995, S.2258ff.; H. Ollmann, Die schwebende
    Unwirksamkeit des Verbraucherkreditvertrages, in: Zeitschrift für Wirtschafts- und
    Bankrecht 1992, S.2005ff.

고 보아야 할 것인바, 다만 허가를 받기 전의 거래계약이 처음부터 허가를 배제하거나 잠탈하는 내용의 계약일 경우에는 확정적으로 무효로서 유효화될 여지가 없으나 이와 달리 허가받을 것을 전제로 한 거래계약(허가를 배제하거나 잠탈하는 내용의 계약이 아닌 계약은 여기에 해당하는 것으로 본다)일 경우에는 허가를 받을 때까지는 법률상 미완성의 법률행위로서 소유권 등 권리의 이전 또는 설정에 관한 거래의 효력이 전혀 발생하지 않음은 위의 확정적 무효의 경우와 다를 바 없지만, 일단 허가를 받으면 그 계약은 소급하여 유효한 계약이 되고 이와 달리 불허가가 된 때에는 무효로 확정되므로 허가를 받기까지는 유동적 무효의 상태에 있다고 보는 것이 타당하므로 허가받을 것을 전제로 한 거래계약은 허가받기 전의 상태에서는 거래계약의 채권적 효력도 전혀 발생하지 않으므로 권리의 이전 또는 설정에 관한 어떠한 내용의 이행청구도 할 수 없으나 일단 허가를 받으면 그 계약은 소급해서 유효화되므로 허가후에 새로이 거래계약을 체결할 필요는 없다"고 판시하였다. 거래 관행상 비록 토지거래허가구역에서 토지거래계약을 체결한 경우라 하더라도 먼저 토지거래계약을 체결한 다음 그에 따라 허가를 신청하는 것이 일반적이다. 따라서 토지거래계약을 체결할 당시나 계약체결전에 해당 관청으로부터 허가를 받은 경우가 거의 없기 때문에, 이러한 허가를 유효요건으로 규정하고 있는 국토이용관리법은 처음부터 거래 현실과 괴리가 있는 비현실적인 입법이라는 비판을 받아왔다. 그런데 이 판결을 통해 거래의 실제와 법률적용상의 괴리를 상당한 부분 완화시켰으며, 여러 가지 법적인 문제를 해결할 수 있는 단초를 제공해 주었다.

　(나) 독일의 학설과 판례에서 확립된 법리를 수용한 유동적 무효는 그 효력이 현재로서는 확정적인 무효도 아니고, 그렇다고 유효한 것도 아닌 유동적인 상황에 있는 미완성의 법률행위라는 점이 특징적이다. 따라서

물권적 효력은 물론 채권적 효력도 발생하지 않는다. 그러므로 이러한 불확정적인 법률행위로 인하여 여러 가지 문제가 제기되었다. 몇 가지 중요한 사항을 살펴보면 다음과 같다.

1) 부당이득과 반환청구의 문제

우선적으로 제기되는 것은 부당이득반환청구권의 문제이다. 토지거래허가 구역 내에서 토지매매계약을 체결할 때 거래 관행상 허가를 받기 전에 매수인이 계약금이나 중도금을 지급하게 된다. 이 계약에 대해 허가를 받게 되면 이미 지급한 계약금이나 중도금은 매매대금에 충당하게 되어 문제가 없다. 그런데 허가를 신청하지 않는 등 여러 가지 이유에서 유동적 상태가 계속되는 동안 무효를 이유로 부당이득반환을 청구할 수 있는가? 이러한 문제에 대해 대법원은 "허가를 배제하거나 잠탈하는 내용이 아닌 유동적 무효상태의 계약을 체결하고 매도인이 이에 기하여 임의로 지급한 계약금은 그 계약이 유동적 무효상태로 있는 한 이를 부당이득으로 반환청구할 수 없고 유동적 무효상태가 확정적으로 무효가 되었을 때 비로소 부당이득으로 그 반환을 청구할 수 있다"고 판시하였다43). 또한 "허가받기 전의 매매계약이 유동적 무효라고 하여 매매계약에 관한 계약금을 교부한 상태에 있는 계약당사자 일방이 언제든지 계약의 무효를 주장하여 부당이득으로써 임의로 지급한 계약금의 반환을 구할 수 없다"고 판시하여44), 유동적 무효상태하에서의 부당이득의 반환청구의 문제를 명확히 정리하였다. 그러나 부당이득반환청구와 관련하여 특히 문제가 되는 것은 유동적 무효가 확정적 무효로 되는 시기이다. 왜냐하면 허가를 취득하지 못한 경우라고 해서 언제나 유동적 무효법리가 적용되는 것은

---

43) 대판 1993.7.27, 91다33766.
44) 대판 1993.9.14, 91다41316; 대판 1993.9.10, 93다8412.

아니고, 특별한 사유가 있을 때에는 곧 바로 확정적 무효가 되기 때문이다. 우리 대법원이 확정적 무효로 되는 사유로 지칭한 것은 첫째로 허가를 배제하거나 허가를 잠탈하는 내용의 계약을 체결한 경우이다45). 예컨대 허가를 받지 않기 위하여 매매계약일자를 소급하여 기재하고 매매대금도 실제와는 다르게 낮추어 별도의 계약서를 작성한 경우46)나 허가를 받지 않기 위하여 매매를 하고도 증여를 등기원인으로 소유권이전등기를 하기로 약속한 때47) 등이 이에 해당할 것이다. 둘째로 당사자 일방이 허가 신청 협력의무의 이행을 거절하는 의사를 명백히 표시한 경우이다48). 셋째로는 관할관청에 의해 불허가처분을 받았거나 당사자 쌍방이 허가신청을 하지 아니하기로 하는 의사표시를 명백히 한 경우49)에는 확정적으로 무효라고 해석하였다. 유동적 무효가 확정적 무효로 전환 된 때에는 법률상 원인이 없기 때문에 매수인에게 부당이득반환청구권을 인정하는 데 대해 이견이 없다. 그러면 이 때 부당이득은 우리 민법에서 인정되는 동일한 것이라 할 수 없는데 어떻게 이해하는 것이 바른 것인가? 허가 있기 전까지 유동적 무효 상태하에서 지급한 계약금이나 중도금 등은 비채변제이다. 확정적 무효로 인하여 발생하게 되는 비채변제의 경우는 선의·악의의 여부를 불문하고 인정되고 있다. 예컨대 계약금을 지급하고 허가를 신청하였는데 불허가처분을 받은 경우에는 악의의 매수인이지만 부당이득반환청구권을 갖게 된다. 이처럼 확정적 무효로 인한 비채변제는 악의의 비채변제자도 변제한 것에 대해 반환을 청구할 수 있는 특수한 종류

---

45) 대판 1991.12.24, 90다12243.
46) 대판 1993.11.23, 92다44671.
47) 대판 1993.12.24, 93다21435.
48) 대판 1993.6.22, 91다21435; 대판 1995.6.9, 95다2487.
49) 대판 1993.7.27, 91다3376; 대판 1996.6.28, 95다54501; 대판 1996.11.22, 96다31703; 대판 1997. 7.25, 97다4357 판결 등 다수.

의 비채변제라고 할 수 있다[50].

2) 허가신청절차에 대한 이행청구의 문제

두 번째로 문제가 되는 것은 토지거래허가구역내에서 토지거래계약을 체결한 경우에 당사자중 일방은 타방에게 허가신청절차를 이행하라고 청구할 수 있는가 하는 점이다. 이러한 문제는 유동적 무효 상태하에서는 물권적 효력뿐만 아니라 채권적 효력도 발생하지 않으므로, 권리의 이전 또는 설정에 관한 어떠한 내용의 이행청구도 할 수 없다는 점으로부터 기인한다. 그러나 유동적 무효 상태하에서도 계약의 목적인 주된 급부의무의 이행을 청구할 수는 없다고 하더라도, 토지거래허가구역에서 토지거래계약이 체결된 사실이 있으면 국토의 계획 및 이용에 관한 법률상 허가 여부를 결정할 필요가 있기 때문에 신의칙에 따라 매도인에게 허가신청 협력의무를 청구할 수 있도록 해야 할 것이다. 예컨대 대법원은 "토지거래허가구역내의 토지에 대하여 거래계약을 체결한 당사자 사이에서는 계약이 효력있는 것으로 완성될 수 있도록 서로 협력할 의무가 있으므로 계약의 쌍방당사자는 공동으로 관할관청의 허가를 신청할 의무가 있고 이러한 의무에 위반하여 허가신청절차에 협력하지 않는 당사자에 대하여 상대방은 협력의무이행을 소송으로서 구할 이익이 있다"고 판시하였다[51]. 따라서 협력의무를 소구당한 당사자가 계정토지에 대해 관할 관청으로부터 거래허가를 받을 수 없을 것이라는 사유를 들어 그 협력의무 자체를 거절할 수 없다[52]. 이렇게 신의칙상 발생하는 협력의무를 근거로 하

---

50) 김상용, "토지거래허가제에 관한 유동적 무효의 법리", 「이회창선생화갑기념논문집」 (박영사, 1995), 588면. 특히 김교수는 이러한 비채변제를 '유동적 비채변제'라고 명명하고 있다.
51) 대판 1993.3.9, 92다56575.
52) 대판 1992.10.27, 92다34414.

여 허가신청을 청구할 수 있도록 하는 것이 국토의 계획 및 이용에 관한 법률의 입법취지에도 부합하게 될 것이다[53]. 그러나 매수인이 매도인에게 토지거래허가신청절차에 협력해 달라는 청구를 하는 경우에 매수인이 매매계약의 내용에 따른 매매대금 지급채무를 이행하여야 하거나 매도인이 그 대금지급채무의 변제시까지 위 협력의무의 이행을 거절할 수 있는 것은 아니다[54].

3) 대금지급의무와 계약해제의 문제

유동적 무효의 특성상 허가가 있기 전까지는 주된 급부의무는 결코 발생하지 않는다. 따라서 매수인의 대금지급의무나 매도인의 소유권이전등기의무가 없다[55]. 그러나 토지거래규제구역내의 토지와 그 지상의 건물을 함께 매수한 경우에는 문제가 되는데, 이에 대해 대법원은 "국토의 계획 및 이용에 관한 법률상의 규제구역내의 토지와 건물을 일괄하여 매매한 경우, 일반적으로 토지와 그 지상의 건물은 법률적인 운명을 같이 하는 것이 거래의 관행이고, 당사자의 의사나 경제관념에도 합치되는 것이므로, 토지에 관한 당국의 거래허가가 없으면 건물만이라도 매도하였을 것이라고 볼 수 있는 특별한 사정이 인정되는 경우에 한하여 토지에 대한 매매거래허가가 있기 전에 건물만의 소유권이전등기를 명할 수 있다고 보아야 할 것이고, 그렇지 않은 경우에는 토지에 대한 거래허가가 있어 그 매매계약의 전부가 유효한 것으로 확정된 후에 토지와 함께 이전명령을 명하여야 한다"고 판시하였다[56]. 따라서 매수인의 대금을 선이행하기

---

53) 같은 견해로 이주홍, "토지거래허가에 있어서 이른바 유동적 무효에 기한 법률관계", 「민사재판의 제문제」, 1994, 38면.
54) 대판 1993.8.27, 93다15366.
55) 대판 1992.9.8, 92다19989.
56) 대판 1992.10.13, 92다16836; 대판 1994.1.11, 93다22043.

로 하는 약정을 체결하였다 하더라도 허가받기 전까지는 매수인에게 대금지급의무가 발생하지 않고, 매도인은 이러한 대금미지급을 이유로 계약을 해제할 수 없다[57]. 이러한 관점에서 대법원은 "토지거래허가를 전제로 하는 매매계약의 경우 허가가 있기 전에는 매수인에게 그 계약내용에 따른 대금의 지급의무가 없는 것이므로 설사 그 전에 매도인이 소유권이전등기소요서류의 이행제공을 하였다 하더라도 매수인이 이행지체에 빠지는 것이 아니고 허가가 난 다음 그 이행제공을 하면서 대금지급을 최고하고 매수인이 이에 응하지 아니한 경우에 비로소 이행지체에 빠져 매도인이 계약을 해제할 수 있다"고 판시하여[58] 유동적 무효 상태하에서 대금지급의무와 계약해제에 대해서도 엄격하게 해석하고 있다.

4) 협력의무 위반의 효과

유동적 무효 상태 하에서도 당사자 간에는 주된 급부의무가 발생하는 것은 아니지만 신의칙에 기한 협력의무가 발생하기 때문에 이러한 협력의무를 해태하여 허가를 받지 못하게 된 경우에는 이로 인한 손해에 대해 배상책임이 발생한다. 이와 관련하여 대법원은 "매매계약이 매매계약 자체로서는 유동적 무효 상태있는 것이나 유동적 무효상태에 있는 계약을 효력 있는 것으로 완성하여야 할 협력의무를 부담하는 한도에서의 당사자의 의사표시까지 무효상태에 있는 것이 아니므로, 이러한 유동적 무효 상태에 있는 이 사건 매매계약에 대하여 허가를 받을 수 있도록 허가신청을 하여야 할 협력의무를 이행하지 아니하고 원고가 그 매매계약을 일방적으로 철회함으로써 피고가 손해를 입은 경우에 원고는 이 협력의무불이행과 인과관계가 있는 손해는 이를 배상하여야 할 의무가 있다고 할 것

---

57) 대판 1991.12.24, 90다12243.
58) 대판 1992.7.28, 91다33612.

이다"라고 판시하여[59) 협력의무를 인정한 이후 손해배상청구와 관련하여 불분명한 점을 분명하게 정리하였다. 이러한 신의칙에 의한 협력의무 위반에 대한 손해배상의 범위에 대해 신뢰이익에 대한 배상인가[60) 아니면 이행이익에 대한 배상인가[61)에 대해 학설이 대립되고 있다. 사견으로는 우선 유동적 무효의 효력과 관련하여 계약전단계적 법률관계로 인한 사전적 효력(Vorwirkung)을 인정하고 있다는 점과[62), 신의칙에 의한 협력의 범위내에서 손해배상을 인정하고 있는 점[63), 더 나아가 거래 당사자는 허가신청에 대한 협력불이행을 원인하여 손해배상에 대한 손해배상액의 예정(제398조)을 할 수 있다[64)는 점들을 고려한다면 계약의 유효를 믿었음으로 인하여 입은 손해를 청구하는 신뢰이익배상설이 타당하다고 생각한다.

라. 학설과 판례의 검토

(1) 우선 채권행위유효설에 의하면 토지거래계약의 채권적 효력이 인정되므로 매수인은 권리이전 또는 설정에 관한 이행청구 및 이행확보를 위한 가등기설정이 가능하게 된다. 이에 따라 매수인은 여러 방식을 통해 투기목적을 달성할 수 있게 되어 허가제도를 도입한 입법취지에 반하게 된다.

(2) 만약 절대적 무효설을 취하게 되면, 투기목적의 거래나 지가상승의

---

59) 대판 1995.4.28, 93다26397.
60) 김상용(주 50), 589면.
61) 엄동섭, "유동적 무효의 법리와 손해배상책임", 「민사판례연구」, XVII, (박영사, 1995), 86면.
62) K. Larenz, AT des BGB, 7. Aufl., S.483.
63) 엄동섭(주 61), 86면 이하 참조.
64) 대판 1994.4.15, 93다39782.

억제를 위한 토지거래허가제도의 취지에는 부합하게 된다. 그러나 계약당사자의 의사가 전적으로 무시되어 사적자치의 원칙 내지 재산권처분의 자유를 침해하게 된다는 비판과 함께 허가의 법적 성질을 유효한 법률행위에 대한 완성의 의미를 가지는 인가로 보는 판례의 태도 및 지배적인 견해에도 부합하지 않게 된다. 더 나아가 이러한 견해는 계약당사자간의 어떠한 의무도 인정하지 않게 되어 유동적 상태가 장기화되는 폐단도 초래한다.

(3) 제한적 무효설은 채권행위를 원칙적으로는 무효라고 해석하면서도 예외적으로 유효가 되는 부분에 대한 근거가 불명확하다. 특히 물권과 관련된 행위가 무효로 된다는 견해에 따르면, 물권변동에 관련된 채권관계에 한하여 토지거래허가제도의 취지에 어긋나기 때문에 무효라고 하는데, 그 의미와 범위가 불명확하게 된다. 또한 부수약정을 유효하다고 해석하는 견해는 허가를 받지 않은 상태의 매매계약을 무효라고 하면서, 그러한 허가의 취득에 대한 사전합의로부터 허가신청을 위한 협력의무가 발생한다고 해석하는 것은 법적 근거가 명확하지 못하다. 왜냐하면 채권의 주된 내용에 해당하는 본질적 부분으로서 토지거래계약 자체는 무효라고 하면서도, 허가를 취득하기 위하여 당사자가 협력해야 한다는 내용의 부수적이고 종된 합의에 대하여 유효성을 인정하는 것은 논리적으로 문제가 있을 뿐만 아니라 이를 인정할 만한 법적 근거도 발견할 수 없기 때문이다. 그러므로 이러한 제한적 무효설은 동일한 법률행위의 효력을 아무런 법적 근거 없이 이원적으로 파악하는 점에 문제가 있다.

(4) 유동적 무효설에 의하면 채권적 효력이나 물권적 효력 등 어떠한 효력도 발생하지 않는다는 것은 법적 가치판단에 따라 이미 무가치하다는 것을 의미하는데, 허가를 통하여 장래에 완성을 전제로 한다거나 허가를 받으면 소급적으로 유효하게 된다는 것은 법률상 근거가 없다는 점과

함께 무효인 계약관계로부터 당사자의 허가에 대한 협력의무를 요구하는 것은 논리적으로 타당하지 않다는 것이다. 또한 토지거래에서 당사자의 의사는 무효인 계약을 관청의 허가로서 유효하게 하는 것이 아니라, 유효하게 성립한 계약을 관청의 허가로서 확정하겠다는 의사라고 해석한다면 유동적 무효설의 법리와도 부합하지 않는다는 것이다.

(5) 이상에서 살펴보는 바와 같이 4가지 견해들은 모두 나름대로 논거를 가지고 주장되었지만 약점들을 내포하고 있음을 알 수 있다. 그래서 토지거래상의 허가를 당사자 약정에 의한 조건과 동일하게 취급하여 조건에 관한 민법규정을 유추적용하자는 견해도 있다[65]. 일리 있는 주장이기는 하지만 민법이나 특별법상 요구되는 허가는 법정조건으로서 약정조건과 동일하게 취급할 수 없을 것이다. 따라서 비록 무효법리에 대한 부조화가 없지 않지만 현실 거래의 관행과 당사자의 의사를 어느 정도 반영될 수 있는 유동적 무효가 상대적으로 타당한 것으로 여겨진다. 이러한 유동적무효설에 의하면 민법상 본인의 추인을 얻지 못한 협의의 무권대리인의 책임(제135조)을 합리적으로 해석할 수 있는 근거를 찾을 수 있다는 점과 허가나 증명을 요하는 다른 부동산거래의 경우에도 동일한 법리에 의하여 통합될 수 있다는 점, 그리고 입법의 잘못을 판례에 의하여 합리적으로 조정할 수 있는 장점을[66] 살리는 것이 될 수 있을 것이다.

마. 소결

토지거래에 허가를 요하는 법규에 반하여 허가를 받지 않은 경우에 대한 문제는 앞서 검토한 바와 같이 유동적 무효법리에 의해 해결을 도모하

---

65) 정상현, "법률행위의 요건체계와 토지거래허가", 「비교사법」 제15권 2호, 2008. 6, 168면 이하 참조.
66) 김상용(주 50), 590면 이하.

는 것이 상대적으로 바람직할 것으로 여겨진다. 그러나 이러한 법리에 따른다 해도 복잡한 문제가 발생하는데 전원합의체 판결이후 개개의 문제에 대한 다양한 판례가 집적되었다. 예컨대 채권적 효력뿐만 아니라 물권적 효력이 발생하지 않는다 해도 당사자간의 부수적인 협력의무는 발생하게 되며, 이에 따라 등기절차 등에 협력을 청구할 수 있을 것이다. 또한 이러한 협력의무를 위반한 경우에는 손해배상의 문제도 발생하게 되는데, 상호간의 신뢰를 중심으로 이루어진 것에 대한 신뢰이익의 정도로 한정하는 것이 바람직 할 것이다. 이밖에도 계약해제 문제나 부당이득의 문제 등도 개별적인 사안에 적합하도록 해결하는 것은 바람직한 방향으로 사료된다.

3. '외국인토지법'이나 '사립학교법' 등에서 요구되는 신고의 법률관계

가. 개 관

토지거래와 관련하여 행정청에 신고를 요구하는 대표적인 법률로서는 앞서 규제의 유형에서 살펴본 바와 같이 외국인토지법과 사립학교법이라 할 수 있다. 개정전의 국토이용및 관리에 관한 법률에서도 신고지역을 지정하여 거래전에 신고하도록 규정하였으나 새로운 국토의 계획 및 이용에 관한 법률에서도 신고제도를 폐지하였다. 외국인토지법이나 사립학교법 및 공인중개사의 업무 및 부동산 거래신고에 관한 법률상에서 요구하고 있는 신고는 행정법상 어떤 의미를 지니고 있으며, 또한 그러한 신고 의무를 수행한 경우의 효력과 신고를 하지 않고 해당 행위를 한 경우의 효과가 문제된다.

나. 행정법상 신고의 의의 및 기능

강학상 신고는 사인이 행정청에 대하여 일정한 의사표시를 하거나 일정한 관념 또는 사실을 통지하는 행위를 의미한다[67]. 이러한 신고에는 교통사고를 목격하여 경찰에 신고한 경우처럼 단순한 사실행위로서의 신고라든가 혼인신고 등 사법상의 법률효과를 발생케 하는 가족법상의 신고 등 다양한 형태가 존재한다[68]. 특히 행정법상 신고는 상대방인 사인이 행정청에 대하여 일정한 사실이나 법률관계를 통지함으로써 공법상의 효과를 발생시키는 사인의 공법행위를 말한다. 신고는 유형에 따라 다양한 기능을 하게 된다[69]. 첫째로, 사전통보나 사후통보를 통해 행정청이 정보를 획득하는 기능을 한다. 사고가 발생한 경우에 이러한 신고를 통해 유사한 사고에 대하여 신속히 대응할 수 있게 된다. 둘째로, 건축허가신고나 집회 및 시위에 관한 법률상의 신고의 경우에는 금지를 해제하는 기능을 한다. 셋째로, 신고영업 등 수리를 요하는 신고의 경우에는 사전 규제장치로서의 기능을 한다. 예컨대 신고의 수리를 통하여 진입규제를 완화시키는 기능하게 된다. 특히 이러한 기능을 통해 국가가 사적 활동에 개입할 수 있게 된다.

다. 신고의 유형

(1) 자기 완결적 행위로서의 신고와 수리를 요하는 신고

자기 완결적 행위로서의 신고는 건축법상의 건축신고나 집회 및 시위

---

67) 홍두표, "각종 신고업무의 민간이양에 관한 연구", 「법제연구총서」, 1996, 46면.
68) 조금 오래된 통계이지만 오준근, 행정절차법, 1998. 436면에 따르면 신고라는 명칭이 1998년 7월 현재 1254건의 법령에서 사용하고 있으며, 해당 조문 수는 6175건에 달한다고 밝히고 있다,
69) 자세한 것은 김용섭, "행정법상 신고와 수리", 「판례월보」(2000.01), 39면 이하.

에 관한 법률상의 신고와 같이 특정의 사실관계 또는 법률관계의 존부를 행정청에 알림으로써 법률상의 의무가 이행되는 것을 말한다. 형식적 요건이[70] 충족되어 있으면 신고서가 행정청에 도달한 때에 신고의무는 이행된 것으로 본다[71]. 이에 반해 수리를 요하는 신고는 신고가 수리되어야 신고의 대상이 되는 행위에 대한 금지가 해제되는 신고를 말한다. 예컨대 지위승계의 신고[72], 완화된 허가로서의 신고[73], 등록적 성격으로서의 신고들이 이러한 유형에 속한다[74]. 특히 지위승계의 신고에서는 신고의 수리가 새로운 허가처분적 성격을 지니게 되며, 완화된 허가는 일정한 지위를 설정하는 형성적 내용의 허가의 성격을 지니고 있으며, 등록적 성격의 신고도 완화된 허가와 마찬가지로 영업 규제적 성격을 지닌다[75]. 앞서 언급한 외국인토지법상의 신고와 사립학교법상 신고는 모두 수리를 요하는 신고에 해당한다.

(2) 사실 파악형의 신고와 규제적 신고

행정청에게 행정의 대상이 되는 사실에 관한 정보를 제공하는 기능을 하는 사실파악형의 신고와 영업활동이나 건축활동 등 사적활동을 규제하는 기능을 갖는 신고가 있다. 전자의 경우에는 신고 없이 대상이 되는 행위를 하였다고 하여 당해 행위가 법질서에 반하는 행위가 되는 것은 아니

---

70) 행정절차법 제40조제2항에서 자기완결적 신고가 효력을 발생하기 위한 요건으로서 첫째로 신고서의 기재사항에 하자가 없을 것, 둘째로 필요한 구비서류가 첨부되어 있을 것, 셋째로 기타 법령 등에 규정된 형식상의 요건에 적합할 것을 요구하고 있다.
71) 대판 1999.4.27, 97누6780; 대판 1995.3.14, 94누9962; 대판 1990.6.12, 90누2468; 대판 1968.4. 30, 68누12.
72) 대판 1995.2.24, 94누9146.
73) 대판 1991.7.12, 90누8350.
74) 대판 1992.3.31, 91누4911.
75) 박균성, "행정법상 신고", 「고시연구」(1999. 1), 30면.

므로, 그에 대하여 형벌이 가해지지 않고 단지 신고의무를 이행하지 않았다는 점에서 과태료가 부과된다. 이에 반해 후자의 경우에는 신고를 하지 않고 신고의 대상이 되는 행위를 한 경우에 당해 행위는 법질서에 반하는 위법행위가 된다. 따라서 이러한 신고를 '신고유보부 금지'로 부를 수도 있다. 신고유보부 금지라 함은 신고의 대상이 되는 행위가 법에 의해 금지되어 있고 신고로 그 금지가 해제되는 신고를 말한다. 신고를 하지 아니하고 신고의 대상이 되는 행위를 한 경우에 통상 그에 대하여 형벌이 가해지고 위법행위에 대한 시정명령이 발령된다. 다만, 입법정책상 형벌이 아니라 과태료가 부과되는 경우가 있다. 앞서 언급한 외국인토지법상의 신고와 사립학교법상 신고는 모두 규제적 신고에 해당한다. 규제적 신고와 허가와 다른 점은 규제적 신고는 사적활동에 대하여 형식적인 통제만을 행하데 반하여 허가는 실질적인 통제를 행한다는 데 있다. 즉 전자의 경우에는 신고의 형식적 요건에의 합치여부만을 심사하지만, 후자의 경우에는 허가요건으로 되어 있는 행위의 안전성 등에 대한 심사를 행한다.

(3) 행정절차법상의 신고

행정절차법 제40조에서는 신고의 요건과 효과에 관하여 규율하고 있다. 이 규정의 규율대상이 되는 신고는 "법령 등에서 행정청에 대하여 일정한 사항을 통지함으로써 의무가 끝나는 신고", 즉 자기 완결적 신고이다.

라. 신고 및 신고위반의 효과

(1) 적법한 신고의 효과

자기 완결적 신고의 경우에는 형식에 적합한 신고를 하여 행정청에 도달한 경우에 행정청의 수리 여부와는 관계없이 신고의무가 이행된 것으로 보게 된다. 이러한 신고는 행정청의 수리행위는 불필요하고, 단지 접수라는 사실행위가 있게 된다. 따라서 신고 여부에 따라 의무의 완결여부와 과태료 등의 부과처분의 여부가 결정된다. 이에 반해 수리를 요하는 신고의 경우에는 신고로서 금지되는 행위가 해제된다. 이 경우에는 행정청이 형식에 적합한 신고인지 여부와 실체적 심사를 마친 후 신고의 수리가 있게 되고, 수리가 행해지면 개별법들이 규정하고 있는 특수한 법률효과가 발생하게 된다. 즉, 신고의 수리에 따라 공법적 효과가 발생한다.

(2) 부적법한 신고의 효과

자기 완결적 신고의 경우 형식적 요건을 갖추지 아니한 경우에는 신고로서의 효력이 발생하지 않는다. 따라서 행정청은 접수를 거부할 수 있고, 신고를 반려할 수 있다. 그러나 바로 반려할 것이 아니라 상당한 기간을 정하여 보정을 명하고 그 기간 내에 보정이 이루어지지 아니한 경우에는 이유를 명시하여 반려하여야 한다. 보정을 하지 않고 행한 반려처분은 행정절차법 제40조의 규정에 위반한 절차위법이 있게 된다. 수리를 요하는 신고의 경우에 부적법하게 신고를 했다면 행정청은 수리를 거부할 수 있다. 만약 수리가 거부되었음에도 불구하고, 당해 행위를 했다면 무신고 영업행위가 될 것이다.

(3) 신고를 하지 아니한 경우의 효과

신고를 해야 할 자가 신고를 하지 않고 신고의무가 부여되어 있는 행위를 한 경우에는 통상 과태료가 부과되는 것이지만, 신고의무위반에 대하여 형벌을 과하는 것으로 규정하고 있는 경우가 있다. 신고의무를 이행하지 아니한 경우에 신고의 대상이 되는 행위가 법질서에 반하는 위법한 행위의 여부는 신고의 유형에 따라 다르다. 예컨대 자기완결적 신고나 사실

파악형 신고에서는 신고를 하지 않고 신고의무가 있는 행위를 한 경우에
도 당해 행위 자체가 불법이 되는 것은 아니다. 그러나 수리를 요하는 신
고나 규제적 신고의 경우에는 신고를 하지 않고 신고의 대상이 되는 행위
를 한 경우에는 법질서에 반하는 위법행위가 될 것이다. 따라서 이러한
행위에 대하여 과태료나 형벌이 가해지고 위법행위에 대한 시정명령이
내려질 수 있다. 수리를 요하는 신고에 적법한 신고가 있었지만 행정청이
수리하지 아니한 경우에도 위에서 언급한 바와 같이 그 신고대상행위는
자기 완결적 신고의 경우와 달리 위법한 행위가 될 것이다. 따라서 신고
가 수리되지 않았음에도 불구하고 신고의 대상이 되는 행위를 한 행위자
는 법률이 정하는 바에 따라 행정벌을 받게 되고 시정명령을 받게 된다.

마. 신고의무위반과 사법상의 효력

(1) '사립학교법'상 신고나 '외국인토지법'상 신고는 수리를 요하는 신
고와 규제적 신고에 해당한다. 그런데 이러한 법률에 적용받는 토지거래
를 신고를 하지 않고 당해 행위를 한 경우에 그 행위에 대해 사법적 효력
은 어떻게 되는가는 예전부터 논의가 되어 왔다. 이 문제는 신고의무를
규정하는 법조항이 단속규정인가, 효력발생규정인가의 여부에 달린 문제
이다. 다시 말해 신고 자체의 문제가 아니라 신고의 대상행위에 대한 규
제목적의 문제이므로 신고의 법리와는 직접적인 관련성을 지니는 것은
아니라고 여겨진다. 대법원은 토지거래의 신고와 관련하여 "국토이용관
리법은 토지의 투기적인 거래와 지가의 급격한 상승을 막기 위한 목적으
로 토지거래를 규제함에 있어, 그 규제대상지역을 허가구역과 신고구역
의 두 종류로 나누고, 허가구역 내에 있는 토지 등의 거래계약에 대하여
는 관할도지사의 허가를 받아야 하고, 그 허가를 받지 아니하고 체결된
거래계약은 효력을 발생하지 아니하는 것으로 규정하고 있음에 비하여

(동법 제21조의3 제7항), 신고구역 내에 있는 토지 등의 거래계약에 대하여는 관할시장, 군수 등을 거쳐 도지사에게 사전신고를 하면 되는 것으로 규정하면서, 신고의무를 이행하지 아니하고 거래계약이 체결된 경우에 대하여는 효력에 관한 아무런 규정을 두지 아니하고 다만 신고의무에 위반한 거래계약 당사자에 대한 벌칙을 두고 있는 데에 비추어 보면 신고구역에 관한 위 규정은 단속법규에 속하고 신고의무에 위반한 거래계약의 사법적 효력까지 부인되는 것은 아니라고 풀이된다. 같은 견해 아래서 신고구역내의 토지인 이 사건 토지에 대하여 당국에 신고하지 아니하고 체결된 이 사건 계약이 무효가 아니라고 판시한 원판결은 옳고 여기에 국토이용관리법에 관한 법리오해의 위법은 없어 논지는 이유 없다."고 판시하여76) 대법원도 같은 취지로 해석하고 있다.

(2) 이상과 같이 개정되기 전 국토이용관리법상의 신고지역에서 신고를 하지 않은 경우에 대법원판례들은 국토이용관리법 제21조의7이하의 토지거래신고구역에 관한 규정은 단속법규에 속하고 신고의무에 위반한 거래계약의 사법적 효력까지 부인되는 것은 아니어서 위법에 의한 신고 이전에 이루어진 매매가 무효라고 할 수 없다고 한다77). 따라서 신고구역으로 지정된 토지에 대한 적법한 거래신고가 없었다는 이유로 최고를 하지 아니하고 계약을 해제할 수 있는 경우라 할 수 없다고 하였다. 같은 관점에서 화전정리에 관한 법률 제17조 제2항에 위반하여 국세청장의 허가를 받지 아니하고 정리된 농경지를 토지가격의 상환기간 중에 매도한 경우에, 동규정이 단속규정이라는 전제하에서 무효가 아닌 것으로 보았다78). 따라서 외국인토지법 제4조와 제5조에 의해 요구되는 신고의무를

---

76) 대판 1988.11.22, 87다카2777.
77) 대판 1988.11.22, 87다카2777; 대판 1991.2.12, 92다14218; 대판 1992.12.24, 92다
  3311.
78) 대판 1992.1.17, 91다37331.

위반한 때의 효력이나 사립학교법에서 요구하는 신고의무를 위반한 경우에도 같은 취지에서 해석되어야 할 것이다. 따라서 신고의무조항은 효력발생요건으로 볼 수 없는 단속규정으로서 사법상의 효력에는 영향이 없는 것으로 보아야 할 것이다. 특히 공인중개사의 업무 및 부동산 거래신고에 관한 법률 제51조 제2항의 과태료 규정에서 이점을 분명하게 확인할 수 있다.

4. 토지거래계약서의 검인제도

건전한 부동산거래 질서의 확립을 위해 부동산등기특별조치법에 의해 시행되고 있는 검인제도는 소위 다운계약서 등 이중계약서를 작성하여 회피하는 경우까지 규제할 수 있는 역할은 하지 못하지만 토지거래질서의 확립에 큰 역할을 하고 있다. 현재 법체계상 검인계약 자체를 회피하고 부동산 등기를 할 수는 없기 때문이다.

원래 검인신청은 계약당사자중 1인이 하게 된다. 그러나 당사자들은 위임이 가능하기 때문에 그의 위임을 받은 자, 계약서를 작성한 변호사, 법무사 및 중개업자들이 하게 된다. 이러한 신청자는 계약서의 원본 또는 판결서 등의 정본과 사본 2통을 관할 시장, 군수에게 제출하여야 하고(부동산등기특별조치법에 따른 대법원규칙 제1조 제1, 2항), 시장, 군수는 계약서 또는 판결서 등의 형식적 요건의 구비여부만을 확인하고 그 기재에 흠결이 없다고 인정한 때에는 지체없이 검인을 하여 검인신청인에게 교부하도록 하고 있다(동규칙 제1조 제3항). 또한 동법 제4조에서는 부동산의 소유권을 이전받을 것을 내용으로 계약을 체결한 자가 그 부동산에 대하여 다시 제3자와 소유권이전을 내용으로 하는 계약이나 제3자에게 계약당사자의 지위를 이전하는 계약을 체결하고자 할 때에는 먼저 체결된

계약서에 검인을 받도록 규정하여 미등기전매를 통한 부동산투기를 막고
자 하고 있다. 또한 검인직후에는 시장, 군수가, 소유권이전등기를 한 후
에는 등기공무원이 검인된 계약서 등을 각 관할세무서장에게 송부하도록
함으로써(동규칙 제1조 제2항, 제3조 제1항) 정확한 과세자료를 파악함과
동시에 미등기거래로 인한 토지투기를 방지하고자 한다. 그러나 계약서
등에 검인을 받지 않았다고 하여 벌칙이 부과되지는 않는다79). 이에 따라
실효성에 대한 비판이 있을 수 있지만, 검인의 법적 성질은 명확하게 드
러난다. 검인을 받지 않은 경우에 당사자간의 채권행위의 효력은 인정될
것이지만, 이러한 검인계약서는 부동산등기법 제40조 제1항 제9호의 근
거 서면이 되기 때문에 등기를 경료할 수 없기 때문에, 검인이 없는 경우
에는 물권변동의 효력은 발생할 수 없을 것이다. 그런데 최근에 공인중개
사의 업무 및 부동산 거래신고에 관한 법률이 제정되어 토지거래의 경우
에는 신고제도가 도입되어, 이법에 의해 '신고필증'을 교부 받은 경우에
는 부동산등기특별법상 요구되는 검인을 받은 것으로 간주하고 있어 검
인제도는 신고제도와 동일시할 수 있음을 보여주고 있다. 따라서 토지거
래의 검인제도는 매매의 경우를 제외한 판결이나 교환, 증여 등의 경우에
예외적으로 행해지게 되는데, 이때의 법적 성질은 신고로 해석되어야 할
것이다.

5. 농지취득자격증명제의 법률관계

가. 이미 폐지된 구 농지개혁법은 경자유전의 원칙을 실현하기 위하여
농지의 매매에는 소재지행정관서의 증명을 받도록 규정하고 있고(동법

---

79) 동법 제9조 제1호에 따르면 검인신청에 대한 특례규정에 위반하였을 때에는 벌칙
   을 부과할 수 있다.

제19조), 구 농지임대차관리법(1986. 12. 31. 법률 제3888호)은 농지매매증명의 발급절차에 관한 규정을 두고 있었다(동법 제19조, 동시행령 제23조, 동시행규칙 제9조, 제10조). 이러한 농지매매증명제도는 농지소재지의 시, 구, 읍, 면장의 농지매매증명을 받도록 함으로써 ① 매수인이 자경농가인가의 여부를 확인하게 하며, ② 농지소유의 상한(3정보)을 초과하지 않는가 여부를 심사하여 그 적격 및 적정여부를 확인하여 그 거래를 인정하는 제도이다. 농지매매증명은 매도인이나 매수인이 단독으로 신청할 수 있고, 상속으로 인한 소유권이전등기신청에는 농지매매증명이 필요 없다[80]. 명의신탁해지를 원인으로 하여 소유권이전등기를 구함에 있어서도 농지인 경우에는 농지매매증명이 필요하고[81], 강제경매나 임의경매시 목적물이 농지인 경우 경락인은 농지개혁법이나 농지임대차관리법령에 정하는 자격요건을 구비한 경우에 한하여 농지매매증명을 발급 받을 수 있었다[82]. 종래 농지에 관한 소유권이전등기를 명하는 판결에 따라 그 등기신청을 하는 경우에는 소재지관서의 증명을 제출할 필요가 없었으나 부동산등기특별조치법 제5조의 규정에 의하여 이 경우에도 반드시 농지매매증명을 제출하여야만 했었다.

나. 소재지관서의 증명이 없는 농지매매계약의 효력에 관하여 대법원은 "농지매매에 있어 소재지관서의 증명이 없는 경우에는 매매에 의한 물권변동의 효과 즉 소유권이전의 효과를 발생할 수 없으나 농지매매 당사자 사이에 채권계약으로서의 매매계약은 유효히 성립될 수 있는 것이다"라고 판시하여[83], 농지매매증명을 물권행위의 효력발생요건으로 보았

---

80) 대판 1966.9.20, 66다1002.
81) 대판 1966.12.10, 91다34974; 대판 1992.3.31, 90다40740, 40757.
82) 이 때 경락인은 집달관이 발급한 경락사실 증명서면을 첨부하면 매도인의 서명날인 없이도 단독신청이 가능하다.
83) 대판(전합) 1964.10.1, 64다563.

다84). 판례에 의하면 농지매매증명이 없더라도 당사자 사이의 채권적 매매계약은 유효하고 다만 소유권이전등기만을 마칠 수 없는 것이어서 매수인은 매도인에 대하여 농지의 인도를 구할 수 있고, 적법한 권원에 기하여 이를 점유 경작할 수 있다는 것이 된다. 그러나 이와 같은 판례태도는 비농가에 의한 농지의 매수와 그에 의한 점유·수익을 가능하게 하고 나아가 농지개혁법의 입법취지를 몰각시킨다는 비판을 받았다85).

  다. 이러한 학설과 판례가 혼란스럽게 전개되고 있는 상황에서 구농지개혁법과 농지임대차관리법 등을 흡수한 농지법이 제정되어, 1996년부터 시행되고 있다. 농지취득자격증명의 발급과 관련하여 농지법 제8조 제1항에서 "농지를 취득하려는 자는 농지 소재지를 관할하는 시장(구를 두지 아니한 시의 시장을 말하며, 도농 복합 형태의 시는 농지 소재지가 동지역인 경우만을 말한다), 구청장(도농 복합 형태의 시의 구에서는 농지 소재지가 동지역인 경우만을 말한다), 읍장 또는 면장(이하 "시·구·읍·면의 장"이라 한다)에게서 농지취득자격증명을 발급받아야 한다."고 규정하고

---

84) 이와 관련한 대법원판례에 대해서는 변동걸, "소재지관서의 증명이 없는 농지매매계약의 효력", 「대법원 판례해설」, 제5호, 1986, 138면 이하 참조. 대판 1992.5.12, 91다33872 판결에 따르면 소재지관서의 증명을 얻지 아니한 채 체결된 농지의 매매계약을 원인으로 하여 매수인이 매도인을 상대로 소유권이전등기절차의 이행을 청구하는 경우에는 사실심의 변론이 종결될 때까지는 소재지 관서의 증명을 얻어야만 한다고 한다.

85) 대법원은 "소재지관서의 증명은 농지매매계약의 유효조건이고, 이 규정은 소위 공익에 관한 것으로서 당사자의 의사나 태도에 의하여 그 규정의 적용을 배제할 수 없다 할 것이므로 위 증명이 없는 한 농지매매계약은 매매당사자의 태도여하에 불구하고 그 효력을 발생할 수 없다"고 판시하여(대판 1984.11.13, 84다75) 채권행위 무효설을 취하고 있는 듯하다. 이 판결 역시 농지매매계약을 물권계약으로 해석할 여지가 있기 때문에 이 판결이 종래의 대법원의 태도를 따르는 것으로 해석할 수 있으나 반대로 해석하는 견해도 있다. 예컨대 변동걸(주 84), 146면; 이은영, "토지거래허가를 조건으로 하는 매매계약 및 배상액예정의 효력", 「판례월보」, 1991. 12, 17면.

있다. 더 나아가 농지법 부칙 제10조에 의하면 농지법 시행 당시 종전의 농지개혁법 제19조 제2항 및 농지임대차관리법 제19조의 규정에 의하여 농지매매증명을 발급 받은 자는 이 법에 의하여 농지취득자격증명을 발급받은 것으로 보았다. 이에 따라 농지매매증명과 농지취득자격증명과의 관계를 어떻게 이해할 것인가의[86] 문제와 농지취득자격증명의 법적 성질이 문제되고 있다. 상기의 농지법 부칙과 농지법의 제정취지 등을 근거로 농지매매증명과 동일 선상에서 이해하고자 하는 견해가 타당하다고 여겨진다[87]. 이러한 농지취득자격증명의 발급은 농지매매의 증명과 마찬가지로 농지소재지의 장이 농지취득자격을 심사하는 행정처분이며, 이에 대한 법적 성질은 공법상 인가로 이해하는 것이 판례[88]와 학설[89]의 태도이다. 농지를 취득하고자 하는 자는 농지취득자격증명을 발급받아 소유권이전등기를 신청할 때 첨부하도록 규정되어 있는 점을 고려한다면 인가로 해석하는 것이 타당하다고 여겨진다. 이렇게 인가로 해석할 때 농지취득자격증명이 없는 농지매매계약의 효력은 앞서 언급한 유동적 무효의 법리를 적용하여야 할 것이다.

IV. 맺음말

1. 토지거래의 규제는 행정청의 허가나 인가 혹은 신고 등의 형태로 나타나는데, 그 법적 성질은 토지소유권에 대한 처분권의 제한이라 할 수

---

86) 이에 대해 자세한 논의는 송재일(주 26), 188면 이하 참조.
87) 같은 견해로 송재일(주 26), 190면 이하.
88) 서울지방법원 1991. 3. 27, 90가단34173 .
89) 강신섭, "농지매매와 소재지관서의 증명", 「사법논집」, 제25집, 1994, 110-111면; 송재일(주 26), 201면.

있다. 이러한 토지소유권의 처분을 제한하는 이유는 부동산투기를 억제하려하거나 건전한 재단법인의 유지나 전통사찰이나 향교를 보존하려는 등 여러 가지 이유에서 행해지고 있다. 이러한 제한은 소유권의 본질적인 침해 수준에 이르지 않는 것으로 국가공동체를 유지하는데 필요한 조치라 여겨진다.

  2. 가장 강력한 규제라 할 수 있는 토지거래허가는 토지거래를 원칙적으로 금하고 예외적인 경우에 허용하는 것이라 할 수 없기 때문에 인가로 해석하고 있다. 따라서 허가나 고유의미의 인가를 받지 않고 거래한 경우 그 효력이 문제인데 다수설과 판례는 유동적 무효로 해석하고 있다. 이 법리가 무효의 일반이론에 부합하지 못하는 점도 있으나, 거래의 관행과 당사자의 의사를 반영할 수 있고, 또한 허가제도의 취지도 살릴 수 있는 것이라 여겨진다. 이 법리를 채택함으로 인해 발생되는 여러 가지의 문제에 대해서는 법원이 다름대로 잘 대처해 오고 있는 것으로 여겨진다. 부당이득반환의 문제나 협력의무와 그로 인한 손해배상책임에 대해서도 대법원은 명확하게 정리해 나가고 있다.

  3. 농지취득자격증명제도의 성격과 자격을 취득하지 않은 채 거래한 경우의 사법적 효력과 관련하여 문제가 되고 있다. 우리 대법원은 물권행위의 독자성을 부정하면서, 농지매매증명없이 계약을 체결한 경우 채권행위는 유효하고, 물권행위만 무효라고 하는 법리를 취하였다. 이것은 물권행위의 독자성을 부정하는 태도와는 부합되지 아니하고 법리 자체도 바람직한 것이라 할 수 없다. 따라서 1991년 전원합의체에서 확인했던 유동적 무효의 법리로 해석하는 것이 바람직하다고 여겨진다.

4. 오늘날 매매에 의한 토지거래는 행정관청에 신고를 하고, 신고필증을 받아야만 등기를 할 수 있게 되어 있다. 이러한 신고필증을 받은 경우에는 부동산등기특별조치법에서 요구하고 있는 검인을 받은 것으로 간주된다. 이러한 관계들을 고려해 보면 토지거래의 검인제도는 신고의 의미를 지닌 것으로 여겨진다. 검인 신청을 하면 즉시 행정관청은 처리하게 되어 있으며, 계약당사자가 검인계약의 신고를 해태한 경우에 원칙적으로는 과태료 등 규제방법이 없다. 과태료 등 어떠한 처벌규정이 없기 때문에 실효성이 담보되지 않는 제도라 할 수 있으나, 검인계약서는 등기신청에 필요한 서면이다. 따라서 사법상의 효력은 아주 지대하다고 할 수 있다. 왜냐하면 이러한 검인을 받지 않는다면 등기를 신청할 수 없고, 등기가 경료되지 않는 한 물권변동의 효력도 발생할 수 없기 때문이다. 그러나 검인계약서가 중요한 정보취득이나 부동산투기를 예방하기 위한 기능을 다하기 위해서는 최소한 단속기능을 할 수 있는 입법조치의 보완이 필요하다고 여겨진다.

〚 "토지거래의 규제에 관한 사법적 고찰", 「토지법학」 제27-1호, 2011.6, 1-36면 〛

제3장

토지소유권과 경관의 문제

제1절 경관이익의 보호에 관한 사법적 고찰

I. 서 언

1. 금강산이나 설악산과 같은 명승지는 아니라 하더라도 마을 뒷산의 아름다운 경치나 해안 바닷가, 주변의 호수 등은 지역 주민들의 삶의 질을 향상시키는 역할을 하기도 한다. 예컨대 한경변에 있는 주택이나 북한산이 바라다 보이는 곳에 있는 주택지는 그렇지 못한 지역보다 소유자에게 심미적인 안정감을 주고 있어 부동산 거래시 경제적인 가치에서도 높이 평가되고 있는 실정이다.

2. 또한 "인접 대지 위에 건축 중인 아파트가 24층까지 완공되는 경우, 대학교 구내의 첨단과학관에서의 교육 및 연구 활동에 커다란 지장이 초래되고 첨단과학관 옥상에 설치된 자동기상관측장비 등의 본래의 기능 및 활용성이 극도로 저하되며 대학교로서의 경관·조망이 훼손되고 조용하고 쾌적한 교육환경이 저해"[1]되는 경우나 "어느 토지나 건물의 소유자가 종전부터 향유하고 있던 경관이나 조망, 조용하고 쾌적한 종교적 환경 등이 그에게 하나의 생활이익으로서의 가치를 가지고 있다고 객관적으로 인정된다면 법적인 보호의 대상이 될 수 있"[2]을 것이다.

---

1) 대판 1995.9.15, 95다23378.
2) 대판 1997.7.22, 96다56153.

3. 더 나아가 만약 응봉산 일대의 구릉지나 능선을 한강가시권 경관개선계획의 일환으로 보존하기로 하는 계획이 서울시 도시기본계획 내에 수립되어 있었다면, 도시계획변경결정으로 인하여 거주민의 경관을 침해하였다고 하더라도 이 도시기본계획에 부합한다면 위법하지 않다고 한 것이나[3], 산림 내에서의 토사채취는 국토 및 자연의 유지와 환경의 보전에 직접적으로 영향을 미치는 행위이므로 법령이 규정하는 토사채취의 제한지역에 해당하는 경우는 물론이거니와 그러한 제한지역에 해당하지 않더라도 허가관청은 토사채취허가신청 대상 토지의 형상과 위치 및 그 주위의 상황 등을 고려하여 국토 및 자연의 유지와 환경보전 등 중대한 공익상 필요가 있다고 인정될 때에는 그 허가를 거부할 수 있다[4].

4. 현대인들, 특히 도시민의 생활이나 삶의 질과 직간접으로 관련되어 있는 환경이익들이 다양한 형태로 침해 내지 방해되고 있다. 이러한 넓은 의미의 환경이익 중에서 토지소유자들간의 발생되는 일조나 조망이익, 혹은 경관이익에 대해서는 특별히 법으로 보호되고 있다. 특히 위에서 열거한 사례들은 소위 '경관'과 관련된 것으로서 자연경관, 도시경관, 문화경관, 농촌경관 등과 관련하여 발생될 수 있는 것들이다. 이러한 경관들이 일부 지역 주민의 개발 등에 의해 침해되거나 소유자가 경관지역을 출입할 수 없게 된 경우, 이것들이 어떻게 보호받을 수 있는가? 인접 토지 소유자간의 조망권의 침해의 경우 상린관계의 법리에 의해 구제받을 수 있지만, 인접한 토지 소유자가 아닌 상당한 거리에 거주하고 있는 지역 주민들의 경관권의 침해는 인접하고 있는 경우와는 달리 취급되어야 할 것으로 여겨진다. 지역주민들이 향유하고 있는 쾌적한 환경이 침해되고

---

3) 대판 2000.2.8, 97누13337.
4) 대판 2007.6.15, 2005두9736; 대판 1994.8.12, 94누5489.

있는 경우에 어떠한 구제가 가능할 것인가 하는 것이 경관이익의 보호와
관련한 문제라 할 수 있다.

5. 본고에서는 이러한 경관과 관련된 문제들을 사법적인 관점에서 논구
해 보고자 한다. 먼저 경관의 의미와 경관과 유사한 개념이라 할 수 있는
조망권과의 관계를 먼저 살펴보고, 이어서 경관이익을 보호하고 있는 현
행 법제들을 개괄적으로 살펴보고자 한다. 이어서 이러한 경관이익이 침
해된 경우 구제방법을 최근에 제정된 경관법과 관련하여 구체적으로 분
석 검토해 보고, 글을 맺고자 한다5).

II. 경관과 조망권의 의의와 권리성 인정 여부

1. 경관과 조망권의 의의

헌법 제35조에서 "모든 국민은 건강하고 쾌적한 환경에서 생활할 권
리"로서 환경권을 규정하고 있지만, 이러한 환경권이 사법상 권리로서 인
정되려면 명문의 규정이 있거나 관계 법령의 규정 취지나 조리에 비추어
권리의 주체, 대상, 내용, 행사방법 등이 구체적으로 정립될 수 있어야 한
다6). 이러한 헌법상 환경권을 구성하고 있는 개별적인 권리 중 사법상 주

---

5) 경관이익에 관한 입법이나 구체적인 판례 및 그에 대한 연구가 일본에서는 이미 상
   당히 축적되었기 때문에 이에 대한 비교법적 연구는 필수적이다. 그러나 이 글에서
   는 일본문헌에 대한 참고나 인용을 최소한으로 하였다. 왜냐하면 이번 학술발표대
   회에서 일본 학자가 같은 제목으로 일본의 연구현황과 문제를 발표하기로 되어 있
   어 중복될 수 있고, 한국의 경관이익에 대한 문제를 한국적인 논리로 검토하고자 하
   였기 때문이다.
6) 대판 1995.5.23, 94마2218.

로 문제가 되는 것으로 일조권과 조망권 및 경관권 등을 들 수 있다7). 그런데 이러한 개별적인 권리 중 특히 '경관'이라는 용어는 부동산공법과 관련한 특별법에서 자주 사용되는 것으로, 판례에서는 대개 조망이라는 용어와 함께 병렬적으로 사용되고 있다8). 이러한 경관에 대한 사전적인 의미는 "산이나 들, 강, 바다 따위의 자연이나 지역의 풍경" 혹은 "지리, 기후, 지형, 토양 따위의 자연적요소에 대하여 인간의 활동이 작용하여 만들어낸 지역의 통일된 특성"이라고 정의되고 있다9). 또한 후술하는 경관법에서는 경관을 "자연, 인공요소 및 주민의 생활상 등으로 이루어진 일단의 지역환경적 특징"을 나타내는 것이라고 규정하고 있다(동법 제2조제1호). 이러한 경관에는 앞서 살펴본 바와 같이 자연경관과 문화경관, 역사경관 등을 포함하고 있다. 이에 반해 조망(眺望)은 "먼 곳을 바라봄"을 의미한다10). 따라서 조망권은 아름다운 자연적·역사적 또는 문화적 풍물, 즉 경관을 조망하여 미적 만족감이나 정신적 휴식을 향수할 수 있는 조망적 이익이나 환경적 이익 등이라 한다11). 이러한 조망권과 관련하여 대법원은 "조망이익은 원칙적으로 특정의 장소가 그 장소로부터 외부를 조망함에 있어 특별한 가치를 가지고 있고, 그와 같은 조망이익의 향유를 하나의 중요한 목적으로 하여 그 장소에 건물이 건축된 경우와 같이 당해 건물의 소유자나 점유자가 그 건물로부터 향유하는 조망이익이 사회통념상 독자의 이익으로 승인되어야 할 정도로 중요성을 갖는다고 인

---

7) 이러한 종류의 권리를 '환경향유권'이라 칭하는 학자도 있다〈정종섭, 「헌법학원론」 (박영사, 2008), 749면〉.

8) 대판 1995.9.15, 95다23378; 대판 1997.7.22, 96다56153.

9) http://krdic.naver.com/detail.nhn?docid=2122300(네이버상의 국어사전).

10) http://krdic.naver.com/search.nhn?kind=all&scBtn=true&query(네이버상의 국어사전).

11) 권성 외 4인, "조망권의 침해를 원인으로 한 공사중지가처분", 「가처분의 연구」(박영사, 2002), 502면; 이동원, "일조권 및 조망권의 침해에 대한 판례의 동향", 「대법원·한국민사법학회 공동주최학술대회 자료집」, 2004. 12. 21, 109면.

정되는 경우에 비로소 법적인 보호의 대상이 되는 것이"라고 판시하여[12]
조망권의 성립요건을 구체적으로 설시하고 있다.

2. 경관과 조망권의 구별

토지소유자의 생활이익과 관련하여 거의 같은 관점에서 논의되고 있는
조망권과 경관이익을 판례에서는 전술한 바와 같이 대개 병렬적으로 사
용하면서 일반적인 환경이익을 논할 때에는 특별히 구별하지 않고 있다.
이러한 판례의 태도와 같이 양자의 구별에 부정적인 견해도 있지만[13], 구
별하는 것이 여러 가지 이유에서 타당하다고 생각한다[14]. 특히 일본에서
는 학계나[15] 재판실무에서도 양자를 구별하는 것이 통설적인 견해이
다[16]. 구별의 기준은 다음과 같이 요약할 수 있다.

첫째로, 조망권과 경관이익은 법적 취급을 달리하고 있다는 점이다. 예
컨대 조망권과는 달리 경관에 대해 특별법에서 경관보전지역의 지정에
의한 보호, 경관지구의 지정에 의한 보호, 농어촌경관의 보전협약에 의한
보호 등 다양한 형태의 규정들이 존재함과 동시에 경관법에 의해서는 경
관협정제도를 별도로 두어 경관이익을 보호하고 있다. 경관이익은 때로
는 공법상 반사적 이익으로 취급되고, 때로는 자치법규에 의해 보호되고
있는 점에서 상린관계적 성격을 지닌 조망권과는 구별되어야 한다.

---

12) 대판 2004.9.13, 2003다64602.
13) 구별을 부정하는 견해로는 전경운, 「환경사법론」(집문당, 2009), 392면.
14) 같은 견해로 이동원(주 11), 110-111면; 배성호, "조망이익의 법적 보호", 「인권과
    정의」(2006. 4), 131면.
15) 淡路剛久, 「環境權の法理と裁判」(有斐閣, 1980), 112面; 談路剛久, "眺望·景觀
    の法的保護に關する覺書", 「ジュリスト」, 692號, 有斐閣, 1997. 6, 119~121面.
16) 예컨대 東京高判 2001. 6. 7, 「判例時報」 第1758號, 46面 이하; 最高裁判所
    2006. 6. 30, 「判例時報」 第1931號, 3面 이하.

둘째로 조망권의 침해는 생활자의 관점에서 개인이 특정의 장소에서 좋은 경치나 풍경을 향유할 수 있는 개인적 이익에 대한 침해로 나타나지만, 경관침해는 사회적인 관점에서 사회적 이익에 대한 침해로서 나타나는 경우가 많다. 이에 따라 경관은 개인적 조망이익의 광역적인 집적(集積)으로서 조망을 광역화한 것으로 이해될 수 있다17). 이에 따라 조망권에 대한 침해는 사법적 구제인 손해배상이나 유지청구가 가능한 반면, 경관이익은 객관화·광역화된 가치 있는 자연적·역사적·문화적 경관을 형성하고 있어 손해배상이나 유지청구뿐만 아니라 때로는 공법적 구제와 제재도 가능하다18).

셋째로 조망은 자연의 표면적 전망을 의미하지만, 경관은 전망을 형성하는 여러 요소, 예컨대 특정지역의 자연, 역사, 풍토, 건물 등을 포함한다.

넷째로, 건강하고 쾌적한 생활을 영위하기 위해 인정되는 점은 양자가 공통적이지만, 그 법적 성질을 보면 경관권이 인격권적 측면이 강하고 환경권적 측면이 약한데 비하여 조망권은 인격권적 측면이 약하고 환경권의 요소와 함께 재산권적인 요소가 강하다고 할 수 있다19).

3. 경관이익의 권리성 인정 여부

이와 관련하여 첫 번째 제기되는 것은 경관이익을 하나의 권리로서 보호할 수 있는가의 문제이다. 경관권 혹은 경관이익을 헌법에서 보장하고 있는 개별적 환경권으로 이해한다면 권리로 인정하는데 어려움이 없을

---

17) 談路剛久, "景觀權の生成と國立·大學通り訴訟判決", 「ジュリスト」 1240號, 有斐閣, 2003. 3, 72面 이하.
18) 이동원(주 11), 111면.
19) 大阪辯護士會環境權硏究會編, 「環境權」(日本評論社, 1973), 83-84面; 배성호 (주 14), 131면.

것이다. 그러나 이와 관련하여 전술한 바 있는 대법원 판례에 따르면 "환경권에 관한 헌법 제35조의 규정이 개개의 국민에게 직접으로 구체적인 사법상의 권리를 부여한 것이라고 보기는 어렵고, 사법상의 권리로서의 환경권이 인정되려면 그에 관한 명문의 법률규정이 있거나 관계법령의 규정 취지 및 조리에 비추어 주체, 대상, 내용, 행사방법 등이 구체적으로 정립될 수 있어야 한다"고 판시하여[20], 권리성의 인정 요건을 구체적으로 설시하고 있다. 이에 따르면 경관이익이 권리로서 보호받기 위해서는 명문의 규정이 있거나 그 밖의 구체적인 요건에 의하여 보호되어야 한다는 것을 의미한다. 이러한 관점에서 경관이익은 권리로 규정하는 법률의 규정이 없기 때문에, 판례에서도 객관적인 요건에 의해 제한적으로 인정하고 있다. 예컨대 대법원 판례에서는 "어느 토지나 건물의 소유자가 종전부터 향유하고 있던 경관이나 조망이 그에게 하나의 생활이익으로서의 가치를 가지고 있다고 객관적으로 인정된다면 법적인 보호의 대상이 될 수 있"다고 판시하여[21], 경관이나 조망이 생활이익으로서 객관적으로 인정된다면 법적인 보호대상, 즉 피보전권리가 된다는 점을 명확히 하였다.

현재까지 경관이익의 권리성의 인정여부에 대해 구체적으로 논의된 바는 없다. 그러나 환경권과 조망권에 대해서는 상당히 많은 논의가 행해졌는데, 조망권의 권리성 인정여부와 관련해서는 견해가 대립되고 있다. 예컨대 장차 환경권의 사권성이 보편적으로 인식되는 시점에 가서는 조망권을 환경권으로 파악하게 된다고 하는 견해나[22] 민법 제217조가 환경이익의 피보전권리의 하나라는 주장이 있는가 하면[23], 조망이익에 관한 종래의 입장은 조망이익은 일조나 기타 생활이익에 비하여 절실한 것은 아

---

20) 대판 1995.9.15, 95다23378.
21) 대판 2007.6.28, 2004다54282.
22) 권성 외 4인(주 11), 502면.
23) 천병태·김명길, 「환경법」(삼영사, 2004), 80면.

니고 주관적인 것이며, 피해건물과 주변 경관 사이에 다른 차단물이 존재
하지 않는다는 우연한 사정에 의하여 누리는 반사적 이익에 불과하다는
견해도 있다[24].

　대법원 판례에서 정확하게 설시하고 있는 바와 같이 경관이익을 권리
로 인정하기 위해서는 명문의 규정이 있거나 관련 규정들의 취지 등뿐만
아니라 구체적인 사항을 고려하여 객관적으로 보호할 만한 가치가 있을
경우에는 예외적으로 그 이익을 보호해야 할 것이다. 예컨대 인접토지소
유자의 경관이익의 침해가 민법 제217조에 의한 유지청구권의 요건이
나[25] 민법 제750조에 의한 손해배상청구권의 요건을 충족하는 경우에
는[26] 경관이익의 침해에 대한 사법적인 구제를 인정해야 할 것이다. 이러
한 범위 내에서 경관이익을 인접 토지소유자가 침해한 경우, 당해 요건이
충족된다면 사법적인 구제의 대상이 된다고 생각한다.

III. 경관 보호에 관한 법적 근거

1. 개 설

　한국에서는 대략 40여개의 법률에서 경관에 관하여 규정하는 등[27] 다

---

24) 이용세, "일조권의 침해와 환경소송", 「환경법의 제문제(下)」, 재판자료 95집, 법원
　　행정처, 2002, 269면 이하; 김춘환, "경관이익의 공법적 검토", 「법학논총」 18-1호,
　　조선대학교, 2009, 180면 특히 각주 84번.
25) 이상욱·배성호, "경관이익보호에 관한 법적 고찰", 「비교사법」 제13권 4호, 2006.
　　12, 415면 이하.
26) 김민규, "경관이익의 침해와 불법행위책임과의 만남", 「토지법학」 제27-2호, 2011.
　　12, 136면.
27) 문상덕, "경관법과 지방자치", 「지방자치법연구」 제8권제4호, 2008. 12, 14면; 이헌

양한 형태로 '경관'의 형성 내지 보전, 유지하려는 노력이 계속되어 왔다. 경관이익은 넓은 의미에서 환경이익에 속하는 것으로, 헌법상 환경권의 범주에 포함되어 환경권에 의한 보호대상이 될 수 있다. 또한 민법상 소유권에 기한 방해제거청구권(제214조)이나 상린관계 규정(제217조)에 의해 보호될 수도 있을 것이다. 이 밖에도 다양한 특별법들에 의해 구체적으로 보호되고 있다. 예컨대 '국토의 계획 및 이용에 관한 법률'이 경관지구나 미관지구의 지정(동법 제37조), 경관계획(동법 제12조, 제19조, 제52조) 등을 규정하고 있고, '자연환경보전법'에서는 생태자연경관 보전지역을 지정하여 자연경관 등을 보호하고 있다. 또한 '문화재보호법'에서도 보호물 및 보호구역의 지정(동법 제8조)의 규정에 따라 문화재 주변의 경관을 보전하고 있으며, '농림어업인의 삶의 질 향상 및 농산어촌지역개발 촉진에 관한 특별법'은 농산어촌의 경관보전을 위해 경관보존협약(동법 제30조)을 맺을 수 있도록 규정하고 있다. 특히 최근에 제정된 '경관법'은 경관이익에 대한 기본법으로서 경관의 형성과 보전에 관하여 구체적으로 규정하고 있다. 이러한 다양한 특별법들에 의해 경관이 형성, 개발 내지 보전되고 있다.

2. 헌법상 환경권에 의한 경관 보호

헌법 제35조 제1항에서는 "모든 국민은 건강하고 쾌적한 환경에서 생활할 권리를 가지며, 국가와 국민은 환경보전을 위하여 노력하여야 한다."고 규정하여, 환경권을 헌법에서 보장함과 동시에 국가와 국민에게 환경보전을 위해 노력해야 하는 의무를 부과하고 있다. 또한 동조 제2항에서는 "환경권의 내용과 행사에 관하여는 법률로 정한다."고 규정하여

석, "경관법상 경관협정제도의 개선방안", 「토지공법연구」 제48집, 2010. 2, 71면.

환경권의 구체적인 내용이나 행사를 법률에 유보해 놓고 있다. 이러한 헌법에서 보장하고 있는 환경권은 일조권과 조망권, 경관권과 같은 환경향유권과 환경을 향유하기 위해 자연환경에 접근할 수 있는 환경접근권으로 분류할 수 있다[28]. 전자를 개별적 환경권이라고도 할 수 있다. 물론 이러한 환경권은 주관적 권리로서 국가권력을 기속하는 대국가적 효력을 가지나[29], 곧바로 대사인적 효력을 인정할 수는 없을 것이다. 즉 환경권이 침해된 경우 헌법을 근거로 사법적 구제를 받을 수는 없다는 것이다. 헌법에서 추상적인 공권으로서 환경권을 보장하면서 그 구체적인 내용과 행사는 법률에 유보하고 있어, 개별 법률들에 의해 경관이 보호되고 있는 것은 자연스러운 것이라 여겨진다.

3. 경관법에 의한 경관 보호

경관법 제1조에서는 "국토의 체계적 경관관리를 위하여 각종 경관자원의 보전·관리 및 형성에 필요한 사항을 정함으로써 아름답고 쾌적한 지역특성을 나타내는 국토환경 및 지역환경의 조성에 기여함을 목적"으로 경관법이 제정되었음을 선언하고 있다. 이 법에서의 경관이란 "자연, 인공요소 및 주민의 생활상 등으로 이루어진 일단의 지역환경적 특징을 나타내는 것을 말한다"(동법 제2조 제1호). 경관법은 경관계획의 수립, 경관사업의 시행, 경관협정의 체결 및 이에 대한 지원 등을 주된 내용으로 하고 있다. 경관법의 제정 목적에서도 확인할 수 있듯이 새로운 경관 형성과 경관의 보전 및 관리를 위하여 경관권을 인정하고 있다. 특히 후술하는 바와 같이 경관법에서는 경관협정을 토지소유자 등이 자율적으로 체

---

28) 정종섭(주 8), 749면 이하.
29) 정종섭(주 8), 750면.

결할 수 있도록 하고, 자치단체장이 '인가'하여 '공고'함으로써, 주민들이 자율적으로 경관의 형성, 보전함과 아울러 지방자치단체에서 이를 지원하도록 규정하고 있다. 즉 경관협정이 체결된 지역에서의 경관은 협정서에 의해 보호되는데, 이 협정서가 자치법규적 성질을 지니고 있어 협정을 위반하는 경우 협정서에 의한 제재가 가해질 것이다. 또한 경관법 제5조에서는 "경관의 보전·관리 및 형성 등에 관하여 다른 법률에 특별한 규정이 있는 경우를 제외하고는 이 법으로 정하는 바에 따른다"고 규정하고 있어, 경관과 관련해서는 가장 기본이 되는 법률이라 할 수 있다.

4. 자연환경보전법상 경관의 보호

자연환경보전법은 "자연환경을 인위적 훼손으로부터 보호하고, 생태계와 자연경관을 보전하는 등 자연환경을 체계적으로 보전·관리함으로써 자연환경의 지속가능한 이용을 도모하고, 국민이 쾌적한 자연환경에서 여유 있고 건강한 생활을 할 수 있도록 함을 목적"으로 제정되었다(동법 제1조). 이 법에서 말하는 '자연경관'이라 함은 자연환경적 측면에서 시각적·심미적인 가치를 가지는 지역·지형 및 이에 부속된 자연요소 또는 사물이 복합적으로 어우러진 자연의 경치를 말하며(동법 제2조 제10호), '생태·경관보전지역'이라 함은 생물 다양성이 풍부하여 생태적으로 중요하거나 자연경관이 수려하여 특별히 보전할 가치가 큰 지역으로서 환경부장관이 지정·고시하는 지역을 말한다(동법 동조 제12호).

환경부장관은 1) 자연상태가 원시성을 유지하고 있거나 생물다양성이 풍부하여 보전 및 학술적 연구가치가 큰 지역, 2) 지형 또는 지질이 특이하여 학술적 연구 또는 자연경관의 유지를 위하여 보전이 필요한 지역, 3) 다양한 생태계를 대표할 수 있는 지역 또는 생태계의 표본지역, 4) 그

밖에 하천·산간계곡 등 자연경관이 수려하여 특별히 보전할 필요가 있는 지역으로서 자연생태·자연경관을 특별히 보전할 필요가 있는 지역을 생태·경관보전지역으로 지정할 수 있다. 자연환경보존법 제27조에서는 "관계중앙행정기관의 장 및 지방자치단체의 장은 경관적 가치가 높은 해안선 등 주요 경관요소가 훼손되거나 시계가 차단되지 아니하도록 노력하여야 하고(동조 제1항), 지방자치단체는 조례가 정하는 바에 따라 각종의 사업을 시행함에 있어서 자연경관을 보전할 수 있도록 필요한 조치를 하여야 한다(동조 제2항)"고 규정하고 있다. 자연환경보전법 제15조 제1항에서는 생태 경관보존지역 내에서는 1) 건축물 그 밖의 공작물의 신축·증축 및 토지의 형질변경 등의 행위를 제한하고, 동법 제16조의2에서는 출입을 제한하기도 하며, 동법 제17조에서 위법한 행위에 대해 중지명령을 내릴 수 있도록 규정하고 있다. 이러한 금지명령이나 제한을 위반하는 경우에는 형벌 또는 과태료가 부과되기도 한다.

5. 국토의 계획 및 이용에 관한 법률상 경관 보호

국토 이용 및 관리의 기본원칙에 "자연환경 및 경관의 보전과 훼손된 자연환경 및 경관의 개선 및 복원"(동법 제3조 제2호)이 포함되어 있어 국토의 계획 및 이용에 관한 법률도 경관 보호에 직간접적으로 영향을 미치고 있다.

국토의 계획 및 이용에 관한 법률 제37조 제1항에서는 국토교통부장관, 시·도지사 또는 대도시 시장은 경관지구(경관을 보호·형성하기 위하여 필요한 지구), 미관지구(미관을 유지하기 위하여 필요한 지구) 등의 지정 또는 변경을 도시·군관리계획으로 결정하도록 규정하고 있다. 이렇게 경관지구로 지정된 경우 그 지구 내에서는 경관은 공법적으로 보호될 것이다. 예컨대 경관지구 내에서 건축물의 건축 등 개발행위에 대한 허가기준으로서, 국토의 계획 및 이용에 관한 법률 제58조 제1항 제4호가 주변지역의 토지이용실태 또는 토지이용계획, 건축물의 높이, 토지의 경사도, 수목의 상태, 물의 배수, 하천·호소·습지의 배수 등 주변 환경 또는 경관과 조화를 이룰 것을 요구하고 있고, 동법 시행령 제56조 제1항에 따르면 구체적인 허가기준으로서, 역사적·문화적·향토적 가치 등에 따른 원형보전의 필요가 없을 것, 개발행위로 건축 또는 설치하는 건축물 또는 공작물이 주변의 자연경관 및 미관을 훼손하지 아니하고 그 높이·형태 및 색채가 주변건축물과 조화를 이루어야 하며 도시계획으로 경관계획이 수립되어 있는 경우에는 그에 적합할 것을 요구하고 있다. 이러한 법령들에 의해 경관이익이 상당 정도로 보호될 수 있을 것으로 여겨진다.

6. 농어업인 삶의 질 향상 및 농어촌지역 개발촉진에 관한 특별법상 경관보호

농어업인 삶의 질 향상 및 농어촌지역 개발촉진에 관한 특별법 제30조에서는 '농어촌 경관의 보전'에 관하여 규정하고 있다. 동조 제1항에서는 "국가와 지방자치단체는 농어촌의 자연환경 및 경관이 보전될 수 있도록 필요한 시책을 마련하여야 하며, 농어촌의 경관을 체계적으로 정비하기 위한 노력을 하여야 한다."고 전제하고, 제2항에서는 "시·도지사나 시장·군수·구청장은 주변 경관을 고려한 주택의 형태 및 색채 정비 등 경관보전사업을 추진하기 위하여 관할구역에서 마을 단위로 농어촌 주민과 경관보전협약을 체결할 수 있다."고 규정하고 있다. 이러한 협약의 목표·이행방법 및 절차 등에 관한 사항은 해당 지방자치단체의 조례로 정하며, 국가와 지방자치단체는 해당 지방자치단체와 협약을 체결한 마을에 대하

여는 그 협약의 이행에 필요한 지원을 할 수 있다(동법 동조 제3,4항). 이
곳에서의 '경관보존협약'은 경관법상의 경관협정과는 달리 지방자치단체
와 주민이 체결하는 공법상의 협약이다. 지역 주민들은 이러한 협약에 따
른 지원을 받는 대신 협약을 준수해야 하는 의무가 발생할 것이다. 이러
한 협약에 대한 위반은 공법상의 문제로서 공법상의 제재조치가 행해질
것이다30).

IV. 경관이익의 침해에 대한 사법적 구제

1. 서 설

'경관'이라는 용어는 40여개의 부동산 관련 법률들에 규정되어 있다.
이러한 경관과 관련하여 경관이익 혹은 경관권의 법적 성질이 공법상 인
정되는 반사적 이익인가 아니면 사법상 보호되는 권리인가의 여부가 문
제되고 있다. 특별법상 보호되고 있는 여러 가지 사안들에 의해 확인할
수 있는 바와 같이 대개의 경우에는 반사적 이익으로 해석될 수 있다31).
그러나 개별적 환경권이라 할 수 있는 조망권이나 경관권은32) 헌법 제35
조의 환경권에 대한 판례에서 확인할 수 있는 바와 같이 헌법의 규정을

---

30) 이밖에도 현행 우리나라의 경관과 관련된 법률로는 문화재법, 자연공원법, 도시공
원 및 녹지 등에 관한 법률. 도시 및 주거 환경정비법, 산림기본법, 환경영향평가법,
산지관리법, 습지보전법, 연안관리법, 하천법, 농어촌정비법, 기존건물 철거 및 관
리에 관한 특별조치법, 제주특별자치도 설치 및 국제자유도시조성에 관한 특별법
등 수 없이 많다.
31) 공법상 보호해주는 경관이익은 물론이거니와 조망권까지도 반사적 이익이라고 주장
하는 견해로는 전경운(주 14), 404면.
32) 박균성·함태성, 「환경법」(박영사, 2013), 54면.

통해서 곧바로 사법상의 권리라고 주장할 수는 없으나, 법률의 규정이나 관련 규정들의 해석을 통해서 사법상의 권리로 인정할 수 있는[33] 여지는 상당히 넓게 열려 있다고 생각한다[34]. 소위 대법원의 부산대 사건과[35] 봉은사 사건에서[36] "소유권에 기하여 그 방해의 제거나 예방을 청구할 수" 있다고 판시한 것에서 확인할 수 있는 바와 같이 일정한 요건을 구비하였을 때에는 소유권을 근거로 경관이익의 침해에 대한 구제 방법으로 방해제거 내지 유지청구권을 인정하였다. 그러나 이와 같은 판결들은 소위 경관법이 제정되기 이전의 것이기 때문에 경관법상 경관협정이 체결된 지역에서 이러한 문제가 발생하였을 경우 방해제거 청구 내지 유지청구권의 인용이라는 결론은 같을 수 있지만, 법리 구성이나 법적 성질은 다른 관점에서 검토해 볼 필요가 있다고 여겨진다. 그래서 이하에서는 경관법상 경관협정이 체결된 지역에서의 구제와 그렇지 않은 지역에서의 구제로 나누어 검토해 보고자 한다.

2. 경관법상 경관협정이 체결된 지역에서의 경관이익 침해의 경우

가. 경관법의 제정 취지와 경관협정체결의 의의

경관법은 "국토의 체계적 경관관리를 위하여 각종 경관자원의 보전·관리 및 형성에 필요한 사항들을 정함으로써 아름답고 쾌적하며 지역특성을 나타내는 국토환경 및 지역환경의 조성에 기여함을 목적으로" 제정되

---

33) 대판 1995.5.23, 94마2218.
34) 사권성을 인정하는 견해로는 천병태·김명길(주 24), 80 면; 이상욱·배성호(주 25), 415면 이하.
35) 대판 1995.9.15, 95다23378.
36) 대판 1997.7.22, 96다56153.

었다. 경관법 제2조 제1호에 따르면 '경관'이란 자연, 인공요소 및 주민의 생활상 등으로 이루어진 일단의 지역환경적 특징을 나타내는 것을 말한다. 경관법에서는 사법상 중요한 의미를 지닌 새로운 경관협정제도를 구체적으로 규정하고 있다. 이것은 경관계획구역 내의 일정한 토지에 대해 토지소유자 등의 합의에 의해 당해 토지에 양호한 경관형성에 관한 사항을 협정으로 정하도록 한 제도이다. 일본 경관법에서도 이러한 제도를 도입하고 있는데, 이에 대한 입법 취지는 건축협정이나 녹지협정과 같은 지역주민의 자율규제방식을 통해서 법령이나 조례에서 규제할 수 없는 내용에 대해 주민들의 자율규제를 유도하여 이에 대한 법적 근거를 부여하기 위한 것으로 보고 있다37). 또한 일본에서는 기존에 선진적인 지방자치단체가 법령을 위반하지 않는 한이라는 조례제정권의 범위를 넘어 주민 사업자 등 이해관계자의 자율적인 규제를 유도하기 위하여 이용되어 왔던 제도로써 협정위반자에 대한 규제력 미흡이라는 지적이 계속되어 왔다. 이에 따라 공법적 규제범위를 초과하는 자율적인 규제범위를 정하기 위하여 경관협정제도를 고안한 것이라고 한다38). 이러한 협정위반에 대한 제재방법은 기본적으로는 민사소송에 의한 것이다39).

한국에서도 거의 같은 관점에서 경관협정제도가 규정되어 있는데, 이러한 경관협정체결행위를 합동행위라고 본다면 그 제재방법 역시 협정서

---

37) 최환용, 「일본의 경관보호법제」(한국법제연구원, 2005), 64면. 우리 법에서도 이와 같은 관점에서 도입된 것으로 보인다.
38) 더 나아가 일본에서의 경관협정제도를 둔 취지는 민사법상의 계약의 성격에 지나지 않았던 경관협정에 공법적인 구속력, 즉 경관협정의 규정내용, 경관행정단체의 경관협정에 대한 인가, 경관협정 구역인접지제도 등을 통해서 토지소유자 등의 주관적 가치에 따른 경관보존 또는 형성에서 벗어나 객관적 가치로서의 경관보전의 영역으로 유도하고자 한 것이다. 그런데 한국 경관관법상의 경관협정제도에는 이러한 취지가 거의 반영되어 있지 않은 것으로 보인다.
39) 최환용(주 37), 85면.

내용에 포함되어 있는 제재방법에 의할 것이다. 결국 이러한 협정서 위반에 대한 제재나 구제방법은 우선적으로 협정서에 의해 책임의 내용이 결정될 것이다. 다만 그 위반의 행위가 불법행위의 요건을 구비하고 있다면 불법행위로 인한 손해배상 등도 가능함은 당연하다 할 것이다.

나. 경관협정의 개관

(1) 경관협정체결의 당사자

경관법 제16조 제1항에 따르면 토지소유자와 건축물소유자, 지상권자, 그 밖에 해당 토지 또는 건축물에 이해관계가 있는 자로서 해당 지방자치단체의 조례로 정하는 자 중 그 토지 및 건축물소유자의 동의를 받은 자(동법의 대통령령 제9조)들은 쾌적한 환경 및 아름다운 경관형성을 위한 협정을 전원의 합의에 의하여 체결할 수 있다. 이 경우 경관협정의 효력은 경관협정을 체결한 소유자 등에게만 미친다. 특히 동조 제2항에서는 "일단의 토지 또는 하나의 토지의 소유자가 1인인 경우에도 그 토지의 소유자는 해당 토지의 구역을 경관협정 대상지역으로 하는 경관협정을 정할 수 있다"고 하면서, 이 경우 그 토지소유자 1인을 경관협정 체결자로 보고 있다. 이러한 경관협정을 체결하는 경우에는 경관법과 관계 법령을 위반하지 말아야 할 것과 국토의 계획 및 이용에 관한 법률 제2조 제6호에 따른 기반시설의 입지를 제한하는 내용을 포함하지 아니하여야 한다.

(2) 경관협정서의 내용

경관법 제16조 제5항에 따르면 소유자 등이 경관협정을 체결하는 경우 경관협정서를 작성하여야 한다. 이러한 경관협정서에는 1) 경관협정의 명칭, 2) 경관협정 대상지역의 위치 및 범위, 3) 경관협정의 목적, 4) 경관협정의 내용, 5) 경관협정 체결자 및 경관협정운영위원회를 설립하려는 경우에는 경관협정운영회의 명칭 및 주소, 6) 경관협정의 유효기간, 7) 경관협정 위반 시 제재에 관한 사항, 8) 그 밖에 경관협정에 필요한 사항으로서 해당 지방자치단체의 조례로 정하는 사항이 명시되어야 한다. 이러한 경관협정서에 의해 경관협정의 내용은 구체화될 것이다.

(3) 경관협정의 내용

경관법 제16조 제4항에 따르면 경관협정의 내용에는 ① 건축물의 의장·색채 및 옥외광고물에 관한 사항, ② 공작물 및 건축설비의 위치에 관한 사항, ③ 건축물 및 공작물 등의 외부공간에 관한 사항, ④ 토지의 보전 및 이용에 관한 사항, ⑤ 역사·문화경관의 관리 및 조성에 관한 사항이 포함될 수 있다. 더 나아가 경관법에 대한 대통령령에 따르면 ① 녹지, 가로, 수변공간(水邊空間) 및 야간조명 등의 관리 및 조성에 관한 사항, ② 경관적으로 가치가 있는 수목이나 구조물 등의 관리 및 조성에 관한 사항, ③ 그 밖에 해당 지방자치단체의 조례로 정하는 사항을 포함할 수 있다고 한다. 이러한 경관협정의 내용을 보면 한 지역단위의 주민들의 생활과 직간접적으로 관련되는 모든 환경이익들이 포함될 수 있음을 알 수 있다.

(4) 특별시장 등의 인가

경관법 제18조에서는 "협정체결자 또는 경관협정운영회의 대표자는 경관협정서를 작성하여 특별시장·광역시장·특별자치도지사·시장 또는 군수의 인가를 받아야 한다. 이 경우 인가신청을 받은 특별시장·광역시장·특별자치도지사·시장 또는 군수는 인가를 하기 전에 경관위원회의 심의를 거쳐야 한다."고 전제하고, 이어서 동조 제2항에서는 "특별시장·광역시장·특별자치도지사·시장 또는 군수는 제1항에 따라 경관협정을 인가한 때에는 대통령령으로 정하는 바에 따라 그 내용을 공고하고 주민이 열람할 수 있도록 하여야 한다"고 규정하고 있다.

(5) 경관협정의 폐지

경관법 제20조에 따르면, 경관협정 체결자 또는 경관협정운영회의 대표자가 경관협정을 폐지하려는 경우에는 협정체결자 과반수의 동의를 받아 해당 특별시장·광역시장·특별자치도지사·시장 또는 군수의 인가를 받아야 한다. 특히 동법 제18조 제2항에서 규정하고 있는 "특별시장·광역시장·특별자치도지사·시장 또는 군수는 제1항에 따라 경관협정을 인가한 때에는 대통령령으로 정하는 바에 따라 그 내용을 공고하고 주민이 열람할 수 있도록 하여야 한다"는 규정에 따라 폐지의 내용을 공고하고 주민이 열람할 수 있도록 해야 한다.

(6) 경관협정의 준수 및 승계

경관법 제21조에 따르면 경관협정의 대상이 되는 구역 안에서 제16조 제4항 각 호의 행위를 하려는 협정체결자는 제18조 및 제19조에 따라 인가된 경관협정의 내용을 준수하여야 한다. 또한 경관협정이 제18조 제2항에 따라 공고된 후 경관협정의 대상이 되는 구역 안에서 협정체결자인 소유자 등으로부터 권리를 이전 또는 설정 받은 자 중 대통령령으로 정하는 자는 협정체결자로서의 지위를 승계한다. 다만, 경관협정에서 달리 정한 경우에는 그에 따른다.

다. 경관협정체결행위와 협정서의 법적 성질

(1) 경관협정은 협정당사자 전원의 합의에 의해 체결되고, 이에 대해 경관위원회에서 심의한 다음 해당 자치단체장이 인가한 후 공고하도록 규정되어 있다. 이러한 절차에 따라 체결 공고된 경관협정체결행위의 법적 성질은 무엇인가?

경관협정체결행위는 사법상 특수한 법률행위로서, 소위 '합동행위'라고 생각한다[40]. 원래 합동행위는 평행적·구심적으로 방향을 같이하는 두 개 이상의 의사표시가 합치하여 성립하는 법률행위이다[41]. 따라서 다수 당사자의 의사표시가 방향을 같이하는 동시에 각 당사자에게 동일한 의미를 가지며, 같은 법률효과를 가져온다. 이러한 합동행위에는 단체설립행위와 같은 필요적 합동행위와 유언과 같은 단독행위를 수인이 공동으로 하는 임의적 합동행위가 있다. 또한 이러한 필요적 합동행위에는 다시 단체설립행위와 같은 결합적 합동행위와 결의, 선거와 같은 집합적 합동행위로 구분된다. 특히 결합적 합동행위에서는 다수 당사자의 의사표시가 모두 결합하여야만 하지만 각 의사표시는 독립성을 거의 잃지 않는다는 특성을 지니고 있다. 그런데 경관협정은 일정 지역 내의 토지소유자나 건물소유자 등이 전원 합의하에 아름다운 경관의 형성 혹은 보전이라는

---

40) 합동행위는 1892년 독일민법학자 Kuntze가 계약으로부터 분리하여 독립된 법률행위의 유형으로 제창한데서 기인한다. 국내에서는 합동행위를 계약의 범주에 포함시켜 독자적인 개념으로 인정하지 않는 소수설도 존재한다. 예컨대 김증한·김학동,「민법총칙」(박영사, 2001), 278면; 이영준,「민법총칙」(박영사, 2007), 181-182면; 이은영,「민법총칙」(박영사, 2004), 338면 등.

41) 국내에서는 합동행위를 계약과 분리하여 독립된 개념으로 이해하는 것이 지배적인 견해이다. 예컨대 고상룡,「민법총칙」(법문사, 2003), 307면; 곽윤직,「민법총칙」(박영사, 2007), 201면; 김상용,「민법총칙」(화산미디어, 2009), 351면 이하; 김용한,「민법총칙」(박영사, 1997), 241면; 송덕수,「민법총칙」(박영사, 2012), 169면 등 다수.

목적을 위하여 체결하는 것이다. 즉 동일한 목적을 위해 당사자 전원의 합의에 의하여 이루어지는 것으로, 결합적 합동행위라 할 수 있다. 이러한 경관협정이 효력을 발생하기 위해서는 경관위원회의 심의와 지방자치단체장의 인가를 필요로 하는데, 이러한 공법적인 행위가 문제된다. 이러한 경관협정체결과 유사한 것으로 민법상 법인설립이 있다. 예컨대 사단법인의 설립행위 역시 민법 제32조와 제33조에 따라 주무관청의 허가를 받아 등기를 하는 등 사법상의 행위에 공법상의 행위가 포함되어 있다. 그렇다고 해서 사단법인의 설립행위를 공법행위라고 하지 않는 것과 같은 의미에서 지방자치단체장의 인가를 받아야만 하는 경관협정체결행위에 대한 사법상 합동행위의 성질이 희석되는 것은 아니다. 또한 체결당사자들에게 탈퇴는 일반적으로 인정되지 않지만, 경관협정이 체결된 토지를 매매하거나 증여, 혹은 양도할 수 있다. 이렇게 양도한 경우에 양수인이 양도인의 지위를 승계할 수 있도록 명문으로 규정하고 있다. 경관협정의 내용을 계약당사자뿐만 아니라 주민들이 알 수 있도록 공고하고 열람을 허락하고 있지만, 전적으로 당사자들간의 합의에 의해 체결되는 것이다. 따라서 이러한 협정은 법문에서도 밝히고 있듯이 당사자들 사이에서만 효력이 발생하는 것이다.

  (2) 경관협정체결시 합의된 경관협정서의 법적 성질을 자치법규라고 생각한다[42]. 그러나 이러한 경관협정에 의해 확정된 협정서는 소위 지방의회에서 제정하는 '조례'와 자치단체장이 제정하는 '규칙'을 의미하는 행정법상 자치법규는 아니다. 따라서 여기서 말하는 자치법규는 소위 판례에서 인정하는 자치법규로 이해된다. 예컨대 사단법인의 정관[43]이나

---

[42] 박진근, "조망권에서 바라본 경관법의 법적 검토", 「법과 정책연구」 8-1호, 2008. 6, 206면.
[43] 대판 2000.11.24, 99다12437 판결에서는 "사단법인의 정관은 이를 작성한 사원뿐만 아니라 그 후에 가입한 사원이나 사단법인의 기관 등도 구속하는 점에 비추어 보면

재건축조합의 정관44) 및 기독교 유지재단의 정관45), 더 나아가 종중의 규약46) 등을 '자치법규'로 해석하는 판례의 태도와 같이 부분사회의 법리에 의한 내부 규칙을 자치법규로 이해한 것이라 여겨진다. 서울특별시장 등 지방자치단체의 장은 경관협정에 대해 경관위원회의 심의를 거쳐 인가와 함께 공고해야 한다. 이러한 일련의 과정은 순수한 사법상의 행위로 이해하기 힘든 요소가 있을 것이다. 예컨대 협정내용을 경관위원회의 심의와 단체장의 인가를 받아야 한다는 점과 체결당사자는 협정에서 자유롭게 탈퇴할 수 없다는 점 등은 단체법적 요소를 포함하고 있기 때문이다. 따라서 지역공동체의 아름답고 쾌적한 경관형성을 위해 자치법규로 이해하는 것이 경관법의 입법취지에도 부합하는 것으로 여겨진다.

라. 경관협정 위반자의 책임

(1) 아름다운 경관형성과 그 유지 및 관리를 위하여 경관협정을 준수해야 하는 것은 모든 경관협정체결자의 의무이다. 따라서 경관협정체결자가 이러한 경관협정을 위반하는 경우에는 그에 대한 책임을 지는 것은 당연할 것이다. 따라서 이러한 책임을 분명히 하기 위하여 경관협정 위반에

그 법적 성질은 계약이 아니라 자치법규로 보는 것이 타당하"다고 판시하였다.

44) 대판 2009.1.30, 2007다31884 판결에서는 "구 도시 및 주거환경정비법(2005. 3. 18. 법률 제7392호로 개정되기 전의 것, 이하 '구 도시정비법'이라고 한다)에 의한 재건축조합의 정관은 재건축조합의 조직, 활동, 조합원의 권리의무관계 등 단체법적 법률관계를 규율하는 것으로서 공법인인 재건축조합과 조합원에 대하여 구속력을 가지는 자치법규이므로 이에 위반하는 활동은 원칙적으로 허용되지 아니"한다고 판시하였다.

45) 대판(전합) 1993.1.19, 91다1226.

46) 대판 2011.9.8, 2011다38271 판결은 "종중원이 종중 규약 중 일부 규정의 무효 확인을 구한 사안에서, 종중 규약은 비법인사단인 종중의 조직, 활동 등 단체법적 법률관계를 규율하는 법규범(자치법규)이므로 규약 또는 그 일부 규정의 무효 확인을 독립한 소로써 구할 수는 없다"고 판시하였다.

따른 제재사항을 미리 협정서에서 정하여야만 한다. 만약 경관협정을 체결한 계약당사자중 1인이 협정내용을 위반한 경우에는. 우선 협정서에서 규정하고 있는 제재조치에 따른 책임이 발생할 것이다. 왜냐하면 경관협정체결 당사자들 사이에 경관협정서는 사법상 합동행위에 의해 체결된 것이라 하더라도 자치법규적 성질을 지니고 있기 때문이다. 이러한 자치법규라는 해석은 지역 공동체의 쾌적하고 아름다운 경관의 형성 및 유지에 도움이 될 것이다. 따라서 협정서의 해석 역시 협정 당사자들의 주관적인 의사보다는 객관적으로 해석되어져야 한다. 이러한 경관협정서를 위반하는 행위에 대한 책임은 자치법규에 따른 법정책임이라 해야 할 것이다.

(2) 이러한 협정위반행위에 대한 제재조치는 위반의 모습에 따라 다르게 될 것이다. 먼저 협정체결자가 협정을 이행하지 않은 경우에는 협정이행을 조건으로 건물개보수에 이미 지급된 보조금이 있는 경우에는 그의 환수해야 할 것이며, 세제를 감면해 준 경우에는 세제 혜택의 철회를, 더 나아가 협정이행을 조건으로 제공한 공공사업비가 있는 때에는 그의 일부를 위반자에게 부과하는 등의 조치가 행해질 수 있을 것이다[47]. 또한 경관이익을 침해한 경우에, 그 침해가 경미한 경우에는 체결자에게 시정을 권고할 수 있을 것이나, 침해가 중대한 경우에는 우선 자치구 주관부서와 협의 후 제재 조치가 논의 될 수 있을 것이다[48]. 그러나 경관협정은 기본적으로 주민의 자율적인 의사에 의해 체결된 것이므로, 자치구에서 위에서 언급한 제재조치 이외의 강제적인 조치를 한다는 것은 기대하기 어려울 것이라 생각한다.

---

47) 이창호·오준걸·정종대, "경관협정의 운용방안에 관한 연구", 「대한건축학회논문집」 제27권6호, 2011. 6, 175면.
48) 서울특별시 문화관광디자인본부 도시경관과, 「경관협정 추진을 위한 협정 매뉴얼」, 2011, 36면.

(3) 비록 자율적인 협정에 대한 위반 내지 경관이익의 침해라 하더라도, 그러한 침해가 경관이익에 대한 중대한 침해로서, 불법행위의 요건을 갖춘 경우에는 후술하는 일반지역에서와 같이 경관이익 침해로 인한 손해배상청구 및 유지청구도 가능할 것이다.

3. 기타 지역에서의 경관이익 침해에 대한 구제

가. 문제의 소재

경관법에 의해 경관협정이 체결된 지역이 아닌 인접 토지소유자에 의한 경관이익에 대한 침해는 기존의 법원리에 의해 처리해야 할 것이다. 또한 경관협정이 체결된 지역 내에 있다 하더라도 토지소유자 등이 경관협정체결을 원치 않은 경우에는 협정에서 제외되어 한 마을에서도 경관협정을 체결한 자와 그렇지 않은 자로 나누어질 수도 있다. 이에 따라 경관협정이 체결되지 않은 지역이나 체결된 지역 중에서도 참여하지 않은 자들에게는 기존의 법리에 의해서 문제가 해결되어야 할 것이다. 이러한 경우, 즉 앞서 언급한 경관이익으로 판시하였던 부산대 사건이나 봉은사 사건에서 확인할 수 있는 바와 같이 개별적 환경권으로서 예외적으로 권리성이 인정되어 소유권에 기한 방해배제청구권이 인정될 수 있다. 이러한 경관이익의 보호와 관련하여 다양한 문제들이 제기될 수 있다. 어떠한 요건 하에서 경관이익이 권리로서 보호되는가? 또 그것을 보호하는 법적인 근거는 무엇인가? 더 나아가 어떤 구제를 청구할 수 있는가? 이러한 문제들에 대해 논구해 보고자 한다.

나. 경관이익의 보호에 대한 법적 근거

(1) 경관이익의 보호에 가장 적극적인 일본에서는 경관이익의 침해시 일본민법 제709조의 불법행위를 근거로 유지청구나 손해배상을 인정하고 있다49). 이렇게 경관이익의 침해에 대해 불법행위를 근거로 구제하는 이유는 일본민법 제709조가 "고의 또는 과실로 타인의 권리 또는 법률상 보호되는 이익을 침해하는 자는 이로 인하여 생긴 손해를 배상할 책임을 진다"는 규정에서 찾을 수 있다. 즉 불법행위의 대상이 권리뿐만 아니라 법률상 보호되는 이익을 명문으로 규정하고 있어서 경관이익도 그것의 권리성 유무와 관계없이 불법행위로 인한 구제 대상이 될 수 있기 때문이다. 또한 한국 민법 제214조의 소유물방해제거청구권과 제217조와 같은 생활방해, 즉 매연 등에 의한 인지에 대한 방해금지 규정이 없기 때문이라 여겨진다.

(2) 일본민법과 달리 우리 민법 제214조에서는 "소유자는 소유권을 방해하는 자에 대하여 방해의 제거를 청구할 수 있고 소유권을 방해할 염려가 있는 행위를 하는 자에 대하여 그 예방이나 손해배상의 담보를 청구할 수 있다"고 규정하고 있다. 또한 제217조에서는 "①토지소유자는 매연, 열기체, 액체, 음향, 진동 기타 이에 유사한 것으로 이웃토지의 사용을 방해하거나 이웃거주자의 생활에 고통을 주지 아니하도록 적당한 조처를 할 의무가 있다. ②이웃거주자는 전항의 사태가 이웃 토지의 통상의 용도에 적당한 것인 때에는 이를 인용할 의무가 있다."고 규정하고 있다. 경관이익이란 결국 특정지역 내 토지와 관련된 것으로, 기본적으로는 토지소유자나 전세권자 등이 쾌적하고 아름다운 경관에서 인격적으로 안온한 생활을 보장하는 한 방편이라 여겨진다. 따라서 이러한 자연경관뿐만 아

49) 日本 最高裁判所 2006. 6. 30, 「判例時報」 第1931號 3面 이하 참조.

니라 도시경관, 더 나아가 문화경관의 이익까지도 보호될 수 있어야만 한
다. 이러한 사법상 보호대상으로서 경관이익 내지 개별적인 권리로서 인
정되는 경관권의 보호에 대한 법적 근거에 대해서는 우선 우리 민법 제
214조의 소유권에 기한 방해배제청구권, 제217조에 의한 생활방해에 대
한 유지청구권을 들 수 있고, 환경권이 인격권적 요소를 포함하고 있어
이러한 인격권의 침해에 대해서는 불법행위로 인한 손해배상이나 유지청
구권의 대상도 될 수 있을 것이다. 이에 대해 다양한 견해들이 제기되고
있다[50].

(가) 학설

경관이익의 침해에 대한 법적 근거에 대한 논의는 비교적 최근에 제기
되었다. 경관이익의 침해에 대한 유지청구권의 인정하는데 대한 법적 근
거와 관련하여, 경관이익에 대한 침해를 불법행위로 보고 불법행위로 인
한 유지청구권을 인정하는 불법행위설과[51] 경관이익의 침해가 피해자의
토지나 건물에 대한 물권을 침해하는 것으로 보고 그러한 침해에 대해 물
권적 청구권에 의한 침해의 중단 내지 예방청구로 보는 물권설이 있다[52].
경관이익이 환경이익의 범주에 포함되는 점을 고려할 때 환경이익의 침
해에 대해 이와 같은 견해는 독일의 Klausing이 주장한 것으로[53] 독일민
법 제906조나 우리 대법원이 따르고 있다[54]. 이와는 달리 환경이익의 침
해는 상린자들의 인격을 침해하는 요소가 강하며, 이러한 인격권은 물권

---

50) 환경이익의 침해에 대한 법리구성과 관련하여 자세한 것은 윤철홍, "환경이익침해
    에 대한 사법적 구제", 「비교사법」 제7권1호, 2000. 6 참조.
51) 김민규(주 27), 136면.
52) 이상욱·배성호(주 25), 417면 이하.
53) Klausing, Immissionsrecht und Industrialisierung, in:JW 1937, S.68.
54) 대판 1997.10.28, 95다15599; 대판 1974.12.24., 68다1489.

과 같은 절대권으로서 이러한 인격권이 유지청구권의 근거가 된다는 인격권설55)과 우리 헌법 제35조 제1항에서 "모든 국민은 건강하고 쾌적한 환경에서 생활할 권리"를 규정하고 있는데, 이러한 환경권에서 근거를 찾는 환경권설이 있다56).

(나) 판례

1) 부산대학교 사건

한 건설회사가 부산대학교와 인접한 곳에 고층아파트를 건설함으로 인하여 부산대학교의 경관이익의 침해여부와 관련한 사건에서, 대법원은 "인접 대지 위에 건축 중인 아파트가 24층까지 완공되는 경우, 대학교 구내의 첨단과학관에서의 교육 및 연구 활동에 커다란 지장이 초래되고 첨단과학관 옥상에 설치된 자동기상관측장비 등의 본래의 기능 및 활용성이 극도로 저하되며 대학교로서의 경관·조망이 훼손되고 조용하고 쾌적한 교육환경이 저해되며 소음의 증가 등으로 교육 및 연구 활동이 방해받게 된다면, 그 부지 및 건물을 교육 및 연구시설로서 활용하는 것을 방해받게 되는 대학교측으로서는 그 방해가 사회통념상 일반적으로 수인할 정도를 넘어선다고 인정되는 한 그것이 민법 제217조 제1항 소정의 매연, 열기체, 액체, 음향, 진동 기타 이에 유사한 것에 해당하는지 여부를 떠나 그 소유권에 기하여 그 방해의 제거나 예방을 청구할 수 있고, 이 경우 그 침해가 사회통념상 일반적으로 수인할 정도를 넘어서는지 여부는 피해의 성질 및 정도, 피해이익의 공공성과 사회적 가치, 가해행위의 태양, 가해행위의 공공성과 사회적 가치, 방지조치 또는 손해회피의 가능성, 공

---

55) 윤진수, "환경권침해를 이유로 하는 유지청구의 허용", 「판례월보」 316호 참조; 유원규, "제217조", 「민법주해」 (V), (박영사, 1992), 298면.
56) 최상욱, 「환경권」(형설출판사, 1998), 45면 이하.

법적 규제 및 인·허가 관계, 지역성, 토지이용의 선후 관계 등 모든 사정
을 종합적으로 고려하여 판단하여야 한다.”고 판시하여57), 도시 내의 경
관이익 침해의 전형적인 유형에 대한 기준을 제시하고 있다. 판결 당시에
는 교육환경권의 보호라고 포괄적으로 이해할 수 있는 것이었지만, 경관
법이 제정된 이후 도시경관의 정의에 가장 부합하는 판결이라 할 수 있
다. 또한 방해제거의 근거를 물권설에 입각하면서도 제217조가 아닌 제
214조에 의해 소유권에 기한 방해배제청구권에 찾고 있는 점도 주목해야
할 점이다.

2) 봉은사 사건

강남 요지에 있는 봉은사라는 고찰 바로 옆에 고층건물을 건설한 사건
으로서, 대법원은 “운봉빌딩이 당초의 예정에 따라 신청인 사찰과 불과
6m의 거리를 둔 채 신청인 사찰 경내 전체를 내려볼 수 있도록 높이
87.5m의 고층으로 신축하게 되면 신청인 사찰의 일조가 침해되는 외에도
위 건물이 신청인 사찰의 전체 경관과 조화되지 아니하여 신청인 사찰의
경관이 훼손되는 결과로 될 뿐만 아니라 사찰 경내의 시계 차단으로 조망
이 침해되고, 그 한편으로 위 사찰에서 수행하는 승려나 불공 등을 위하
여 출입하는 신도들에게도 그들의 일상생활이나 종교활동 등이 감시되는
듯한 불쾌감과 위압감을 불러일으킴으로써 결국 신청인 사찰이 종래 유
지하여 온 조용하고 쾌적한 종교적 환경이 크게 침해될 우려가 있고, 그
침해의 정도가 사회통념상 일반적으로 수인할 정도를 넘어선다고 할 것
이므로, 신청인이 위 운봉빌딩에 관하여 피신청인에 대하여 신청인 사찰
의 사찰로서의 환경 침해를 방지하기 위하여 필요한 한도 내에서 그 건축
공사의 금지를 청구할 수 있다고 판단한 조처는 정당하다”고 판시하여58)

---

57) 대판 1995.9.15, 95다23378.

문화적 경관 침해에 대한 구제방법으로 유지청구권을 인정하고 있다[59].

3) 단국대 부지의 건축에 대한 고도제한 사건

대법원은 "학교부지가 한강변에서 볼 때 서울시의 도시경관을 대표할 수 있는 남산과 조망상 일체를 이루므로 서울시민이 쾌적한 환경에서 살 수 있도록 그 경관유지를 위하여 최고고도를 제한할 필요성은 이로 인하여 침해받는 개인의 이익보다 결코 적다고 할 수 없을 뿐만 아니라 고도제한을 하되 이로 인하여 침해받는 개인의 이익을 최소화하는 내용으로 이 사건 결정을 하였으므로 이에 재량권을 남용하거나 일탈한 위법이 없고, 이 사건 결정 과정에서 피고가 신뢰보호 원칙이 적용될 만한 공식견해를 표명하거나 원고법인이 이를 신뢰하여 어떠한 행위를 한 사실을 인정할 수 없어 신뢰보호 원칙에도 위배되지 않으며, 이미 남산이나 응봉산에 경관을 해치는 건축물이 많이 있다 하더라도 이러한 건물들은 서울시 도시기본계획이 수립되기 전이나 주택재개발사업이 진행되면서 건립된 것으로서 그러한 건물들이 있다고 하여 이 사건 토지에 대한 고도지구 변경결정이 형평에 어긋나는 것은 아니라고 판단한 것은 옳"다고 판시하였다. 서울 용산구 한남동에 소재한 예전 단국대학교 부지에 고층 건물을 축조하려던 것을 경관이익이 침해된다는 이유로 고도를 제한한 것은 적법한 것이며, 비록 많은 고층건물이 이미 존재하고 있다 하더라도 건설계획보다 먼저 건설된 것이기 때문에 문제가 되지 않는다는 것이 핵심적인 것이다. 이 판결은 도시경관에 관한 시금석이 되는 판결이라 여겨진다.

---

58) 대판 1997.7.22, 96다56153.
59) 이에 대해서는 윤철홍, "환경이익의 침해와 유지청구권", 법률신문 2707호, 1998. 7, 13면.

(다) 검토 및 사견

이상에서 살펴본 학설과 판례들을 검토해 보면, 물권설은 경관이익 등 생활방해가 실질적으로는 그 거주자의 인격적 이익 내지 환경적 이익에 대한 침해의 요소도 많은데 이 점을 간과하고 있다. 또한 인격권설이나 환경권설은 아직 사법상의 권리로서 일반적으로 승인된 개념이라 할 수 없으며, 생활방해에 대한 규정이 물권 편에 속해 있는 법체계와 관련해 볼 때에도 이것을 유지청구권의 근거로 삼기는 어렵다고 생각한다. 더 나아가 불법행위설은 영미법과 프랑스와는 달리 생활방해에 대해 물권 편에서 독자적인 규정을 두고 상린관계적 접근방법을 취하고 있는 우리 법체계에는 이질적인 것이다. 또한 우리나라에서 불법행위로 인한 구제는 원칙적으로 금전배상이며, 명예훼손에 대해서만 적당한 처분을 인정하고 있기 때문에 생활방해로 인한 침해에 대한 구제로서 유지청구권을 인정하기에는 무리가 있다고 생각한다. 따라서 대법원 판례와는 달리 유지청구권의 법적근거를 제217조에 의한 물권설에서 찾는 것이 인격권적 성질을 간과하는 등의 약점이 없지 않지만 상대적으로 무난한 견해라고 생각된다.

다. 경관이익침해에 대한 구제요건 및 방식

(1) 손해배상청구권

경관이익은 재산권적 요소뿐만 아니라 인격적 요소를 아울러 포함하고 있다. 경관이익의 침해가 불법행위의 요건을 충족하는 경우에는 당연히 손해배상을 청구할 수 있을 것이다. 더 나아가 경관이익은 쾌적하고 아름다운 환경으로 인한 심미적 안온함에 대한 침해가 될 수 있기 때문에 인격권 침해로 인한 손해배상 청구권도 가능할 것이다.

(2) 유지청구권

유지청구권이라 함은 경관이익의 침해를 이유로 그 침해행위의 중지 또는 예방 등을 법원에 청구할 수 있는 권리이다. 이 권리는 일정한 작위 또는 부작위를 청구하는 것을 주된 내용으로 하는데, 전자는 소위 시정명령을 구하는 것으로 방지의 설비 또는 방지시설의 철거 등이 주된 것이며, 후자는 대체로 금지명령을 청구하는 것으로 시설물의 설치금지나 통행제한 내지 금지가 주된 것이다. 이러한 유지청구권이 인정되기 위해서는 수인의 한도를 넘어야 할 것이다. 이러한 사회통념상 수인한도의 초과 여부는 피해의 성질 및 정도, 피해이익의 공공성과 사회적 가치, 가해행위의 태양, 가해행위의 공공성과 사회적 가치, 방지조치 또는 손해회피의 가능성, 공법적 규제 및 인허가관계, 지역성, 토지이용의 선후관계 등 모든 사정을 종합적으로 고려하여 판단하여야 한다[60]. 그러나 경관이익에 대한 침해가 수인한도를 넘었다고 해서 곧 바로 유지청구권이 인정될 수 있는 것은 아니다. 유지를 허용함으로써 생기는 가해자와 피해자행위들을 종합적으로 비교 형량하여 그 허용여부가 판단되어야 할 것이다.

V. 맺음말

1. 경관법이 제정되기 이전까지 경관이익은 주로 조망권과 함께 논의되면서 조망권과의 구별할 필요가 없는 것이라는 주장이 있을 정도로 사법상 관심의 대상이 되지 못했다. 그러나 경관법이 제정되면서 경관에 대한 관심과 범위가 확장되었고, 그에 대한 연구의 필요성이 고조되고 있다. 특히 경관법상 경관협정체결을 통해 조망과는 달리 해당 지방자치단체의

---

60) 대판 1995.9.15, 95다23378.

경관계획 및 경관사업의 시행과 재정지원이 행해지는 등 경관의 형성과 보존은 주민들의 아름답고 쾌적한 삶의 필수적인 요소가 되었다.

2. 어느 토지나 건물의 소유자가 종전부터 향유하고 있던 경관이 하나의 생활이익으로서의 가치를 가지고 있다고 객관적으로 인정된다면 법적인 보호의 대상이 될 수 있다는 판례의 태도는 넓은 의미의 환경이익에서부터 경관이익에 이르기까지 통용되는 것이라 여겨진다. 이러한 경우에는 예외적으로 경관이익에 대한 침해는 사법상 구제대상이 될 수 있는 것으로, 이러한 범위 내에서 사법상의 권리성을 인정해도 좋을 것이다.

3. 경관이익에 대한 침해는 세 가지 관점에서 논구할 수 있다. 우선 '자연환경보전법'상이나 '국토계획 및 이용에 관한 법률' 등 특별법에서 경관에 관한 다양한 보호 규정들을 두고 있는데, 이러한 것들은 직접적인 이해관계가 없는 토지소유자들이나 주민들에게는 공법상 반사적 이익에 불과할 것이다. 그러나 경관법상 경관협정을 체결한 당사자들이 경관협정서의 내용을 위반한 경우에는 이 협정서가 자치법규적인 의미를 지니고 있기 때문에 경관협정서에 포함되어 있는 제재조항에 따른 법정책임을 지는 것으로 해석되어야 할 것이다. 이와 달리 경관체결 당사자가 아닌 인접지 토지소유자들과의 관계에서는 물권설에 의한 방해배제청구권이나 유지청구권이 인정되어야 할 것이다. 또한 경관이익은 상당부분 쾌적하고 아름다운 경관이익을 향수하는 심미적인 요소가 많아 이러한 경관을 침해한 경우에 요건의 충족에 따라서는 불법행위로 인한 손해배상청구권도 인정될 수 있을 것이다.

4. 경관협정체결의 법적 성질은 특수한 법률행위, 소위 합동행위라 할

수 있다. 이러한 합동행위에 의해 체결된 협정서의 효력은 자치법규적인 것으로 해석하는 것이 입법취지에도 부합할 것이다. 경관법은 지방자치단체의 경관계획 및 시행과 주민의 자발적인 합의에 의한 경관의 형성 내지 보전을 주된 내용으로 하고 있기 때문에, 지역 공동체적 요소를 많이 포함하고 있다. 이러한 이유로 경관이익에 대한 해석 역시 객관적이고 지역공동체의 주민들의 쾌적한 삶을 고려해야 하기 때문이다.

〚 "경관이익의 보호에 관한 사법적 고찰", 「토지법학」 제29-2호, 2013.12, 1-29면 〛

제2절 경관법상 '경관협정'에 관한 사법적 고찰

I. 서 설

1. 현대인들, 특히 도시민의 생활이나 삶의 질과 직간접으로 관련되어 있는 환경이익들의 중요성이 날로 강조되고 있다. 이러한 환경이익 중에서 인근 주민이나 토지소유자들 사이에서 발생되는 일조나 조망이익, 혹은 경관이익들은 법에 의해 특별히 보호되고 있다. 특히 최근에 논의되기 시작한 '경관'은 자연경관, 도시경관, 문화경관, 농촌경관 등과 관련하여 다의적인 뜻을 지닌 개념으로 사용되고 있다. 그런데 이러한 경관들이 일부 지역 주민의 개발 등에 의해 침해되거나 주민이나 토지소유자 등이 경관지역을 출입할 수 없게 된 경우, 어떻게 보호받을 수 있는가? 이러한 유형의 문제들은 예전부터 존재해 왔으나, 대부분 상린관계나 환경이익의 침해로 취급되어 왔다. 그런데 최근 일본 대법원에서는 이러한 경관침해로 인한 손해배상 청구소송에서 경관침해를 일본민법 제709조의 불법행위로 간주하고 손해배상을 명하기도 하였다[1]. 이 판결은[2] 일본민법 제709조의 요건의 광범성과 2004년에 제정된 경관법에 기인하는 바가 크다고 여겨진다. 일본에서는 오래 전부터 지방자치단체들이 경관조례를 제

---

1) 日本 最高裁判所 2006. 6.30,「判例時報」第1931號 3面 이하 참조
2) 이 판결의 자세한 논평에 대한 국내 문헌으로는 이상욱·배성호, "경관이익의 법적 보호에 관한 연구",「비교사법」, 제35호, 403면 이하 특히 409면 이하 참조.

정하여 시행함에 따라 경관에 대한 다양한 법제와 법리들이 발전되어 왔
으며, 많은 연구도 집적되었다3). 이러한 이유에서 쾌적한 경관을 형성 유
지 관리할 수 있는 종합적인 대책의 일환으로 경관법이 제정되기에 이른
것이다.

2. 이러한 일본경관법의 제정으로부터 영향을 받은4) 우리나라에서도
2007년에 "국토의 체계적 경관관리를 위하여 각종 경관자원의 보전·관리
및 형성에 필요한 사항들을 정함으로써 아름답고 쾌적하며 지역특성을
나타내는 국토환경 및 지역환경의 조성에 기여함을 목적으로"(경관법 제
1조) 경관법이 제정되어 현재까지 시행되고 있다. 이러한 경관법은 경관
행정의 통합적인 수행과 함께 자치단체 차원에서 고유의 경관보전을 위
한 경관계획을 수립하고 경관을 체계적으로 관리할 수 있는 제도적 기반
을 조성하고자 제정되었음을 알 수 있다5). 우리나라에서도 최근에는 '경
관'과 관련하여 다양한 특별법들이 제정·운용되고 있다. 예컨대 2002년에
'국토의 계획 및 이용에 관한 법률'이 개정되어 지방자치단체가 경관계획
을 수립할 수 있는 근거를 제공하는 등 경관과 관련하여 40여개의 특별법
들이6) 시행되고7) 있다. 이러한 다양한 법제들이 있음에도 불구하고, 오

---

3) 대표적인 것으로 談路剛久, "眺望·景觀の法的保護に關する覺書",「ジュリス
ト」, 692號, 有斐閣, 1997.6.;談路剛久, "景觀權の生成と國立·大學通り訴訟判
決",「ジュリスト」, 1240號 有斐閣, 2003.3. 참조.
4) "2007년 공포된 경관법은 일본 경관법을 복사, 제정했"다고 비판하는 견해도 있다
(이규석, "경관법의 문제점과 개선방향", 한국임학회 정기학술대회, 2008.2(국민대),
발표요지문, 39면.
5) 주신하, "경관법상의 기본경관계획과 특정경관계획",「자치행정」, 제253호, 2009.
4, 17면 이하; 이현석, "경관법상 경관협정제도의 개선방향",「토지공법연구」, 제48
호, 2010.2, 71면.
6) 예컨대 현행 우리나라의 경관과 관련된 법률로는 문화재법, 자연공원법, 도시공원
및 녹지 등에 관한 법률. 도시 및 주거 환경정비법, 산림기본법, 환경영향평가법, 산

히려 이러한 많은 경관 관련 법률들 때문에 통일적이고 체계적인 경관 형
성 및 관리나 유지에 어려움이 초래되었다. 그래서 경관과 관련하여 통일
적이고 체계적인 경관법이 제정되기에 이른 것이다.

   3. 이러한 경관법의 주요 내용은 크게 세 가지, 즉 '경관계획의 수립'과
'경관협정', '경관사업'에 관한 것으로 분류할 수 있다. 경관법에서는 국
토 관련, 특히 경관과 관련하여 소홀히 여겨왔던 주민 참여 내지는 주민
과 자치단체의 유기적인 협력관계를 중시하여, 주민들의 직접 참여에 기
초한 지역 자율의 경관행정을 추진할 수 있도록 경관관리의 기본원칙을
설정함과 동시에 다양한 법적인 지원 절차와 방법을 규정하고 있다.
   이에 따라 지방자치단체의 장에게 자율적인 경관계획을 수립할 수 있
도록 하면서(동법 제6조), 경관계획의 수립과정에서 지역주민이 제안 등
을 통해 참여할 수 있는 길을 열어 두었다(동법 제7조). 또한 경관계획의
수립이나 변경시에는 공청회를 개최하여 주민이나 관계 전문가의 의견을
반영하도록 하고 있다(동법 제10조).
   둘째로 경관협정제도에 관한 규정들은 지역 주민들의 적극적인 참여하
에 다양한 경관 형성과 유지 및 보존을 당사자들의 전원합의에 의해 체결
하도록 하고, 이에 대한 내용을 지방자치단체의 장은 경관위원회의 심의
를 거쳐 인가한 다음, 그에 상응하는 지원을 하도록 규정하고 있다(동법
제22조).
   셋째로는 경관사업으로서, 경관계획에 따른 각종의 경관사업을 직접

지관리법, 습지보전법, 연안관리법, 하천법, 농어촌정비법, 기존건물 철거 및 관리에
관한 특별조치법, 제주특별자치도 설치 및 국제자유도시조성에 관한 특별법 등 수
없이 많다.
7) 문상덕, "경관법과 지방자치단체", 「지방자치법연구」, 제8권 4호(통권20호), 2008,
14면.

시행하거나 사업자의 시행에 대한 승인 권한을 단체장에게 부여하고 있
다. 또한 지역 차원에서 경관사업의 추진을 위해 필요한 경우에는 지역주
민, 시민단체, 전문가 등으로 구성된 경관사업추진협의체를 설치할 수 있
도록 규정하고 있다(동법 제14조). 이 밖에도 이러한 핵심내용들을 다루
기 위한 경관위원회의 구성과 기능을 자세히 규정하고 있다(동법 제23조
내지 제25조).

    4. 경관법에서는 주민의 자발적인 참여를 보장하는 것을 주된 내용으로
하는 '경관협정'을 자세히 규정하고 있다(동법 제16조 내지 제22조). 본고
에서는 이러한 '경관협정'을 사법적인 관점에서 논구해 보고자 한다. 일
본에서의 경관법 제정과 달리 한국의 경관법은 단기간에, 선행 연구도 거
의 없는 상태 하에서 제정된 것이기 때문에[8) '경관법' 자체에 많은 문제
를 안고 있을 뿐만 아니라 '경관협정'에도 다양한 문제들이 내재하고 있
는 것으로 여겨진다. 그래서 경관법의 제정 목적을 달성하기 위해서는 우
선 공사법적인 성격을 포괄하고 있는 경관협정의 문제점들에 대한 분석
적인 검토가 필요하다고 여겨진다. 이를 위해 본고에서는 먼저 우리나라
보다 먼저 경관협정을 입법화한 일본 경관법상의 경관협정을 개괄적으로
살펴보고(II), 이어서 한국 경관법상 경관협정을 개관한 다음 이러한 경관
협정에 대한 사법상의 의미와 문제점들을 분석해 보고(III), 이 글을 맺고
자 한다.

---

8) 이규석(주 4), 39면 이하 참조.

II. 일본경관법상 경관협정

1. 경관협정의 의의

일본경관법에서는 경관구역 내의 토지소유자 등 지역주민이 조례에서 정하고 있는 일반적인 기준을 넘어서 지역 실정에 적합하게 자율적으로 규제할 수 있도록 경관협정제도를 구체적으로 상세히 규정하고 있다[9]. 이러한 제도를 규정한 목적은 경관의 형성과 유지와 관련하여 주민들의 자율규제에 대한 법적 근거를 마련하기 위한 것이다[10]. 일본경관법상 경관협정이란 경관구역 내의 일정한 토지에 대해 양호한 경관 형성과 유지를 위하여 토지소유자나 임차인 등이 필요한 사항을 협정으로 정하는 것을 말한다(일본 경관법 제81조 제1항). 일본에서는 이미 건축협정이나 녹지협정과 같은 지역주민의 자율규제방식을 통해서 법령이나 조례에서 규제할 수 없는 내용에 대해 주민들의 자율규제를 유도하고 있다[11]. 소위 공법이라 할 수 있는 경관법에 의해 규정되어 있는 경관협정의 법적 성질이 문제될 수 있다. 경관협정의 당사자들 모두 같은 목적과 방향에서 하나의 법률행위를 하는 것이기 때문에 후술하는 한국 경관법상 경관협정과 마찬가지로 그 법적 성질은 합동행위라 할 수 있을 것이다.

2. 경관협정의 당사자

일본 경관법 제81조에 따르면 경관협정체결의 당사자, 즉 경관계획구

---

9) 일본 경관법 제81조부터 제91조 참조.
10) 최환용, 「일본의 경관보호법제」(한국법제연구원, 2005), 64면.
11) 國土交通省, 「景觀に 關する 規制誘導のあり方關する 調査報告書」, 2001, 3 面; 최환용(주 10), 64면.

역 내의 일단의 토지[12])의 소유자 및 차지권을 가지는 자[13])는 그 전원의 합의에 의해서 당해 토지의 구역에서의 양호한 경관형성에 관한 협정, 즉 '경관협정'을 체결할 수 있다. 다만 당해 토지(토지구획정리법 제98조 제1항의 규정에 의해서 가환지로서 지정된 토지에는 당해 토지에 대응하는 종전의 토지)의 구역 내에 차지권의 목적이 되고 있는 토지가 있는 경우에는 당해 차지권의 목적이 되고 있는 토지소유자의 합의를 요하지 않는다.

3. 경관협정의 내용

경관협정은 다음과 같은 내용을 포함해야 한다. 예컨대 경관협정의 목적이 되는 토지의 구역(경관협정구역)과 경관협정의 유효기간 및 경관협정에 위반한 경우의 조치 등을 포함하여야 한다. 또한 양호한 경관형성을 위하여 ① 건축물의 형태 의장에 관한 기준, ② 건축물의 부지, 위치, 규모, 구조, 용도 또는 건축설비에 관한 기준, ③ 공작물의 위치, 규모, 구조, 용도 또는 형태 의장에 관한 기준, ④ 수목림, 초지 등의 보전 또는 녹화에 관한 사항, ⑤ 옥외광고물의 표시 또는 옥외광고물을 게시하는 물건의 설치에 관한 기준, ⑥ 농용지의 보전 또는 이용에 관한 사항, ⑦ 그 밖에 양호한 경관 형성에 관한 사항 가운데 필요한 것을 규정한다(동법 제81조 제1항 제2호).

경관협정에서는 위에서 열거하는 것 이외에 경관계획구역 내의 토지 가운데 당해 경관협정구역 내의 토지소유자 등이 경관협정구역에 인접한

---

12) 공공시설용으로 제공되는 토지나 그 밖의 정령에서 정하는 토지를 제외한다.

13) 토지구획정리법(1954년 법률 제109호) 제98조 제1항〈대도시 지역에 있어서 주택 및 주택지의 공급의 촉진에 관한 특별조치법(1975년 법률 제67호) 제83조에서 준용하는 경우를 포함한다)의 규정에 의해서 가환지로 지정된 토지에는 당해 토지에 대응하는 종전의 토지의 소유자 및 차지권을 가진 자이다.

토지로 경관협정구역의 일부로 취급함으로써 양호한 경관형성에 기여할 것으로 여겨지는 토지, 즉 경관협정구역인접지를 정할 수 있다(동법 제81조 제3항).

4. 경관지역의 단체장의 인가

가. 개설

경관법 제81조 제4항에 따르면 경관협정은 해당 경관지역 단체장의 인가를 받아야만 한다. 소위 경관행정단체의 장은 경관법 제81조 제4항의 규정에 의해 경관협정의 인가 신청이 있는 때에는 국토교통성령·농림수산성령에서 정하는 바에 따라 그 뜻을 공고하고 당해 경관협정을 당해 공고일로부터 2주간 관계인의 종람에 제공해야 한다(동법 제82조 제1항). 이러한 공고가 있는 때에는 관계인은 종람기간 만료일까지 당해 경관협정에 대한 의견서를 경관행정단체의 장에게 제출할 수 있다.

나. 경관행정 단체장의 인가

(1) 일본 경관법 제83조에서는 경관협정의 인가의 신청이 ① 신청절차가 법령에 위반하지 않을 것, ② 토지, 건축물 또는 공작물의 이용을 부당하게 제한하는 것이 아닐 것, ③ 제81조 제2항 각호에서 열거하는 사항에 대해서 국토교통성령·농림수산성령에서 정하는 기준에 적합할 것이라는 신청요건을 충족시킨 경우에는 반드시 인가하여야만 한다. 즉 인가요건을 충족한 경우에는 인가하도록 강제하고 있다.

(2) 일본 건축기준법 제4조 제1항의 건축주사를 두지 않는 시정촌인 경관행정단체의 장은 위에서 열거한 사항을 정한 경관협정에 대해 인가하

고자 하는 때는 제출된 의견서의 사본을 첨부해서 도부현지사와 협의하
고 그 동의를 얻지 않으면 아니된다(동법 제83조 제2항).

(3) 경관행정단체의 장은 인가를 한 때는 국토교통성령·농림수산성령
에서 정하는 바에 따라서 그 뜻을 공고하고 당해 경관협정의 사본을 당해
경관행정단체의 사무소에 비치해서 공중의 종람에 제공함과 더불어 경관
협정구역인 뜻을 당해 구역 내에 명시해야 한다(동조 제3항).

다. 경관협정의 변경

일본 경관법 제84조 제1항에 의하면 경관협정구역 내의 토지소유자 등
이 경관협정에서 정한 사항을 변경하고자 하는 경우에는 그 전원의 합의
를 통해서 그 뜻을 정하고 경관행정단체장의 인가를 받아야만 한다. 이러
한 인가 역시 공중에 공람한 후에 공시하여야 한다(동조 제2항).

5. 경관협정구역에서의 제외

먼저 일본 경관법 제85조 제1항에 따르면 경관협정구역 내의 토지, 즉
토지구획정리법 제98조 제1항의 규정에 의해서 가환지로 지정된 토지로
당해 토지에 대응하는 종전의 토지에서 당해 경관협정의 효력이 미치지
않는 자가 소유하는 것의 전부 또는 일부에 대해서 차지권이 소멸한 경우
에는 당해 차지권의 목적이 되고 있는 토지, 즉 종전의 토지에 대응하는
가환지로서 지정된 토지는 당해 경관협정구역에서 제외된다.

경관협정구역내의 토지로 토지구획정리법 제98조 제1항의 규정에 의
해서 가환지로서 지정된 것이 동법 제86조 제1항의 환지계획 또는 대도
시주택등공급법 제72조 제1항의 환지계획에서 당해 토지에 대응하는 종

전의 토지에 대한 환지로서 결정되지 않고 동시에 토지구획정리법 제91
조 제3항의 규정에 의해서 당해 토지에 대응하는 종전의 토지소유자에
대해서 그 공유지분을 주도록 정하고 있는 토지로서도 결정되지 않은 때
는 당해 토지를 토지구획정리법 제103조 제4항의 공고일이 종료한 때에
당해 경관협정구역에서 제외하는 것으로 한다(동법 제85조 제2항).

경관협정구역내의 토지가 당해 경관협정구역에서 제외된 경우에는 당
해 차지권을 가지고 있던 자 또는 당해 가환지로서 지정되어 있던 토지에
대응하는 종전의 토지에 관련된 토지 소유자 등은 지체 없이 그 뜻을 경
관행정단체의 장에게 신고해야만 한다(동조 제3항).

경관협정구역내의 토지가 당해 경관협정구역에서 제외된 사실을 규정
에 의해 신고한 경우, 그 밖에 경관행정단체의 장이 경관협정구역내의 토
지가 당해 경관협정구역 내에서 제외된 것을 안 경우에도 준용한다(동조
제4항).

6. 경관협정의 효력

일본경관법 제86조에 따르면, 인가의 공고가 있는 경관협정은 그 공고
가 있은 후에 당해 경관협정구역 내의 토지소유자 등이 된 자14)에 대해
서도 그 효력이 있다. 또한 일본경관법 제87조에 의하면 경관협정구역내
의 토지소유자15)로 당해 경관협정의 효력이 미치지 않는 자는 제83조 제
3항16)의 규정에 의한 인가의 공고가 있은 후, 언제든지 경관행정단체의

---

14) 당해 경관협정에 대해서 제81조 제1항 또는 제84조 제1항의 규정에 의한 합의를
   하지 않았던 자가 가지는 토지의 소유권을 승계한 자를 제외한다.
15) 여기서 토지소유자란 토지구획정리법 제98조 제1항의 규정에 의해서 가환지로서
   지정된 토지에서는 당해 토지에 대응하는 종전 토지소유자를 의미한다.
16) 일본 경관법 제84조 제2항에서 준용하는 경우를 포함한다.

장에 대해서 서면으로 그 의사를 표시함으로써 당해 경관협정에 추가로
가입할 수 있다.

경관협정구역인접지의 구역 내의 토지에 관련된 토지소유자 등은 제83
조 제3항[17])의 규정에 의한 인가의 공고가 있은 후, 언제든지 당해 토지에
관련된 토지소유자 등의 전원의 합의에 의해서 경관행정단체의 장에 대
해서 서면으로 그 의사를 표시함으로써 경관협정에 추가로 가입할 수 있
다. 그러나 당해 토지[18])의 구역 내에 차지권의 목적이 되고 있는 토지가
있는 경우에는 당해 차지권의 목적이 되고 있는 토지소유자의 합의를 요
하지 않는다. 그러나 경관협정구역인접지의 구역 내의 토지에 관련된 토
지소유자 등으로 제87조 제2항의 의사를 표시한 자에 관련된 토지의 구역은
그 의사표시가 있은 때 이후 경관협정구역의 일부가 되는 것으로 한다.

경관협정은 제87조 제1항 또는 제2항의 규정에 의해서 당해 경관협정
에 추가로 가입한 자가 그 때에 소유하거나 또는 차지권을 가지고 있던
당해 경관협정구역내의 토지[19])에 대해서 전항에서 준용하는 제83조 제3
항의 규정에 의한 공고가 있은 후에 토지소유자 등이 된 자[20])에 대해서
도 그 효력이 있는 것으로 한다.

---

17) 이 경우 역시 일본 경관법 제84조 제2항에서 준용하는 경우를 포함한다.
18) 여기서 당해 토지란 토지구획정리법 제98조 제1항의 규정에 의해서 가환지로 지정
   된 토지에 대해서는 당해 토지에 대응하는 종전의 토지를 의미한다.
19) 여기서 토지란 토지구획정리법 제98조 제1항의 규정에 의해서 가환지로 지정된 토
   지에 대해서는 당해 토지에 대응하는 종전의 토지를 말한다.
20) 이러한 자에 해당하는 자에는 당해 경관협정에 대해서 제87조 제2항의 규정에 의
   한 합의를 하지 않았던 자가 가지는 토지소유권을 승계한 자 및 제86조의 규정의
   적용이 있는 자를 제외한다.

7. 경관협정의 폐지

경관협정구역 내의 토지소유자 등은 인가를 받은 경관협정을 폐지하고 자 하는 경우에는 그 과반수의 합의를 통해서 그 뜻을 정하고 경관행정단 체의 장의 인가를 받지 않으면 아니된다(동법 제88조 제1항). 경관행정단 체의 장이 폐지를 인가한 때에는 협정을 인가한 때와 마찬가지로 공고해 야만 한다(동조 제2항).

8. 일본경관법상 경관협정의 특성

일본경관법상 경관협정 체결이 당사자 전원의 합의에 의해 체결된다는 점과 인가를 받아야 한다는 점은 후술하는 한국 경관법상 경관협정과 동 일하다. 그러나 경관행정단체의 장이 인가하는 경우에는 제83조의 인가 요건을 충족한 경우에는 인가해야만 한다는 점과 인가시 경관위원회의 심의를 거쳐 결정하지 않는다는 점은 한국과 다르다. 또한 협정의 변경이 나 폐지의 경우에도 전원의 동의를 얻어야 하는 점과 경관협정에 추가 가 입이 가능하도록 규정하고 있는 점, 더 나아가 행정관청의 구체적인 지원 에 관한 규정이 없다는 한국 경관법과 다른 점이다.

III. 한국경관법상 경관협정

1. 경관협정 체결의 목적 및 주요 내용

가. 경관협정 체결의 목적

한국의 경관법에서도 경관협정제도를 구체적으로 규정하고 있다. 이러한 경관협정은 경관계획구역 내의 일정한 토지에 대해 양호한 경관형성을 위하여 토지소유자 등의 합의에 의해 당해 토지에 양호한 경관형성에 관한 사항을 협정으로 정하도록 한 제도이다. 전술한 일본 경관법에서 경관협정제도를 도입한 취지는 건축협정이나 녹지협정과 같은 지역주민의 자율규제방식을 통해서 법령이나 조례에서 규제할 수 없는 내용에 대해 주민들의 자율규제를 유도하고자 하는데 있었다. 특히 주민들의 자율규제에 대한 법적 근거를 부여하기 위한 경관협정제도를 규정한 것으로 볼 수 있다고 하는데[21], 우리 법에서도 같은 관점에서 도입된 것으로 보인다[22].

일본에서 경관협정제도를 인정한 것은 기존에 선진적인 지방자치단체가 '법령을 위반하지 않는 한'이라는 전제하에 조례제정권의 범위를 초과하기 위해서 주민 사업자 등 이해관계자의 자율적인 규제를 유도하기 위하여 이용되어 왔던 제도로서 협정위반자에 대한 규제력 미흡이라는 지적이 계속되어 왔다. 즉 공법적 규제범위를 초과하는 자율적인 규제범위를 정하기 위하여 만들어진 제도이다. 이러한 협정위반에 대한 제재방법은 기본적으로는 민사소송에 의한 것이다[23]. 일본에서의 경관협정제도를

---

21) 최환용(주 10), 64면.
22) 최환용(주 10), 85면.
23) 최환용(주 10), 85면.

둔 취지는 민사법상의 계약의 성격에 지나지 않았던 경관협정에 공법적인 구속력, 즉 경관협정의 규정내용, 경관행정단체의 경관협정에 대한 인가, 경관협정 구역인접지제도 등을 통해서 토지소유자 등의 주관적 가치에 따른 경관보존 또는 형성에서 벗어나 객관적 가치로서의 경관보전의 영역으로 유도하고자 한 것이다. 그런데 한국 경관관법상의 경관협정제도에는 이러한 취지가 거의 반영되어 있지 않다.

나. 경관협정 체결의 당사자

한국경관법 제16조 제1항에 따르면 토지소유자와 건축물소유자, 지상권자, 그 밖에 해당 토지 또는 건축물에 이해관계가 있는 자로서 해당 지방자치단체의 조례로 정하는 자 중 그 토지 및 건축물소유자의 동의를 받은 자(동법 대통령령 제9조)는 쾌적한 환경 및 아름다운 경관형성을 위한 협정을 경관협정 체결자 전원의 합의에 의하여 체결할 수 있다고 하면서, 이 경우 경관협정의 효력은 경관협정을 체결한 소유자 등에게만 미친다고 한다. 특히 동조 제2항에서는 "일단의 토지 또는 하나의 토지의 소유자가 1인인 경우에도 그 토지의 소유자는 해당 토지의 구역을 경관협정 대상지역으로 하는 경관협정을 정할 수 있다"고 하면서, 이 경우 그 토지소유자 1인을 경관협정 체결자로 보고 있다. 이러한 경관협정을 체결하는 경우에는 경관법과 관계 법령을 위반하지 말아야 할 것과 '국토의 계획 및 이용에 관한 법률' 제2조 제6호에 따른 기반시설의 입지를 제한하는 내용을 포함하지 아니해야 한다.

다. 경관협정서의 내용

한국경관법 제16조 제5항에 따르면 소유자 등이 경관협정을 체결하는 경우 경관협정서를 작성하여야 한다. 이러한 경관협정서에는 ① 경관협정의 명칭, ② 경관협정 대상지역의 위치 및 범위, ③ 경관협정의 목적, ④ 경관협정의 내용, ⑤ 경관협정 체결자 및 경관협정운영위원회의 설립한 경우에는 경관협정운영회의 명칭 및 주소, ⑥ 경관협정의 유효기간, ⑦ 경관협정 위반 시 제재에 관한 사항, ⑧ 그 밖에 경관협정에 필요한 사항으로서 해당 지방자치단체의 조례로 정하는 사항이 명시되어야 한다. 이러한 경관협정서에 의해 경관협정의 내용은 구체화될 것이다.

라. 경관협정의 내용

(1) 경관법 제16조 제4항에 따르면 경관협정의 내용에는 다음과 같은 사항을 포함할 수 있다. 예컨대 경관협정의 내용은 ① 건축물의 의장·색채 및 옥외광고물24)에 관한 사항, ②공작물25) 및 건축설비의 위치에 관한 사항, ③ 건축물 및 공작물 등의 외부공간에 관한 사항, ④ 토지의 보전 및 이용에 관한 사항, ⑤ 역사·문화경관의 관리 및 조성에 관한 사항을 포함해야 한다.

(2) 또한 한국 경관법의 시행을 위한 대통령령에 의하여 ① 녹지, 가로, 수변공간(水邊空間) 및 야간조명 등의 관리 및 조성에 관한 사항, ② 경관적으로 가치가 있는 수목이나 구조물 등의 관리 및 조성에 관한 사항, ③ 그 밖에 해당 지방자치단체의 조례로 정하는 사항을 포함할 수 있다.

마. 특별시장 등의 인가

한국경관법 제18조에서는 "협정 체결자 또는 경관협정 운영회의 대표

---

24) 이러한 광고물이란 옥외광고물 등 관리법 제2조 제1호에 따른 옥외광고물을 말한다.
25) 여기서 공작물이란 건축법 제83조 제1항에 따라 시장·군수·구청장에게 신고하여 축조하는 공작물을 말한다.

자는 경관협정서를 작성하여 특별시장·광역시장·특별자치도지사·시장
또는 군수의 인가를 받아야 한다. 이 경우 인가신청을 받은 특별시장·광
역시장·특별자치도지사·시장 또는 군수는 인가를 하기 전에 경관위원회
의 심의를 거쳐야 한다."고 전제하고, 이어서 동조 제2항에서는 "특별시
장·광역시장·특별자치도지사·시장 또는 군수는 제1항에 따라 경관협정
을 인가한 때에는 대통령령으로 정하는 바에 따라 그 내용을 공고하고 주
민이 열람할 수 있도록 하여야 한다"고 규정하고 있다.

바. 경관협정의 폐지

한국경관법 제20조에 따르면, 협정체결자 또는 경관협정운영회의 대표
자가 경관협정을 폐지하려는 경우에는 협정체결자 과반수의 동의를 받아
해당 특별시장·광역시장·특별자치도지사·시장 또는 군수의 인가를 받아
야 한다. 특히 동법 제18조 제2항에서 규정하고 있는 "특별시장·광역시
장·특별자치도지사·시장 또는 군수는 제1항에 따라 경관협정을 인가한
때에는 대통령령으로 정하는 바에 따라 그 내용을 공고하고 주민이 열람
할 수 있도록 하여야 한다"는 규정에 따라 폐지의 내용을 공고하고 주민
이 열람할 수 있도록 해야한다.

사. 경관협정의 준수 및 승계

경관법 제21조에 따르면 경관협정의 대상이 되는 구역 안에서 제16조
제4항 각 호의 행위를 하려는 협정체결자는 제18조 및 제19조에 따라 인
가된 경관협정의 내용을 준수하여야 한다. 또한 경관협정이 제18조 제2항
에 따라 공고된 후 경관협정의 대상이 되는 구역 안에서 협정체결자인 소
유자 등으로부터 권리를 이전 또는 설정 받은 자 중 대통령령으로 정하는

자는 협정체결자로서의 지위를 승계한다. 다만, 경관협정에서 달리 정한 경우에는 그에 따른다.

2. 경관협정에 대한 사법상의 의미[26]

가. 한국경관법의 제정 취지와 경관협정 체결의 의의

한국경관법은 "국토의 체계적 경관관리를 위하여 각종 경관자원의 보전·관리 및 형성에 필요한 사항들을 정함으로써 아름답고 쾌적하며 지역특성을 나타내는 국토환경 및 지역환경의 조성에 기여함을 목적으로" 제정되었다. 경관법 제2조 제1호에 따르면 '경관'이란 자연, 인공요소 및 주민의 생활상 등으로 이루어진 일단의 지역환경적 특징을 나타내는 것을 말한다. 경관법에서는 사법상 중요한 의미를 지닌 새로운 경관협정제도를 구체적으로 규정하고 있다. 이것은 경관계획구역 내의 일정한 토지에 대해 토지소유자 등의 합의에 의해 당해 토지에 양호한 경관형성에 관한 사항을 협정으로 정하도록 한 제도이다. 일본 경관법에서도 이러한 제도를 도입하고 있는데, 이에 대한 입법 취지는 건축협정이나 녹지협정과 같은 지역주민의 자율규제방식을 통해서 법령이나 조례에서 규제할 수 없는 내용에 대해 주민들의 자율규제를 유도하여 이에 대한 법적 근거를 부여하기 위한 것으로 보고 있다[27]. 또한 일본에서는 기존에 선진적인 지방자치단체가 법령을 위반하지 않는 한이라는 조례제정권의 범위를 넘어 주민 사업자 등 이해관계자의 자율적인 규제를 유도하기 위하여 이용되

---

26) 이러한 경관협정에 대한 사법적 검토 내용에 대해서는 윤철홍, "경관이익의 보호에 관한 사법적 고찰", 제23회 한·일토지법학술대회 「주제발표논문집」 2013.10.26(동 아대), 71면 이하 참조.

27) 최환용(주 10), 64면. 우리 법에서도 이와 같은 관점에서 도입된 것으로 보인다.

어 왔던 제도로써 협정위반자에 대한 규제력 미흡이라는 지적이 계속되어 왔다. 이에 따라 공법적 규제범위를 초과하는 자율적인 규제범위를 정하기 위하여 경관협정제도를 고안한 것이라고 한다[28]. 이러한 협정위반에 대한 제재방법은 기본적으로는 민사소송에 의한 것이다[29].

한국에서도 거의 같은 관점에서 경관협정제도가 규정되어 있는데, 이러한 경관협정체결행위를 합동행위라고 본다면 그 제재방법 역시 협정서 내용에 포함되어 있는 제재방법에 의할 것이다. 결국 이러한 협정서 위반에 대한 제재나 구제방법은 우선적으로 협정서에 의해 책임의 내용이 결정될 것이다. 다만 그 위반의 행위가 불법행위의 요건을 구비하고 있다면 불법행위로 인한 손해배상 등도 가능함은 당연하다 할 것이다.

나. 경관협정 체결행위와 협정서의 법적 성질

(1) 경관협정은 협정당사자 전원의 합의에 의해 체결되고, 이에 대해 경관위원회에서 심의한 다음 해당 자치단체장이 인가한 후 공고하도록 규정되어 있다. 이러한 절차에 따라 체결 공고된 경관협정체결행위의 법적 성질은 무엇인가?

경관협정체결행위는 사법상 특수한 법률행위로서, 소위 '합동행위'라고 생각한다[30]. 원래 합동행위는 평행적·구심적으로 방향을 같이하는 두

---

28) 더 나아가 일본에서의 경관협정제도를 둔 취지는 민사법상의 계약의 성격에 지나지 않았던 경관협정에 공법적인 구속력, 즉 경관협정의 규정내용, 경관행정단체의 경관협정에 대한 인가, 경관협정 구역인접지제도 등을 통해서 토지소유자 등의 주관적 가치에 따른 경관보존 또는 형성에서 벗어나 객관적 가치로서의 경관보전의 영역으로 유도하고자 한 것이다. 그런데 한국 경관법상의 경관협정제도에는 이러한 취지가 거의 반영되어 있지 않은 것으로 보인다.

29) 최환용(주 10), 85면.

30) 합동행위는 1892년 독일민법학자 Kuntze가 계약으로부터 분리하여 독립된 법률행위의 유형으로 제창한데서 기인한다. 국내에서는 합동행위를 계약의 범주에 포함

개 이상의 의사표시가 합치하여 성립하는 법률행위이다[31]. 따라서 다수 당사자의 의사표시가 방향을 같이하는 동시에 각 당사자에게 동일한 의미를 가지며, 같은 법률효과를 가져온다. 이러한 합동행위에는 단체설립행위와 같은 필요적 합동행위와 유언과 같은 단독행위를 수인이 공동으로 하는 임의적 합동행위가 있다. 또한 이러한 필요적 합동행위에는 다시 단체설립행위와 같은 결합적 합동행위와 결의, 선거와 같은 집합적 합동행위로 구분된다. 특히 결합적 합동행위에서는 다수 당사자의 의사표시가 모두 결합하여야만 하지만 각 의사표시는 독립성을 거의 잃지 않는다는 특성을 지니고 있다. 그런데 경관협정은 일정 지역 내의 토지소유자나 건물소유자 등이 전원 합의하에 아름다운 경관의 형성 혹은 보전이라는 목적을 위하여 체결하는 것이다. 즉 동일한 목적을 위해 당사자 전원의 합의에 의하여 이루어지는 것으로, 결합적 합동행위라 할 수 있다.

 이러한 경관협정이 효력을 발생하기 위해서는 경관위원회의 심의와 지방자치단체장의 인가를 필요로 하는데, 이러한 공법적인 행위가 문제된다. 이러한 경관협정체결의 과정과 유사한 것으로 민법상 법인설립이 있다. 예컨대 사단법인의 설립행위 역시 민법 제32조와 제33조에 따라 주무관청의 허가를 받아 등기를 하는 등 사법상의 행위에 공법상의 행위가 포함되어 있다. 그렇다고 해서 사단법인의 설립행위를 공법행위라고 하지 않는 것과 같은 의미에서 지방자치단체장의 인가를 받아야만 하는 경관

시켜 독자적인 개념으로 인정하지 않는 소수설도 존재한다. 예컨대 김증한·김학동, 「민법총칙」(박영사, 2001), 278면; 이영준, 「민법총칙」(박영사, 2007), 181-182면; 이은영, 「민법총칙」(박영사, 2004), 338면 등.

31) 국내에서는 합동행위를 계약과 분리하여 독립된 개념으로 이해하는 것이 지배적인 견해이다. 예컨대 고상룡, 「민법총칙」(법문사, 2003), 307면; 곽윤직, 「민법총칙」(박영사, 2007), 201면; 김상용, 「민법총칙」(화산미디어, 2009), 351면 이하; 김용한, 「민법총칙」(박영사, 1997), 241면; 송덕수 「민법총칙」(박영사, 2012), 169면 등 다수.

협정체결행위에 대한 사법상 합동행위의 성질이 희석되는 것은 아니다. 또한 체결당사자들에게 탈퇴는 일반적으로 인정되지 않지만, 경관협정이 체결된 토지를 매매하거나 증여, 혹은 양도할 수 있다. 이렇게 양도한 경우에 양수인이 양도인의 지위를 승계할 수 있도록 명문으로 규정하고 있다. 경관협정의 내용을 계약당사자뿐만 아니라 주민들이 알 수 있도록 공고하고 열람을 허락하고 있지만, 전적으로 당사자들간의 합의에 의해 체결되는 것이다. 따라서 이러한 협정은 법문에서도 밝히고 있듯이 당사자들 사이에서만 효력이 발생하는 것이다.

(2) 경관협정체결시 합의된 경관협정서의 법적 성질을 자치법규라고 생각한다[32]. 그러나 이러한 경관협정에 의해 확정된 협정서는 소위 지방의회에서 제정하는 '조례'와 자치단체장이 제정하는 '규칙'을 의미하는 행정법상 자치법규는 아니다. 따라서 여기서 말하는 자치법규는 소위 판례에서 인정하는 자치법규로 이해된다. 예컨대 사단법인의 정관[33]이나 재건축조합의 정관[34] 및 기독교 유지재단의 정관[35], 더 나아가 종중의 규약[36] 등을 '자치법규'로 해석하는 판례의 태도와 같이 부분사회의 법리

---

32) 박진근, "조망권에서 바라본 경관법의 법적 검토", 「법과 정책연구」, 8-1호(2008.6), 206면.
33) 대판 2000.11.24, 99다12437에서는 "사단법인의 정관은 이를 작성한 사원뿐만 아니라 그 후에 가입한 사원이나 사단법인의 기관 등도 구속하는 점에 비추어 보면 그 법적 성질은 계약이 아니라 자치법규로 보는 것이 타당하"다고 판시하였다.
34) 대판 2009.01.30, 2007다31884에서는 "구 도시 및 주거환경정비법(2005. 3. 18. 법률 제7392호로 개정되기 전의 것, 이하 '구 도시정비법'이라고 한다)에 의한 재건축조합의 정관은 재건축조합의 조직, 활동, 조합원의 권리의무관계 등 단체법적 법률관계를 규율하는 것으로서 공법인인 재건축조합과 조합원에 대하여 구속력을 가지는 자치법규이므로 이에 위반하는 활동은 원칙적으로 허용되지 아니"한다고 판시하였다.
35) 대판(전합) 1993.1.19, 91다1226.
36) 대판 2011.09.08, 2011다38271은 "종중원이 종중 규약 중 일부 규정의 무효 확인을 구한 사안에서, 종중 규약은 비법인사단인 종중의 조직, 활동 등 단체법적 법률관

에 의한 내부 규칙을 자치법규로 이해한 것이라 여겨진다. 서울특별시장 등 지방자치단체의 장은 경관협정에 대해 경관위원회의 심의를 거쳐 인가와 함께 공고해야 한다. 이러한 일련의 과정은 순수한 사법상의 행위로 이해하기 힘든 요소가 있을 것이다. 예컨대 협정내용을 경관위원회의 심의와 단체장의 인가를 받아야 한다는 점과 체결당사자는 협정에서 자유롭게 탈퇴할 수 없다는 점 등은 단체법적 요소를 포함하고 있기 때문이다. 따라서 지역공동체의 아름답고 쾌적한 경관형성을 위해 자치법규로 이해하는 것이 경관법의 입법취지에도 부합하는 것으로 여겨진다.

다. 경관협정 위반자의 책임

(1) 아름다운 경관형성과 그 유지 및 관리를 위하여 경관협정을 준수해야 하는 것은 모든 경관협정체결자의 의무이다. 따라서 경관협정체결자가 이러한 경관협정을 위반하는 경우에는 그에 대한 책임을 지는 것은 당연할 것이다. 따라서 이러한 책임을 분명히 하기 위하여 경관협정 위반에 따른 제재사항을 미리 협정서에서 정하여야만 한다. 만약 경관협정을 체결한 계약당사자중 1인이 협정내용을 위반한 경우에는. 우선 협정서에서 규정하고 있는 제재조치에 따른 책임이 발생할 것이다. 왜냐하면 경관협정체결 당사자들 사이에 경관협정서는 사법상 합동행위에 의해 체결된 것이라 하더라도 자치법규적 성질을 지니고 있기 때문이다. 이러한 자치법규라는 해석은 지역 공동체의 쾌적하고 아름다운 경관의 형성 및 유지에 도움이 될 것이다. 따라서 협정서의 해석 역시 협정 당사자들의 주관적인 의사보다는 객관적으로 해석되어져야 한다. 이러한 경관협정서를 위반하는 행위에 대한 책임은 자치법규에 따른 법정책임이라 해야 할 것

계를 규율하는 법규범(자치법규)이므로 규약 또는 그 일부 규정의 무효 확인을 독립한 소로써 구할 수는 없다"고 판시하였다.

이다.

(2) 이러한 협정위반행위에 대한 제재조치는 위반의 모습에 따라 다르게 될 것이다. 먼저 협정체결자가 협정을 이행하지 않은 경우에는 협정이행을 조건으로 건물개보수에 이미 지급된 보조금이 있는 경우에는 그의 환수해야 할 것이며, 세제를 감면해 준 경우에는 세제 혜택의 철회를, 더나아가 협정이행을 조건으로 제공한 공공사업비가 있는 때에는 그의 일부를 위반자에게 부과하는 등의 조치가 행해질 수 있을 것이다37). 또한 경관이익을 침해한 경우에, 그 침해가 경미한 경우에는 체결자에게 시정을 권고할 수 있을 것이나, 침해가 중대한 경우에는 우선 자치구 주관부서와 협의 후 제재 조치가 논의 될 수 있을 것이다38). 그러나 경관협정은 기본적으로 주민의 자율적인 의사에 의해 체결된 것이므로, 자치구에서 위에서 언급한 제재조치 이외의 강제적인 조치를 한다는 것은 기대하기 어려울 것이라 생각한다.

(3) 비록 자율적인 경관협정에 대한 위반 내지 경관이익의 침해라 하더라도, 그러한 침해가 경관이익에 대한 중대한 침해로서 불법행위의 요건을 갖춘 경우에는 일반지역에서와 같이 경관이익 침해로 인한 손해배상청구 및 유지청구도 가능할 것이다.

3. 경관법상 경관협정의 문제점

경관협정의 문제점에 대해서는 다양한 비판들이 제기되고 있다39).

---

37) 이창호·오준걸·정종대, "경관협정의 운용방안에 관한 연구", 「대한건축학회논문집 계획계」 제27권6호(2011.6), 175면.

38) 서울특별시 문화관광디자인본부 도시경관과, 「경관협정 추진을 위한 협정 매뉴얼 2011」, 2011, 36면.

39) 이창호·오준걸·정종대(주 37), 171면 이하; 박진근(주 32), 206면; 이현석(주 5), 80

첫째로, 경관협정은 상술한 바와 같이 그 법적 성질이 자치법규적인 것으로 그 협정내용은 협정을 체결한 당사자들만을 구속하게 된다. 이를 위하여 경관협정체결은 당사자 전원의 동의가 있어야만 하도록 규정하고 있다. 경관협정 내용이 주로 사법상의 재산권행사와 관련된 것이 될 것인데, 이러한 사법상의 내용을 구태여 전원합의에 의해서 체결하도록 강제한 것은 실효성 차원에서는 장애 요인이 될 수 있다고 여겨진다. 한 지역 내에서도 경관협정 체결에 찬성한 사람과 그렇지 않은 사람들 사이에 효력이 달라지게 되는데 아름다운 거리 조성사업이나 북촌의 한옥마을 보존과 관련된 사업에서 알 수 있듯이 한 두 사람이 참여하지 않음으로 인하여 원래 추구했던 목적을 달성할 수 없는 경우도 발생할 수 있을 것이다.

둘째로, 경관협정의 효력이 당사자에게만 미치게 된다는 점도 문제이다. 경관지역 내에 체결된 경관협정은 당해 지역 주민들에게도 효력이 미쳐야만 이름다운 경관형성과 그 유지가 효율적일 것이다. 원래 경관협정은 경관지역 내에 아름답고 쾌적한 경관을 형성하기 위해 관청의 지원을 전제로 한 주민의 자발적인 참여를 유도하는 것이다. 그런데 경관협정체결에 참여하지 않은 자들이 많다면, 그들에게 경관형성을 강제할 수 없기 때문에 지역공동체내의 경관형성이라는 소기의 목적을 달성할 수 없는 경우도 발생할 수 있을 것이다. 전원동의와 협정체결자들에게만 효력이 발생하도록 제한하는 것은 사법적인 권리행사의 본질에는 부합하는 것이지만, 예외적으로 인정되는 경관협정제도의 취지에는 부합하지 않는 것으로 여겨진다.

셋째로, 경관협정은 전술한 바와 같이 사법상 합동행위라 할 수 있는데, 이것이 자치법규로서 효력을 발생하기 위해서는 당해 지방자치단체의 장의 인가를 받아야 한다. 여기서 인가를 경관협정 효력발생과 행정지

면 이하 참조.

원요건으로 규정하고 있는 점은 일응 타당한 것으로 여겨진다. 그러나 우리나라 경관법은 일본 경관법과는 달리40) 인가에 대한 구체적인 요건을 규정해 놓고 있지 않다. 따라서 경관위원회의 심의과정이나 지방자치 단체장의 인가과정에서 마치 허가와 같이 재량행위로41) 인식하여 인가권을 행사한다면 주민의 자발적인 참여를 독려하기 위한 제도가 주민들의 권리행사를 제한하는 수단이 될 수 있을 것이다. 이와 같은 구체적인 인가요건의 불비는 경관협정 취지를 몰각시킬 위험이 있다고 여겨진다.

넷째로, 경관협정이 체결되고 지방자치 단체장의 인가가 있게 되면 그러한 협정내용을 공고하도록 되어 있다. 이러한 공고에 의해 협정내용에 동의한 협정체결의 당사자들은 그 내용들을 잘 알 수 있겠지만, 공고가 있었던 날로부터 장기간이 흐른 후에 대상 토지나 건물을 승계한 승계인이나 그 밖의 주민들은 일회적인 공고를 통해 그 내용을 숙지할 수는 없을 것이다. 물론 승계인에게 신고의무가 부가되고 있어 협정내용의 숙지가 필수적이지만 이것은 다른 관점에서 보면 소유권행사의 제한으로 이해될 수 있다. 따라서 단순히 공고하는 것 보다는 승계인이나 주민들이 잘 숙지할 수 있는 공시방법이 필요하다고 여겨진다. 등기부에 공시하는 방법이 부동산등기법 등을 개정해야 하는 문제가 있어 곤란하다면 행정관청에서 관리하는 대장에 공시하는 방법도 가능할 것이다. 특히 재산권

---

40) 일본 경관법 제83조 제1항에서는 ① 신청절차가 법령에 위반하지 않을 것, ② 토지, 건축물 또는 공작물의 이용을 부당하게 제한하는 것이 아닐 것, ③ 제81조 제2항 각호에서 열거한 사항에 대해서 국토교통성·농림수산성령에서 정하는 기준에 적합할 것이라는 신청요건을 충족한 경우에는 경관협정의 인가를 강제하고 있다.
41) 우리 민법 제32조에서는 비영리법인 설립시 주무관청의 허가를 요하고 있는데, 이 허가는 '주무관청의 정책적 판단에 따른 재량에 맡겨져' 있어서(대판 1996.9.10, 95누1847) 법인설립에 큰 제한 요소가 되고 있다. 따라서 이에 대한 비판적인 견해가 지배적이다(윤철홍, "비영리법인설립에 관한 입법론적 고찰", 「민사법학」 제47호 (2009.12), 719면 이하 참조).

행사에 중요한 제한을 포함한 협정내용들이라면 어떤 형태로든 공시방법이 강구되어야 할 것이다.

다섯째로, 경관협정제도를 규정한 것은 아름답고 쾌적한 경관을 형성하기 위해 행정관청의 지원을 전제로 한 주민의 자발적인 참여를 유도하는 것이다. 그런데 경관법에서는 지원한다는 규정만 있지 구체적인 지원 절차나 방법 등이 규정되어 있지 않다. 따라서 지원이 주민들의 기대치에 이르지 못하는 경우 주민들의 경관형성을 위한 자발적인 참여나 형성된 경관의 유지 보존에 적극적인 참여를 유인할 수 없는 경우도 발생할 수 있을 것이다.

여섯째로, 경관법에서 경관협정의 승계를 인정하고 있다. 그러나 경관 형성이 지역단위로 행해지고 또한 그러한 형성된 경관을 효과적으로 유지나 보존 및 관리하기 위해서는 최초 경관협정을 체결할 당시에는 참여하지 않았지만 여러 가지 사정에 의해 추가적으로 가입하거나 체결하고자 하는 경우가 얼마든지 존재할 수 있다. 후일에 이러한 추가적인 참여가 가능할 수 있도록 규정되어야 할 것이다. 예컨대 일본 경관법에서는 이 점을 분명히 규정하고 있다.

IV. 맺음말

1. 경관법은 국토의 체계적 경관관리를 위하여 각종 경관자원의 보전·관리 및 형성에 필요한 사항들을 정함으로써 아름답고 쾌적하며 지역특성을 나타내는 국토환경 및 지역환경의 조성에 기여함을 목적으로 제정되었다. 이러한 목적을 달성하기 위한 핵심적인 내용으로서 경관협정은 주민참여를 전제로 지방단체의 지원을 핵심으로 하고 있다.

2. 경관협정은 법적 성질상 합동행위라 할 수 있으며 그 구체적인 내용은 자치법규적 성질을 지니고 있다고 여겨진다. 이러한 자치법규적 성질을 지닌 경관협정을 위반한 경우에는 경관협정내용에 포함되도록 규정되어 있는 제재내용에 따라 처리하게 될 것이다. 다시 말해 이러한 경관협정을 위반한 경우의 책임은 법정책임으로 해석되어야 할 것이다. 판례도 재개발조합의 정관이나 종교단체의 정관, 비법인사단의 정관 등을 자치법규로 보고 있다. 그러나 이러한 위반이 민법 제750조 불법행위의 요건을 충족한 경우에는 불법행위에 의한 손해배상청구도 가능할 것이다.

3. 이러한 경관협정이 모든 당사자가 동의(전원일치)해야 한다는 점은 원하지 않는 자는 제외한다는 뜻으로 해석될 수 있기 때문에, 지역 단위로 행해지게 되는 도시 경관형성뿐만 아니라 문화나 역사 경관에서도 효과적인 경관형성이나 유지 및 관리가 어려울 수 있다. 따라서 주민의 2/3 찬성과 같은 다수결의 원리를 적용하여 효율적인 경관형성이 이루어질 수 있도록 해야 할 것이다.

4. 지방자치단체의 장은 경관위원회의 심의를 통해 경관협정에 대한 인가여부를 결정하도록 규정하고 있다. 그러나 경관법에는 인가의 구체적인 요건을 규정하지 않고 있기 때문에 경관협정체결 당사자 전원이 경관협정에 동의하였음에도 불구하고 지방자치단체장의 인가 여부에 대한 결정이 마치 재량적 행위처럼 행사되어 인가를 받지 못하는 경우도 발생할 수 있다. 이러한 결과는 주민들의 자발적인 경관형성 및 유지라는 본래 취지와 부합하지 않는 것이기 때문에 일본법과 같이 인가요건을 구체적으로 규정하여 인가요건만 충족하면 인가해 주는 방식으로 운영되어야 할 것이다.

5. 지방자치단체의 장이 경관협정을 인가한 때에는 공고하도록 규정하고 있다. 그런데 경관형성이나 유지가 재산권행사에 중요한 제한이 될 수 있는 경우도 많기 때문에, 이러한 경관협정 내용을 이해 관계자들이 잘 숙지할 수 있는 공시제도가 마련되어야 할 것이다. 경관협정의 내용을 부동산등기법에 공시하는 것이 가장 확실한 숙지 방법이 되겠지만, 부동산등기법을 개정해야 하는 등 어려움이 있기 때문에 등기부에 공시하는 방법이 여의치 못한 때에는 건축물이나 토지대장에 공시하여 승계인이나 기타 주민들이 알 수 있도록 하는 방법도 강구할 수 있을 것으로 여겨진다.

6. 경관협정은 그 성질이 합동행위라는 점에서 알 수 있는 바와 같이 사법상의 법률행위로서, 법률행위의 자유의 원칙에 의해 전적으로 토지소유자나 건물소유자의 의사에 맡겨야 할 사항이다. 다만 불가피한 경우에 소유권행사의 제한 내지 간섭이 행해져야 할 것이므로, 특별히 지방자치단체가 지원해야 하는 사업이나 역사경관, 문화경관 등과 같은 공익적인 사업이 주축이 되어야 할 것이며, 단순한 개발 등은 지양되어야 할 것이다. 특히 이러한 것을 심의하게 될 경관위원회의 자율적인 활동도 보장되어야 할 것이다.

〔 "경관법상 '경관협정'에 관한 사법적 고찰", 「법학연구」 제24-2호, 2013.12, 141-166면 〕

제4장

친일파 후손의 땅 찾기 소송과 토지소유권

제1절 친일파 후손의 땅 찾기 소송에 관한 법적 고찰

I. 글머리에

우리나라를 포함한 아시아의 여러 나라 등과 같이 오랫동안 외국의 식민지지배하에 있었던 나라들이나 제2차 세계대전 당시 독일치하에 있던 프랑스나 네덜란드 등 유럽의 여러 나라 등에서 일본제국주의나 나치에 부역했던 사람들의 인적 청산 등 과거사 청산이 전쟁 후 큰 문제가 되었다. 이러한 대부분의 나라에서는 국민들이 수긍할 수 있는 정도로 과거사들에 대한 청산이 이루어졌다[1]. 예컨대 프랑스나 벨기에, 네덜란드와 같은 나라에서는 매우 철저하게 이루어졌으며, 심지어 독일의 경우에는 히틀러 정권에 관여한 전범들에 대해 어떤 의미로는 조국에 충성한 것임에도 불구하고 철저하게 응징하였다. 그런데 36년간이나 일제의 식민지배하에 있었던 관계로 반민족적 행위를 한 자들이 많았음에도 불구하고, 우리나라에서는 인적 청산은 커녕 식민지통치의 물적 기반에 공여하거나 기초가 되었던 재산권과 관련하여 제대로 된 법률 하나 제정하지 못한 채 광복 60주년이 된 오늘에 이르고 있다. 이에 따라 친일파나 그 후손들은

---

1) 이에 대해 자세한 것은 이세일, "부역자 재산몰수 해외사례 연구", '친일 반민족행위자 재산환수에 관한 특별조치법' 제정을 위한 공청회 발표자료(2004.9.17), 62면 이하 참조.

오히려 일제로부터 자유당정권, 공화당정권, 더 나아가 5공에 이르기까지 정권언저리에 기생하거나 핵심 지배계층에 편입되어 활개를 치며 호의호식하고 있는 반면, 만주벌판에서 독립운동을 하던 독립지사들의 후손들 상당수는 교육 받을 기회를 놓쳐 오히려 기층계층으로 떨어져 있는 것이 작금의 현실이다. 이러한 상황에서 과거사 청산이나 민족의 정체성을 운운하는 것은 이상론자들이나 하는 구두선에 불과한 것이 되어 버렸다. 일제시대 때 지주나 일제관료, 군인 혹은 경찰로 친일활동을 하던 자들이 곧바로 해방정국에서도 지배계층으로 등장하였기 때문에, 일제의 잔재나 인적인 청산이 이루어 질 수 없었던 것은 너무나 당연하다. 그러나 이러한 친일파의 과거사들을 언제까지 미루어 둘 수는 없는 것이다. 이러한 친일파 혹은 그 후손들이 득세하고 있는 상황을 타개하기 위해 수년전부터 시도되었던 일제하 과거사의 청산에 대한 정치적인 접근뿐만 아니라 국회의 입법적인 차원에서 '친일반민족행위자 재산환수에 관한 특별법'의 제정을 통한[2] 물적 청산을 위한 시도가 행해지고 있는 것은 매우 다행스러운 일이라 아니할 수 없다. 특히 행정자치부에서 1995년부터 시행하고 있는 '조상 땅 찾아주기 사업'에 편승한 친일파 후손들의 땅 찾기 소송이 한창인 가운데 이러한 입법적인 접근은 만시지탄한 감이 없지 않으나, 매우 적절한 시도로 여겨진다. 이 글에서는 지금까지 친일파 후손들이 제기한 땅 찾기 소송, 즉 토지소유권반환청구소송과 소유권확인소송에 국한하여 논구해 보고자 한다. 논구할 순서는 우선 제 II절에서 현재까지 일제 관련 과거사 청산에 대한 현황과 함께 친일파 후손들의 땅 찾기 소송과 관련한 현재 상황에 대해 개괄적으로 살펴보고, 이어서 제 III절에서는 대표적인 친일파인 이완용, 이재극, 송병준, 이해창의 후손들의 사건들에

---

2) 2005년 2월 24일 최용규의원이 대표 발의한 것으로, 최용규·노회찬의원외 167명이 찬성하였다.

대해 소송 경과와 판결문들을 검토해 본 다음, 제 Ⅳ절에서는 이러한 소송상의 문제점과 이에 따른 법률상의 해결방안을 논구해 보고, 제Ⅴ절에서 결론을 맺고자 한다.

Ⅱ. 일제 관련 과거사 청산의 현황과 친일파 후손들의 땅 찾기 소송의 개관

1. 일제관련 과거사청산의 현황

광복 후 1948년 9월 22일 공포된 '반민족행위처벌법'(법률 제3호)에 의해 일제하 반민족행위자들에 대한 인적청산을 비롯한 일제잔재의 청산을 위한 시도가 있었으나, 이승만정권의 친일파들에 대한 비호로 말미암아 수포로 돌아갔다. 그 후 이승만정권과 박정희정권, 그리고 5공에 이르기까지 일제하의 법관은 고위법관으로, 군인과 경찰은 대한민국의 군인이나 경찰로 편입되어, 이들이 독립운동을 한 지사들과 그 후손들을 포함한 양심세력을 오히려 억압하는 구조로 재편성되었음은 주지의 사실이다. 이러한 과정에서 민족의 정통성이나 사회정의 등은 반공 이데올로기와 개발독재의 논리 속에 매몰되어갔다. 따라서 친일파들과 그 후손들은 기득권을 통해 정치적 경제적인 지위를 더욱 공고히 하게 되고, 반대로 친일파들에 대한 과거사의 청산은 뒷전으로 밀려나고 친일파들과 그들을 이용한 집권세력들이 개발독재를 통해 이룩한 성과들을 찬양하는 형국이 되어 버렸다. 반민족행위처벌법의 제정이 있었다 하더라도 이승만대통령을 비롯한 법의 집행자들의 의지가 전혀 없었기 때문에, 그것은 곧 유명무실하게 되어 버렸다[3]. 따라서 해방된지 60여년이 되는 오늘날까지도 과거청산을 위한 별다른 법적인 조치하나 시행하지 못하고 있는 실정이다. 이것은 결국 법에 의해 처리되어야 할 문제를 입법부의 직무태만 등으로 인한 법의 부재로 방치 내지 방조되고 있는 것이다.

해방이후 오늘에 이르기까지 한국에서의 법의 제정이나 집행과정에서 늘 의문이 제기되는 것은 법의 이념은 무엇이고, 누구의 편인가 하는 것이다. 이러한 법은 누구를 위한 것인가의 문제가 근본적으로 검토되고, 그리하여 법으로부터 압박 내지 소외된 자들을 위한 입법들이 끊임없이 모색되어야 함에도 불구하고, 문제제기의 정도로 끝나 버린 것이 우리나라의 모습이었다. 동서고금을 막론하고 법은 원래 가진 자를 위한, 가진 자의 무기라고 할 수 있다. 우리나라에서는 더욱 그러하다. 또한 법은 예방적인 기능이 전혀 없는 것은 아니지만 사후 분쟁해결을 위한 것이다. 따라서 사법적 소극주의가 원칙을 이루고 있다. 더 나아가 해방 후 한국에서의 법조그룹은 어찌되었든 기득권과 유산계층 혹은 친일파에 속하는 자들이었기 때문에 일제하 행해졌던 반민족적인 행위들의 청산에 적극적일 수 없었다. 또한 주류법학을 이루고 있는 법실증주의와 사법적 소극주의 역시 일제하 과거사 청산에 대해 담보 내지는 악화시킨 원인을 제공하고 있음은 주지의 사실이다.

2. 친일파 후손의 땅 찾기 소송과 조상 땅 찾아 주기 사업

이러한 상황에서 1982년 12월 30일에 제정된 '수복지역 내 소유자 미복구토지의 복구등록과 보존등기에 관한 특별조치법'(법률 제3627호)을 계기로 수복 지역 내에서부터 시작된 땅 찾기 열풍은 1990년대 들어서 친

---

3) 이에 대해 자세한 것은 허종, 「1945-1950 친일파처리와 반민특위의 활동」, 경북대 박사학위청구논문, 2001; 이강수, 「반민특위연구」(나남출판사, 2003) 참조.

일파 후손들에게도 불어와 친일파 후손들의 땅 찾기 소송, 즉 소유권반환청구소송 내지 소유권확인소송이 본격적으로 제기되었다. 후술하는 바와 같이 30여건의 토지소유권반환청구소송 내지 토지소유권확인소송이 법원에 제기되어 당해 토지가 제3자에게 적법하게 양도된 것을 제외하고는 거의 원고 승소판결이 내려지고 있는 실정이다. 더욱이 1995년부터 시행되고 있는 행정자치부의 '조상 땅 찾아주기 사업'은4) 이들의 땅 찾기를 도와주는 격이 되어 버렸다. 예컨대 친일인명사전편찬위원회에서 2005년 8월 29일 발표한 친일인명사전 수록 예정자 1차 명단(3090명)과 '조상 땅 찾아주기 사업' 수혜자 3009명을 비교 분석한 결과에 의하면 악질적인 친일파의 토지가 110만평이나 포함되어 있었다고 한다5). 이에 대해 구체적으로 살펴보면, 자작이면서 은사금 2만5000엔을 받은 매국형 친일파 이기용의 후손은 이 사업을 통해 충남에서 약 11만2000평을 찾았고, 정미7적으로 일진회 총재였던 송병준의 후손은 충북에서 420평을 찾았다. 또한 을사오적 이근택의 형인 이근호의 후손도 경북과 충북에서 2326평을, 일진회 회장을 맡았고 한일합방청원서를 발표했던 이용구의 후손은 경기도에서 7243평을, 중추원 참의를 지냈고 국민정신총동원연맹 등 친일단체에서 활동한 김갑순의 후손은 강원도에서 1006평을 각각 찾았다. 이 밖에 매국형 친일파인 민영휘의 상속인인 민대식의 후손은 충북에서 13만6845평을, 전쟁 협력자이자 암태도 소작쟁의에 관련됐던 문재철의 후손은 전

---

4) '조상 땅 찾아주기 사업'은 지난 1995년 일부 지방자치단체로부터 실시됐으며, 2000년부터는 행정자치부를 중심으로 전국적으로 실시되고 있는 사업이다. 만약 자신의 조상 명의의 땅이 존재하는지 여부를 확인해 달라는 민원인의 신청이 있는 경우에는, 정부와 지방자치단체가 상속자 여부를 확인한 후 지적정보센터의 데이터를 활용해 토지를 찾아주는 사업이다.

5) 최용규의원의 분석으로서, 이에 대해서는 http://incheon21.or.kr/Zzangc /bbs.php?B-id=column&Z-uid=19&Smo(2005.10.24 접속) 참조.

남에서 15만223평을 찾았다[6]. 이것을 분석한 최용규의원은 "친일파 후손들의 재산반환 소송에서 법원이 친일파 후손들에게 승소 판결을 내리고 있는 가운데, 각 지방자치단체 및 행자부가 정부 예산을 투입해 친일파 후손의 부도덕한 재산찾기에 일조하고 있다"며 "현재 국회에서 심의중인 '친일 반민족행위자의 재산환수 특별법'이 통과될 때까지 '조상 땅 찾아주기 사업'을 전면 중단해야 한다."고 주장했다[7]. 결국 현재 정부나 지방자치단체는 친일파의 후손의 땅들을 적극적으로 찾아주고 있고, 법원은 이들이 토지소유권반환청구소송이나 확인소송을 제기하면 현행 민법의 법원리에 의해 원고의 승소판결을 내려 토지소유권의 반환이나 소유권을 확인해 주고 있는 상황이 되어 버렸다. 입법적인 특단의 조치가 이루어지지 않는 한 이러한 상황은 더욱 기승을 부릴 것이며, 친일파의 후손들의 재산은 날로 증식되는 반면 민족정기나 일제하 과거사 청산은 더욱 힘들어지게 될 것이다. 결국 친일파의 후손들이 토지소유권을 반환받아 그러한 사실을 모르는 제3자에게 처분하게 된다면, 그 후 특별법이 제정된다 하더라도 무익한 것이 되어버릴 것이다. 그러므로 국회에 제안된 '친일 반민족행위자 재산환수에 관한 법률'의 제정이 시급히 이루어져야 할 것이다.

---

6) 이 사업은 1999년에는 민원인 1538명에게 되찾아 준 필지 수가 5000필지였으나, 2000년부터는 민원인이 8000명을 넘어서 지난해에는 1만5000명으로 증가했다고 한다.

7) http://incheon21.or.kr/Zzangc/bbs.php?B-id=column&Z-uid=19&Smo(2005.10.24 접속)

III. 친일파 후손들의 땅 찾기 소송과 그 경과

1. 개 설

소위 친일파 후손들의 토지관련 소송은 두 가지 유형으로 분류될 수 있는데, 첫째는 일제시대에 창씨개명한 조선인의 토지소유 및 일본인 명의의 토지를 둘러싼 것으로, 이 경우에는 창씨개명 사실과 창씨개명자와 청구자가 동일인임을 입증하면 승소할 수 있게 되는 비교적 간단한 소송이다. 이것은 주로 농지개혁 당시 제외되었던 임야와 관련하여 빈번하게 나타나고 있는데 이 규모 역시 수천억대 토지들이 많다고 한다8). 두 번째 유형은 친일파의 재산이었던 것이 국유로 되어 있거나 개인에게 소유권이 이전되어 있는 경우 국가나 개인들에게 반환을 청구하는 소송이다. 여기서 문제되는 것은 두 번째 유형으로 이러한 소송은 1980년대 후반부터 제기되기 시작하였다. 이러한 친일파의 후손들의 땅 찾기 소송이 제기되게 된 배경에는 토지 블러커와 수임료에 눈이 먼 변호사 등의 역할도 적지 않았으나, 법적인 측면에서는 1983년부터 1992년까지 한시법으로 시행된 '수복지역내 소유자 미복구토지의 복구등록과 보존등기 등에 관한 특별조치법(법률 제3627호 1982.12.30 제정; 법률 제4042호, 1988.12.31 개정)'으로부터 크게 자극받은 것으로 여겨진다. 따라서 처음에는 주로 수복지역 인근 토지들에 집중되었으나 그 범위가 차츰 확산되었다. 이러한 친일파후손의 땅 찾기 소송에 대해 여론의 호된 비판을 받기도 하였지

---

8) 산림청을 상대로 한 소송이 2004년 7월말까지 종결된 것은 85건(승소 59건 패소 26건)이며, 진행 중인 것으로는 총 172건에 이른다고 한다. 이에 대해서는 백동현, "친일파의 축재과정과 해방후 친일파 후손의 재산반환소송 사례", 친일 반민족행위자 재산환수에 관한 특별조치법' 제정을 위한 공청회 발표자료(2004.9.17), 56면 주90번(재인용).

만9), 그에 개의치 않고 계속 진행되었다. 이렇게 시작된 소송들이 줄을 이어 언론 등에 의해 지금까지 알려진 바에 의하면 을사오적 이완용의 후손이 17건, 일진회 총재를 역임한 송병준 후손이 5건, 을사오적인 이근택의 형으로서 남작의 작위를 수여받은 이근호의 후손이 5건, 일제로부터 남작의 작위를 수여받은 이재극의 후손이 1건, 한일합방의 공로로 일제로부터 하고 후작의 작위를 수여받은 이해창의 후손이 1건 등 현재 30여건에 이르고 있다10). 현재 진행되고 있는 소송 중에서 관심이 집중되고 있는 것은 송병준 후손이 제기한 부천의 미군기지에 대한 것과 2004년 12월에 토지소유권반환청구소송이 제기되자 피고 측에 의해 위헌법률심판제청의 신청이 행해져 언론으로부터 주목을 받고 있는 이해창의 후손들의 소송이다. 특히 이해창의 후손들은 천년고찰 봉선사의 말사 내원암의 부지에 대해 반환청구소송을 제기하였다가 불교계가 반발하자 소를 취하하였지만 피고측에서 소취하에 대해 합의하지 않고 오히려 위헌법률심판의 제청을 신청하기에 이르렀다. 본 절에서는 이러한 친일파들이 제기한 대표적인 토지소유권반환청구 내지 확인소송들을 중심으로, 그 판결의 내용들을 분석해 보고자 한다.

2. 이완용 후손의 소송

일제시대 전체를 통틀어 대표적인 친일파라 할 수 있는 을사오적 중 한 사람인 이완용의 후손들은 선조의 친일활동만큼이나 대담하게 정부와 개인들을 상대로 땅 찾기 소송을 제기하였다. 이완용 증손인 이윤형은 서울

---

9) 예컨대 시사저널 1992.8.27일자(통권 제148호)에서 자세히 취급하자, 일간 신문 등에서 기사화하였고, KBS에서도 특집방송을 내보내기도 하였다.
10) 법무부에 의하면 2005년 5월 현재 친일파 후손들이 제기한 땅 반환청구소송이 26건에 이른다고 한다.

시 서대문구 북아현동 545번지 일대 712평(시가 30억원 추정)에 대한 소
유권반환청구소송을 제기하였는데, 사회적 관심이 집중되는 가운데서
1992년 3월 19일에 1심법원인 서울지방법원 서부지원이 원고 승소판결을
내렸고[11], 이어 항소심인 서울 고등법원에서도 원고 승소판결, 즉 피고
항소기각판결을 내렸다[12]. 이 판결은 이후 친일파 후손들의 땅 찾기 소송
에 기준이 되고 있다. 서울고등법원의 피고항소에 대한 기각판결의 핵심
적인 내용은 다음과 같다:

「소외 망 이완용의 후손인 원고의 재산회복을 허용하는 것은 우리 민
족의 정의관념에 어긋나므로 민법상의 선량한 풍속 기타 사회질서에 위
반되는 것이라고 피고는 주장한다. 살피건대, 일본정부와 통모하여 한일
합병에 적극협력한 자, 한국의 주권을 침해하는 조약 또는 문서에 조인한
자와 모의한 자 그리고 일본정부로부터 작을 받은 자 등의 이른바 반민족
행위자를 처벌하고 그 재산을 몰수하는 등의 조치를 규정한 반민족행위
처벌법은 1948년 9월 22일 법률 제3호로 공포 시행되다가 1951년 2월 14
일 법률 제176호로 폐지되었는바, 이 법률이 시행되는 동안 소외 망 이완
용이나 그 습작자의 재산을 몰수하는 판결이 있었음을 인정할 증거는 없
다. 또한 이 법률이 폐지된 현재까지 반세기 가까운 46년 이상이 경과하
도록 반민족행위자를 처벌하고 그 재산권을 박탈 내지 제한하는 법률을
국회가 제정한 일도 없다. 반민족행위자나 그의 후손이라고 하여 법률에
의하지 아니하고 그 재산권을 제한 박탈하거나 그 재산에 대한 법의 보호
를 거부하는 것은 법치국가에서 있을 수 없는 일이다. 법률이 정한 재산
권의 보호를 일반인과 똑같이 평등하게 부여하는 것이 비록 정의관념에

---

11) 서울지법서부지원 1992.3.19, 90가합10100.
12) 서울고법 1997.7.25, 92나23638. 이에 대해 피고는 대법원에 상고하였으나 이것도
　　각하되고 말았다(1997.9.20).

비추어 선뜻 내키지 않는 경우라고 하여도 그러한 정의관념에 합당한 법률을 장구한 세월이 흐르도록 국회가 제정하지 않았다면 지금에 와서 소급하여 과거의 일을 정의관념을 내세워 문제 삼는 것이 오히려 사회질서에 어긋날 수 있다. 따라서 피고의 주장은 받아드릴 수 없다」고 판시하였다[13].

이러한 판결 태도는 사법적 소극주의에 의한 전형적인 판결이라 할 수 있다. 소위 법실증주의의 원칙에 의하면 친일파의 재산을 비롯한 어떤 매국노의 재산이든 민법상 조문에 의해 원고의 소유권반환청구를 인정한 것이다. 여기에서는 자연법적인 질서나 정의나 신의칙과 같은 고차원적인 법 원리 내지 규범은 고려의 대상으로 삼지 않은 것이다. 다시 말해서 헌법전문을 비롯한 헌법 제정권력자의 의사나 헌법 제23조에서 보호하고 있는 재산권의 범위 속에 과연 이러한 반민족적인 매판행위의 대가로 형성된 재산까지 포함시켜야 할 것인가에 대한 문제의식이 없이 결론을 내린 것이다. 이 판결은 이후 친일파들의 땅 찾기 소송의 기초가 되고 있음은 이후의 판결에 의해서도 확인할 수 있는 것이다.

3. 이재극 후손의 소송

이재극(1864-1925)은 조선 말기 문신으로서 1893년(고종 30) 정시문과에 급제하여 초기에는 규장원교서와 경연원시독 등을 지냈으며, 1900년에 경기도관찰사에, 1902년에 의정부찬정에, 1903년에는 법무대신, 그 이듬해는 학부대신이 되었으며, 그 해 일본에 건너가 일본국왕으로부터 훈일등욱일대수장(勳一等旭日大綬章)을 받았다. 1905년 을사조약이 강제 체결될 때 왕실의 사정을 탐지, 친일파에게 전해주는 등 친일행위를 하였

---

13) 서울고법 1997.7.25, 92나23638.

으며, 국권피탈 이후 일본정부가 주는 남작의 작위를 받았다. 1919년에는
이왕직장관에 임명됐다[14]. 이러한 이재극의 후손들 역시 최근 국가를 상
대로 '상속받은 땅'을 되찾겠다는 소송을 제기하였다. 즉 이재극의 손주
며느리인 김모(82.여)씨는 시할아버지인 이재극으로부터 물려받았다는 경
기 파주시 문산읍 1만5천여㎡의 소유권을 돌려달라며 국가를 상대로 소
유권보존등기말소 청구소송을 제기한 것이다.

 김씨는 소장에서 "국가가 1982년 소유권 보존등기를 마친 당동리 땅은
이미 일제시대 시조부가 사정받아 소유권을 취득한 것"이라며 "1981년
후손들 간 상속지분포기 및 협의분할 계약을 거쳐 단독상속인이 된 본인
이 땅을 돌려받아야 한다."고 주장했다. 또한 그녀는 1996년 파주시 문산
읍 도로 321㎡에 대해 국가가 소유권 보존등기를 한 것은 무효라며 소송
을 제기하였다[15]. 이에 대해 2001년 1월 16일, 서울지법 민사14부에서는
원고의 청구를 기각했는데, 앞서 이완용 후손의 사건에서와는 완전히 다
른 관점에서 바라본 것이다. 중요한 의미를 함유하고 있는 이 판결의 이
유를 살펴보면 다음과 같다:

「가. 소권(訴權)의 행사와 신의칙

 개인의 사권(私權)을 보호함으로써 국가의 사법질서를 유지함을 목적
으로 하는 민사소송에서, 당사자와 관계인은 신의에 좇아 성실하게 소송
절차의 진행에 협력하여야 한다(민사소송법 제1조). 따라서, 당사자의 소
권 행사가 법의 목적이나 정의에 현저하게 반하는 때에는 신의칙에 위반

---

14) http://kr.dic.yahoo.com/search/enc/result.html?pk=17188400&p=이재극%20&field=
    d&type=enc
15) 이 사건과는 별도로 김씨는 1999년 이재극이 사정받았으나 국가소유로 등기를 마
    친 경기 포천군 임야 및 밭 2천여㎡와 하남시 소재 임야 660여㎡를 돌려달라는 소
    송을 냈고 이듬해 2월 승소한 바 있다.

하여 부적법하다고 보아야 할 것이다.

나. 헌법 전문(前文)에 나타난 건국이념

그런데, 1948. 7. 17. 공포·시행된 우리 건국헌법은 그 전문에 "유구한 역사와 전통에 빛나는 우리들 대한국민은 기미삼일운동으로 대한민국을 건립하여 세계에 선포한 위대한 독립정신을 승계하여 이제 민주독립국가를 재건"함을 명시하였다. 그리고, 건국헌법 전문에 나타난 대한민국의 건국이념은, 헌법 개정에 따라 그 문구에 다소 변화가 있기는 하였으나, 현행헌법에 이르기까지 계속 유지되어, 1988. 2. 25.부터 시행되고 있는 현행헌법 역시 그 전문에 "유구한 역사와 전통에 빛나는 우리 대한민국은 3·1운동으로 건립된 대한민국임시정부의 법통……을 계승"함을 천명하고 있다.

무릇, 헌법은 국민적 합의에 의해 제정된 국민생활의 최고 도덕규범이며 정치생활의 가치규범으로서 정치와 사회질서의 지침을 제공하기 때문에 민주사회에서는 헌법의 규범을 준수하고 그 권위를 보존하는 것을 기본으로 하여야 한다. 그리고, 헌법 전문은 형식적으로는 헌법전의 일부를 구성하는 것이고 실질적으로는 헌법규범의 단계적 구조 중에서 최상위의 규범이라 할 수 있다. 따라서, 대한민국이 3·1운동 및 대한민국임시정부가 추구한 자주독립, 민족자결주의적 성격과 이념을 계승하고 있음을 보여주고 있는 위 헌법 전문의 내용은 헌법을 비롯한 모든 법령해석의 지침이 됨은 물론, 나아가 각 헌법기관과 국민이 존중하고 지켜가야 하는 가치규범으로서 작용한다.

다. 반민족행위로 취득한 재산에 관한 소권 행사의 부적법성

한편, 제헌헌법은 부칙 제101조에서 "이 헌법을 제정한 국회는 단기 4278년(서기 1945년) 8월 15일 이전의 악질적인 반민족행위를 처벌하는 특별법을 제정할 수 있다."고 규정하였다. 이에 따라 1948. 9. 22. 법률 제3호로 제정된 반민족행위처벌법(1951. 2. 14. 법률 제176호로 폐지)은 "일본정부와 통모하여 한일합병에 적극 협력한 자, 한국의 주권을 침해하는 조약 또는 문서에 조인한 자와 모의한 자는 사형 또는 무기징역에 처하고, 그 재산과 유산의 전부 혹은 2분지 1 이상을 몰수"(제1조)하며, "일본정부로부터 작(爵)을 수(受)한 자 또는 일본제국의회의 의원이 되었던 자는 무기 또는 5년 이상의 징역에 처하고 그 재산과 유산의 전부 혹은 2분지 1 이상을 몰수"(제2조)하도록 규정하고 있다. 즉, 반민족행위처벌법은 우리 민족에게 억압의 굴레를 씌우고, 나아가 민족을 절멸의 위기에 빠뜨린 일제의 식민지배를 야기하거나 이를 유지하는데 직접적 원인을 제공한 자를 처벌하고자 한 것이다.

그런데, 일제식민통치의 멍에를 스스로 타파하고자 하였던 3·1운동과 대한민국임시정부의 법통을 계승하고 있는 우리 헌법정신에 비추어 보면, 위와 같은 반민족행위는 헌정질서파괴행위와 다를 바 없으므로, 가사 반민족행위처벌법이 그 후 폐지되었다고 하더라도, 이로 인하여 반민족행위의 위헌성, 위법성이 소멸하는 것은 아니다. 나아가, 합일합방 전후로부터 1945. 8. 15.까지의 시대적 상황 및 반민족처벌법의 몰수규정 등에 비추어 볼 때, 반민족행위자의 재산은, 특별한 사정이 없는 한, 반민족행위로 인하여 취득한 것으로 추인할 수 있다.

그렇다면, 우리민족의 자주독립과 자결을 스스로 부정하고 일제에 협력한 반민족행위자 또는 그 권리·의무를 포괄적으로 승계한 자가, 헌법정신을 구현하고 헌정질서를 수호하는 헌법기관으로서 법치국가의 원리 속에서 반민족행위자에 대한 청산의 의무를 지는 법원에 대하여, 반민족행위를 통하여 직접 또는 간접적으로 취득한 재산에 관한 법의 보호를 구하는 것은 현저히 정의에 반하는 것으로서 부적법하다고 할 것이다. 반면, 이러한 소를 부적법·각하한다고 하여, 법치국가원리의 또 다른 요청인 법적 안정성을 해치는 것은 아니다.

라. 소결론

돌이켜 이 사건에 관하여 보건대, 앞서 본 인정사실에 의하면 이재극은 일본정부와 통모하여 한일합병에 적극 협력하였을 뿐만 아니라, 일본정부로부터 남작의 작위를 받은 자로서 반민족행위자라 할 수 있고, 이 사건 땅이 그의 반민족행위와는 무관한 재산이라고 볼만한 특별한 사정이 없는 이상, 이재극의 상속인인 원고가 이 사건 땅에 관한 피고 명의의 보존등기의 말소를 구하는 이 사건 소는 정의와 신의칙에 현저히 반하여 부적법하다고 할 것이다.」라고 판시한 것이다[16)

이 판결문의 핵심을 요약해 보면, 1) 민사소송법 상의 소권의 행사는 법의 목적이나 정의에 현저히 반하는 때에는 신의칙에 반하여 부적법하며, 2) 현행 헌법은 제헌헌법 이래 우리 헌법의 전문에서 선언하고 있는 임시정부의 법통을 계승하고 있으며, 헌법 전문은 헌법 및 법률의 해석지침이 됨과 동시에 헌법기관과 국민이 지켜야 하는 가치규범이고, 3) 반민족행위자의 후손들이 제기하는 재산환수소송을 헌법기관인 법원이 수용하는 것이 현저히 정의에 반한다는 것이다.

그런데 이 같은 취지의 판결은 서울고등법원에서 행해진 항소심에서 기각되는 동시에, 또 다시 이완용의 후손의 재판에서와 같은 관점으로 회

---

16) 서울지법 2001.1.16, 99가합30782.

귀되고 말았다. 이 항소심의 판결 내용은 다음과 같다:

「헌법 제10조 후단은 '국가는 개인이 가지는 불가침의 기본적 인권을 확인하고 이를 보장할 의무를 진다'라고, 헌법 제11조 제1항은 '모든 국민은 법 앞에 평등하다'라고, 헌법 제23조 제1항은 '모든 국민의 재산권은 보장된다. 그 내용과 한계는 법률로 정한다'라고, 헌법 제27조 제1항은 '모든 국민은 헌법과 법률이 정한 법관에 의하여 법률에 의한 재판을 받을 권리를 가진다'라고, 헌법 제103조는 '법관은 헌법과 법률에 의하여 그 양심에 따라 독립하여 심판한다'라고 각 규정하고 있는바, 이러한 헌법의 각 규정들에 비추어 볼 때, 모든 국민은 법률에 정한 별도의 제한이 없는 이상 누구나 자신의 재산권을 보장받기 위하여 법원에 재판을 청구할 수 있고, 법원은 헌법과 법률에 따라 이를 심판할 의무가 있다 할 것이다.

그리고 법을 새로이 제정하는 입법부와는 달리 기왕에 제정된 법을 적용하는 국가기관인 법원으로서는, 헌법과 법률에 규정한 사유 이외에 함부로 '민족감정', '국민정서', '정의' 등의 추상적인 사유를 들어 특정 범주의 사람들이 청구하는 특정 범주의 재판을 거부하여서는 안 되며, 만일 그러한 재판을 거부한다면 이는 위에서 본 바와 같이 헌법의 규정에 의하여 모든 국민에게 평등하게 보장된 재판청구권을 함부로 박탈하는 것이 된다고 할 것이다. 다만, 국민이 청구하는 재판이라 하더라도 그 재판의 목적물이 재판을 청구하는 당사자나 상대방 당사자에게 아무런 법률적인 이해관계가 없는 경우이거나, 소송으로 구하는 바와는 전혀 다른 목적을 위하여 재판청구권을 남용하여 소송을 제기한 경우 혹은 단순히 상대방을 괴롭히기 위하여 소송을 제기한 경우에는, 법원으로서는 그로 인하여 상대방이 부당하게 입게 되는 고통, 사법인력의 불필요한 소모 및 사법기능의 혼란과 마비 등을 피하기 위하여 예외적으로 그 소를 각하할 수 있을 것이다.

한편, 일제시대에 반민족적 행위를 한 사람들을 역사적으로 단죄하여야 한다는 데에는 이론(異論)이 있을 수 없으나, 국가가 현실적으로 그들이나 그들의 후손의 재산을 몰수하거나 그 재산의 보호를 거부하기 위하여는 헌법과 법률에 의한 제도적 뒷받침이 선행되어야 하며, 그러한 법적인 장치 없이 막연히 국민감정을 내세워 재산권을 박탈하는 것은 우리나라가 지향하는 법치국가의 이념을 훼손하고 그 근간을 위협하는 결과를 초래하는바, 일제시대에 반민족적 행위를 한 사람들이나 그 후손의 재산권행사를 제한하는 그 어떤 법률도 현재 제정, 시행되고 있지 아니한 마당에, 일제시대의 반민족행위자나 그 후손이 자신의 재산권을 보존하기 위하여 법원에 재판을 구하는 경우에 위에서 든 것과 같은 예외적인 소각하의 사유도 없이 단지 막연하게 정의나 국민정서 또는 신의칙에 위배된다는 이유로 재판을 거부하는 것은 법원이 그 의무를 위배하여 국민의 평등한 재판청구권을 침해하고 법치주의의 구현을 저버리는 것이라 할 것이다. 그런 까닭에 이른바 '을사오적'의 한 명으로서 반민족행위자라고 지탄받아 온 이완용의 후손이 이완용으로부터 상속받은 땅의 소유권을 보존하기 위하여 국가를 상대로 제기한 소유권이전등기말소 청구소송에서조차도 원고의 청구를 인용한 판결(서울고등법원 1997. 7. 25. 선고 92나23638 판결 참조)이 선고되고 그대로 확정되었던 것이다.

돌이켜 이 사건에서 보건대, 원고가 위 이재극으로부터 전전 상속한 이 사건 땅의 보존을 위하여 재판을 청구한 이상, 위 이재극이 반민족행위자인지 혹은 그가 이 사건 땅을 반민족행위로 취득한 것인지 여부와 관계없이(더구나 제1심 법원의 재판과정을 통하여 현출된 자료들만으로는 이 사건 땅이 이재극의 반민족행위로 인하여 취득된 것이라는 점을 인정하기에 부족하다), 모든 국민의 평등한 재판청구권을 보장하여야 하는 법원으로서는 마땅히 원고 청구의 당부에 관하여 심판할 의무가 있다 할 것이다.

따라서, 원고가 제기한 이 사건 소가 반민족행위자의 후손이 반민족행위와 무관하지 않은 이 사건 땅의 소유권을 보존하기 위하여 제기된 것이니 정의와 신의칙에 반하는 부적법한 것이라고 평가하여 이를 각하한 제1심 판결은 부당하므로 취소되어야 한다.」고 판시하였다[17].

다시 말해서 서울고등법원에서는 1) 헌법상의 재산권보호조항(제23조1항), 국민의 재판청구권(제27조1항) 기타의 규정들에 근거하여 법원의 심판의무를 인정하고, 2) 국가가 반민족행위자들의 재산을 몰수 또는 보호거부하기 위해서는 헌법과 법률에 의한 제도적 뒷받침이 선행되어야 하며, 그러한 장치 없이 막연히 국민감정만을 내세워 재산권을 박탈하는 것은 법치국가의 이념을 훼손하고 그 근간을 위협하는 결과를 초래하며, 3) 계쟁의 토지가 반민족행위로 인하여 취득한 재산인지 아닌지의 여부 및 현재의 명의인의 토지 취득행위에 대한 심리가 미진하다는 등을 이유로 하여, 1심판결을 파기환송하였다[18].

민법의 법원리에 입각한 이 판결의 판시내용을 전적으로 수용한다고 하더라도, 헌법기관으로서 법원의 태도는 문제가 있다. 친일파 후손들의 땅 찾기 소송이 법적으로 부당함이나 정의 관념에 반한다는 사실은 항소심 재판부도 인정하였기 때문에, 1심 재판부의 판결태도를 부정하기 위해서는 1심 재판부가 채택한 법 원리, 다시 말해서 3·1운동과 임시정부의 건국이념을 계승한다는 헌법전문의 규범력과 제헌 헌법 부칙 제101조를 근거로 한 소권행사의 부적법성을 근거로 제시한 판시사항들이 헌법에

---

17) 서울고법 2003.4.25, 2001나11194.
18) 환송된 사건은 다시금 서울지법 제12민사부에 의하여 본안심리에 들어가, 원고가 주장하는 토지가 타인에게 적법하게 이전되었기 때문에 소유권을 상실하였음을 이유로 하여 원고의 청구를 기각하였다(서울지법 2003.11.28, 2003가합36794). 원래의 1심이 소송 자체를 인용하지 않았던 것을, 소송 자체는 인용하면서 본안판단으로 원고의 청구를 기각한 것이다.

부합한지의 여부를 헌법재판소에 직권으로 제청했어야만 했다. 왜냐하면
이 같은 1심의 판결의 근거로 삼았던 신의칙과 헌법전문상의 건국이념,
그리고 반민족행위에 대한 해석은 재판의 결과를 좌우하는 전제조건이었
기 때문이며, 피고측은 1심에서 헌법전문을 재판의 규범으로 인정받아 승
소하였으므로, 위헌법률심판의 제청을 신청할 필요가 없었기 때문이다.
따라서 항소 법원이 정의 관념에 반한다는 것을 분명히 하면서도 법률의
부재를 근거로 기각한 것은 헌법의 원리에도 부합하지 않는 것이며, 더
나아가 항소 법원의 판결태도는 헌법기관으로서 의무를 방기한 것이라고
생각한다.

4. 송병준 후손의 소송

송병준(1858-1925)은 함경남도 장진 출신으로 민영환의 식객으로 있다
가 무과에 급제하여 수문장과 훈련원판관, 오위도총부도사, 사헌부감찰
등을 지냈다. 후에는 흥해군수 등을 지내다가 김옥균과 통모했다는 등의
이유로 체포령이 내려지자 일본으로 건너가 잠업에 종사하였다. 1904년
에 러·일전쟁이 발발하자 일본군의 통역으로 귀국하여, 유신회와 일진회
등을 조직하면서 본격적으로 친일활동을 전개하였다. 1907년 이완용 내
각에서는 농상공부대신과 내부대신을 지냈다. 1910년 한일합방 후에는
자작을 수여받았으며, 1920년 백작이 되었다[19]. 그는 기록에 의하면 거의
재산이 없었는데, 한일합병을 기점으로 조선의 5대 부호까지 되었다고 한
다[20]. 이러한 재산의 축적은 친일의 대가로 은사금과 특사금, 혹은 특혜
불하를 통해 얻은 것이라는데 의견이 일치하지만, 증거가 불충분한 상태

---

19) http://kr.dic.yahoo.com/search/enc/search.html?style_mode=&p=송병준
20) 노컷뉴스 보도자료(2000.09.02): 〈집중취재〉 죽음까지 부른 친일파 후손의 땅찾기.
    http://www.cbs.co.kr/nocut/show.asp?idx=28317(2005.10.24일 접속).

이다. 그 후손들 역시 이완용의 후손들과 마찬가지로 땅 찾기에 열을 올
리고 있다.

송병준의 후손들은 언론에 나타난 것만도, 1990년에 경기도 양주군 은
연면 임야 1800여평, 1993년에 철원군 관전리 대지 1천여평과 경기도 금
화군 금란면 갈현리 임야 212만평, 경기도 파주시 장단면 석곶리 6만평
등에 대한 소송에서 양주군과 철원에 대해 승소하였다. 최근인 2005년 5
월 13일에 대법원에서는 송병준의 증손자 송모씨 등 7명이 "경기 파주시
장단면 석곶리 일대 토지 2필지(19만5천여㎡)를 돌려달라"며 국가를 상
대로 낸 소유권확인 청구소송에서 원고패소 판결한 원심을 확정했다. 이
러한 소송 이외에도 언론에 주목을 받고 있는 인천시 부평구 미군부대 일
대 2,956평의 땅을 돌려달라는 소송이 진행되고 있다.

현재 법원에 계류 중인 토지소유권반환청구소송은 인천시 부평구 산곡
동 소재 미군부대 일대 약 20여만평중에서 국방부가 일반인들에게 매각
한 8만여평을 제외한 13만3천여평 중 소송비용을 줄이기 위해 2956평에
대해서만 반환청구를 한 것이라고 한다. 송병준의 후손들이 소유권을 주
장하는 토지 전부에 대한 공시지가가 대략 2천6백억원대에 달한다고 하
니, 그들의 위세를 미루어 짐작할 수 있다. 이 계쟁 토지는 민영환 공의
토지이었는데, 그가 자결한 후, 상속권이 없는 민영환의 생모의 도장을
받아 가로챘다는 견해도 있다21). 어찌되었던 이 땅의 소유자가 송병준으
로 되어 있었는데, 1925년 송병준 사망 이래, 1945년까지 그 소유권 관계
가 불분명하여 문제가 되고 있다. 해방 당시 일본인의 소유의 모든 재산
은, 해방 후 군정청 명령으로 모두 적산 몰수가 되어 국유화 되었다. 그런
데 계쟁 토지는 해방 후 몰수되었으며, 미군 부대의 기지(캠프마켓)가 세
워졌다. 캠프마켓은 인천항을 통해 하역된 미군군수물자 집적소로 활용

---

21) 위와 같은 곳.

된 것이다. 한미행정협정에 따르면, 한국전쟁 후 미군 주둔지에 대해서 그것이 국유지이면 무상임대하고, 사유지인 경우에는 그 소유권자에 대하여 한국정부가 보상하여 수용하고 그것을 미군에게 제공하도록 되어 있다. 이에 따르면 이 땅이 개인에게 속해있었다면 분명히 보상했을 텐데, 보상의 흔적이 보이지 않으므로, 국유지로서 미군에게 무상임대된 것으로 사료되는 것이다.

1990년대 말에 이르러 이 지역이 인천시의 시계 확대로 도심에 편입되고, 군사적 가치도 떨어져, 시민단체가 중심되어 반환운동이 전개되었다. 그 결과 미군은 해당 기지를 철수하고 부지를 소유권자인 대한민국에 반환하기로 하였다. 그런데 이 토지에 대해 송병준의 후손들은 해방 직후 일본인의 소유가 아니었음에도 불구하고, 미군정청 명령에 의하여 국유화되었으므로, 그것은 불법이며, 그 이후 국유지로서 미군에게 공여된 것도 불법인 것이므로, 진정한 소유권을 승계한 자신들의 토지라는 주장 아래 대한민국을 피고로 하여 소유권반환청구소송을 제기한 것이다.

5. 이해창 후손의 소송

친일파 후손들의 땅 찾기와 관련하여 최근에 가장 주목을 받고 있는 것은 이해창 후손의 토지소유권반환청구소송이다. 원래 이해창(1865-1945)은 조선 말기 문신으로서, 1879년(고종 16) 음보로 종친부참봉이 되었고, 1884년 충훈부도사를 지냈다. 1889년 식년문과에 급제하여 홍문관교리와 사간원헌납, 사복시정 등을 지냈다. 또한 1892년 형조참의를 거쳐 우부승지가 되었고, 1893년 이후에는 공조참의 등을 거쳐 대사간과 강화부윤 등을 지냈다. 1904년 한성부판윤에, 1905년에는 정헌대부에 취임하였다. 1910년 합방 뒤에는 일본정부로부터 후작의 작위를 받았다[22]. 이러한 이

해창의 후손 21명이 2004년 12월에 경기도 남양주시에 있는 봉선사의 말
사인 내원암을 상대로 "조상 땅을 돌려달라"며 소유권반환청구소송을 제
기하였다. 이해창의 후손들은 소장에서 "선조(이해창)가 일정 때인 1917
년 10월 1일 (내원암 일대의 땅을) 사정(하사)받아 소유했다."며 "6·25 전
쟁으로 등기부 원부가 불에 타버려 등기를 회복하지 못하고 국가가 소유
했으나 관련 증거를 확인했으니 원주인에게 돌려줘야 한다."고 주장했다.
이러한 사찰부지에 대한 반환청구소송이 제기되자 봉선사를 포함한 불교
계가 크게 반발하면서 친일파 후손의 재산 찾기와 관련하여 근본적인 해
결을 모색하는 하나의 조치로서, "민법의 소유권 관련 조항을 친일파 후
손의 땅 찾기 논리에 적용하는 것은 헌법정신에 위반된다."는 취지의 위
헌법률심판제청을 신청한 것이다. 즉 내원암의 위임을 받은 대한불교 조
계종 제25교구 봉선사(주지 철안)는 2005년 8월 8일 서울중앙지방법원에
민법의 소유권 관련 조항(제211조-제214조)을 친일활동의 대가로 취득한
재산에 대해 적용하는 것이 헌법에 위반되는지의 여부를 심판해달라는
취지의 위헌법률심판의 제청을 신청하였다[23]. 청구자인 봉선사측의 주장
에 의하면 이해창 후손이 소유권을 주장하고 있는 내원암 경내지(경기 남
양주시 별내면 청학리 산103-1) 14만7천967㎡는 이해창이 한일합방 공로
를 인정받아 조선총독부로부터 무상대여받은 토지로서, 이에 대해 민법
조항을 동등하게 적용하는 것은 헌법전문(前文)에서 3·1정신 계승을 표방
하고 있는 헌법의 정신에 위반된다는 것이다. 즉, 대한민국이 3·1운동 및
대한민국임시정부가 추구한 자주독립, 민족자결주의적 성격과 이념을 계
승하고 있음을 밝히고 있는 헌법 전문의 내용은 모든 법령 해석의 지침이
되며, 헌법기관이 지켜야 할 가치규범인 만큼, 반민족행위 대가로 받은

---

22) http://kr.dic.yahoo.com/search/enc/search.html?style_mode=&p=이해창
23) http://www.bongsunsa.net/(자료실, 2005.10.24일 접속).

재산에 민법의 소유권 조항을 적용할 수 없다는 것이다.

이러한 위헌법률심판제청의 청구는 지금까지 친일파들이 반민족적 행위의 대가로 취득한 재산들에 대해 헌법재판소의 판단을 받아 보지 못한 상태에서 법률의 부재라는 이유로 법원이 친일파 후손들의 청구들을 인용해 왔는데, 이러한 인용의 근거가 된 민법의 적용이 헌법의 전문과 헌법 제정 권력에 반하는 것인지 여부에 대해 판단을 구하는 것이다. 이것은 친일파 후손의 재산권행사와 관련하여 합법적으로 해결하기 위해서는 필수적으로 거쳐야 할 과정이라고 생각한다. 원래 법률의 위헌여부심판의 제청은 법원의 직권이나 당사자의 신청에 의한 결정으로 헌법재판소에 할 수 있다(헌법재판소법 제41조 1항). 그런데 지금까지 직권으로 법률의 위헌여부심판을 제청할 수 있는 법원이 이에 대해 소극적이었다. 또한 국가가 피고인 경우에 국가 역시 이에 대해 소극적으로 대응해 왔고 기타의 경우에는 피고측의 당사자적격의 문제 때문에 제청할 수 없었던 것을 이번에 당사자능력이 있는 봉선사측에서 제청을 신청한 것이다. 법원에서 이번 위헌법률심판제청의 신청을 받아들여 헌법재판소에 심판을 제청할 경우 반민족행위자의 땅 찾기 소송은 전면 중단되고, 헌법재판소의 결정을 기다리게 된다. 만약 헌법재판소가 위헌을 결정할 경우, 반민족행위자 후손의 땅 찾기 소송은 근절될 수 있을 것이다. 더 나아가 재산권을 취득과정의 반민족성을 근거로, 또한 역사적으로 불법 부당하게 취득된 재산권을 박탈 내지는 환수할 수 있는 근거를 갖게 되는 것이다. 이러한 위헌법률심판의 제청을 신청한 이유에 대해 "친일파 후손의 재산 찾기를 막을 수 있는 제도적 장치가 현실적으로 존재하지 않고, 입법·사법·행정의 국가 기능 또한 적극대처하지 못하는 상황이어서 위헌법률심판을 요청하게 됐다."고 주장했다[24].

---

24) 예컨대 봉선사가 2005년 8월 8일에 발표한 성명서 마지막 결론에서는 다음과 같이

IV. 친일파 후손의 땅 찾기 소송의 법률상의 쟁점과 해결방안

1. 개 설

친일파 후손들의 땅 찾기 소송에서 알 수 있는 바와 같이 친일 내지 반민족적 행위를 한 자들의 후손들이 선조의 매국행위의 대가로 취득한 토지 등의 재산을 찾기 위해 제기한 소송들은 일반 국민들을 아연실색케 하고 있다. 그 규모도 때로는 수천억대에 이르고 방법도 교활하기 짝이 없는 것이다. 다양한 소송의 형태와 판결 중에서 법리상 중요한 것은 모든 유사한 소송의 기준이 되고 있는 이완용 후손의 사건과 이재극 후손의 사건에 대한 판결이다. 또한 원고측이 중도에 소를 취하했지만 친일파 후손들의 땅 찾기 소송을 근본적으로 해결하기 위한 모색으로 제기한 법률의 위헌여부심판제청의 신청과 관련된 이해창 후손의 사건이다.

법적인 쟁점과 관련하여 첫째로 문제가 되는 것은 이완용 후손의 소송에 대한 판결문이다. 이것은 사법적 소극주의 내지 법실증주의의 관점에서 민법의 원리에 의해 결론을 도출한 전형적인 판결로서 민법에 의해 소

호소하고 있다. 「대한민국의 헌법 전문(前文)은 "유구한 역사와 전통에 빛나는 우리 대한민국은 3·1운동으로 건립된 대한민국임시정부의 법통을 계승"함을 천명하고 있다. 이는 헌법을 탄생시킨 권력의 주체인 헌법제정권력의 선언으로서 국민의 근본적 결단을 의미한다고 할 것이다. 따라서 사법부는 기존의 보수적 견해를 버리고, 헌법제정 권력의 주체인 국민 대다수의 목소리에 귀 기울여, 위헌법률심판제청을 받아들이고, '위헌판결'을 선고함으로써 민족의 시대적 요청에 부응하기를 촉구한다. 나아가 이 나라의 1000만 불자들은 단결하여 민족정기를 바로세우는 호국(護國)의 불사(佛事)에 동참, 우리민족의 앞날에 부처님의 정토(淨土)가 구현될 수 있도록 노력해 주시기 바란다.」 〈http://www.bongsunsa. net/ (자료실, 2005.10. 24일 접속)〉.

유권을 보장해 주었다. 이 판결은 선결례로서 이후 유사한 판결의 기준이 되고 있다.

두 번째 쟁점이 되는 것은 이러한 이완용 후손의 판결에 정면으로 배치된 것으로 이재극 후손의 사건에 대한 제1심판결이다. 이 판결의 핵심은 전술한 바와 같이 신의칙과 헌법전문에 나타난 건국이념, 그리고 반민족행위자의 후손들이 제기한 재산권의 의미 등을 고려하여 원고청구의 각하의 근거를 헌법전문에서 찾은 것이다. 그런데 이 판결을 항소심에서는 이러한 헌법전문의 규범력을 부정하고 순수한 민법의 원리에 의해 기각했기 때문에, 여기서 헌법 전문에 대한 규범력에 대한 검토가 필요하게 된 것이다.

셋째로 문제가 된 것은 이해창의 후손의 사건에서 친일파 후손들의 재산이 헌법 제23조가 규정하고 있는 재산권의 보장에서 포함시키는 것이 헌법전문과 제정 권력에 반하는 위헌 여부에 관한 것이다. 이러한 세 가지 쟁점은 곧 바로 헌법전문의 규범력과 헌법과 민법과의 관계, 더 나아가 이 문제를 해결하기 위한 특별법의 제정 필요성과 이러한 특별법의 제정이 소급입법을 금지하는 헌법에 반하는 것인지의 문제로 귀결된다.

2. 법적인 쟁점

가. 헌법전문의 규범력

(1) 이재극의 후손이 제기한 소송에서 1심법원이 헌법전문과 제정권력 등을 근거로 하여 원고 패소판결을 내린 바 있으나, 항소심에서 수용하지 않아 그 헌법전문의 규범력에 대해 법원에서는 더 이상 논의가 이루어지지 못했다. 그런데 최근 이해창 후손의 소송에서 피고측인 봉선사가 '위헌법률심판의 제청'을 중앙지방법원에 신청하였다. 따라서 신청을 받은

법원에서는 이 신청이 이유가 있다고 판단되면 헌법재판소에 제청을 해야 하고, 반대로 이 신청이 이유가 없다고 판단되면 기각하게 된다. 만약 기각하는 경우에는 청구자가 곧 바로 헌법재판소에 청구할 수 있게 되므로(헌법재판소법 제68조 2항) 어찌 되었던 이제 친일 반민족 행위자들의 재산과 관련하여 헌법재판소의 판단이 있게 될 것이다.

(2) 법률의 위헌여부심판제청의 신청에 따라 이제 핵심 쟁점은 헌법전문의 규범력에 관한 것으로 전환되게 되었다. 헌법전문에 대한 규범력의 인정여부에 대해 과거의 독일 공법학자25)나 현재 영미법학자26) 그리고 미국의 연방대법원에서는27) 규범력을 부정하는 견해가 있지만, 현재 독일 법학자나 독일연방헌법재판소, 프랑스의 헌법, 그리고 우리나라의 거의 모든 학자와28) 헌법재판소에서는 헌법전문의 규범력 자체에 대해서는 인정하고 있다. 예컨대 우리 헌법재판소에서는 "우리 헌법의 전문본문에 담겨져 있는 최고 이념은 국민주권주의와 자유민주주의에 입각한 입헌민주헌법의 본질적 기본원리에 기초하고 있다. 기타 헌법의 기본 원칙도 여기에 연유되는 것이므로 이는 헌법전을 비롯한 모든 법령해석의 기준이 되고, 입법형성권 행사의 한계와 정책결정의 방향을 제시하며, 나아가 모든 국가기관과 국민이 존중하고 지켜가야 하는 최고의 가치규범이다."라고 명확하게 규범성을 인정하고 있다29). 이렇게 통설과 판례가 규범성을 인정할 때 그 내용은 대한민국의 법질서 중에서 최고규범으로서의 성격을 지니는 동시에 법령의 해석기준과 입법의 지침도 된다는 것이다. 더

---

25) Anschütz, G. Mayer와 같은 학자들이다.
26) K. C. Wheare, E. Corwin와 같은 학자들이다.
27) Jacoson v. Com. of Mass., 197 U.S 11(1905)
28) 강경근, 「헌법」(법문사, 2004), 77-78면; 권영성, 「헌법학원론」(법문사, 2004), 130면; 김철수, 「헌법학개론」(박영사, 2005), 85면; 성낙인, 「헌법학」(법문사, 2004), 113면 등 다수.
29) 헌재 1989.9.8, 88헌가6.

나아가 구체적인 소송에도 적용되는 재판규범으로서의 성질도 지니게 된다[30].

　(3) 헌법 전문에서는 "3·1운동으로 건립된 대한민국임시정부의 법통과 불의에 항거한 4·19 민주이념을 계승하고……"라고 명문으로 규정하고 있다. 이에 따라 현재 대한민국은 3·1운동으로부터 법적인 정당성을 찾게 되는데, 이 때 3·1운동의 법률적인 의미가 문제 된다. 이에 대해 헌법재판소에서는 " '헌법전문에 기재된 3·1정신'은 우리나라 헌법의 연혁적·이념적 기초로서 헌법이나 법률해석기준으로 적용한다고 할 수 있지만, 그에 기하여 곧바로 국민의 기본권성을 도출해 낼 수는 없다고 할 것이므로, 헌법소원의 대상인 '헌법상 보장된 기본권'에 해당하지 아니한다."고 판시하여[31] 헌법전문의 규범력의 내용과 한계를 분명히 하고 있다. 이에 의하면 3·1정신 자체가 기본권으로서 의미는 지니지 못하는 것이지만, 헌법이나 기타 법령의 해석 기준과 입법지침, 더 나아가 재판규범으로서 성질을 지니는 것이라고 한다. 이러한 판결의 내용에 의하면 3·1정신이 곧바로 기본권으로 보장되는 것은 아니라 하더라도 헌법전문의 취지에 정면으로 반하는 친일파들의 반민족적 행위에 의한 대가로 축적한 재산은 헌법 제23조의 재산권보장조항의 범위 속에 포함될 수는 없는 것이라고 생각한다.

　(4) 이완용 후손의 재판과 이것을 원용한 이재극 후손의 재판에서 법원은 "일제시대에 반민족적 행위를 한 사람들이나 그 후손의 재산권행사를 제한하는 그 어떤 법률도 현재 제정, 시행되고 있지 아니한 마당에, 일제시대의 반민족행위자나 그 후손이 자신의 재산권을 보존하기 위하여 법원에 재판을 구하는 경우에 위에서 든 것과 같은 예외적인 소각하의 사유

---

30) 권영성(주 28), 133면.
31) 헌재 2001.3.21, 99헌마139.

제4장 친일파 후손의 땅 찾기 소송과 토지소유권　351

도 없이 단지 막연하게 정의나 국민정서 또는 신의칙에 위배된다는 이유
로 재판을 거부하는 것은 법원이 그 의무를 위배하여 국민의 평등한 재판
청구권을 침해하고 법치주의의 구현을 저버리는 것이라 할 것이다."고 판
시하여[32] 친일파의 후손들이 땅 찾기 소송을 제기하는 것은 민족의 정체
성, 정의 관념 등에 비추어 부당한 것이지만, 법률이 없기 때문에 민법에
의해 그들의 권리를 보장해 주는 것이 헌법에서 보장하고 있는 평등권에
부합한다고 하였다. 결국 이 판결에서 알 수 있듯이 이 문제를 근본적으
로, 그리고 합법적으로 해결하기 위해서는 특별법을 제정하는 것이 최선
이라고 생각한다. 비록 이승만 정권하에서 반민족행위처벌법이 제정되어
반민족행위자들을 청산하려고 시도했었지만, 이승만대통령을 비롯한 법
집행자들이 이 법의 집행에 소극적이었고, 오히려 반민족행위자들을 비
호하여 별다른 실적도 없이 실효되고 말았다. 그 후 입법부는 반민족행위
자들에 대한 인적 청산이나 재산권의 제한에 대한 어떠한 법률의 제정 없
이 현재에 이르는 동안 법원은 입법의 불비를 이유로 민법의 원리에 의해
반민족행위자들의 재산을 보호하고 있고, 그것이 헌법이 보호하는 평등
권에 부합한다고 한다. 보호할 가치가 없는 재산들을 입법의 불비로 말미
암아 헌법과 법률이 보호해 주는 것이 되어 버렸다. 이러한 현상은 입법
부의 직무태만에 의한 소위 입법의 부작위에 해당하며, 현행 헌법의 정신
에도 반한다고 생각한다. 또한 법원이 판결문에서 이점을 지적하면서도
위헌법률심판을 제청하지 않은 태도 역시 법률에서 위헌법률심판제청권
을 직권으로 행사할 수 있도록 부여해 주고 있는 법률의 정신에 반하는
것이다[33]. 따라서 이 재판을 담당했던 법원, 특히 담당 판사는 자신의 권

---

32) 서울고등법원 1997. 7. 25, 92나23638.
33) 헌법재판소법 제41조 1항에서는 "법률이 헌법에 위반되는지 여부가 재판의 전제가
　　된 때에는 당해 사건을 담당하는 법원은 직권 또는 당사자의 신청에 의한 결정으로
　　헌법재판소에 위헌여부의 심판을 제청한다"고 규정하여 판사가 직권으로 제청할

리를 포기하는 것인 동시에 국가공동체에 대한 의무를 위반한 것이라고
생각한다[34].

나. 헌법과 민법과의 관계

(1) 반민족행위를 한 친일파 후손들의 땅 찾기와 관련된 소송에 대하여
우리 법원은 앞서 살펴본 바와 같이 순수한 민법의 원리에 의해 원고승소
의 판결을 내린 것이 상당수 있다. 이러한 소송에 대해 우리나라의 법제
가 추구하는 법치주의와 평등한 재판청구권에 의한 재산권의 보장 등의
논리만으로 해결될 수 있는 성질의 것이라면 이상의 판결들은 전혀 문제
될 수 없는 것이다. 그러나 이 문제는 오직 민법의 논리만으로 해결하기
어려운 민족 정체성과 자연법적 정의, 공사법을 불문하고 인정되는 신의
성실의 원칙 등과 관련될 수밖에 없는 것이다. 특히 최고 법규범인 헌법
과 밀접한 관계로부터 고려되어야만 한다.

(2) 여기서 검토해야 할 문제는 친일 반민족적 행위의 대가로 취득한
재산권에 대해서도 법원에서는 이러한 재산권 역시 우리 헌법상 규정하
고 있는 평등한 재판청구권에 의한 소유권의 보장규정들을 적용하여 보
호해주어야 하는가라는 점이다. 즉 친일 매국노의 재산이라 하더라도 우
리 헌법 제23조의 재산권보장의 대상에 포함시켜 보호해야 하는가의 여
부이다. 그런데 앞서 살펴본바와 같이 헌법전문 역시 규범력, 특히 재판

수 있도록 규정하고 있다. 헌법재판소도 "헌법 제107조 1항, 헌법재판소법 제41조,
제43조 등의 규정취지는 법원은 문제되는 법률조항이 담당법관 스스로의 법적 견
해에 의하여 단순히 의심을 넘어선 합리적인 위헌의 의심이 있으면 위헌여부심판
을 제청하라는 취지이다."라고 판시하고 있다(헌재 1993.2.23, 93헌가2).
34) 예링은 자신의 권리를 포기하는 것은 결국 공동체에 대한 의무 위반이라고 강조한
다. 예컨대 R. v. Jhering(윤철홍역), 「권리를 위한 투쟁」(책세상, 2007), 57면 이하
참조.

규범으로서의 성질을 지니고 있다. 헌법전문에는 "3·1운동으로 건립된 대한민국임시정부의 법통과 불의에 항거한 4·19 민주이념을 계승하고 ......"라고 분명하게 규정하고 있어 현행 우리 헌법의 연원적 법통은 제헌 헌법을 거쳐 상해임시정부에까지 소급될 수밖에 없다. 그런데 친일 매국 노의 반민족적 행위는 대한민국의 자체를 부정한 자들이고, 그러한 매국 행위의 대가로 취득한 재산들은 일본의 헌법이나 법률에 의해서 보호할 수 있을지언정 그들이 부정한 헌법에 의해서는 보장할 수 없는 것이다. 다시 말해서 국가자체를 부정하였던 자의 재산을 그 국가의 기본법인 헌 법이 보호한다는 것은 헌법이 스스로를 부정하는 결과가 되는 것이다[35]. 특히 자신들이 부정했던 국가가 제정한 법률에 의하여 자신의 권리를 보 호받으려 하는 것은 신의칙상 모순행위의 금지원칙에도 반하는 것이다. 그러므로 제헌 헌법이나 현행 헌법상의 재산권보호규정을 반민족행위자 의 재산까지 포함시켜 보호할 수 없는 것이다. 이러한 논리에 의하면 법 원은 반민족행위자의 재산권의 보호를 구하는 소송을 인용해서는 안 될 것이며, 헌법에서 위임을 받아 정해진 민법은 헌법이 보호하지 않는 재산 권을 보호하는 데에 적용될 수 없다고 생각한다.

　(3) 친일파 후손들의 땅 찾기 소송에 대해 그 법적 근거로서 민법을 적 용하는 것이 상위법인 헌법정신에 반하고 또 위헌적인 결과를 낳는다면, 이러한 사건에 대해 민법을 적용하는 것 자체가 위헌이 된다[36]. 상황이 이러하다면 법원은 민법의 적용에 앞서 직권으로 헌법재판소에 위헌법률 심판을 제청했어야 했다. 그러나 지금까지 법원의 직권에 의한 위헌법률 심판의 제청이 전혀 이루어지지 못했다. 이러한 상황하에 이해창 후손의

---

35) 이헌환, "반민족행위자 재산환수에 관한 헌법적 검토", 친일 반민족행위자 재산환 수에 관한 특별조치법' 제정을 위한 공청회 발표자료(2004.9.17), 32면.
36) 이헌환(주 35), 32면.

사건에서는 당사자능력을 지니고 있는 피고 측 봉선사에서 위헌법률심판 제청을 신청하여 서울중앙지방법원의 결정을 기다리고 있는 중이다. 물론 법원에서 기각하면 당사자인 봉선사측에서 곧 바로 헌법재판소에 제청할 수 있다(헌법재판소법 제41조 제2항). 이러한 민법의 적용문제가 위헌문제와 관련되어 있음에도 불구하고 지금까지 헌법재판소에 제청이 없었던 것은 피고가 주로 국가로서 소극적으로 대응해 왔기 때문으로 여겨진다.

(4) 친일파 후손들이 자신의 조상의 것이라고 주장하는 토지가 국가소유로 되어 있는 경우 토지의 법률관계는 어떠한가? 임야를 제외한 농지나 기타 토지들의 경우 1949년의 농지개혁에 의해 소유권자가 재확인되었다. 이에 따라 일본인들의 소유뿐만 아니라 친일파의 재산들에 대해서도 마찬가지로 새로운 소유권 질서가 형성되었으며, 조상 땅 찾아주기 사업에 의해 새롭게 토지를 찾는 것에서 볼 수 있듯이 자기 소유권을 확인하지 못하고 방치하고 있는 것이다. 따라서 국유지로 등기되어 있다면 등기부취득시효에 의해 국가가 그 땅을 원시취득한 것으로 새겨야 할 것으로 여겨진다. 그러나 일제시대 때 친일파의 소유권이었다는 것이 확인된다면 부동산에 대해 공신력을 인정하지 않는 우리 민법의 원칙상 반환해주어야 함은 이전 많은 소송에서 수없이 보았다. 임야나 농지개혁에서 제외되었던 토지들에 대한 문제는 결국 특별법의 제정을 통해서만이 근본적으로 해결할 수 있는 것으로서, 특별법의 제정 필요성이 그 만큼 시급한 것이다.

3. 입법적 해결방안

가. 입법의 필요성

조상의 땅 찾아주기 사업에서 확인할 수 있듯이 친일 반민족행위자들이 보유한 땅의 가치는 천문학적인 수준에 달하고 있다. 최근 발표된 연구에 의하면 대략 1억평에 이른다고 한다[37]. 국가소유나 제3자 명의로 되어 있는 것을 제외한다고 하더라도 창씨개명에 의해 묵혀 있었던 임야들이 최근에도 속속들이 주인을 찾아가고 있다. 이것은 민족의 정체성 확립과 직결된 것으로, 소극적으로 대응할 수 있는 범위를 넘어선 것이다. 예컨대 지금까지 소송의 진행과정을 보면 원고측에서는 거액의 재산이 걸려 있는 것이기 때문에 수단과 방법을 가리지 않고 증거를 찾고 연구함에 반하여, 국가를 상대로 한 소송에서 피고측인 법무부장관은 여러 가지 여건상 효과적으로 대응할 수 없는 것은 너무나 당연한 것이다. 또한 친일파 후손들이 승소한 판결에서 알 수 있듯이 그들의 행위가 부적법 혹은 부정의하지만 법률이 없기 때문에 그들의 권리를 인정할 수밖에 없다고 한다. 따라서 친일파 후손들의 땅 찾기 소송을 차단하고 그 재산을 국유로 환원하는 작업을 수행함과 동시에 민족정기나 정의를 구현시키기 위해서는 특별법의 제정이 필수적인 것이다. 예컨대 최근에 국회에 입법 제안된 '친일반민족행위자 재산환수에 관한 특별법(안)' 제1조에서도 "일본제국주의의 식민통치에 협력하고 우리 민족을 탄압한 반민족행위자가 그 당시 축재한 재산을 국가의 소유로 함으로써 정의를 구현하고 민족 정기를 바로 세우는 것을 목적으로 한다."고 규정하고 있는 바와 같이 정의구현과 민족정기를 세우기 위해서도 이 법의 제정이 시급한 것이다. 몇 년만 더 지체한다면 소송과 조상 땅 찾기 사업을 통해 1억평에 달하는 친일파의 땅들이 제3자들에게 이전되어 특별법을 제정한다고 해도 거의 실효를 거두기 힘들어지기 때문이다.

---

37) http://www.ohmynews.com/articleview/article-print.asp/no(2005.10.07 접속)

나. 특별법의 내용

특별법제정시 가장 핵심적인 내용은 '친일반민족행위자 재산환수에 관한 특별법(안)' 제3조에서 자세히 규정하고 있는 바와 같이 '친일반민족행위자'와 '친일반민족행위자의 재산'에 대한 정의이다. 다시 말해서 이러한 특별법을 제정할 때에 가장 먼저 정해야 하는 것이 반민족행위자의 정의를 어떠한 행위를 한 자로 할 것인가와 재산을 환수하려고 할 때 그 환수의 범위 등이 선결적으로 규정되어야 한다. 36년간의 일제하에 있었기 때문에 친일파 혹은 반민족행위자 범위가 끝없이 확산 될 수 있다. 따라서 일정한도로 제한하는 것이 필수적인 것이다. 동법안 제2조에서는 친일반민족행위자 등의 법률행위에 대해 무효로 하는 법리를 취하고 있는데, 이 무효의 법리에 의한 부수적인 문제에 대해서도 검토해야 한다. 더 나아가 환수 방법과 반민족적인 행위에 의해 취득된 재산이라는 입증의 문제에 대해서도 '일응추정의 원칙' 등을 도입하는 것과 같은 특별조치도 포함되어야 할 것이다.

다. 특별법제정의 위헌성 여부

국회에서 특별법을 제정할 때 친일파의 후손들의 지지를 받거나 보수적인 집단들은 '법률불소급의 원칙'을 들어 위헌이라고 주장한다. 비록 소급입법을 한다고 하더라도 지금까지 수차례 예외적인 소급입법에서 확인할 수 있는 바와 같이 곧 바로 위헌이라고 할 수 없는 것이다. 더 나아가 특별법의 제정이 법률불소급원칙에 반하기 때문에 위헌이라는 견해는 우리의 헌법사를 이해하지 못하고 있는 측면이 있다. 예컨대 반민족행위자 처벌의 근거였던 제헌헌법 부칙 제101조는 이후의 헌법 개정에서 삭제되었다. 그러나 모든 헌법학자나 판례에서 공통적으로 지적하고 있는 바와 같이 제헌헌법과 현행 헌법 사이의 연속성과 동일성이 인정되고 있다. 따라서 제헌 헌법 부칙 제101조에 반하거나 대체하는 다른 규정이 없다면, 제헌헌법 부칙의 규정은 여전히 효력을 갖는다고 해석된다. 그러므로 국회에서 '친일반민족행위자 재산환수에 관한 특별법'을 제정한다고 하더라도 위헌이 되지 않는 것이며, 이 특별법에 의해 재산을 환수할 때 그것은 소급입법에 의한 재산권침해가 아니라, 1945년 해방 당시에 국가로 귀속되었던 소유권을 확인하는 것이 된다는 것이다[38].

VI. 결 어

지금까지 친일 반민족적 행위자 후손들의 땅 찾기 소송에 대해 살펴보았다. 법원의 사법적 소극주의와 정부의 미온적인 대처 등으로 인하여 제기된 소송 중에서 과반수 정도가 원고승소로 토지소유권을 찾아간 것으로 나타났다. 이러한 결과는 민족정체성을 훼손하는 것은 물론 정의관념에도 반하는 것으로 적극적으로 차단해야 함에도 불구하고 현재 법원의 태도로서는 기대하기 어렵다. 따라서 이해창 후손의 사건에서 제기된 '위헌법률심판의 제청'이 받아들여져 헌법재판소의 법률의 부재와 민법의 적용이 헌법전문의 정신에 반한다는 위헌 결정이 내려지기를 기대한다. 물론 위헌법률심판이 헌법재판소에 제청되는 순간 친일파 후손의 땅 찾기 소송은 모두 헌법재판소의 결과가 나올 때까지 중지되어야 한다. 또한 행정자치부의 조상 땅 찾아 주기 사업도 잠정 중단하는 것이 바람직할 것이다.

이러한 사법적인 측면 보다 훨씬 시급한 것은 국회에 제안되어 있는

---

38) 같은 견해로 이헌환(주 35), 26-27, 특히 33면.

'친일반민족행위자 재산환수에 관한 특별법(안)'을 심의·의결하는 것이
다. 이 특별법의 제정을 통해서만이 친일파 후손들의 땅 찾기 소송에 대
해 근본적이고 합법적인 해결이 가능하기 때문이다.

〚 "친일파 후손의 땅 찾기 소송에 관한 법적 고찰", 「시민문화연구」 제5호, 2005.
12, 25-70면 〛

제2절 친일파 후손의
소유권보존등기말소청구소송에 관한 일고찰
- 수원지방법원 2005. 11. 15, 2004가단14143 -

I. 서 설

2005년 11월 15일 수원지방법원에서는 친일파 이근호 후손이 제기한 3건의 소유권보존등기말소등기청구에 대해 피고가 개인과 농업기반공사인 2건에 대해서는 기각판결을, 피고가 국가인 1건에 대해서는 각하판결을 내렸다. 이러한 친일파 후손의 토지환수소송과 관련하여 헌법의 전문과 헌법제정권력 등을 이유로 소유권보존등기 말소청구를 각하한 판결은 후술하는 바와 같이 이미 2001년 1월 16일 서울지방법원에서 내려진 적이 있지만 곧 바로 항소심에서 파기 환송되어 지금까지는 항소심판결에서 이와 같은 관점에서 내려진 판결은 없다. 따라서 이 판결에 대한 항소심이나 대법원의 태도가 주목된다. 2005년 11월말 현재 소위 친일파 후손들이 토지환수 소송을 제기한 것이 37건에 이르고[1], 행정자치부에서 '조상 땅 찾아주기 사업'을 통해 지난 한 해 동안 친일파 후손들의 땅을 110만평을 찾아주었다고 한다[2]. 또한 최근 연구보고와 본고에서 검토하고자

---

1) 내일신문 2005.11.25. 이에 대해 자세한 것은 윤철홍, "친일파 후손의 땅 찾기 소송에 관한 법적 고찰" 「시민문화연구」, 제5호 (2005.12), 25면 이하 참조.
2) 최용규의원의 분석으로서, http://incheon21.or.kr/Zzangc/bbs.php?B-id=column&Z-uid=19&Smo 참조.

하는 판결(이하 대상판결이라 한다)에 의하면[3] 핵심 친일파 후손들의 땅
이 1억평을 넘는다고 한다. 따라서 "친일은 짧다. 그러나 그 대가로 받은
땅은 영원하다."는 말이 나돌 정도이다. 이러한 상황 하에서는 민족의 정
체성이나 정의 등은 한갓 구호에 지나지 않을 것이다. 따라서 친일반민족
행위자들의 재산에 대한 환수 등이 절실히 필요한 즈음에 지금까지 사법
부 태도와는 상당히 다른 이번 판결들이 내려진 것이다. 이러한 판결들에
대한 보수적인 시각은 우려에 찬 것이 사실이지만, 적극적으로 환영하는
분위기가 만연하다[4]. 본고에서는 이러한 상황에서 비록 하급심 판결이지
만 많은 논쟁거리를 포함하고 있는 이근호 후손의 판결을 검토해 보고자
한다. 특히 원고청구에 대한 기각판결이 난 개인, 즉 제3자 이름으로 등기
가 되어 있어 등기부취득시효가 완성된 것이나[5] 농업기반공사의 건은[6]
기존의 판례의 태도에 따른 것으로 민법의 법리에 의해 충분히 이해될 수

---

3) 친일반민족행위자 중 일제강점기간 중 ① 일본정부와 통모하여 한일합방에 적극 협
   력한 자, 한국의 주권을 침해하는 조약, 또는 문서에 조인한 자와 모의한 자는 10여
   명과, ② 일본정부로부터 작을 수한 자 또는 일본제국 의회 의원이 되었던 자 또는
   습작한 자는 128명에 해당하는 자들 중 이완용(1,370만평), 송병준(2,240만평), 민영
   휘(200만평) 등 20명이 소유한 토지 5,000여만 평을 소유하고 있고, ③ 중추원 부의
   장 고문 또는 참의 되었던 자는 323명 정도에 해당하는 김갑순(1,000만평) 등 30명
   이 소유한 토지 7,000만평 정도로 위 인물들 중 약 50명이 소유한 토지는 약 1억
   2,000만평에 이르나, 나머지 인물들의 전체적인 토지 취득 현황은 알 수 없을 정도
   이다.
4) 예컨대 '취지에는 공감하지만 각하에 이르기에는 법리적 논거가 부족하다'거나, '헌
   법과 법률이 충돌이 생긴다는 이유로 각하 결정한 것은 법원의 의무를 저버린 것으
   로 볼 수 있다'는 비판 적인 견해가 있는 가하면, '대법원이 헌법정신을 적극적으로
   해석하는 계기기 될 것으로 본다'는 견해나 '친일청산을 위한 입법의무를 적극적으
   로 환기시켰다는 점에서 이번 판결의 의미를 찾을 수 있다'는 평가들이 있다. 자세
   한 것은 한겨레, 2005.11.16, 12면; 내일신문 2005.11.25일자 참조.
5) 수원지법 2005.11.15, 2004가단12765.
6) 수원지법 2005.11.15, 2004가단15054.

있는 것이다. 따라서 여기에서는 국가를 상대로 한 소유권보존등기 말소
등기청구소송에서 각하 판결이 내려진 수원지방법원 2005. 11. 15, 2004
가단14143만을 검토하고자 한다.

II. 사실관계와 대상판결의 요지

1. 인정사실

가. 이 사건의 부동산의 원소유자인 소외 망 이근호는 대표적인 친일
파의 한 사람이다. 이근호(1860-1923)는 1905년 대한제국의 외교권을 일
본에 양도하는 을사조약을 체결하였던 을사오적(당시 군부대신)의 한명
인 이근택의 형이다. 이근호는 충남, 경기, 경북의 관찰사를 거쳐 1903년
중추원 부의장, 1905년 법부대신을 지냈고, 1905년 을사조약 이후 1907년
신사회(紳士會 : 1907. 10. 16. 조선시찰을 위해 방문하는 일본 황태자를
환영하기 위한 전, 현직 대신들의 단체)에 가입하여 활동했다. 또한 그는
일본제국주의로부터 1910. 남작(男爵)의 작위와 은사금 25,000엔을 받은
외에도, 1910년 대한삼림협회(大韓森林協會) 의 총재를 역임하면서 일제
의 임야침탈사업에 관여했고, 1915년 삼십본산연합사무소(三十本山聯合
事務所)의 고문을 역임하였다.

나. 이 사건 각 토지인 경기도 수원군 성호면 궐리 448 전 393평은 토
지조사부에 1911.7. 7. 소외 이근호가 사정받은 것으로 기재되어 있다. 이
근호는 1923. 3. 1. 사망하여 소외 이○○이 상속하였다가, 이○○도
1948. 6. 7. 사망한 후 원고가 단독상속 하였다.

다. 경기도 수원군 성호면 궐리(1989.1.1 오산시 궐동으로 행정구역이

변경) 448 전 393평은 1959. 5. 14. 피고 명의로 소유권보존등기가 마쳐졌다가, 1960. 12. 17. 같은 면 448-1 전 562㎡(170평)와 이 사건 각 토지로, 즉 오산시 궐동 448-2 대 357㎡와 같은 동 448-3 대 380㎡로 분할되어, 이 사건 각 토지에 관하여는 수원지방법원 화성등기소 1959. 5. 14. 접수 제3531호로 피고 명의의 소유권보존등기가 각 마쳐졌고, 위 448-1 토지에 관하여는 1964. 12. 18. 소외 김○○명의로 1958. 5. 5. 상환완료를 원인으로 소유권이전등기가 마쳐졌다.

　라. 김○○, 공○○은 1990.경 피고로부터 이 사건 각 토지에 관한 사용·수익허가를 받아, 이 사건 토지를 점유·사용하고 있다.

　마. 친일파인 이근호의 손자인 이○○는 1959.5.14일자로 국가에 소유권보존등기가 경료되어 있는 오산시 궐동 448-2 대지 357㎡와 같은 동 448-3 대 380㎡에 대해 말소등기절차를 이행하라는 청구의 소를 제기하였다.

2. 판결요지

　가.　원고는 이 사건 각 토지가 일제강점기에 남작작위를 받은 자신의 조부 이근호가 취득한 것이라는 사정을 알고 있으면서, 이근호가 부정(否定)한 3·1운동의 독립정신과 대한민국 임시정부의 법통을 계승하고 있는 피고 대한민국에 대하여 이 사건 각 토지에 대한 소유권의 보호를 구하기 위하여 이 사건 소를 제기하였다.

　또한, 원고는 이 사건 각 토지에 대한 소유권이 3·1운동의 독립정신과 대한민국 임시정부의 법통계승을 이념으로 하는 우리 헌법전문의 규정이나 헌법이념상 허용될 수 없다는 것을 알았거나, 국회에 "친일반민족행위자 재산의 환수에 관한법률안"이 발의되어 있으므로 그와 같은 상황을 충분히 예상할 수 있음에도, 현재까지 이 사건 각 토지에 대한 재산권 제한 입법이 이루어지지 않아 현행 법질서가 잠정적인 상황을 악용하여 이 사건 소를 제기하였다.

나. 원고가 이 사건 각 토지에 대한 자신의 소유권이 헌법상 보호받을 수 없는 것임을 알거나 충분히 예상할 수 있었음에도 헌법과 다른 법체계의 충돌, 모순되는 상황을 이용하여 제기된 것으로써, 원고의 이 사건 제소로 인하여 사법기능의 혼란과 마비(司法機能의 混亂과 痲痺)라는 공공복리(公共福利)에 위협을 초래하는 결과가 발생하고 있고, 법원은 국회의 입법부작위(立法不作爲)에 대하여 아무런 법적 해결방법을 가지지 못하고 있으므로, 이와 같은 경우에 한하여 재판청구권 행사의 금지(禁止)가 아니라 위와 같은 위헌적인 법률상태가 입법으로 해소되어 헌법합치적인 상황(憲法合致的 狀況)이 될 때까지 이 사건에 대한 재판청구권의 행사를 일시 정지(停止)하는 의미로서 이 사건 소를 각하한다.

III. 당해 대상판결에 대한 검토

1. 개 설

사건의 사실관계에서 살펴본 바와 같이, 이 사건 각 토지에 대해 재판부는 민사법상 쟁점과 관련한 사항에 대해 다음과 같이 판단하고 있다. 우선 망 이근호가 일제 강점기인 1911.07.07에 사정을 받아 취득한 토지로서, 기존의 판례 태도에7) 따라 토지조사부에 토지소유자로 등재되어 있는 자는 재결에 의하여 사정내용이 변경되었다는 등의 반증이 없는 이

---

7) 대판(전합) 1986.6.10, 84다카1173; 1984.1.24, 83다카1152.

상 토지소유자로 사정받고 그 사정이 확정된 것으로 추정되므로, 망 이근 호는 이 사건 각 토지를 원시적으로 취득한 것으로 간주하였다. 따라서 피고인 국가 명의의 소유권보존등기의 추정력은 번복되었고, 피고가 사 정명의인으로부터 승계 취득한 사실이나 피고 명의의 소유권보존등기가 실체적 권리관계에 부합함을 입증할 아무런 증거도 없다고 전제하고 있 다. 이러한 전제하에서 원고의 청구는 헌법과 다른 법체계의 충돌, 모순 되는 상황을 이용하여 제기된 것으로써, 원고의 제소로 인하여 사법기능 의 혼란과 마비라는 공공복리에 위협을 초래하는 결과가 발생하고 있다 고 판단하여 원고의 청구를 각하하였다. 이러한 판결 태도와 관련하여 검 토해야 할 법적 쟁점으로는 헌법의 차원과 민사법상의 차원으로 나눌 수 있다. 우선 헌법적인 문제로서 헌법과 법률의 충돌을 근거로 원고청구를 각하하였는데, 이러한 각하의 사유가 정당한 것인가라는 점과 입법 부작 위에 의해 법률이 존재하지 않는 경우에 법원의 위헌법률심판제청의 신 청 문제들에 대해 검토가 필요하다.

　더 나아가 민법의 법원리에 의한 기각사유의 유무도 검토해 보아야 한 다. 우선 민법 제103조의 '선량한 풍속 기타 사회질서에 반'하는 것을 이 유로 기각판결을 할 수 없는가라는 점과 취득시효의 대상은 될 수 없는 가, 더 나아가 민법의 통칙적인 원칙인 신의칙에 반하지는 않는가라는 점 이다. 그러나 재판부는 등기부취득시효와 관련하여 사정의 절대적 효력 을 근거로 망 이근호의 원시취득을 인정하고 있다. 또한 신의칙을 각하사 유에서는 검토하였는데 기각사유의 측면에서는 언급하지 않았다. 이와 관련하여 신의칙상 모순행위금지원칙의 적용여부도 검토할 만한 가치가 있다고 생각한다. 우선 이 판결에 대한 이러한 구체적인 사항들을 검토하 기 전에 먼저 친일파 후손들이 제기한 토지환수 소송에 대한 판례의 태도 를 살펴보고자 한다.

2. 친일파 후손의 재산환수 소송에 대한 기존의 판례 태도

1990년대 후반부터 제기되기 시작한 친일파 후손의 부동산 환수 소송은 전술한 바와 같이 2005년 11월말 현재 37건에 이른다. 이러한 소송에서 국가가 피고인 경우에 친일파 후손들은 대략 50%정도의 원고승소로 부동산의 소유권을 취득한 것으로 알려지고 있다. 이러한 친일파 후손의 부동산환수 소송과 관련하여 대법원의 판례는 아직 없다. 친일파 후손이 제기한 많은 소송 중에서 이완용 후손의 판결이 이후 판결에 대한 하나의 기준이 되고 있으며, 항소심에서 파기 환송된 것이지만 이재극 후손의 판결 역시 중요한 의미를 지니고 있다. 이 두 가지 소송에 대한 판결에 대해 살펴본다.

가. 이완용 후손의 사건

일제 강점기 전체를 통틀어 대표적인 친일파라 할 수 있는 을사오적 중한사람인 이완용의 후손은 정부와 개인들을 상대로 수건의 부동산환수 소송을 제기하였다. 가장 대표적인 것으로, 이완용의 증손인 이ㅇㅇ은 서울시 서대문구 북아현동 545번지 일대 712평(당시 시가 30억원 추정)에 대한 소유권반환청구소송을 제기하였는데, 사회적 관심이 집중되는 가운데서 1992년 3월 19일에 1심법원인 서울지방법원 서부지원이 승소판결을 내렸고[8], 이어 항소심인 서울 고등법원에서도 원고 승소판결, 즉 피고 항소기각판결을 내렸다[9]. 이 판결은 이후 친일파 후손들의 땅 찾기 소송에 기준이 되고 있다. 서울고등법원의 피고항소에 대한 기각판결의 핵심적

---

8) 서울지법서부지원 1992.3.19, 90가합10100.
9) 서울고법 1997.7.25, 92나23638. 이에 대해 피고는 대법원에 상고하였으나 이것도 각하되고 말았다(1997.9.20).

인 내용은 다음과 같다.

「소외 망 이완용의 후손인 원고의 재산회복을 허용하는 것은 우리 민족의 정의관념에 어긋나므로 민법상의 선량한 풍속 기타 사회질서에 위반되는 것이라고 피고는 주장한다. 살피건대, 일본정부와 통모하여 한일합병에 적극협력한 자, 한국의 주권을 침해하는 조약 또는 문서에 조인한 자와 모의한 자 그리고 일본정부로부터 작을 받은 자 등의 이른바 반민족행위자를 처벌하고 그 재산을 몰수하는 등의 조치를 규정한 반민족행위처벌법은 1948년 9월 22일 법률 제3호로 공포 시행되다가 1951년 2월 14일 법률 제176호로 폐지되었는바, 이 법률이 시행되는 동안 소외 망 이완용이나 그 습작자의 재산을 몰수하는 판결이 있었음을 인정할 증거는 없다. 또한 이 법률이 폐지된 현재까지 반세기 가까운 46년 이상이 경과하도록 반민족행위자를 처벌하고 그 재산권을 박탈 내지 제한하는 법률을 국회가 제정한 일도 없다. 반민족행위자나 그의 후손이라고 하여 법률에 의하지 아니하고 그 재산권을 제한 박탈하거나 그 재산에 대한 법의 보호를 거부하는 것은 법치국가에서 있을 수 없는 일이다. 법률이 정한 재산권의 보호를 일반인과 똑같이 평등하게 부여하는 것이 비록 정의관념에 비추어 선뜻 내키지 않는 경우라고 하여도 그러한 정의관념에 합당한 법률을 장구한 세월이 흐르도록 국회가 제정하지 않았다면 지금에 와서 소급하여 과거의 일을 정의관념을 내세워 문제 삼는 것이 오히려 사회질서에 어긋날 수 있다. 따라서 피고의 주장은 받아드릴 수 없다」고 판시하였다[10].

이러한 판결 태도는 사법적 소극주의에 의한 전형적인 판결이라 할 수 있다. 소위 법실증주의의 원칙에 의하여 친일파의 재산을 비롯한 어떤 매국노의 재산이든 불문하고 민법상의 조문에 의해 소유권반환청구를 인용

---

10) 서울고법 1997.7.25, 92나23638.

한 것이다. 여기에서는 자연법적인 질서나 정의나 신의칙과 같은 고차원적인 법 원리 내지 규범은 고려의 대상으로 삼지 않은 것이다. 다시 말해서 헌법전문을 비롯한 헌법 제정권력자의 의사나 헌법 제23조에서 보호하고 있는 재산권의 범위 속에 과연 이러한 반민족적인 매판행위의 대가로 형성된 재산까지 포함시켜야 할 것인가에 대한 문제의식이 없이 결론을 내린 것이다. 이 판결은 이후 친일파들의 토지환수 소송의 기초가 되고 있음은 이후의 판결에 의해서도 확인할 수 있는 것이다.

나. 이재극 후손의 사건

이재극(1864-1925)은 조선 말기 문신으로서, 1893년(고종 30) 정시문과에 급제하여 초기에는 규장원교서와 경연원시독 등을 지냈으며, 1900년에 경기도관찰사에, 1902년에 의정부찬정에, 1903년에는 법무대신, 그 이듬해는 학부대신이 되었으며, 그 해 일본에 건너가 일본국왕으로부터 훈일등욱일대수장(勳一等旭日大綬章)을 받았다. 1905년 을사조약이 강제 체결될 때 왕실의 사정을 탐지, 친일파에게 전해주는 등 친일행위를 하였으며, 국권피탈 이후 일본정부가 주는 남작의 작위를 받았다. 1919년에는 이왕직장관에 임명됐다[11]. 이러한 이재극의 후손들 역시 최근 국가를 상대로 '상속받은 땅'을 되찾겠다는 소송을 제기하였다. 즉 이재극의 손주며느리인 김○○(82.여)씨는 시할아버지인 이재극으로부터 물려받았다는 경기 파주시 문산읍 1만5천여㎡의 소유권을 돌려달라며, 국가를 상대로 소유권보존등기말소 청구소송을 제기한 것이다.

김씨는 소장에서 "국가가 1982년 소유권 보존등기를 마친 당동리 땅은 이미 일제시대 시조부가 사정받아 소유권을 취득한 것"이라며 "1981년

---

11) http://kr.dic.yahoo.com/search/enc/result.html?pk=17188400&p=이재극%20&field= id&type
  =enc

후손들 간 상속지분포기 및 협의분할 계약을 거쳐 단독상속인이 된 본인
이 땅을 돌려받아야 한다."고 주장했다. 또한 그녀는 1996년 파주시 문산
읍 도로 321㎡에 대해 국가가 소유권 보존등기를 한 것은 무효라며 소송
을 제기하였다[12]. 이에 대해 2001년 1월 16일, 서울지법 민사14부에서는
원고의 청구를 각하했는데, 앞서 이완용 후손의 사건에서와는 완전히 다
른 관점에서 바라본 것이다. 중요한 의미를 함유하고 있는 이 판결의 이
유를 살펴보면 다음과 같다.

「(1) 소권(訴權)의 행사와 신의칙

개인의 사권(私權)을 보호함으로써 국가의 사법질서를 유지함을 목적
으로 하는 민사소송에서, 당사자와 관계인은 신의에 좇아 성실하게 소송
절차의 진행에 협력하여야 한다(민사소송법 제1조). 따라서, 당사자의 소
권 행사가 법의 목적이나 정의에 현저하게 반하는 때에는 신의칙에 위반
하여 부적법하다고 보아야 할 것이다.

(2) 헌법 전문(前文)에 나타난 건국이념

그런데, 1948. 7. 17. 공포·시행된 우리 건국헌법은 그 전문에 "유구한
역사와 전통에 빛나는 우리들 대한국민은 기미삼일운동으로 대한민국을
건립하여 세계에 선포한 위대한 독립정신을 승계하여 이제 민주독립국가
를 재건"함을 명시하였다. 그리고, 건국헌법 전문에 나타난 대한민국의
건국이념은, 헌법 개정에 따라 그 문구에 다소 변화가 있기는 하였으나,
현행헌법에 이르기까지 계속 유지되어, 1988. 2. 25.부터 시행되고 있는

---

12) 이 사건과는 별도로 김씨는 1999년 이재극이 사정받았으나 국가소유로 등기를 마
친 경기 포천국 임야 및 밭 2천여㎡와 하남시 소재 임야 660㎡를 돌려달라는 소송
을 냈고 이듬해 2월 승소한 바 있다.

현행헌법 역시 그 전문에 "유구한 역사와 전통에 빛나는 우리 대한민국은 3·1운동으로 건립된 대한민국임시정부의 법통……을 계승"함을 천명하고 있다. 무릇 헌법은 국민적 합의에 의해 제정된 국민생활의 최고 도덕규범이며 정치생활의 가치규범으로서 정치와 사회질서의 지침을 제공하기 때문에 민주사회에서는 헌법의 규범을 준수하고 그 권위를 보존하는 것을 기본으로 하여야 한다. 그리고, 헌법 전문은 형식적으로는 헌법전의 일부를 구성하는 것이고 실질적으로는 헌법규범의 단계적 구조 중에서 최상위의 규범이라 할 수 있다. 따라서 대한민국이 3·1운동 및 대한민국임시정부가 추구한 자주독립, 민족자결주의적 성격과 이념을 계승하고 있음을 보여주고 있는 위 헌법 전문의 내용은 헌법을 비롯한 모든 법령해석의 지침이 됨은 물론, 나아가 각 헌법기관과 국민이 존중하고 지켜가야 하는 가치규범으로서 작용한다.

(3) 반민족행위로 취득한 재산에 관한 소권 행사의 부적법성

한편, 제헌헌법은 부칙 제101조에서 "이 헌법을 제정한 국회는 단기 4278년(서기 1945년) 8월 15일 이전의 악질적인 반민족행위를 처벌하는 특별법을 제정할 수 있다."고 규정하였다. 이에 따라 1948. 9. 22. 법률 제3호로 제정된 반민족행위처벌법(1951. 2. 14. 법률 제176호로 폐지)은 "일본정부와 통모하여 한일합병에 적극 협력한 자, 한국의 주권을 침해하는 조약 또는 문서에 조인한 자와 모의한 자는 사형 또는 무기징역에 처하고, 그 재산과 유산의 전부 혹은 2분지 1 이상을 몰수"(제1조)하며, "일본정부로부터 작(爵)을 수(受)한 자 또는 일본제국의회의 의원이 되었던 자는 무기 또는 5년 이상의 징역에 처하고 그 재산과 유산의 전부 혹은 2분지 1 이상을 몰수"(제2조)하도록 규정하고 있다. 즉, 반민족행위처벌법은 우리 민족에게 억압의 굴레를 씌우고, 나아가 민족을 절멸의 위기에 빠뜨

린 일제의 식민지배를 야기하거나 이를 유지하는데 직접적 원인을 제공
한 자를 처벌하고자 한 것이다.

그런데, 일제식민통치의 멍에를 스스로 타파하고자 하였던 3·1운동과
대한민국임시정부의 법통을 계승하고 있는 우리 헌법정신에 비추어 보
면, 위와 같은 반민족행위는 헌정질서파괴행위와 다를 바 없으므로, 가사
반민족행위처벌법이 그 후 폐지되었다고 하더라도, 이로 인하여 반민족
행위의 위헌성, 위법성이 소멸하는 것은 아니다. 나아가, 합일합방 전후로
부터 1945. 8. 15.까지의 시대적 상황 및 반민족처벌법의 몰수규정 등에
비추어 볼 때, 반민족행위자의 재산은, 특별한 사정이 없는 한, 반민족행
위로 인하여 취득한 것으로 추인할 수 있다.

그렇다면, 우리민족의 자주독립과 자결을 스스로 부정하고 일제에 협
력한 반민족행위자 또는 그 권리·의무를 포괄적으로 승계한 자가, 헌법정
신을 구현하고 헌정질서를 수호하는 헌법기관으로서 법치국가의 원리 속
에서 반민족행위자에 대한 청산의 의무를 지는 법원에 대하여, 반민족행
위를 통하여 직접 또는 간접적으로 취득한 재산에 관한 법의 보호를 구하
는 것은 현저히 정의에 반하는 것으로서 부적법하다고 할 것이다. 반면,
이러한 소를 부적법·각하한다고 하여, 법치국가원리의 또 다른 요청인 법
적 안정성을 해치는 것은 아니다.

(4) 소결론

돌이켜 이 사건에 관하여 보건대, 앞서 본 인정사실에 의하면 이재극은
일본정부와 통모하여 한일합병에 적극 협력하였을 뿐만 아니라, 일본정
부로부터 남작의 작위를 받은 자로서 반민족행위자라 할 수 있고, 이 사
건 땅이 그의 반민족행위와는 무관한 재산이라고 볼만한 특별한 사정이
없는 이상, 이재극의 상속인인 원고가 이 사건 땅에 관한 피고 명의의 보

존등기의 말소를 구하는 이 사건 소는 정의와 신의칙에 현저히 반하여 부적법하다고 할 것이다.」라고 판시한 것이다[13].

이 판결문의 핵심을 요약해 보면, 1) 민사소송법 상의 소권의 행사는 법의 목적이나 정의에 현저히 반하는 때에는 신의칙에 반하여 부적법하며, 2) 현행 헌법은 제헌헌법 이래 우리 헌법의 전문에서 선언하고 있는 임시정부의 법통을 계승하고 있으며, 헌법 전문은 헌법 및 법률의 해석지침이 됨과 동시에 헌법기관과 국민이 지켜야 하는 가치규범이고, 3) 반민족행위자의 후손들이 제기하는 재산환수소송을 헌법기관인 법원이 수용하는 것이 현저히 정의에 반한다는 것이다.

그런데 이 같은 취지의 판결은 서울고등법원에서 행해진 항소심에서 기각되는 동시에, 또 다시 이완용의 후손의 재판에서와 같은 관점으로 회귀되고 말았다. 이 항소심의 판결 내용은 다음과 같다.

「헌법 제10조 후단은 '국가는 개인이 가지는 불가침의 기본적 인권을 확인하고 이를 보장할 의무를 진다'라고, 헌법 제11조 제1항은 '모든 국민은 법 앞에 평등하다'라고, 헌법 제23조 제1항은 '모든 국민의 재산권은 보장된다. 그 내용과 한계는 법률로 정한다'라고, 헌법 제27조 제1항은 '모든 국민은 헌법과 법률이 정한 법관에 의하여 법률에 의한 재판을 받을 권리를 가진다'라고, 헌법 제103조는 '법관은 헌법과 법률에 의하여 그 양심에 따라 독립하여 심판한다'라고 각 규정하고 있는바, 이러한 헌법의 각 규정들에 비추어 볼 때, 모든 국민은 법률에 정한 별도의 제한이 없는 이상 누구나 자신의 재산권을 보장받기 위하여 법원에 재판을 청구할 수 있고, 법원은 헌법과 법률에 따라 이를 심판할 의무가 있다 할 것이다.

그리고 법을 새로이 제정하는 입법부와는 달리 기왕에 제정된 법을 적용하는 국가기관인 법원으로서는, 헌법과 법률에 규정한 사유 이외에 함

---

13) 서울지법 2001.1.16, 99가합30782.

부로 '민족감정', '국민정서', '정의' 등의 추상적인 사유를 들어 특정 범주의 사람들이 청구하는 특정 범주의 재판을 거부하여서는 안 되며, 만일 그러한 재판을 거부한다면 이는 위에서 본 바와 같이 헌법의 규정에 의하여 모든 국민에게 평등하게 보장된 재판청구권을 함부로 박탈하는 것이 된다고 할 것이다. 다만, 국민이 청구하는 재판이라 하더라도 그 재판의 목적물이 재판을 청구하는 당사자나 상대방 당사자에게 아무런 법률적인 이해관계가 없는 경우이거나, 소송으로 구하는 바와는 전혀 다른 목적을 위하여 재판청구권을 남용하여 소송을 제기한 경우 혹은 단순히 상대방을 괴롭히기 위하여 소송을 제기한 경우에는, 법원으로서는 그로 인하여 상대방이 부당하게 입게 되는 고통, 사법인력의 불필요한 소모 및 사법기능의 혼란과 마비 등을 피하기 위하여 예외적으로 그 소를 각하할 수 있을 것이다.

한편, 일제시대에 반민족적 행위를 한 사람들을 역사적으로 단죄하여야 한다는 데에는 이론(異論)이 있을 수 없으나, 국가가 현실적으로 그들이나 그들의 후손의 재산을 몰수하거나 그 재산의 보호를 거부하기 위하여는 헌법과 법률에 의한 제도적 뒷받침이 선행되어야 하며, 그러한 법적인 장치 없이 막연히 국민감정을 내세워 재산권을 박탈하는 것은 우리나라가 지향하는 법치국가의 이념을 훼손하고 그 근간을 위협하는 결과를 초래하는바, 일제시대에 반민족적 행위를 한 사람들이나 그 후손의 재산권행사를 제한하는 그 어떤 법률도 현재 제정, 시행되고 있지 아니한 마당에, 일제시대의 반민족행위자나 그 후손이 자신의 재산권을 보존하기 위하여 법원에 재판을 구하는 경우에 위에서 든 것과 같은 예외적인 소각하의 사유도 없이 단지 막연하게 정의나 국민정서 또는 신의칙에 위배된다는 이유로 재판을 거부하는 것은 법원이 그 의무를 위배하여 국민의 평등한 재판청구권을 침해하고 법치주의의 구현을 저버리는 것이라 할 것이다. 그런 까닭에 이른바 '을사오적'의 한 명으로서 반민족행위자라고 지탄받아 온 이완용의 후손이 이완용으로부터 상속받은 땅의 소유권을 보존하기 위하여 국가를 상대로 제기한 소유권이전등기말소 청구소송에서조차도 원고의 청구를 인용한 판결(서울고등법원 1997.7.25. 선고 92나23638 판결 참조)이 선고되고 그대로 확정되었던 것이다.

돌이켜 이 사건에서 보건대, 원고가 위 이재극으로부터 전전 상속한 이 사건 땅의 보존을 위하여 재판을 청구한 이상, 위 이재극이 반민족행위자인지 혹은 그가 이 사건 땅을 반민족행위로 취득한 것인지 여부와 관계없이(더구나 제1심 법원의 재판과정을 통하여 현출된 자료들만으로는 이 사건 땅이 이재극의 반민족행위로 인하여 취득된 것이라는 점을 인정하기에 부족하다), 모든 국민의 평등한 재판청구권을 보장하여야 하는 법원으로서는 마땅히 원고 청구의 당부에 관하여 심판할 의무가 있다 할 것이다.

따라서, 원고가 제기한 이 사건 소가 반민족행위자의 후손이 반민족행위와 무관하지 않은 이 사건 땅의 소유권을 보존하기 위하여 제기된 것이니 정의와 신의칙에 반하는 부적법한 것이라고 평가하여 이를 각하한 제1심 판결은 부당하므로 취소되어야 한다.」고 판시하였다[14].

다시 말해서 서울고등법원에서는 1) 헌법상의 재산권보호조항(제23조 제1항), 국민의 재판청구권(제27조 제1항) 기타의 규정들에 근거하여 법원의 심판의무를 인정하고, 2) 국가가 반민족행위자들의 재산을 몰수 또는 보호거부하기 위해서는 헌법과 법률에 의한 제도적 뒷받침이 선행되어야 하며, 그러한 장치 없이 막연히 국민감정만을 내세워 재산권을 박탈하는 것은 법치국가의 이념을 훼손하고 그 근간을 위협하는 결과를 초래하며, 3) 계쟁의 토지가 반민족행위로 인하여 취득한 재산인지 아닌지의

---

14) 서울고법 2003.4.25, 2001나11194.

여부 및 현재의 명의인의 토지 취득행위에 대한 심리가 미진하다는 등을
이유로 하여, 1심판결을 파기환송하였다15).

3. 대상판결에 대한 쟁점별 검토

가. 각하사유에 대한 검토

(1) 대상판결의 판결문에 따르면, "3·1운동과 대한민국 임시정부의 법
통계승의 헌법이념과 민사 실체법 사이에 긴장과 갈등의 관계에 있고, 법
적 상태는 불확실하고 혼란스러우며 현재 법률상태의 헌법합치 여부가
의심되고 법률의 개정이 예측 가능했던 상황으로서 소급입법금지의 예외
로서 입법부에 대하여 이 사건 재산권에 대한 제한입법이 요구되고 있
다"고 전제한 다음, "원고는 사건의 토지에 대한 자신의 소유권이 헌법상
보호받을 수 없는 것임을 알거나 충분히 예상할 수 있었음에도 헌법과 다
른 법체계의 충돌, 모순되는 상황을 이용하여 제기된 것으로써, 원고의
이 사건 제소로 인하여 사법기능의 혼란과 마비라는 공공복리에 위협을
초래하는 결과가 발생하고 있고, 법원은 국회의 입법부작위에 대하여 아
무런 법적 해결방법을 가지지 못하고 있으므로, 이와 같은 경우에 한하여
재판청구권 행사의 금지가 아니라 위와 같은 위헌적인 법률상태가 입법
으로 해소되어 헌법합치적인 상황이 될 때까지 이 사건에 대한 재판청구
권의 행사를 일시 정지(停止)하는 의미로서 이 사건 소를 각하"하였다.

(2) 재판부는 헌법전문에 나타난 헌법이념과 민사 실체법상의 갈등관

---

15) 환송된 사건은 다시금 서울지법 제12민사부에 의하여 본안심리에 들어가, 원고가
주장하는 토지가 타인에게 적법하게 이전되었기 때문에 소유권을 상실하였음을 이
유로 하여 원고의 청구를 기각하였다(서울지법 2003.11.28, 2003가합36794). 원래
의 1심이 소송 자체를 인용하지 않았던 것을, 소송 자체는 인용하면서 본안판단으
로 원고의 청구를 기각한 것이다.

계로 인한 사법기능의 혼란과 마비라는 공공복리의 위협을 각하판결의
근거로 삼았다. 이와 같이 헌법전문의 규범력과 함께 소송법상의 신의칙
등을 이유로 각하 판결을 내린 이재극 후손 사건의 항소심에서 이러한 각
하 사유를 부정한 바 있다. 즉 이재극 후손의 토지환수소송의 항소심 재
판을 담당했던 서울고등법원에서는 "국민이 청구하는 재판이라 하더라도
그 재판의 목적물이 재판을 청구하는 당사자나 상대방 당사자에게 아무
런 법률적인 이해관계가 없는 경우이거나, 소송으로 구하는 바와는 전혀
다른 목적을 위하여 재판청구권을 남용하여 소송을 제기한 경우 혹은 단
순히 상대방을 괴롭히기 위하여 소송을 제기한 경우에는, 법원으로서는
그로 인하여 상대방이 부당하게 입게 되는 고통, 사법인력의 불필요한 소
모 및 사법기능의 혼란과 마비 등을 피하기 위하여 예외적으로 그 소를
각하할 수 있을 것이다."라고 판시하여[16] 친일파 후손의 토지환수소송은
이러한 각하사유에 해당되지 않는다고 판단하여 파기 환송한 바 있다.

(3) 이러한 각하 결정의 정당성 여부를 판단하기 위해서는 먼저 헌법전
문의 규범력에 대해 검토해야 한다. 왜냐하면 각하의 결정이 단순히 민족
감정이나 자연법적 정의에 의한 각하가 아닌 헌법전문을 근거로 했기 때
문이다. 헌법전문에 대한 규범력의 인정여부에 대해 과거의 독일 공법학
자[17]나 현재 영미법학자[18] 그리고 미국의 연방대법원에서는[19] 규범력을
부정하는 견해가 있지만, 현재 독일 법학자나 독일연방헌법재판소, 그리
고 우리나라의 거의 모든 학자와[20] 헌법재판소에서는 헌법전문의 규범력

---

16) 서울고등법원 2001나11194.
17) Anschütz, G. Mayer와 같은 학자들이다.
18) K. C. Wheare, E. Corwin과 같은 학자들이다.
19) Jacoson v. Com. of Mass., 197 U.S 11(1905)
20) 강경근, 「헌법」(법문사, 2004), 77-78면; 권영성, 「헌법학원론」(법문사, 2004), 130
    면; 김철수, 「헌법학개론」(박영사, 2005), 85면; 성낙인, 「헌법학」(법문사, 2004),
    113면 등 다수.

자체에 대해서는 인정하고 있다. 예컨대 우리 헌법재판소에서는 "우리 헌법의 전문본문에 담겨져 있는 최고 이념은 국민주권주의와 자유민주주의에 입각한 입헌민주헌법의 본질적 기본원리에 기초하고 있다. 기타 헌법의 기본 원칙도 여기에 연유되는 것이므로 이는 헌법전을 비롯한 모든 법령해석의 기준이 되고, 입법형성권 행사의 한계와 정책결정의 방향을 제시하며, 나아가 모든 국가기관과 국민이 존중하고 지켜가야 하는 최고의 가치규범이다."라고 명확하게 규범성을 인정하고 있다21). 이렇게 통설과 판례가 규범성을 인정할 때 그 내용은 대한민국의 법질서 중에서 최고규범으로서의 성격을 지니는 동시에 법령의 해석기준과 입법의 지침도 된다. 더 나아가 구체적인 소송에도 적용되는 재판규범으로서의 성질도 지니게 된다22).

(4) 헌법 전문에서는 "3·1운동으로 건립된 대한민국임시정부의 법통과 불의에 항거한 4·19 민주이념을 계승하고....."라고 명문으로 규정하고 있다. 이에 따라 현재 대한민국은 3·1운동으로부터 법적인 정당성을 찾게 되는데, 이 때 3·1운동의 법률적인 의미가 문제 된다. 이에 대해 헌법재판소에서는 "'헌법전문에 기재된 3·1정신'은 우리나라 헌법의 연혁적·이념적 기초로서 헌법이나 법률해석기준으로 적용한다고 할 수 있지만, 그에 기하여 곧바로 국민의 기본권성을 도출해 낼 수는 없다고 할 것이므로, 헌법소원의 대상인 '헌법상 보장된 기본권'에 해당하지 아니한다."고 판시하여23) 헌법전문의 규범력의 내용과 한계를 분명히 하고 있다. 이에 의하면 3·1정신 자체가 기본권으로서 의미는 지니지 못하는 것이지만, 헌법이나 기타 법령의 해석 기준과 입법지침, 더 나아가 재판규범으로서 성질

---

21) 헌재 1989.9.8, 88헌가6.
22) 권영성(주 20), 133면.
23) 헌재 2001.3.21, 99헌마139.

을 지니는 것이라고 한다. 이러한 판결의 내용에 의하면 3·1정신이 곧 바로 기본권으로 보장되는 것은 아니라 하더라도 헌법전문의 취지에 정면으로 반하는 친일파들의 반민족적 행위에 의한 대가로 축적한 재산은 헌법 제23조의 재산권보장의 범위 속에 포함될 수는 없는 것이라고 생각한다.

(5) 이완용 후손의 재판과 이것을 원용한 이재극 후손의 재판에서 법원은 "일제시대에 반민족적 행위를 한 사람들이나 그 후손의 재산권행사를 제한하는 그 어떤 법률도 현재 제정, 시행되고 있지 아니한 마당에, 일제시대의 반민족행위자나 그 후손이 자신의 재산권을 보존하기 위하여 법원에 재판을 구하는 경우에 위에서 든 것과 같은 예외적인 소각하의 사유도 없이 단지 막연하게 정의나 국민정서 또는 신의칙에 위배된다는 이유로 재판을 거부하는 것은 법원이 그 의무를 위배하여 국민의 평등한 재판청구권을 침해하고 법치주의의 구현을 저버리는 것이라 할 것이다."라고 판시하여24) 친일파의 후손들이 토지환수 소송을 제기하는 것은 민족의 정체성, 정의 관념 등에 비추어 부당한 것이지만, 법률이 없기 때문에 민법에 의해 그들의 권리를 보장해 주는 것이 헌법에서 보장하고 있는 평등권에 부합한다고 하였다. 그러나 입법부는 반민족행위자들에 대한 인적 청산이나 재산권의 제한에 대한 어떠한 법률의 제정 없이 현재에 이르는 동안 법원은 입법의 불비를 이유로 민법의 원리에 의해 반민족행위자들의 재산을 보호하고 있고, 그것이 헌법이 보호하는 평등권에 부합한다고 한다. 보호할 가치가 없는 재산들을 입법의 불비로 말미암아 헌법과 법률이 보호해 주는 격이 되어 버렸다. 이러한 현상은 입법부의 직무태만에 의한 소위 입법의 부작위에 해당하며, 현행 헌법의 정신에도 반한다.

(6) 친일후손들의 토지환수소송과 관련한 법률관계는 헌법전문과 법률들이 충돌되고 있는 위헌적인 상태이다. 따라서 입법부의 직무태만으로

---

24) 서울고등법원 1997.7.25, 92나23638.

부터 야기된 입법 불비로 인한 입법 부작위 상태에서, 이러한 상황을 악용하여 자신의 선조들이 부정했던 국법질서를 계승한 헌법에 의해 자신들의 재산권을 보호받고자 제기한 소송에 대해 부적법하다고 판단하여 재판청구권의 일시정지를 의미하는 각하판결을 내린 재판부의 결정은 헌법전문의 규범력을 인정하는 관점에서는 적절한 판결이었다고 할 수 있다25). 그러나 법원의 판결이 또 다른 새로운 입법에 의존하기 보다는 현재 주어진 법에 의해 충분히 해결할 수 있을 경우에는 그 법의 범위 내에서 해결책을 모색하는 것이 바람직하기 때문에, 각하판결보다는 후술하는 바와 같은 사유로 기각판결을 내렸어야 했다고 생각한다.

나. 위헌법률심판제청의 신청 가능여부

대상판결의 판결문에 따르면 "법원은, 헌법재판소와 같이 위헌확인결정이나 헌법불합치 결정으로 국회의 입법부작위 상태가 위헌임을 선언할 법적인 방법도 없고, 제정된 법률도 없는 마당에 헌법재판소에 위헌법률심판제청신청을 하기도 난감하다."고 고충을 토로하였다. 과연 친일파후손들이 제기한 토지환수소송을 규율할 수 있는 제정된 법률이 없는가, 그리고 이 사건의 경우에 법원은 직권으로 위헌법률심판의 제청을 신청할수 없는가?

(1) 반민족행위를 한 친일파 후손들이 국가를 상대로 제기한 토지환수소송에 대하여, 법원은 순수한(?) 민법의 원리에 의해 원고승소의 판결을 내린 것이 상당수 있다. 이러한 소송에 대해 우리나라의 법제가 추구하는 법치주의와 평등한 재판청구권에 의한 재산권의 보장 등의 논리만으로

---

25) 2005년 12월 8일에 '친일반민족행위자재산귀속특별법'이 국회 본회의를 통과하여 대통령의 공포만이 남아 있다. 만약 이 법의 제정을 예견하고, 이를 고려하여 일시정지 의미로서 이러한 판결을 내렸다면 매우 적절한 것이라고 생각한다.

해결될 수 있는 성질의 것이라면 이러한 판결들은 전혀 문제될 수 없다. 그러나 이 문제는 오직 민법의 논리만으로 해결하기 어려운 민족 정체성과 자연법적 정의, 공사법을 불문하고 인정되는 신의성실의 원칙 등과 관련될 수밖에 없는 것이다. 특히 최고 법규범인 헌법과 밀접한 관계하에서 고려되어야만 한다.

(2) 친일 반민족적 행위의 대가로 취득한 재산권에 대해서도 법원은 우리 헌법상 규정하고 있는 평등한 재판청구권에 의한 소유권의 보장규정들을 적용하여 보호해야 하는가. 다시 말해서 친일 매국노의 재산이라 하더라도 우리 헌법 제23조의 재산권보장의 대상에 포함시켜 보호해야 하는가의 여부에 대한 검토가 요구된다. 앞서 살펴본 바와 같이 헌법전문 역시 규범력, 특히 재판규범으로서의 성질을 지니고 있다. 헌법전문에는 "3·1운동으로 건립된 대한민국임시정부의 법통과 불의에 항거한 4·19 민주이념을 계승하고……"라고 분명하게 규정하고 있어 현행 우리 헌법의 연원적 법통은 제헌헌법을 거쳐 상해임시정부에까지 소급될 수밖에 없다. 그런데 친일 매국노의 반민족적 행위는 대한민국의 자체를 부정한 자들이고, 그러한 매국행위의 대가로 취득한 재산들은 일본의 헌법이나 법률에 의해 보호할 수 있을지언정 그들이 부정한 헌법에 의해서는 보장할 수 없는 것이다. 다시 말해서 국가자체를 부정하였던 자의 재산을 그 국가의 기본법인 헌법이 보호한다는 것은 헌법이 스스로를 부정하는 결과가 된다26). 그러므로 제헌헌법이나 현행 헌법상의 재산권보호규정을 반민족행위자의 재산까지 포함시켜 보호할 수 없다. 이러한 논리에 의하면 헌법에서 위임을 받아 정해진 민법은 헌법이 보호하지 않는 재산권을 보호하는 데에 적용될 수 없다고 생각한다.

---

26) 이헌환, "반민족행위자 재산환수에 관한 헌법적 검토", '친일 반민족행위자 재산환수에 관한 특별조치법' 제정을 위한 공청회 발표자료(2004.9.17), 32면.

(3) 친일파 후손들의 토지환수 소송에 대해서는 대상판결에서 적시하고 있는 것과 같이 법률이 없는 것이 아니라 현행 민법이 그 근거의 법률이다. 즉 이 사건의 구체적인 법적 근거는 헌법과 민법이 된다. 따라서 그 법적 근거로서 민법을 적용하는 것이 상위법인 헌법정신에 반하고 또 위헌적인 결과를 낳는다면, 이러한 사건에 대해 민법을 적용하는 것 자체가 위헌이 된다27). 이러한 상황에서 법원은 민법의 적용에 앞서 직권으로 헌법재판소에 위헌법률심판의 제청을 신청할 수는 없는지 의문이 든다. 물론 지금까지 법원은 직권으로 위헌법률심판제청을 신청하지 않았다. 그러나 항소심에서 이 사건을 판결하고자 할 때, 특히 기존의 판례의 태도를 따른다면 일제총독부의 관료에 의해 행해진 사정의 절대적 효력 때문에 현행 민법의 자주점유의 추정이 번복되어 원고승소판결을 받게 되는데, 친일 반민족 행위에 의해 취득한 재산을 현행 민법과 헌법이 보호하는 하는 것이 헌법전문에 반하는 것인지 여부가 재판의 승패여부를 좌우하는 것이기 때문에 재판부에서는 직권으로 위헌법률심판의 제청을 신청할 수 있다고28) 생각한다29).

---

27) 이헌환(주 26), 32면.
28) 헌법재판소법 제41조 1항에서는 "법률이 헌법에 위반되는지 여부가 재판의 전제가 된 때에는 당해 사건을 담당하는 법원은 직권 또는 당사자의 신청에 의한 결정으로 헌법재판소에 위헌여부의 심판을 제청한다."고 하여 판사가 직권으로 제청할 수 있도록 규정하고 있다. 헌법재판소도 "헌법 제107조 1항, 헌법재판소법 제41조, 제43조 등의 규정취지는 법원은 문제되는 법률조항이 담당법관 스스로의 법적 견해에 의하여 단순히 의심을 넘어선 합리적인 위헌의 의심이 있으면 위헌여부심판을 제청하라는 취지이다."라고 판시하고 있다(헌재 1993.2.23, 93헌가2).
29) 만약 이재극 후손의 재판에서처럼 항소심에서 원심을 파기환송하기 위해서는 우선적으로 위헌법률심판의 신청을 법원에서 직권으로 신청해야 한다고 생각한다.

다. 민사법상 기각사유는 없는가?

(1) 민법 제103조의 적용여부

민법 제103조는 "선량한 풍속 기타 사회질서에 위반하는 사항을 내용으로 하는 법률행위는 무효로 한다."라고 규정하여, 법률행위가 개개의 강행법규에 위반하지 않는다 하더라도 선량한 풍속 기타 사회질서에 반하는 사항을 내용으로서 사회적 타당성을 결여하게 되는 경우에는 무효로 하고 있다. 이러한 선량한 풍속 기타 사회질서에 대해서는 다양한 해석들이 전개되고 있는데, 가장 단순하게 해석해 보면 선량한 풍속이란 모든 국민들이 최소한 지켜야 할 사회 일반적인 도덕개념을 뜻하고, 사회질서라 함은 국가의 공공질서 내지 일반이익을 뜻한다고 할 수 있다[30]. 이러한 선량한 풍속과 사회질서에 대해서는 주로 유형별로 나누어 그 범위를 정하고 있는데, 전통적으로는 정의 관념에 반하는 행위, 인륜에 반하는 행위, 개인의 자유를 심히 제한하는 행위, 생존권 위협행위, 사행행위, 폭리행위 등으로 나누고 있다[31]. 이러한 분류에 의하면 친일 반민족행위는 당연히 정의관념에 반하여 무효가 될 것이다. 앞서 살펴본 이완용후손이나 이재극 후손의 판결에서도 그들의 행위가 정의와 민족 감정에 반하고 있음을 분명히 하면서도, 법률이 없다는 이유로 친일파 후손들의 재산을 보호해 주었다. 이러한 법원의 태도는 법원이 현재 존재하고 있는 법률을 통해 충분히 기각판결을 내릴 수 있음에도 불구하고, 입법부에 책임을 넘기는 것으로, 사법적 소극주의 표현이라 할 수 있다. 다시 말해 법원은 민법 제103조에 의한 무효로서 기각판결을 내릴 수 있음에도 불구하고, 오히려 반민족행위자들의 재산권을 보호하는, 즉 반사회질서의 행위를 용인하는 보수 내지 수구적 자세를 견지해 온 것이다. 이러한 법적용

---

30) 곽윤직, 「민법총칙」(박영사, 1998), 302면.
31) 민일영, "민법 제103조", 「민법주해」(II)(박영사, 1992), 234면 이하.

은 결국 사법부가 해방 후부터 현재에 이르기까지 친일청산을 부정하는 결과를 초래했다는 비판을 면치 못할 것이다.

(2) 등기부취득시효의 문제

(가) 우리 민법 제245조 제1항에서는 "20년간 소유의 의사로 평온 공연하게 부동산을 점유한 자는 등기함으로써 그 소유권을 취득한다."고 점유취득시효를 규정하고, 이어서 동조 제2항에서는 "부동산의 소유자로 등기한 자가 10년간 소유의 의사로 평온 공연하게 선의이며 과실 없이 그 부동산을 점유한 때에는 소유권을 취득한다."고 등기부취득시효를 규정하고 있다. 자주점유를 요건으로 하는 점에서는 양자가 같으나, 기본적인 차이점은 등기부취득시효에서는 선의·무과실을 요구하고 있다는 점이다. 본건과 같이 국가소유로 등기되어 있는 경우, 소유자로 등기된 자가 소유의 의사로 10년간 선의·무과실로 점유해야만 소유권을 취득할 수 있다. 문제가 되고 있는 친일파 후손들의 토지 환수소송에서 핵심적인 요건은 바로 자주점유라 할 수 있다. 왜냐하면 일제 강점기 때 소유자로 사정되어 있는 경우에는 사정의 효력에 의해 국가소유로 보존등기가 되어 있다 하더라도 자주점유의 추정이 번복되기 때문이다.

(나) 사정에 대한 판례의 태도

1) 조선에서의 경제적인 지배권을 확립하기 위한 수단으로 실시된 토지조사사업과 그 후속 조치로 행해진 토지의 사정 및 재결은 어찌되었던 우리나라에 근대적 의미의 토지소유권에 대한 공시방법으로서의 기능을 하게 되었다. 1910년대에 행해진 이러한 사정은 한국전쟁으로 전국 59개소의 등기부와 지적공부가 멸실됨으로써, 그 후에 작성된 등기부와 일제 강점기 때 행해진 토지조사부(또는 임야조사서)상의 사정상의 소유자와

불일치하는 경우에 자주 발생하였다. 이 경우 사정의 효력은 분쟁해결의 핵심적인 요소가 되었다.

2) 토지조사부 사정의 효력과 관련하여 1986년 6월 10일에 대법원의 전원합의체 판결이 선고되기 전까지는 "조선총독부 임시 토지조사국에서 작성한 토지조사부의 소유자란에 소유자로 등재된 사실만으로는 토지사정을 거쳐 그 소유권이 확정된 것이라고 단정할 수 없다."고 판시하여[32] 사정의 효력을 절대적인 것으로 해석하지 않았다. 그런데 위의 전원합의체 판결에서는 "구 토지조사령(1912. 8. 13. 제령 제2호)에 의한 토지조사부에 토지소유자로 등재되어 있는 자는 재결에 의하여 사정내용이 변경되었다는 등의 반증이 없는 이상 토지소유자로 사정받고 그 사정이 확정된 것으로 추정된다 할 것이다."라고 판시하여[33] 사정에 대해 절대적인 효력을 부여하였다. 따라서 한국전쟁 후 멸실회복등기의 명의자나 새로운 보존등기의 등기명의자는 자주점유의 추정이 번복되어, 사정명의인으로부터 자신에게 승계취득된 원인사실이나 현재 권리상태가 실체적 권리관계에 부합한다는 사실을 입증해야만 한다. 따라서 이 판결은 한국전쟁 이후 새롭게 등기를 회복한 등기명의자나 보존등기명의자의 자주점유에 대한 입증책임의 강화를 의미한다. 이렇게 입증책임을 강화한 것에 대한 법적 근거에 일리가 없는 것은 아니지만, 우리 구민법이 의사주의를 취하고 있었기 때문에, 부동산등기가 물권변동의 대항요건에 불과한 것이어서 등기를 게을리 하는 경우가 많았고, 그 기간도 1910년대로부터 1950년대까지 장기간이어서 이 기간 동안의 권리변동 상황을 입증하라는 것은 형평의 원칙에서 출발한 입증책임의 원칙에 부합하지 않는 과도한 요구

---

32) 대판 1981.6.23, 81다92; 1982.5.11,81다188.
33) 대판(전합) 1986.6.10, 84다카1773. 이 판결 이전에도 대판 1984. 1. 24, 83다카 1152도 같은 태도이었다.

라고 생각한다[34].

(다) 검토 및 사견

이 사건과 같이 국유지로 등기되어 있지만, 만약 민법 제245조의 등기부취득시효의 요건, 예컨대 국가소유로 등기되어 있고, 10년간 소유의사로 점유하고 그러한 점유에 선의 무과실일 경우에는 국가[35]나 지방자치단체도[36] 시효취득의 주체가 될 수 있음으로 등기부취득시효에 의해 국가가 그 땅을 원시취득할 수 있다. 그러나 이 사건에서는 일제시대 때 토지부에 이근호(원고의 조부)로 등재되어 있다는 사실, 즉 그를 소유자로 사정되었다는 사실이 확인되어 자주점유의 추정이 번복되어 등기부취득시효를 주장하지 않았거나 인용하지 않은 것으로 추측된다. 그러나 일제강점기, 그것도 1910년대에 사정이 되어 있다는 이유만으로 그 효력을 절대적으로 인정하면서, 무조건 자주점유의 추정을 번복시키는 것은 문제가 있다고 생각한다. 자주점유의 추정과 관련하여 판례가 무단점유에 대해 자주점유의 추정을 인정하지 않고 있다고 하지만[37] 비판적인 견해도 많다[38]. 특히 판례가 악의의 점유와 타주점유를 혼동하고 있다고 볼 수

---

34) 같은 견해로, "토지사정의 효력이 절대적이라고 하지만 사정당시는 1920년대이고 소유권보존등기는 1950년대 이어서 그 간 30년 이상의 세월이란 시간의 간격이 있어서 수많은 물권변동도 있었으리라고 추정되는 데도, 너무 토지사정의 효력에 관하여 우월시하여 특별조치법에 의하지 아니하고 소유권보존등기한 자가 등기의 추정력의 혜택을 받지 못하게 한다면 위와 같이 기나긴 세월동안에 일어난 물권변동사실, 환언하면 자기에 이르기까지의 승계사실을 주장하고 입증하기란 거의 불가능한 일에 관하여 입증책임을 부담시키는 결과가 된다."고 한다(박원철, "토지사정의 효력에 관한 제문제점", 서울지방변호사회 「법률실무연구」제21집 1991, 163-164면).

35) 대판 1996.10.15, 95다42679; 대판 1997.3.14, 96다55211 등.

36) 대판 1996.4.9, 95다53515.

37) 대판(전합) 1997.8.21, 95다28625.

38) 송덕수, "악의의 무단점유와 취득시효", 「인권과 정의」 (1996.11), 37면; 소재선,

있기39) 때문에, 악의의 무단 점유자도 때로는 자주점유일 수도 있다는40) 점을 인정해야 한다. 그러므로 무단점유라고 하여 무조건 소유의 의사를 부정하기 보다는, 증거채택에 유연성을 가질 필요가 있다고 생각한다. 특히 이 사건의 경우 한 필지의 땅이 448-1과 448-2/448-3으로 분필되어, 448-1 토지에 관하여는 1964. 12. 18. 소외 김ㅇㅇ 명의로 1958. 5. 5. 상환완료를 원인으로 소유권이전등기가 경료되어 취득시효에 의해 취득되어 전혀 문제가 되지 않고 있다. 반면 같은 필지에서 분필된 448-2/ 448-3은 국가 소유로 되어 있다는 이유로 자주점유의 추정이 번복된다는 것은 불합리하다. 더 나아가 이 사건처럼 국가가 한필지의 토지 중 일부를 분필해 주고 그 토지 가액을 상환받았다면 그것은 권원상 소유의 의사가 있다고 할 수 있기 때문이다. 다만 사정의 소유자로부터 승계되어 온 절차를 입증하지 못할 뿐이다. 그러나 점유가 자주점유인지의 여부를 판단하는 기준이 되는 점유의 권원은 간접사실에 지나지 않으므로 법원은 당사자의 주장에 구애됨이 없이 자유롭게 심리할 수 있기 때문에41), 증거의 채택에 유연성을 가지고 여러 상황들을 고려한다면 등기부취득시효를 이유로 기각을 할 수도 있지 않을까 생각한다.

"점유의 취득시효와 악의 무단점유", 「오늘의 법률」 (1998.2.15), 3481면; 이영준, 「물권법」(박영사, 2001), 454면 등 다수.

39) 이영준(주 38), 454면.

40) 송덕수(주 38), 37면.

41) 대판 1997.2.28, 96다53789에서는 "부동산의 시효취득에 있어서 그 점유가 자주점유인지의 여부를 가리는 기준이 되는 점유의 권원은 간접사실에 지나지 아니하는 것이므로, 법원은 당사자의 주장에 구애됨이 없이 소송자료에 의하여 인정되는 바에 따라 진정한 점유의 권원을 심리하여 취득시효의 완성 여부를 판단할 수 있다"고 판시한 바 있다. 같은 취지의 판결로서는 대판 1982. 6. 22, 80다2671; 1982. 11. 9, 82다565; 1992. 12. 8, 92다41955 판결 등 참조.

(3) 신의칙, 특히 모순행위의 금지원칙의 적용여부

(가) 민사소송법 제1조 제2항은 "당사자와 소송관계인은 신의에 따라 성실하게 소송을 수행하여야 한다."고 규정하고 있다. 이러한 신의칙 규정과 관련하여 재판부는 "개인의 방만한 권리행사를 합리적인 범위 내에서 조절하는 기준의 하나로서 공공복리의 이념의 실천도구, 행동원리가 되고, 헌법상 기본권의 제한은 법률에 의하여야 하는 것(헌법 제37조 제2항)이 원칙이나 위 규정의 신설로 인하여 신의칙 규정은 기본권, 즉 소권 행사의 제한규범이 되었다."고 전제하고 이에 대한 적용 예로서, "소송 상 대방의 부당한 고통, 사법 인력의 불필요한 소모 및 사법기능의 혼란과 마비 등의 공공복리를 위하여 당사자가 소권을 악용, 남용하는 경우"라고 하였다. 이러한 관점에서 원고의 소권을 제한하였다.

(나) 친일파들이 조국을 배신한 대가, 혹은 매국의 대가로 취득한 재산은 결국 당시 국법질서 자체를 부정한 대가이기도 하다. 따라서 친일파들의 재산권취득의 행위는 일제시대의 국법질서를 계승한 현재의 헌법을 부정하는 것이 된다. 이러한 친일파의 재산을 상속받은 후손들이 소송을 제기한 경우 이것을 제한하는 또 다른 근거로서 신의칙을 들 수 있다. 즉 친일파 후손들의 토지환수소송행위는 민사소송법 제2조 제1항에서 규정하고 있는 신의칙과 민법 제2조 제2항의 신의 성실의 원칙에 반한다는 것이다. 특히 민법 제452조에서 규정하고 있는 '양도통지에 관한 금반언'뿐만 아니라 판례에서 다양한 형태로 인정하고 있는[42] "자신의 선행행위에 모순되는 행위는 허용되지 않는다."는 모순행위의 금지원칙에 의해서도 무효를 주장할 수 있다고 생각한다. 원래 모순행위의 금지원칙은 영미법상의 금반언과 궤를 같이 하는 것으로, 어떤 사람의 행위가 동일한 또는 연속되는 법률관계에서 앞에 한 행위로 인하여 상대방에게 일정한 신뢰

---

42) 양창수, "제2조"「민법주해」(1)(박영사, 1992), 120-146면 참조.

를 얻은 경우에 이와 모순되는 행위를 함으로써 상대방의 신뢰를 저버리
는 것은 신의에 어긋나므로 그 후의 행위의 효력은 인정할 수 없다는 것
이다43). 이와 관련하여 대법원은 "원고 스스로 적극적으로 농가이거나 자
경의사가 있는 것처럼 하여 소재지 관서의 증명을 받아 그 명의로 소유권
이전등기를 마치고 소유자로 행세하면서 이제 와서 증여세 등의 부과를
면하기 위하여 농가도 아니고 자경의사도 없었음을 들어 농지개혁법에
저촉되기 때문에 그 등기가 무효라고 주장함은 전에 스스로 한 행위와 모
순되는 행위를 하는 것으로 자기에게 유리한 법적 지위를 악용하려 함에
지나지 아니하므로 이는 신의성실의 원칙이나 금반언의 원칙에 위배되는
행위로서 법률상 용납될 수 없다."고 판시하여44) 이 원칙의 한 유형을 보
여주고 있다. 지금까지 논의되고 있는 이 원칙의 요건들을 살펴보면45),
첫째로 객관적으로 모순적인 행태와 그에 대한 귀책사유가 존재하여야
하고(zurechenbares Verhalten), 둘째로 상대방의 신뢰를 보호해야 할 가치
가 존재해야 한다(Schuetzenswert). 셋째로는 신뢰자가 통상의 신뢰를 근
거로 신뢰행위를 기도했어야 한다(Vertrauensdisposition). 이 사건과 관련
하여 친일 당시의 국법질서를 무시한 행위와 그로 인한 재산 취득, 더 나
아가 현행법에 의한 재산권의 보장 요구 사이에 이러한 모순행위의 금지
원칙을 충분히 적용할 수 있다고 생각한다46). 물론 이 원칙을 적용하기

---

43) 양창수(주 42), 118-119면; 이은영, 「민법총칙」 (박영사, 2004), 91면.
44) 대판 1990.7.24, 89누8224.
45) Soergel-Teichman, §242 BGB, 12.Aufl., 1990, Rn.317-321;양창수(주 42), 119면.
   이와는 다른 견해로 1) 문제가 되는 행위 이전에 그 행위자의 다른 행위가 있어야
   한다(선행위). 2) 모순행위라고 할 만한 후행위가 있어야 한다(후행위).3) 선행위와
   후행위 사이에 밀접한 관련이 있어야 한다(관련성). 4) 선행위는 그 상대방에게 일
   정한 법률관계의 존재 혹은 부존재에 신뢰를 야기하여야 한다(신뢰야기). 5) 선행위
   와 후행위가 상호모순되어야 한다(상호모순). 6)후행위가 선행위에 의해 야기된 신
   뢰를 파괴해야 한다(신뢰위반)는 것을 요건으로 주장한다〈이은영(주 43), 91면〉.

위해서는 친일 혹은 반민족행위와 재산취득 사이에 인과관계나 친일의 대가로 취득한 것이라는 점에 대한 입증의 문제도 발생하겠으나, 대상 판결의 판결문에서 자세히 밝히고 있어서 그 정도면 충분하지 않을까 생각한다.

IV. 결 론

1. 친일 반민족행위자가 일제강점기에 취득한 재산으로서 상속 또는 그 정을 알면서 증여된 재산을 헌법상의 사유재산권 보호의 원칙을 들어 보호하는 것은 대한민국의 독립과 민주정부의 수립을 부정하고 3·1운동의 독립정신과 대한민국 임시정부의 법통계승의 헌법이념을 부인하는 결과가 될 것이라는 관점에서 내린 재판부의 태도는 바른 것이라고 생각한다. 지금까지 법원의 사법적 소극주의에서 행해진 형식적 평등주의 내지 법치주의 판결에 기대어 친일파 후손들의 기득권이 보호되었다. 따라서 이 판결은 이러한 태도에 경종을 울린 것으로 그 의의가 적지 않다고 생각한다. 다만 이러한 태도가 앞으로 있게 될 상급심에서도 계속 유지될 것인지 의문이다.

2. 재판부가 헌법과 법률의 충돌을 각하사유로 삼고 있는데, 그의 취지는 공감한다. 그러나 이에 대해서는 서울지방법원의 신의칙과 정의 관념에 의한 각하 판결에서 알 수 있는 바와 같이 헌법전문과 헌법 제23조를 근거로 한 민법에 의한 재산권의 보장의 충돌도 언급되었으면 더 유연해질 수 있었을 것으로 여겨진다. 더 나아가 재판청구권의 일시정지 의미에

---

46) 이론상으로는 영미법상의 Clean hands 이론이 오히려 가까운 것이라 할 수 있다.

서의 각하판결보다는 기각사유를 좀 더 면밀히 검토했으면 하는 아쉬움
이 있다.

3. 사법적인 관점에서 이미 민법 제103조의 선량한 풍속 기타 사회질서
의 위반에 의한 무효는 거부되었지만, 전향적인 관점에서는 충분히 검토
해 볼 수 있는 법리라고 생각한다. 특히 재판부의 태도를 고려하면 더욱
그러하다. 또한 자주점유의 추정에 대해 사정의 소유자에 의해 무조건적
으로 번복하지 않고 증거채택에 유연성을 가지고 등기부취득시효를 적용
할 수는 없는가 하는 점, 더 나아가 민법 제2조에 의한 신의칙, 특히 모순
행위 금지원칙에 의한 무효로서 기각판결을 내리는 것이 바람직한 방법
은 아니었을까. 다시 한 번 숙고해야 할 부분이라고 생각한다.

4. 대상판결이 적절히 지적하고 있는 바와 같이 입법부가 지난 60여 년
동안 입법의 의무를 태만히 하는 동안 행정부는 '조상 땅 찾아주기 사업'
을 통해 친일파 후손들에게 땅을 찾아주고, 법원은 그들의 권리를 보장해
주는 등 국가의 3부가 공동으로 친일파들의 재산을 보장해 줌으로써 민
족의 정체성 및 정의를 유린하고 있는 격이 되어 버렸다. 법률가의 입장
에서는 법원이 새로운 입법에 의존하기 보다는 현행 민법의 범위 내에서
증거채택 등에 유연성을 가지고 전향적으로 재판하는 것이 바람직한 것
이겠지만, 현재 우리나라 상급법원의 태도로서는 기대하기 어려운 것이
다. 따라서 이러한 상황을 근본적으로 해결하는 길은 국회에 계류 중인
특별법을47) 시급히 제정하는 방법뿐이라고 생각한다.

---

47) 주 25번에서 기술한 바와 같이 2005년 12월 8일에 '친일반민족행위자재산귀속특별
   법'이라는 이름으로 개명되어 국회 본회의를 통과하였기 때문에 대통령의 공포 절
   차만 남아 있다.

〚 "친일파후손의 소유권보존등기말소 청구소송판결에 관한 일고찰", 「법조」 제55-2호 (2006.02)   226-257면 〛

제5장

독일 통일 후 구동독지역에서
토지질서의 재편과정과 토지소유권

제1절 독일 통일 후 구동독지역에서의 토지소유제도의 재편과정

I. 서 설

1. 독일연방공화국(Bundesrepublik Deutschland), 소위 서독은 1990년 10월 3일에 독일민주공화국(Deutsche Demokratische Republik: DDR), 즉 동독을 새로운 주로 편입시키는 방식으로 통일을 이룩하였다. 이에 따라 구동독지역에서는 정치와 경제, 사회, 문화 등 모든 면에서 많은 변화가 초래되었다. 특히 법률분야에서는 분단시기 동안 서독과 동독 사이에 존재하였던 많은 법률들이 상이하게 발전됨에 따라 구동독의 많은 법률들이 연방 법률들과의 조화 내지 통일의 효율성을 제고시키기 위해 계속 유지되거나 폐지 혹은 개정되는 등 다양한 조치들이 행해졌다[1]. 제2차 세계대전 후 구동독지역이 사회주의 체제로 전환되는 과정에서 행해진 다양한 형태의 재산권, 특히 토지소유제도의 재편은 서방 자유주의국가에서는 이해할 수 없을 정도로 가혹한 것이었다. 특히 사유재산의 몰수에 의해 사유재산제 자체가 부정되는 등 사회주의 소유제도로 재편되었다가, 통일 후 다시 자본주의 체제하의 사유재산제로 환원되는 과정에서 물권

---

1) 이러한 독일 통일 후 법적 조치들에 대한 개관은 주독대사관,「법률로 본 독일통일」 1995. 10.; 윤철홍 외 2인, "독일 통일 후 동독지역에서 상속법상의 제문제",「민사법학」, 제27호, 2005, 559면 이하 참조.

법이나 채권법 분야에서는 체제나 법률 적용상의 차이 때문에 토지관련 소송이 통일 후 5년 동안 약 400만 건이나 제기되는 등 많은 문제가 발생하였다[2]. 그러나 토지사유화 과정과 관련하여 중요한 요소를 형성하는 상속에 의한 토지소유제도의 재편 문제는 아주 효과적으로 해결되었다[3]. 동독이 취하고 있던 사회주의적 이념에 따르면 토지는 원칙적으로 사소유권의 대상이 되지 못하므로 상속재산으로서 법적인 보호를 받을 수 없는 것이었다. 그러나 현실적인 필요에 의해 개인이 소유하는 소규모의 토지들, 예컨대 주택의 택지나 정원에 대해서는 상속이 인정되었다. 토지에 대한 상속을 원칙적으로는 부정하면서 예외적으로 인정하였던 동독의 상속법 규정들은 서독의 상속법에 비하면 매우 단순한 몇 개의 조문으로 구성되었다. 양 독일간의 상이한 법률 규정과 제도들로 인하여 통일 후에 상속법상에도 다양한 조치들을 필요로 하였다. 그러나 이러한 상속제도들은 통일 후 연방법제로 편입되면서 비교적 순조롭게 이루어졌다.

2. 독일의 통일과정에서 구동독지역에 적용되었던 법률들은 서독지역에 시행되던 연방 법률과는 많은 차이가 있었기 때문에 이에 대한 극복이 큰 과제였다. 따라서 통일에 대한 합의 등 거시적인 관점의 조약들이 체결되고 이러한 조약들 하에서, 토지와 관련하여 발생하는 구체적이고 다양한 문제들마다 개별 특별법의 제정 등 여러 가지 입법조치가 행해졌다. 구동독지역에서 발생한 토지소유제도의 재편과 관련한 문제의 해결을 위한 입법조치는 크게 세단계로 수행되었다[4].

2) W. Böhringer, Reaktionen des Gesetzgebers auf liegenschaftliche Rechtsprechung in den neuen Bundesländern, Festschrift für H. Hagen, 1999, S.490.
3) 통일후 상속권과 관련한 문제에 대해서는 윤철홍외 2인(주 1), S.562 이하를 참조할 것.
4) 이러한 통일 전후 토지문제의 해결을 위한 법적조치에 대해서는 윤철홍, "독일 통일

첫번째 단계는 국가조약(Staatsvertrag)[5])에 의한 재산권, 특히 토지소유권과 관련된 문제들의 처리 방안이다. 국가조약의 부속문서 III에서는 동독이 폐지 또는 변경해야 할 법률들을 구체적으로 규정하고 있는데, 여기에 경제통합과 관련하여 동독에서 통용하고 있던 동독민법 등 다수의 법률들을 폐지하도록 규정하였다. 이에 따라 동독민법이 폐지되고, 그 결과로 동독 법률들에 의해 규율되던 토지에 대한 동독식의 소유권과 상속권도 당연히 폐지되었다.

두번째 단계는 독일연방공화국(서독)과 독일민주공화국(동독)간의 독일통일의 완성에 관한 조약, 즉 통일조약(Einigungsvertrag)[6])에 의한 토지문제들의 처리 방안이다. 이 조약 제8조에서는 동독지역에 독일연방법을 적용하도록 독일연방법의 확대 적용을 규정하고 있으며, 부속문서 I에서는 통일조약 제8조와 제11조에 따른 연방법 적용에 관한 특별경과 규정을 두고 있다.

세번째 단계로써는 독일민법시행법 제6편의 신설과 연방정부의 주도하에 행해진 다양한 특별법의 제정에 따른 조치이다[7]). 독일민법시행법 제6편은 통일조약 제3조상에서 언급되고 있는 지역에서 독일민법과 독일민법시행법의 시행을 근거로 한 효력 및 전환기법에 관한 것이다. 또한

후 동독지역에서의 토지소유권과 이용권에 관한 연구", 「민사법학」 제21호, 2002, 400면 이하 참조.

5) Vertrag über die Schaffung einer Währungs-. Wirtschafts-und Sozialunion zwischen Bundesrepublik Deutschland und der Deutschen Demokratischen Republik (Staatsvertrag vom 18 Mai 1990).

6) Vertrag zwischen der Bundesrepublik Deutschland und der Deutschen Demokratischen Republik über die Herstellung der Einheit Deutschlands ⟨Einigungsvertrag vom 31.8.1990(BGBl II 885ff.)⟩.

7) Inkrafttreten und Übergngsrecht aus Anlass der Einführung des Bürgerlichen Gesetzbuches und dieses Einführungsgesetzes in dem in Artkel 3 des Einigungsvertrages genannten Gebiet.

개별 특별법들은 개개의 문제들을 해결하기 위해 제정된 것이다. 이러한 통일과정에서 연방정부의 입법조치를 통해 독일민법전이 동독지역에도 거의 그대로 적용되었다. 이러한 조치들에 의해 토지소유제도의 재편과정에서 발생된 개별 문제들이 원활하게 처리 될 수 있었다. 그러나 비록 단계적이고 합리적인 법적 조치가 행해졌다고 하더라도 구동독 국민들은 전혀 예상하지 못했던 여러 가지 문제들이 발생하게 되었다.

  3. 독일 기본법 제14조 제1항에서는 "소유권과 상속권은 보장된다. 내용과 한계는 법률에 의해 결정된다."고 규정하여, 재산권의 핵심적인 권리를 소유권과 상속권으로 나누어 보장하고 있다. 통일과정에서 소유제도, 특히 토지소유제도의 재편은 자유주의 체제로의 전환을 위한 핵심적인 과제라 할 수 있다. 본고에서는 이러한 통일 과정 중에서 토지에 대한 사소유권의 도입과정에서 꼭 해결해야만 하는 입법조치 등의 문제들을 고찰해 보고자 한다. 특히 새로 편입된 연방주에 장기간 시행되었던 동독 고유의 민법전(Zivilgesetzbuch)을 폐기하고, 독일민법전을 적용하는 과정을 검토해 보고자 한다. 검토할 순서로는 이 문제들에 대한 바른 인식을 위해 제II장에서는 제2차 세계대전 후 구동독지역에서 행해진 토지소유제도의 재편과정을 일별해 보고, 제III장에서는 구동독지역에서 토지소유제도의 재편을 위한 법적 조치들을 개관해 본 다음, 제IV장에서는 결론을 대신하여 문제 해결에 대한 법적 조치들을 평가해 보고자 한다.

II. 제2차 세계대전 후 구동독지역에서의 토지소유제도의 재편

1. 구동독지역에서의 토지질서의 재편과정

가. 소련군정청(1945-1949)에 의한 몰수 및 수용

제2차 세계대전 후 전승 4개국은 독일 전역을 4개 점령지역으로 구분하여 분할 지배하였다[8]. 구동독지역은 소련이 지배하는 점령구역이었다(SBZ). 소련군정청은 자신들의 점령지내에서의 토지개혁을 "민주적 발전과 경제 재건의 최대 관건으로" 삼아 다양한 개혁조치를 취하였다. 소련군정청은 1945년 9월에 베를린의 소련 점령지역을 제외한 소련점령지역의 3개주와 프로이센지역에서 민주적 토지개혁(demokratische Bodenreform)을 단행하였다. 즉 봉건-융커적 대토지소유(feudaljunkerlicher Grossgrundbesitz)를 청산함으로써 민주적 토지질서의 구축을 목표로 삼은 포고령이 발표되었다[9]. 이에 따라 100헥타 이상의 대토지를 보유한 7,160명의 토지 전체가 몰수당했다. 또한 4,547명의 나찌협력자와 전범자의 토지도 규모와 상관없이 몰수되었다. 이러한 몰수조치를 취한 소련은 대토지소유를 국가사회주의와 군국주의의 온상으로 여겼기 때문이다. 수용된 토지의 면적은 약 265만헥타에 달하였다. 이러한 토지는 대부분 국유화되었고, 국유화조치에 제외된 것들은 소위 토지개혁으로써 225만명에 이르는 무산

---

8) Konkret vgl. G. J. Trittel, Die Bodenreform, in: Zeitschrift für Agrargeschichte und Agrarsoziologie, 30 Jg. 1982, S.28ff.; S. v. Frauendorfer, Art. Bodenreform, S.343ff.; H-H. Harwitwich, Sozialstaatspostulat und gesellschaftlicher Status quo, 1970, S.1ff.

9) D. Bohrisch, Die sozialistische Grundeigentumsordnung und deren Überleitung in die bundesdeutsche Rechtsordnung, Diss., Göttingen Uni., 1996, S.ff.

농민, 소농, 이주민과 망명자에게 분배되었다. 이러한 과정에서 토지 이외의 기업체의 재산들도 무상으로 국유화되었다[10].

이러한 토지개혁을 통해 재편된 토지소유권은 처분이 사실상 인정되지 않는 것이다. 따라서 이러한 토지들은 매매나 용익임대차, 담보의 목적물이 될 수 없고, 상속만 가능한 것이었다. 이러한 토지를 분배받은 농민들은 사실상 자경의무를 부여 받은 것이다[11].

나. 구동독정부에 의한 토지 및 재산권의 재편

1949년에 건국한 독일민주공화국(DDR) 역시 원활한 통치와 사회주의국가의 이상을 실현하기 위하여 우선적으로 토지질서를 재편해야 할 필요가 있었다[12]. 소련군정청에서 실시한 토지개혁 이외에도 구동독지역에서의 부동산, 특히 토지를 중심으로 재산권질서가 강제적으로 재편되었다.

(1) 구서독인의 소유 약 68,000건의 부동산, 약 2,000건의 기업재산에 대한 소유를 몰수하였다.

(2) 1953년 6월 10일 이전까지 허가 없이 동독을 떠난 사람들의 재산 31,000건의 부동산, 2,700개의 공장을 몰수하여 인민공유재산으로 전환시켰다.

(3) 1953년 6월 11일부터 1989년 7월 31일 사이에 허가 없이 동독을 떠

---

10) 이에 대한 국내문헌으로는 법무부, 「통일독일·동구제국 몰수재산 처리 개관」 1994, 90면 이하 참조.
11) 이러한 토지에 대한 처분제한과 자경의무 등으로 표현되는 구동독지역에서의 토지소유권은 1990년 3월 6일에 공포된 '토지개혁으로부터 야기된 토지소유권자의 권리들에 대한 법률'〈Gesetz über die Rechte der Eigentümer von Grundstücken aus der Bodenreform vom 6.3.1990(GBl. I, S.134)〉에 의해 완전한 소유권으로 회복되었다.
12) 이에 대해 자세한 것은 D. Bohrisch(Fn 9), S.9ff.

난 사람들의 부동산 80,000건을 국가의 신탁관리에 귀속시켰다.

(4) 1972년에 약 12,000개의 반민·반국영 기업체가 인민공유재산으로 전환되었다. 그러나 1949년부터 1972년 사이에 몰수되어 인민공유재산이 된 기업체의 수는 통계가 전해지지 않고 있다.

(5) 불순한 간계를 통해 취득된 재산 및 반법치국가적 형사소추의 일환으로 단행된 재산몰수에 관한 수치 역시 알려지지 않았다.

2. 구동독에서의 소유제도

가. 소유권의 유형과 그 의미

사회주의 이상사회의 건설을 위해 제정된 동독헌법은 구동독지역에서의 토지소유권을 사회화의 정도에 따라 사회주의적 소유권(동독헌법 제10조), 개인적 소유권(동독헌법 제11조), 사경제적 소유권(동독헌법 제14조)으로 나누어 규정하였다[13]. 또한 사회주의적 소유권은 다시 그 형태에 따라 전사회적 인민소유권(Das Volkseigentum: 동독헌법 제12조)과 노동자집단의 조합체적 소유권(Das Eigentum gesellschaftlicher Organisationen: 동독헌법 제13조), 공동체적 소유권(Das genossenschaftliche Eigentum)으로 나누어진다. 우선 전사회적 인민소유권은 사회화 정도가 가장 강한 것으로 중앙계획경제와 함께 동독체제의 근간을 이루는 것이다. 전사회적 인민소유권의 주체는 "국가로서 조직된 단체"(die als Staat organisierte Gesellschaft)이다. 이것은 통일적인 소유권으로부터 회귀와 사회적 경제적인 형태의 기능에 따른 차이를 의미한다. 이데올로기적 관점에서 이러

---

13) Konkret dazu G. Turner, Der Eigentumsbegriff in der DDR, in: NJW, 1990, S.555f.; K. Westen, Das neue Zivilrecht der DDR, 1977, S.70ff.; 윤철홍(주 4), 406면 이하.

한 소유권들은 독일민법상 소유권 개념과는 완전히 다른 개념이다. 동독
민법 제467조에 의하면 물건은 움직일 수 있는 것(동산)과 토지 및 건물
이다. 이것들이 소유권의 대상이 될 수 있다. 소유권의 권능은 사회주의
사회에서 책임의식을 지닌 권리행사의 관점 하에서 이해될 수 있는 것이
다. 이러한 소유권의 권능은 점유권능, 이용권능, 처분권능을 포함한다.
토지소유권에 대한 사실상의 관계는 점유권 하에서 이해될 수 있다. 즉
직접적인 제한 가능성을 포함하고 있는 하나의 공간적인 관계이다. 이용
권능은 소유권의 핵심적인 것이다. 처분권능은 이용권능보다 그 중요성
이 떨어진다. 왜냐하면 사회주의 사회의 시민들은 무엇보다도 개인적이
고 문화적이며 물질적인 욕구의 충족을 위하여 소유권을 취득하기 때문
이지, 광범한 양도의 목적을 위하여 취득하는 것이 아니기 때문이다[14].

나. 사회주의적 소유권

동독 민법 제18조 제1항에 의하면 사회주의 소유권은 인민소유권, 사
회주의 공동체의 소유권, 시민들의 조합체로 구성된 기구들의 소유권을
포함한다[15].

(1) 인민소유권은 인민소유의 기업, 콤비나트(대규모 전문화된 업종의
국영기업), 경제를 이끌어 가는 기관, 국가기관과 제도들, 사회주의 공동
체와 조합적인 기구들 및 시민들에 의해 이용되었다(동독민법 제18조 제
2항). 이 권능의 행사는 기본적으로 점유권과 이용권에 의해 효과가 발생
하였다. 국가 계획의 범주 내에서 처분의 권능이 존재하였다. 이러한 처
분권능은 시민들을 위하여 항상 효력이 발생하는 것은 아니었다. 특정된
국가와 사회적인 제도들에 대한 하나의 집단적 혹은 개인적인 이용권은

---

14) G. Turner(Fn 13), S.555; K. Westen(Fn 13), S.70; 윤철홍(주 4), 407면.
15) Ebenda.

시민들에게 귀속되었다(교육, 문화, 학문, 교통, 정보매체, 공중위생시설, 스포츠 등). 특정의 객체들에 대해서는 1990년 1월 12일 헌법의 변경 시까지 인민소유권의 형태는 강제적으로 규정되었다(특히 토지평가, 발전소, 은행, 보험, 산업공장 등이다. 헌법 제12조 참조). "그에 대한 사소유권은 허용되지 않는다."라는 구절은 삭제되었다. 처분권능은 기본적으로 경제활동의 기초가 되는 대상들에 대해서는 적용되지 않는다. 예컨대 그것은 인민 소유권의 불가침성의 원칙에도 적용된다. 이러한 보호사상은 담보를 설정하는 것과 담보를 설정 받는 것, 그리고 부담의 금지를 규정하고 있다.

(2) 공동체적 소유권은 사회주의적 공동체에 속한다. 사회주의적 공동체들은 인민소유권에서와 마찬가지로 민법전의 규정들이 적용된다(동독민법 제19조 제2항, 제3항). 여기서의 권리 주체는 모든 국민이 아니라 소위 소규모 집단, 법인으로서 공동체들이다. 공동체적 소유권은 공동체의 유형에 따라 생산수단과 그 밖의 대상들, 예컨대 기계, 곡식, 야채, 목축들이다.

(3) 조합체적 기구들의 소유권은 사회주의 소유권의 다른 두 가지와 똑같이 취급된다(동독민법 제19조 제2항, 제3항). 이에 대한 보유자들은 대중을 상대하는 기구와 정당들이다.

다. 개인적 소유권

노동수입과 저축, 주택이나 가옥의 건축, 개인적인 주거나 휴양에 필요한 토지와 건물 등은 개인적인 소유권의 대상이 될 수 있다(동독민법 제23조 제1항). 처분권은 소유자의 권능에 속한다(동독민법 제24조). 물론 이러한 권능들은 모순되는 목적들이 사회주의 원칙을 추구하는 것이 허용되지 않는 것과 사회주의 사회에서 하나의 책임의식적인 권리를 행사

해야만 한다는 관점에서 이해된다16). 처분권능은 거의 의미가 없었다. 왜
냐하면 소유권은 거래와 같은 계속적인 양도의 필요성이 있는 것이 아니
라, 문화적이고 물질적인 필요의 충족에 공헌하기 때문이다. 토지소유권
은 대지와 그와 결합되어 있는 건물(동독민법 제295조 제1항)에도 미친
다. 그러나 이에 대한 차이점은 이용권행사시에 적용되는 주말주택의 경
우에 나타난다. 이러한 권능은 이용권자의 소유권으로써 토지소유권으로
부터 독립된 것이다. 이것은 동산과 마찬가지로 취급된다(동독민법 제296
조 제1항). 토지소유권에 관한 양도는 국가의 허가를 요한다(동독민법 제
297조). 동독헌법 제11조에 의하면 시민들의 물질적 문화적 욕구의 충족
을 위하여 공헌해야만 하는 개인적인 소유권은 영업활동을 위한 기초로
써 생각되지는 않는다. 1974년에 헌법이 변경된 이래로 중요한 개인적인
노동활동에 기초하고 있는 사적인 수공업기업과 영리를 목적으로 하는
기업이 허용되었다. 개인적인 소유권에 관한 규정들은 이러한 소유권 이
외에도 적용될 수 있다(동독민법 제23조 제2항).

　개인적인 소유권의 주된 과제는 개인적인 이익과 사회적인 이익의 합
치를 실현시켜야만 한다는 것이다17). 만약 이것이 소유권자의 고유한 노
동과 특수한 형태로 결합되어 있고, 사회적 이익이 침해되지 않는 때에는
비록 개인적인 토지소유권이 소유권자의 물질적이고 문화적인 욕구의 충
족에 공헌하지 못한다고 하더라도, 그것은 기본적으로 하나의 영업상 혹
은 그 밖의 이용권으로부터 배제될 수 없는 것이다18).

---

16) K. Westen(Fn 13), S.78f.; 윤철홍(주 4), 408면.
17) G. Turner(Fn 13), S.555; 윤철홍(주 4), 409면.
18) G. Turner(Fn 13), S.555f.; 윤철홍(주 4), 409면.

라. 사소유권

동독민법전은 원칙적으로 토지에 대한 사소유권의 개념을 알지 못하였다. 그러나 개인적인 소유권의 특성으로 이해될 수 있는 토지에 대한 사소유권이 교회나 외국자본의 기업들과 같은 기관들에 의해 예외적으로 인정되었다. 구동독의 문헌들에서도 이러한 권리주체들에 대한 토지소유권의 보장이 동독민법상 토지소유권의 특징으로서 지적되었다[19]. 그러나 이것은 소유권자가 이용권을 위하여 책임과 과제의 확정을 통하여 보장되었다는 것을 의미하며, 사용은 사회의 이익에 반하지 않는다는 것을 의미하는 것이다[20].

III. 통일 후 구동독지역에서 토지소유제도의 재편을 위한 법적 조치

1. 토지소유제도의 재편을 위한 동서독 양국가차원의 조치

독일의 통일을 이루는데 가장 핵심적인 역할을 담당한 조약은 보통 국가조약과 통일조약, 2+4조약이라고 한다[21]. 이중에서도 특히 1990년 5월 18일에 체결한 '동서독간 화폐, 경제, 사회통합에 관한 조약'인 국가조약[22]과 '동서독간 독일통일의 완성에 관한 조약'인 통일조약이[23] 핵심적

---

19) G. Turner(Fn 13), S.556; 윤철홍(주 4), 409면.
20) G. Turner(Fn 13), S.556; K. Westen(Fn 13), S.78-79; 윤철홍(주 4), 409면.
21) 이러한 독일 통일과정상의 입법조치에 대한 개괄적인 것으로는 주독대사관(주 1), 1면 이하; 윤철홍(주 4), 400면.
22) 조약의 원래 이름은 주5번 참조.
23) 조약의 원래 이름은 주6번 참조.

인 것이다 이러한 조약들은 통일을 이룩하는데 핵심적인 역할뿐만 아니라 토지소유제도의 재편과정에서도 중요한 역할을 담당했다. 핵심적인 내용들을 요약해 보면 다음과 같다.

가. 국가조약

동서독 정부는 1990년 6월 15일에 15개 항목으로 된 '미해결의 재산 문제의 규제에 관한 공동성명'24)을 공표하고, 재산사유화 문제의 처리 기준을 명확히 했다25). 특히 몇 가지 대원칙을 정했다. 이 공동 성명서에 나타난 토지제도의 재편과 직접 내지 간접적으로 관계되는 것을 살펴보면 다음과 같다:

(1) 점령법 또는 점령고권에 근거하여 이루어진 몰수조치(1945-1949)는 취소되지 아니한다. 소련 및 동독정부는 당시의 조치들을 번복할 수 없다.

(2) 토지소유권, 기업 기타 재산에 대한 처분 제한을 수반한 신탁관리 및 이와 유사한 조치는 폐지한다. 따라서 동독으로부터 탈출 또는 기타 사유로 인하여 국가관리로 이전되었던 소유권에 관한 처분권

---

24) Gemeinsame Erklärung der Regierungen der Bundesrepublik Deutschland und der Deutschen Demokratischen Republik zur Regelung offener Vermögensfragen vom 15, Juni 1990.

25) 1990년 6월 15일자 공동성명의 내용을 근거로 하여 제정된 재산법은 1990년 9월 23일에 동독인민회의에서 의결된 후 통일조약에 의해 연방법으로 발효되었다. 이 법은 1991년 3월 22일에 투자장애제거법에 의해 투자촉진을 위한 임시지정제도가 도입되는 것을 포함한 제1차 개정(Gesetz zur Beseitigung von Hemmissen bei der Privatisierung von Unternehemen und zur Föderung von Investitionen, BGBl I, Nr, 54, S,766)과 1992년 7월 14일에 제2차 개정(Gesetz zur Änderung des Vermögensgesetzes und anderer Vorschriften, BGBl I, Nr.33, S.1257)을 통해 재산관계를 처리하는 기본법으로서의 역할을 담당했다.

은 당해 주민들에게 반환된다.

(3) 몰수되었던 토지재산은 원칙적으로 사정을 고려하여 원소유자 또는 그 상속인에게 반환한다. 여기서 제시하는 사정이란, 첫째로 토지 및 건물이 특히 공동사용, 집단주택 및 주택단지의 건설 또는 산업의 이용에 제공되었거나 새로운 기업단위로 흡수됨으로써 그 이용방법 또는 용도가 변경된 경우에는 당해 토지 및 건물의 소유권의 반환은 조리상 불가능하다. 둘째로는 동독주민이 반환대상인 부동산에 관한 소유권 또는 용익물권을 선의로 취득한 경우 원소유자에 대한 사회계약적 조정은 등가토지의 교환 또는 보상을 통해 이루어진다. 셋째로는, 원소유자 또는 그 상속인에게 반환청구권이 귀속되는 경우 당사자는 반환청구 대신 보상을 청구할 수 있다.

(4) 청산을 위하여 동독은 필요한 법규 및 절차규정을 즉시 제정해야 한다는 통칙적인 원칙을 제시하였다.

이러한 대원칙을 근거로 1990년 9월 28일에 동독 국민의회는 "미해결의 재산문제의 정리를 위한 법률"을 제정하고, 시민으로부터의 반환청구를 처리하는 기준을 마련하였다. 이에 의하면 각주에 "미해결의 재산문제의 정리를 위한 관서"를 설치하고, 주의 각군에도 그 하급기관을 별도로 설치하도록 했다. 반환청구는 이러한 관서에서 담당하게 되고, 이들이 결정하게 되었다. 만약 이들의 결정에 이의가 있으면 신청인은 주의 관서에 설치되어 있는 '이의위원회'에 이의를 신청할 수 있다.

나. 통일조약

(1) 1990년 8월 23일에 동독 인민의회는 "1990년 10월 3일을 기해 기본법 제23조에 입각하여 독일민주공화국이 독일연방공화국 기본법 적용영

역으로 가입할 것임"을 공식적으로 의결함으로써 동독주민들의 통일에 대한 신속한 결단의 요구에 부응하였다. 4차례 회담을 거쳐 체결된 통일 조약은 동년 8월 31일에 동서독 정부간에 조인되고, 9월 20일에 동서독 의회의 비준을 거쳐 10월 3일에 마침내 발효되었다[26].

이 통일조약은 전문과 9장 45개조문과 각조의 적용기준을 명시한 의정서, 서독법 적용에 관한 특별경과 규정(부속문서 1), 동독법률의 효력지속에 관한 특별경과규정(부속문서 (2), 미해결재산권에 관한 양독정부의 공동선언(부속문서 3) 그리고 동조약의 실행을 위한 양독정부간의 합의서로 구성되어 있다.

통일조약에서 재산문제에 관한 규정으로는 제41조 제1항에서 "1990년 6월 15일 발표된 미해결재산문제에 관한 양독정부 공동성명서(부속문서 3) 내용이 이 조약의 일부를 이룬다."고 규정하였으며, 동조 제2항은 "특별법의 규정에 따라 특정 토지나 건물이 긴급한 구체적으로 확정적인 투자 목적에, 특히 산업체의 설립에 소요될 때와 이러한 투자 결정의 시행이 전체 경제적인 차원에서, 특히 고용을 확보하고 창출하는데 필요하다고 판단될 때에는 해당 토지나 건물의 반환은 이루어지지 않는다. 이 때 투자가는 투자 내역요지를 명기한 계획서를 제출해야 하는데, 계획의 실제이행은 반드시 이에 바탕을 두어야 한다. 이 법은 과거 소유자의 보상 문제를 또한 규정할 수 있다."고 규정하고 있다[27].

독일통일을 둘러싼 양독간의 협의에서 가장 큰 문제가 된 것은 소련 점령하의 1945-49년, 즉 동독 건국이전에 행해진 이른바 민주적 토지개혁의 취급에 관한 것이다. 이러한 소련에 의해 재편된 토지 소유질서들과 관련하여, 통일 후 사적인 토지소유권이 보장되는 법질서에서 이러한 무상으

---

26) 주독대사관(주 1), 6면 이하; 윤철홍(주 4), 403면.
27) 윤철홍(주 4), 404면.

로 수용된 대토지소유자의 토지소유권의 회복 내지는 보상이 문제가 되었다. 또한 동독이 사회주의 건설을 추진하는 과정에서 행해진 기업이나 토지의 수용, 강제매수 또는 동독으로부터 서독으로 비합법 또는 합법으로 이주한 시민의 재산에 관한 몰수 내지는 수용된 재산을 어떻게 처리할 것인가 하는 것이 문제되었다[28].

　통일조약 제8조에서는 동독지역에 독일 연방법을 적용하도록 규정하고 있다. 특히 부속문서 I에서는 통일조약 제8조와 제11조에 따른 연방법 적용에 관한 특별경과 규정을 두고 있다. 이에 따르면 연방법무부 소관사항으로서 동독지역에서 계속 적용되지 않는 법률, 즉 폐지해야 할 법률로서 사법(司法) 분야에서는 화의법, 파산법과 파산법시행령, 연방변호사법, 연방공증인법 등이며, 민법분야에서는 법원의 계약구조에 관한 법률과 통상의 부양에 관한 규정 등이었다. 또한 개정의 대상이 되는 법률로써 사법분야에서는 민사소송법, 동독지역변호사의 지위와 권한 동등화 등을 들 수 있으며, 민법분야 중 민법총칙에서는 행위무능력 등의 선고, 사단, 재단, 법인의 책임, 소멸시효 등이었다. 또한 채권법분야에서는 임대차, 용익임대차, 소비대차계약 지분공동체, 불법행위 등이며, 물권법분야에서는 점유권, 소유권, 제한물권의 내용 및 순위, 용익물권과 저당권 등이 개정대상의 법률 속에 포함되었다. 더 나아가 가족법 분야에서는 약혼, 일반적인 혼인의 효력, 부부재산권, 부모의 보호의무, 혼인 외의 자의 적격 취득, 입양, 후견 등이 그 대상이었으며, 상속법분야에서는 상속관계와 사인처분이 개정되어야 하는 제도들로 규정되었다. 이에 따라 독일민법시행법 제VI편이 신설되었다.

---

28) 윤철홍(주 4), 404면.

2. 통일 후 연방정부에 의한 입법조치

가. 미해결재산문제처리를 위한 법률(재산법)

(1) 미해결재산의 처리의 원칙을 규정한 이 법률은 구동독지역내에서의 소유권을 비롯한 모든 재산권을 규율하는 가장 핵심적인 것이다[29]. 한마디로 이 법은 인민소유의 재산 및 국가관리재산의 원상회복문제를 규정하고 있다. 이러한 재산법의 적용을 받는 재산은 건물 및 토지, 이에 관한 물권 및 물권적 이용권, 동산, 영업상의 보호권, 저작권과 이와 유사한 권리, 예금채권 및 금전채권, 기업에 대한 소유권 및 참여권을 말한다(재산법 제2조 제2항). 그러나 여기에는 재산법 제1조 적용범위에서 규정하고 있는 보상 없이 수용되어 인민소유가 된 재산 및 동독주민에게 시행된 보상보다 적은 보상으로 수용된 재산, 1972년 2월 9일자로 기업국유화조치와 관련하여 수용된 재산 및 위법적인 형벌처분과 관련하여 박탈된 재산, 유지비용 과다로 인한 채무초과 때문에 수용, 소유권 포기, 증여, 상속포기를 통해 인민소유로 양도된 토지 또는 건물, 그리고 국가관리인 또는 처분권자가 제3자에게 매각한 재산, 반파시트 동독법에 의해서도 소홀하게 취급된 나치체제 희생자의 청구권 등이 포함된다. 재산법은 이상의 적용범위에 해당하는 원소유자 그리고 그의 권리승계인에게 재산반환(재산법 제3조) 및 국가관리의 폐지(재산법 제11조) 또는 이와 선택적(재산법 제8조)으로 손실보상을 청구할 수 있는 권리를 규정하고 있다.

(2) 이러한 적용범위에 포함되는 권리라 하더라도 다양한 예외를 규정하여 반환을 제한하고 있다. 첫째로 1945년부터 1949년 사이에 소련군정청에 의해 행해진 개혁시기에 점령법상 또는 점령고권상 행해진 수용에 대해서는 반환 또는 손실보상원칙이 배제되었다(재산법 제25조). 이것은

---

29) 이에 대해 자세한 국내 문헌은 법무부(주 10), 131면 이하 참조.

국가조약을 체결할 당시부터 통일을 위해 동독정부와 소련정부, 특히 소련정부의 동의를 받아내기 위해 감수해야 할 사항이었다. 이러한 배제원칙을 수용한 독일 기본법 제143조 제3항에 대해 독일연방헌법재판소는 적법한 것이라고 판시한 바 있다[30]. 또한 물건의 성질상 반환이 불가능한 경우(재산법 제31조), 부정한 방법으로 소유권 또는 물권적 이용권을 취득한 경우(재산법 제4조 제2항), 이 밖에도 소유권포기, 증여, 상속권포기에 의하여 인민소유화된 토지에 대한 소유권 또는 물권을 정직하게 획득한 경우에는 포기한 자에게 원상회복이나 손실보상도 인정되지 않는다(재산법 제9조 제1항).

나. 독일민법시행법 제Ⅵ편의 신설에 따른 토지소유권과 상속권의 문제 해소

(1) 독일민법시행법 제6편은 통일조약 제3조상에서 언급되고 있는 지역에서 독일민법과 독일민법시행법의 시행을 근거로 한 효력 및 전환기법에 관한 것이다[31]. 우선 제233관 제3편 제2조에서는 소유권의 내용을 규정하고 있다. 동조 제1항에 의하면 "연방가입 발효일 현재 존속하고 있는 물건에 대한 소유권에 대해서는 아래에서 달리 정하지 아니하는 한 연방민법을 적용한다."고 하고, 제2항에서는 "현재까지 국가소유권이 귀속된 자 또는 현재까지 국가소유권에 대한 처분권을 가지고 있던 자는 국가소유권 청산에 관한 특별규정에 따라 규율된다."고 규정하여 구동독지역내에 있는 물건에 대한 소유권은 소위 서독민법전에 의해 규율된다는 것을 천명하고 있다. 더 나아가 동편 제2조의 b에서는 물권적 이용권 없는

---

30) BVerfGE 84, 90; 94, 12.
31) 윤철홍(주 1), 563면 이하 참조.

건물소유권, 제4조에서는 물권적 이용권과 건물소유권에 관한 특별규정, 제5조 공동사용수익권 등 다양한 형태의 물권들에 대한 처리방안을 규정하였다. 이러한 종류의 물권뿐만 아니라 제2편에서는 토지개혁의 청산에 대한 구체적인 사항들을 규정하고 있다.

(2) 독일민법시행법 제235관 제1조에서는 상속법적인 관계들(erbrechtliche Verhältnisse)을 규정하고 있으며, 동관 제2조에서는 사인처분(Verfügungen von Todes wegen)을 규정하고 있다. 예컨대 독일민법시행법 제230관과 관련하여 1990년 8월 31일에 체결된 통일조약 제8조에 의하면 독일연방법은 1990년 10월 3일 통일과 함께, 그리고 이것을 통해 독일민법 제5권인 상속법이 구동독지역내에서도 시행되었다. 동시에 1976년 1월 1일부터 시행되어 오던 구동독의 민법전이 효력을 상실하게 되었다. 그러나 당시까지 법률은 독일민법 시행법 제235관 제1조 제1항에 의하여 1990년 10월 3일 이전 상속사건들에 대해서는 계속 적용되었다[32].

다. 특별법들의 제정을 통한 토지소유제도의 재편

(1) 건물소유권과 토지이용권의 충돌과 그 해소의 필요성

동독이 독일연방공화국에 편입됨에 따라 독일연방 입법가들은 구동독 지역 내에서 인정되고 있던 독일민법과는 부합되지 않는 토지소유권 등 여러 권리들을 정리해야 할 필요성이 대두 되었다[33]. 동독에서 인정되던 토지와 관련된 여러 가지 권리형태의 기초는 1975년에 사회주의 사회질서의 실현을 위하여 국가의 도구로서 이해되었던 동독 민법전[34]으로부터

---

32) Vgl. Erman/Schlüchter, Einleitung §1922 BGB, 10.Aufl., Rn.13; 윤철홍(주 1), 564면.
33) Dazu konkret K.-F. Thöne - R. Knauber, Boden- und Gebäudeeigentum in den neuen Bundesländern, 1995, S.2ff.
34) Dazu konkret K. Westen(주 13), S.69ff.

기인한다[35]. 당시 동독 민법전에 의하면 토지와 건물이 별개의 물권의 객체로 인정되었기 때문에 토지이용권을 보유한 건물소유권은 사적인 토지소유권의 공동화를 초래하였다[36]. 이러한 권리형태들은 독일의 부동산 물권법상에서 토지와 건물을 법적으로 하나로 취급하는 일체성 원칙에 모순되는 것이다. 이러한 모순의 해소는 결국 동독에서 인정되던 건물소유권의 현상들을 독일의 법체계로 전환시키는 것으로 이해된다[37]. 다시 말해서 사유재산제도의 근간을 이루는 소유권분야에서 독일의 법적 통일의 완성을 이루려고 하는 경우에 독일민법에 적합한 권리관계에로의 변형을 통해 토지와 건물의 분리를 청산하는 것이 가장 중요한 작업이었다. 이것은 불법의 청산과 관련된 것이 아니라, 토지이용권자와 건물소유자와 사이의 이익조정에 관한 문제이다[38]. 즉 한편으로는 토지 소유권자에게 토지에 대한 자유로운 처분권을 다시 부여함으로써 그들의 소유권을 보장해 주고, 다른 한편으로는 동독시절에 건물소유자가 취득하였던 점유상태를 토지의 이용자로서 보호해 주는 것이다. 하나의 토지에 대한 이러한 법률관계의 해체가 얼마나 중요한 것인가는 적용대상의 광범함이 증명해 주고 있다. 예컨대 독일연방의 법무부와 연방농림부의 조사에 의하면 농촌지역에서는 30만에 이르는 자택들이 타인의 대지에 건축되었으며, 그중 약 60퍼센트가 사적인 토지위에, 그리고 40퍼센트가 국가소유이다. 이 조사에 의하면 농촌의 전체 자택의 약75퍼센트가 제3자 소유의 토지위에 존속하고 있는 것이다[39].

---

35) 동독 민법 제1조 참조.

36) K.-F. Thöne - R. Knauber(Fn 33), S.3.

37) K.-F. Thöne - R. Knauber(Fn 33), S.4; H-R. Horst, Gebäudeeigentum und Nutzungsrecht an Grundstücken in der ehmaligen DDR, in: DWW 1991, S.273.

38) K.-F. Thöne - R. Knauber(Fn 33), S.4; 윤철홍(주 4), 415면.

39) Vgl. K.-F. Thöne, Die agrarstrukturelle Entwicklung in den neuen Bundesländern, 1993, S.221ff.; 윤철홍(주 4), 415면.

그 밖에도 약 70만의 농업용 건물과 50년대 초기에 강제수용에 의해 거의 예외 없이 타인의 토지위에 건축되었던 농업 노동자의 숙소, 토지개량시설, 저수지, 도로, 소로와 경작지에 대해서는 입법적인 대책이 요구가 대두되었다40).

농촌지역에서는 해당 토지소유권자와 건물소유권자의 90퍼센트 이상이 동독의 시민들, 특히 주로 인근지역의 주민들이다41). 토지와 관련한 복잡한 법률관계들에 대한 불안함은 지역공동체의 사회적 평화를 위협하는 것이다. 또한 '사회계약적' 통일 원칙에도 반하는 것이다. 이것은 비정상적인 것으로 토지거래에도 악영향을 미치며, 국가소유의 토지에 대한 사유화사업과 그것을 통한 경제회복을 위해 시급하게 요구되는 투자에도 장애요소가 되었다42).

이러한 문제들의 해결을 위하여 연방의 입법가들은 두 단계를 상정하였다. 첫 번째 단계로써 동독에 존재하였던 형태들을 독일민법 제903조에 부합하는 소유권으로 독일민법 시행법 제231관 제5조, 제233관 제2조에 의하여 이전시키는 것이었다. 이러한 구상과 관련하여 이용권과 분리된 건물소유권을 위한 통일조약은 오직 임시적인 조치만을 규정하고 있을 뿐이다43).

두 번째 단계로는 독일연방의 소유권으로 전환된 동독의 소유권이 독일민법전의 소유권의 구조속으로 이전되어야만 하는 것이다44). 이러한 노력의 범주에 속하는 대표적인 것으로, 농업조정법, 물권정리법과 채권

---

40) Ebenda.
41) K.-F. Thöne - R. Knauber(Fn 33), S.5; K.-F. Thöne - R. Knauber(Fn 33), S.4; 윤철홍(주 4), 415면.
42) Ebenda.
43) 윤철홍(주 4), 416면.
44) J. Schmidt-Räntsch, Einführung in die Sachenrechtsbereinigung, in: VIZ, S.441; 윤철홍(주 4), 416면.

조정법 등 특별법들의 제정이다. 즉 농지와 전체 농촌지역에서는 농업조
정법 제64조에 의하여 대지와 건물의 결합이 동독의회에 의해 이미 통과
된 법적인 기초위에 행해졌다. 이에 따라 토지수유권자와 건물소유권자
사이의 이익조정이 행해졌다. 또한 1994년 10월 1일 부로 시행된 물권변
경법, 특히 물권정리법에 의하여 민법적인 기초가 수립되었다. 이에 의하
면 건물소유권자와 토지소유권자와의 대칭적인 법적인 규정들에 대한 효
력의 문제로서 해결이 모색되었다. 농업상의 사실관계의 규율을 위해서
는 채권조정법이 1995년 1월 1일부터 시행되었다. 토지소유권과 건물소
유권의 결합문제에 대해 물권정리법 등 특별법에 의한 방법과 기타의 방
법으로 나누어 살펴보고자 한다.

(2) 농업조정법에 의한 해결

통일 전 동독의 농촌지역에서 토지소유권과 토지에 대한 이용권 내지
건물소유권과 분리되어 있는 대표적인 사례군은 농업공동체의 특별소유
권에서 나타난다[45]. 이것은 1982년 제정된 농업생산협동조합법 제18조와
제27조에 의하여 건립된 건물의 소유권을 기초로 성립된 것이다. 이에 따
르면 농업생산협동조합은 농경지에 대한 광범위하고 계속적인 이용권 이
외에도 조합체적으로 이용되고 있는 토지에 대한 처분권능을 보유하였
다. 이러한 특별소유권은 협동의 범위 내에서 다른 경영기관과 함께 축조
된 건물, 시설물과 경작물에 대해서도 미쳤다. 이러한 지역에서 토지소유
권과 건물소유자의 토지이용권이 충돌되고 있어 이러한 문제를 시급히
해결하기 위해 농업조정법이 제정되었다[46]. 이에 따라 농지와 전체 농촌지

---

45) K.-F. Thöne - R. Knauber(Fn 33), S.19, S.51ff.; 윤철홍(주 4), 416면 이하 참조.
46) Gesetz ueber die strukturelle Anpassung der Landwirtschaft an die soziale und
    ökologische Marktwirtschaft in der DDR(Landwirtschaftanpassungsgesetz: LwAnpG)
    i.d.F. der Bekanntmachung vom 03.07.1991, BGBl I, S.1257.

역에서는 농업조정법 제64조에 의하여 대지와 건물에 대한 토지소유권자
와 건물소유권자 사이의 이익조정에 따라 토지소유제도가 재편되었다47).

(3) 물권정리법에 의한 토지소유권과 건물소유권의 결합

물권변경법48)은 1994년 10월 1일부터 시행되었다. 이 법의 핵심은 다
양한 형태의 물권관계를 정리하는 것이다. 따라서 이 법을 통해서 구동독
당시의 행해졌던 물권적 이용관계들이 독일연방 공화국의 현행 법률의
규정들에 의해 규율될 수 있게 되었다. 연방 입법가들은 물권법분야에서
의 동서독간에 많은 차이가 나고 있는 독일법의 통일을 이룩하는 것뿐만
아니라 무엇보다도 해당자들 사이의 법적 안정성과 법적인 평화를 구축
하려는 것을 주된 사명으로 삼았다. 더 나아가 물권정리법은 오직 권리의
동화만을 규정한 것이 아니라, 이용자와 토지소유권자간의 법적 사회계
약적인 정당한 이익의 조정을 위함이다49).

(4) 채권조정법에 의한 결합

1995년 1월 1일부터 시행된 채권조정법은 새롭게 독일연방공화국에 편
입된 지역에서 토지에 관한 채권법적인 이용관계의 조정을 위한 법이
다50). 이 법은 당시까지 미해결된 재산관계들의 규정들을 통해 동독토지
법의 연방법에로의 전환을 완료하였다. 채권법적인 이용권은 타인의 토
지에 대한 경작 및 개량작업지에 대한 법률관계와 농업생산협동조합에서

---

47) 윤철홍(주 4), 417면.
48) Gesetz zur Änderung sachenrechtlicher Bestimmung: Sachenrechtsänderungsgesetz:
　　이것은 약칭하여 물권정리법이라고 부른다.
49) BT-Drucksache 1217/425, S.3 u. S.58; BJM Eckwerte, in: DtZ 1993, S.49.
50) Gesetz zur schuldrechtlicher Nutzungsverhältnisse an Grundstücken im Beitrittsge-
　　biet.

기획된 농작물에 대한 법률관계들이 주요한 적용 대상들이다.

(5) 기타 방법에 의한 토지소유권과 이용권의 결합

토지에 대한 이용권을 보유하고 있는 건물소유권자가 토지에 대한 이용권을 포기하는 것이나 건물소유권의 포기방법이다[51]. 또한 이용권의 박탈과 토지소유권자에게 건물소유권의 양도, 토지 이용권자에게 토지소유권을 양도하는 방법, 건물소유권에 대한 토지의 합병, 지상권의 설정 등에 의해서도 토지소유권과 이용권이 결합되었다.

라. 기타 토지소유제도와 관련된 입법 조치

토지소유권과 이용권의 결합을 위한 법적 조치 이외에도 토지 소유권과 직간접적으로 관련된 법률도 수없이 제정해야만 했다. 예컨대 인민공유기업의 사유화와 몰수된 기업의 반환 작업을 신속히 진행하고 신연방주 내 투자를 촉진시키기 위해 '기업사유화과정상의 장애제거 및 투자촉진을 위한 법률'[52], 신연방주에서 몰수된 재산가치의 반환을 신속히 하기 위해 제정된 '재산법 개정 및 기타 규정의 개정에 관한 법률'[53], 기업사유화 이후 정비작업을 용이하게 하기 위해 '민법시행법의 개정에 관한 법률'[54], 신연방주에서의 토지분류, 토지거래 허가, 토지등기부 등에 대한 등록절차를 신속히 하려는 목적에서 제정된 '등록법관련 절차 및 기타 절

---

51) 자세한 것은 윤철홍(주 4), 435면 이하 참조.
52) Gesetz zur Beseitigung von Hemmnissen bei der Privatisierung von Unternehmen und zur Föderung von Investitionen : Gesetz vom 91.3.22 BGBl., Nr 54, S.766.
53) Gesetz zur Änderung des Vermögensgesetzes und anderer Vorschriften (Zwetes Vermögensänderung- sgesetz : Gesetz vom 92.7.14, BGBl., I Nr.33, S.1257.
54) Gesetz zur Änderung des Einführungsgesetzes zum Bürgerlichen Gesetzbuche Gesetz vom 92.12.21 BGBl., Nr. 58, S.2116.

차의 간소화와 신속화를 위한 법률'55), 인민공유기업의 사유화와 관계되
는 부지나 신연방주 내 주택건설회사가 관리하는 주택에 대한 사용료 등
에 대한 조정 등을 목적으로 재산법 및 기타 규정의 조정에 관한 법률56)
등이 대표적이다.

마. 독일통일 후 동독지역에서의 토지에 대한 상속권의 문제57)

(1) 상속개시의 시기상의 문제

(가) 동서독간의 상속법과 관련된 모든 사건들은 상속개시와 그 청산과
관련하여 어떤 법이 적용되어야 할 것인가 하는 문제로부터 출발한다. 많
은 상속개시가 후발적으로 청산되어야 한다는 것이 이러한 문제의 해결
을 더 복잡하게 만들고 있으며, 이는 재산법 규정에 따라 원소유권자의
상속재산에 속하는 것으로 보여지는 청구권들이 발생되었기 때문이다58).
이에 대해서는 두 시기로 나누어 살펴보아야 한다.

(나) 우선 상속개시가 1990년 10월 3일 이후로부터 시작되는 때에는 현
행 상속규칙에 따른 문제로 비교적 쉽게 해결될 수 있다. 이 경우 피상속
인이 자신의 마지막 주소를 어디에 두었는가에 달려 있다. 피상속인이 서
독지역에 주소를 두고 거주한 경우에는 독일민법(상속법)이 적용된다. 독
일민법시행법(EGBGB) 제235관 제1조 제2항과 제2조에서는 상속개시에

---

55) Gesetz zur Vereinfachung und Beschleunigung registerrechtlicher und anderer
    Verfahren Gesetz vom 93.12.20 BGBl., Nr. 70, S.2182.
56) Gesetz zur Anpassung vermögensrechtlicjer und anderer Vorschriften: Gesetz vom
    95.74, BGBl., Nr.34, S.895.
57) 독일통일 후 구동독지역에서의 상속에 의한 토지질서의 재편과정에 대한 아래의
    기술은 윤철홍 외 2인(주 1), 562면 이하에서 발췌 요약하여 재 정리한 것임.
58) Märker, Das Erbrecht in den neuen Bundesländern, in : ZEV 1999, S.245ff.; 윤철
    홍 외 2인(주 1), 566면.

대한 제한을 규정하고 있다. 동법 제235관 제1조 제2항(EGBGB)에 따라 혼인 외의 자에 대하여 혼인 외의 자와 혼인 중의 자를 구별하지 않았던 1990년 10월 2일 이전의 법이 계속 적용된다. 피상속인이 1990년 10월 3일 이후에 사망한 경우에도 동법 제235관 제2조(EGBGB)에 따라 사인처분의 작성 또는 소멸의 효력은 이전 법의 적용을 받는다. 공동유언장의 구속력도 역시 같다.

(다) 피상속인이 1990년 10월 2일 이전에 사망한 경우에는 법률적 상황이 다르게 전개된다. 이 경우에는 저촉법적 문제를 고려하여야 한다. 피상속인이 (구동독의 각 주가 연방으로) 편입의 효력이 발생하기 이전에 사망한 경우 독일민법시행법 제235관 제1조 제1항(EGBGB)에 따라 상속법적 관계에는 이전의 법이 유효하다. 이러한 시기간의 저촉법규범[59]은 과거와 새로운 법의 시간적 적용범위를 규율한다. 이에 반하여 어떤 실체법이 적용되어야 하는지는 지역간의 저촉법규범에 따른다. 통일계약에는 통일전의 상속개시를 위해 분할적 법규정(Teilrechtsordnung)을 확정하기 위한 지역간 기준을 정할 지역간의 저촉법규범이 포함되어 있지 않다. 이에 대해 독일연방법원(BGH)은 자신의 1993년 12월 1일자 판결[60]을 통해

---

59) 1945년 제2차세계대전 종전 후 동독의 상속법에 대한 소위 時期間 저촉법에 관하여 자세한 사항은 Bosch, Familien- und Erbrecht als Themen der Rechtsangleichung nach dem Beitritt der DDR zur Bundesrepublik Deutschland, in: FamRZ 1992, 875ff. 참조. 이에 따르면 1949년, 1956년, 1966년, 1975년, 1990년 통일 前 및 後를 기준으로 각각 그 내용이 변경된다. 독일통일로 인한 시기간 및 지역간 저촉법에 관한 포괄적인 연구로 de Leve, Deutsch-deutsches Erbrecht nach dem Einigungsvertrag, 1995 참조.

60) BGHZ 124, 270; ZEV 1994, S.101; JZ 1994, S.468; NJW 1994, S.582. 이 사건은 1955년에 서독으로 넘어온 남자형제(원고)가 동독에 잔류하였던 여자형제(피고)에 대해 제기한 상속재산에 관한 소송이다. 원고가 서독으로 넘어가고, 동독에 부모와 피고가 잔류하고 있던 중 1972년 공증된 공동유언을 작성하여 부와 모의 상호간은 단독상속을 하고, 부모 중 생존하는 자가 없는 경우에는 피고가 단독상속을 하도록

분명한 견해를 제시하였다. 이에 따르면 1990년 10월 3일 이후에는 독일 민법시행법(EGBGB)이 독일 국내에서는 통일적인 저촉법이다. 구동독의 저촉법은 기본적으로 적용되지 않는다. 독일연방법원은 상속법적 '통상 상속개시(Normalfall)'에 대해 상속법이 적용될 문제는 서독의 지역간 저촉법에 따라 통일적으로 규율된다는 규칙을 마련하였다. 그러나 상속개시에 두 개 또는 여러 개의 상이한 법규정들이 동시에 적용되면 상속재산의 분할이 행해진다. 상속재산은 하나의 독립된 상속부분으로부터 두 개 또는 여러 개의 덩어리로 분할된다. 각각의 상속부분은 각기 다른 법규정의 적용을 받으며, 각 부분은 전체의 상속재산으로 취급된다.

동서독간의 상속개시에 있어 상속재산의 분할의 문제는 상속개시가 1976년 1월 1일부터 1990년 10월 2일 사이에 발생한 때 나타난다. 그 이유는 1976년 1월 1일 이후에 동독지역에서는 동독민법(ZGB[61])의 시행과 동시에 제25조 제2항[62])에 따라 상속재산의 통일성원칙을 완화하고 있는 법률적용법(RAG)이 적용되기 때문이다. 그에 반하여 1976년 1월 1일 이전의 상속개시는 통일적으로 독일민법의 적용을 받는다. 그 이유는 상속

하였다. 이에 1975년 부가 사망하면서, 모가 단독상속하였고, 1989. 4. 4. 모가 사망하면서 피고가 단독상속하였다. 독일이 통일된 후 원고는 피고를 대상으로 공동유언의 취소를 구하는 소송을 제기하며, 그 이유를 첫째, 피고의 단독상속으로 공동유언을 작성한 것은 공동상속으로 하는 경우 원고의 상속분이 국고에 귀속될 염려가 있어 단독상속으로 한 것이며, 둘째, 장래의 정치적 변화에 대해 부모가 착오가 없었다면 단독상속으로 규정하지 않았을 것이라고 주장하면서, 균분에 의한 상속재산의 분할을 요구하였다. 하급심과 항고심에서는 원고가 패소하였다.

그 외의 독일의 상속법에 관한 판결에 대한 대강의 내용은 Andrae, Zur Rechtsprechung in deutsch-deutschen Erbrechtsfällen (Teil 1), in: NJ 1998, S.113ff.; (Teil 2), in: NJ 1998, S.175ff.; Janke, Das ZGB der DDR in der Rechtsprechung seit der deutschen Einheit-Erbrecht, in: NJ 2003 참조.

61) Zivilgesetzbuch der DDR vom 19. 6. 1975(동독민법).

62) 제25조 제2항 RAG (2) 동독에 있는 소유권과 토지 및 건물에 대한 다른 권리에 관련된 상속법적 관계는 동독의 법률에 따라 결정된다.

재산의 위치가 아니라 피상속인의 시민권에 따르도록 한 구독일민법시행법 제24관, 제25관이 동독지역에도 적용되었기 때문이다.

동독에 있는 자신의 지적재산권과 동산 등에 대해 독일민법에 의해 상속되고, 동독지역에 있는 부동산에 대해서는 동독민법에 의해 상속되는 이러한 상속재산의 분할은 동독지역에 부동산을 갖고 있는 서독국민에게도 발생한다. 부동산에 관해서는 상속순위, 상속능력, 상속분, 유류분권과 상속책임은 동독민법의 적용을 받게 된다. 부동산에 관련된 상속목적물에 대한 상속재산의 분할의 적용범위에 대하여 의견이 나뉘고 있다. 바이에른 최고법원은 이 모든 것에 관하여 제25조 제2항 RAG에 따라 결정하지는 않는 것으로 보았다[63]. 그 보다 우선 독일민법시행법 제3관 제3항 (EGBGB)[64]에 따라 동법 제25관(EGBGB)[65]의 포괄적 규정이 적용될 수 없는지 여부가 검토되어야 한다고 하였다. 이러한 경우에만 상속재산의 분할이 발생하게 된다. 그에 따라 상속목적물이 동독지역에 있지 않기 때문에 합유관계에 있어 서독에서 사망한 피상속인의 몫은 상속재산의 분할의 대상이 되지 않는다.

(2) 동독지역에서의 토지에 대한 상속개시의 문제

(가) 피상속인이 동독지역에 자신의 주소를 갖고 있었던 경우에는 이미 언급한 BGH의 판결에 따라 1990년 10월 2일까지 동독지역에서 유효했던

---

63) BayObLG, ZEV 1998, S.475.
64) 제3관 제3항 EGBGB (3) 제3장과 제4장의 지시에 따라 개인의 재산이 한 국가의 법률에 적용을 받는 경우에 한하여, 그 지시는 그 국가에 있지 않고 재산이 있는 국가의 법에 따라 특별한 규정의 적용을 받는 목적물에는 적용되지 않는다.
65) 제25관 EGBGB (1) 사망으로 인한 법률효과는 피상속인이 사망의 시점에 속하였던 국가의 법에 따른다. (2) 피상속인은 국내에 있는 부동산에 관하여 독일법상 사인처분의 형식을 선택할 수 있다.

법이 통일적으로 적용된다. 상속개시가 1976년 1월 1일부터 1990년 10월 2일 사이에 발생한 경우에는 동독민법이 적용된다. 1976년 1월 1일이전의 상속개시에 대해서는 독일민법이 통일적으로 적용되나, 동독법의 여러 규정에 따라 수정되기도 한다.

(나) 1976년 1월 1일 이전에 상속개시가 있었을 때에는 동독지역에서도 독일민법(당시 독일민법)이 적용된다. 다만 중요한 예외가 인정된다. 1966년 4월 1일부터 1975년 12월 13일 사이의 상속개시에 대해서 동독가족법시행법(EGFGB) 제9조[66]에 따른 혼인 외의 자의 법정상속은 부에 따라 고려되어야 한다. 이 규정은 혼인 외의 자의 입장에서 혼인 중의 자의 상속권과 (물론 완전히 동일한 것은 아니지만) 유사한 지위를 부여한다. 동일한 규정에 따라 혼인 중의 자처럼 상속개시시점에 아직 미성년, 즉 만18세미만인 혼인 외의 자는 자신의 부 또는 부계상의 조부모를 상속한다. 성년인 혼인 외의 자는 그에 비하여 그가 아직 부양되고 있거나 부가 성년 때까지 양육권을 갖고 있었거나, 부의 사망 시에 배우자, 부모 및 혼인중의 자가 없이 상속 개시 전 오랜 기간 동안 부의 가계에 속하였거나 속한 때에만 제한적으로 상속순위를 갖는다.

1966년 4월 1일 이전의 상속개시에 대하여는 동독지역에서도 혼인 외의 자는 자신의 부와 혈족이 아니라고 규정된 독일민법 제1589조 제2항(BGB)이 적용된다. 동독지방법원(Bezirksgericht: BezG)의 견해[67]에 따르면 혼인 외의 자의 동등한 평등권을 인정한 1949년 10월 7일의 동독헌법 제33조로부터 다른 해석이 파생되지 않는다.

---

66) 제9조 EGFGB (1) 혼인관계 중에 출생한 자와 동일하게 혼인관계 외에서 출생한 자가 미성년인 경우에는 자신의 부 또는 부계상의 조부모의 사망으로 상속한다.
67) BezG Erfürt, DtZ 1993, S.344.

(3) 서독지역에서의 상속개시

1990년 10월 2일 이전에 사망한 피상속인이 자신의 거주지를 서독지역에 두고 있었던 경우에는 기본적으로 독일민법의 상속규정에 따라 상속하게 된다. 그러나 상속개시가 1976년 1월 1일부터 1990년 10월 2일 사이에 발생한 경우 구동독지역에 소재하는 부동산에 대해서는 상속재산의 분할이 나타난다.

(4) 상속재산의 범위

피상속인의 상속재산은 기본적으로 자신의 모든 재산이다. 그러나 이전의 토지개혁의 대상인 토지도 포함되는 여부에 관하여는 의견이 대립되고 있다. 동독 소련점령지역에서 토지개혁에 의해 수용된 토지소유권은 상속의 대상으로 인정되지 않았다. 이러한 비상속성은 1992년 7월 14일의 제2차 재산권개정법률(Vermögensrechtsänderungsgesetz)에서도 인정되었다. 독일민법시행법 제233조 제11조 이하에서 토지개혁으로 인한 이전의 신농민[68] 소유권(Neubauerneigentum)의 소유권편입에 대해서는 상속법의 대상으로 보지 않고 상속인의 소위 '배당능력(Zuteilungsfähigkeit)'으로 다루고 있다[69]. 이에 따라 1990년 3월 15일까지 동독시기의 토지개혁의 대상이 되었던 토지는 상속의 대상이 되지 못하였다. 이러한 법률적

---

68) 신농민(Neubauern)은 토지개혁에 의해 수용된 토지를 점유한 사람을 뜻하며, 당시 동독법에 따르면 농업, 임업, 식료품업에 종사하는 것을 조건으로 점유가 이전되었고, 이러한 업종에 종사하지 않으면 국가에 점유를 반납해야하는 제한이 있었다. Besitzwechselverordnung(점유이전령) v. 7. 8. 1975 제2조. Besitzwechselverordnung은 1951년 처음 제정되었으며, 그 후에도 여러 차례 개정된다. 토지개혁에 의해 수용된 토지의 활용에 관한 내용을 담고 있다. Giese, Keine Vererblichkeit von Bodenreformland nach Inkrafttreten der Besitzwechselverordnung vom 7. 8. 1975, in: IZ 2000, S.451f. 참조.
69) 특히 제233관 제11조 및 제12조 EGBGB 참조.

상황은 1990년 3월 6일의 토지개혁법70)으로 인하여 변화하게 되었다. 이
법에 따라 처분제한이 폐지됨으로 인하여 당시 동독법에 의해 점유할 수
없었던 토지개혁의 대상이 되었던 토지의 점유상태를 인정함으로써 당시
점유자가 소유권을 취득할 수 있게 되었다. 이에 대하여 독일민법시행법
제233관 제11조 이하에 대해 법원 및 입법자들이 토지개혁에 의한 소유
권의 상속가능성에 대하여 착오가 있었다. 따라서 새로운 독일연방헌법
재판소의 결정을 촉구하는 견해가 제기되었다.

독일연방법원은 1998년 판결71)을 통하여 1990년 통일이후 흡수된 지
역 내의 토지개혁의 대상이 되었던 토지에 대한 소유권의 상속성을 인정
하였다. 그러나 한편 제2차 재산권개정법률 시행과 더불어 무상의 소유권
이전청구권을 국가에 귀속시킬 수 있는 권한이 입법자에게 있다고 보았
다. 토지개혁으로 취득한 토지소유권의 무상수용에 관한 독일민법시행법
제233관 제11조 및 제12조 (EGBGB)의 합헌성에 대해 독일연방헌법재판
소도 일련의 결정을 통하여 자신의 견해를 피력하였다. 즉 1990년 3월 6
일의 동독정부에 의해 제정된 토지개혁법에 따라 발생한 문제들을 시정
하기 위하여 독일민법시행법 제233관 제11조 및 제12조(EGBGB)이 필요
하며, 이는 독일헌법 제14조 제1항을 침해하는 것은 아니라고 보았다72).

---

70) Gesetz über die Rechte der Eigentümer von Grundstücken aus der Bodenreform
vom 6. 3. 1990(토지개혁토지의 소유자의 권리에 관한 법률). 이 법은 3개조로 구
성된 법률로써 제1조에서 "토지개혁으로 인한 토지의 점유, 수익과 처분권에 관하
여는 1975. 6. 19의 동독민법 규정을 적용한다. 법률규정에 포함되어 상응하는 처
분제한은 폐지한다."라고 규정하고 있다.

71) BGHZ 140, 223; VIZ 1999, S.157; LM H.4/1999 Art.233 EGBGB 1986 Nr.36,
1987년에 사망한 피상속인은 토지개혁에 의한 토지로 등재된 토지를 1990. 3. 6.
법(토지개혁토지의 소유자의 권리에 관한 법률)에 의해 소유자로 등기부에 등재되
어 있었다. 피상속인의 사망 후 상속인은 1992년 제3자에게 매도하고 1993년에 가
등기를, 1995년에 본등기를 경료하였다. 이에 주정부는 상속인에 대하여 매매대금
및 그의 이자에 대하여 반환청구권을 행사하였다.

이에 대해 독일연방법원이 인정하고 있는 소위 '숨겨진 법률흠결(verdeckte Regelungslücke)'이론은 독일민사소송법 제293조의 외국법(Fremdes Recht)의 원용에 관한 규정을 고려했어야 했으며, 또한 독일연방법원의 견해에 따르면 이것은 이전의 법률관계의 부활을 의미한다. 그러나 이것은 목적론적 해석을 통한 유효한 규정을 먼저 찾아내야 한다는 견해가 제기되었다. 최근 유럽인권법원(EGRK)은 1945년 소련점령지역 내의 토지개혁으로 인하여 토지를 취득한 토지소유자에 대한 무상수용이 비례성원칙(Verhältnismäßigkeitsgrundsatz)에 위반하여 유럽인권조약에 위반한다는 판결이 있었다[73]. 이에 대해 독일정부는 유럽인권법원 전원합의부에 이의를 제기하였다[74]. 독일정부는 이 판결에 대해 1945년부터 1949년 사이에 토지개혁에 의해 수용된 토지는 농업용으로만 사용되어야 하고, 점유자가 농업 등을 경영하지 않은 경우 동독정부에 반환하여야 했으나, 당시 동독관청은 이러한 농지의 회수를 해태하였기 때문에 점유자의 점유상태가 유지된 것으로 보았다. 따라서 동독관청이 적절히 임무를 시행하였다면 소유가 인정되지 않았을 토지였기 때문에 중대한 불공평이 발생하였고, 이러한 불공평을 해소하고자 한 입법이 제2차 재산권 개정 법률이기 때문에, 이 법률에 따른 토지의 수용에 대해 재정적으로 보상할 수 없다는 입장이다.

---

72) BVerfG, WM 2001, 775; VIZ 2001, S.111. 이 사건은 1978년 사망한 피상속인의 상속인으로 피상속인의 토지개혁에 의해 취득된 토지소유권을 상속하였다. 상속인은 1996년 소유권자로 등기를 경료하였으나, 주정부에 의해 반환청구를 받았다. 그외 결정으로 BVerfG, VIZ 2001, S.114; BVerfG, VIZ 2001, S.115 참조.

73) Europäischer Gerichtshof für Menschenrechte(EGMR) vom 22. 1. 2004, Az.46720/99, 72203/01, 72552/01.

74) Pressemitteilungen von Bundesministerium der Justiz, 2004. 4. 21. 제2차 재산권개정법률에 의해 수용된 토지는 약 10만헥타르 정도이다.

3. 토지소유권 처리에 대한 독일연방헌법재판소의 태도

2차 세계대전 후 동독지역 내에서의 토지개혁에 따라 상실한 토지소유
권자들의 소유권회복과 그에 따른 보상문제와 관련하여 1990년 10월 5일
구소유자 14명이 독일연방헌법재판소에 헌법소원을 제기하였다. 토지개
혁의 결과를 번복할 수 없다고 하는 통일조약의 규정은 동독건국후의 수
용은 취소될 수 있기 때문에 평등의 원칙에 반하고, 또 소유권을 침해하
는 것으로서 헌법위반이라는 것이다. 이에 대해 연방헌법재판소는 12월
20일 먼저 관계되는 토지소유권의 처분금지를 구한 소원인의 가처분신청
을 각하하는 결정을 내렸다. 이어서 재판소는 1991년 4월 23일 최종적으
로 합헌결정을 내렸다[75]. 판결문에 의하면, 첫째로 소련점령 하에서의 수
용은 기본법 제정 이전의 일이며, 기본법의 소유권보장 조항을 그 때문에
원용할 수 없다는 것이다. 둘째로 소련점령하의 수용조치를 뒤집지 않는
것은 소련의 요구이며, 이를 인정치 않으면 기본법의 최고 목표인 통일은
이루어질 수 없다는 것이다. 따라서 소련의 요구를 받아들임으로써 결과
적으로 생긴 불평등은 통일조약의 제정자의 정치적 재량의 범위 내에 있
고, 헌법적 심사는 미치지 않는다는 것이다. 셋째로, 통일조약에 의한 기
본법 제143조 제3항의 신설은 구동독지역에서 과거에 생긴 역사적인 사
항 가운데 어디까지나 기본법이 미치는지를 확정하는 것이며, 기본법 제
14조의 소유권 보장의 조항과의 모순을 전제로 하는 것은 아니라고 했다.
넷째로 구소유자에게는 반환청구권이 인정되지 않는 대신 금전보상이 주
어지는데, 그것은 구소유물 가격에 대한 완전한 보상이 아니라 다른 전쟁
피해의 보상과 균형을 위한 것이다[76].

---

75) BVerfGE 84, 90.
76) 윤철홍(주 4), 405-406면.

IV. 맺음말

이상에서 독일 통일 후 구동독지역에서의 토지소유제도의 재편과정에 따른 법적 조치들을 검토해 보았다. 독일통일을 법적인 관점에서 평가해 볼 때, 국가조약과 통일조약 등과 같이 거시적인 관점에서 통일과 그에 따른 문제들의 해결방향을 정하고, 이어서 구체적인 문제들에 대해서는 특별법 등을 통해 해결하는 방식은 매우 적절한 것으로 여겨진다. 이러한 방식에 의한 토지소유제도의 재편과정은 더 이상 보완이 필요 없을 정도로 완벽에 가까운 것이었다고 할 수 있다. 이러한 문제의 해결 방식은 통일을 염원하는 우리나라에서도 타산지석으로 삼아야 할 것으로 생각한다. 구체적인 법령들에 대해 하자나 오류가 없지 않지만, 토지소유제도의 재편과정에서 크게 장애가 되는 것은 아니었다고 여겨진다. 다만 이러한 법적 조치와는 별도로 아래에서 언급하는 바와 같이 통일로 인해 피해를 입은 국민들 사이에 만연하고 있는 패배의식이나 박탈감을 해소하는 위무(慰撫)조치가 미흡했던 것으로 여겨진다. 법적인 차원에서는 거의 모든 문제가 정리된 반면에, 이러한 구동독국민들의 정서상의 문제들은 통일이 이루어진 20년이 지난 오늘날에도 여전히 문제되고 있기 때문이다. 이와 관련한 원인과 그 대책에 대해 요약하면서 글을 맺고자 한다.

1. 2010년이면 독일 통일 20주년을 맞이하게 된다. 지난 20여년 동안 민족의 동질성이 차츰 회복해 가고 있지만, 불행하게도 많은 독일국민들은 독일을 '하나의 국가에 두개의 사회(ein Staat, zwei Gesellschaften)'로 인식하고 있다. 통일 후 구동독 지역의 사회분위기는 오늘날까지도 '머릿속의 장벽'(Die Mauer in den Köpfen)과 '고난의 계곡' (Jammertal)이라는 두 가지 용어로 대변되고 있다. 베를린장벽은 20년 전에 붕괴되었지만,

머릿속, 혹은 마음의 장벽은 여전하다는 인식과 사회 경제적으로 낙후된 지역적인 상황이 고난의 계곡을 지나고 있는 것으로 인식되었다. 이러한 두 가지 인식이 반영된 것이 바로 구동독국민들 자신은 2등 국민이라는 의식이라 할 수 있다. 시간이 지남에 따라 이러한 의식이 차츰 희석되어 가고는 있지만, 그러나 머릿속의 장벽에 대한 붕괴속도가 너무 더디다는 평가가 나오고 있다77). 이러한 문제들의 근간에는 토지소유제도의 재편 과정에서 소외나 불이익 받은 구동독국민의 의식으로부터 나왔다는 점이다.

2. 통일 후 동독 지역에서 토지소유제도의 재편과정에서 간과할 수 없는 것이 바로 새로운 토지소유권자와 그 토지 위에 있는 건물의 이용권자와의 관계이다. 감정적으로 격화된 토지소유권자와 건물이용권자 사이의 투쟁은 '가옥투쟁(Hauserkampfe)'으로 기억될 수 있을 만큼 심각했다. 여러 가지 법적 조치들이 위헌여부가 문제될 정도로 이용권자의 위주로 행해졌음에도 불구하고, 이러한 조치들은 구동독의 국민의 자존심과 열등의식에 큰 상처를 주었다. 통일이 단행된지 20여년이 지난 오늘에도 이러한 상처가 치유되지 못한 것은 원토지소유자에게 토지를 원상회복시킬 수밖에 없는 법적인 토양에서 출발한 것으로 여겨진다. 다시 말해서 '손실보상보다 원상회복을'이라는 원칙 때문이라고 생각한다. 따라서 우리나라 역시 통일 후 토지 질서의 재편과 관련해서는 이점을 고려하여 원상

---

77) C. Barner, "Mauer in den Köpfen faellt langsam," Sinflfinger Zeitung, 27.01. 2009. Vgl. http//www. szbz, de/no-cache/nachrichten(2009. 6. 20. 접속). 이 기사는 Sabine Bergmann-Pohl가 자신의 '독일통일사'에서 기술하고 있는 "주민들의 머릿속에 있는 장벽들은 내가 원했던 시간들보다 훨씬 더디게 붕괴되고 있다. 분단된 40년은 우리들에게 통일의 기쁨 속에서 보았던 것들보다도 더 크게 벌어졌다."고 언급한 것을 소개하고 있다.

회복보다 손실보상으로 접근하는 것이 바람직하다고 생각한다.

 3. 통일 후 토지소유제도의 재편 과정의 기본원칙은 법적 평화와 이익의 조정이었다. 이것은 법적인 관점에서는 소기의 목적을 달성한 것으로 여겨진다. 그러나 국민의 통합을 이룩하기 위한 관점에서는 동독 국민을 2등 국민으로 강등시키는 우를 범하고 말았다. 그들은 끊임없이 상대적 박탈감 속에서 오히려 통일 이전의 자존심을 생각하는 경향마저 일어나고 있는 것은 법적인 평화 이면의 불안정한 경제생활이 이것을 말해 주고 있다. 이 점에 대해서도 입법가들이 간과해서는 안될 부분이다. 그러나 이러한 부분은 법률가들의 차원을 넘는 것이기 때문에 적극적인 대처가 미흡했던 것으로 여겨진다. 우리 통일의 과정에서 법률가들이 늘 고려해야 할 부분으로, 경제 전문가들의 조력이 필요한 부분이기도 하다.

〖 "독일통일 후 구동독지역에서의 토지소유제도의 재편과정에 관한 소고", 「토지법학」 제25-2호, 2009.12, 1-29면 〗

제2절 독일 통일 후 구동독지역에서의 토지이용권과 토지소유권

I. 서 설

1. 1990년 10월 3일에 구동독이 독일연방공화국에 편입하는 형식으로 통일이 단행된 이후부터 독일연방공화국 전역에 독일민법전(BGB)이 원칙적으로 시행되었다. 원래 사회주의 국가이었던 구동독의 소유권 등 사법질서는 독일연방공화국 기본법(Grundgesetz)의 사법적 규정이나 독일민법전상의 질서와 근본적으로 달랐다. 그러나 명실상부한 독일의 국가통일을 이룩하기 위해서는 이러한 상이한 법질서 역시 해소되어야 하는데, 구동독지역에서 발전되어 왔던 법률관계들이 간단하게 청산될 수 있는 것이 아니었다[1]. 예컨대 물권법 분야에서는 동독민법전과 그 밖의 토지 관련 규정들 및 채권법적인 이용권이 독일민법상의 토지 관련 규정들과 충돌되는 것으로[2] 이에 대한 특단의 조치들이 요구되었다. 통일 이전 동독에서의 토지에 대한 이용권들은 아주 중요한 역할을 담당하였다. 이러

---

1) W. Böhringer, Reaktionen des Gesetzgebers auf liegenschaftsrechtliche Rechtsprechung in den neuen Bundesländern, in: Festschrift für H. Hagen, 1990, S.490; H-R. Horst, Gebäudeeigentum und Nutzungsrecht an Grundstücken in der ehemaligen DDR, in: DWW 1991, S.273.
2) Konkret dazu K. Achtelik, Die Nutzungsrechte in den neuen Bundesländern, Wittenberg Uni. Diss. 1996, S.17ff.

한 권리들은 토지소유권에 많은 제한을 가했으며, 때로는 이용권자들에게 토지소유권자들 보다도 더 강력한 법적 지위가 부여되기도 하였다[3]. 이것은 특히 건물소유권자의 토지이용권과 토지소유권에 관한 문제에서는 더욱 그러했다. 동독민법에 따르면 토지소유권은 건물소유권으로부터 분리된 독립적인 권리이었다. 이에 반해 독일민법 제93조 제1항은 "토지의 정착물 특히 건물과 토지에 부착되어 있는 토지의 산출물은 토지의 본질적 구성부분에 속한다."고 규정하여 토지소유권의 범위가 지상의 건물에도 미치도록 규정하고 있다. 따라서 동독의 건물소유권자의 토지이용권은 독일민법상의 이용권과도 많은 차이가 있다. 동독에서 권리보유자의 지위의 설정 및 양도를 통한 토지의 이용과 이용권의 창설을 통한 토지이용은 동독 당시에 넓은 영역에서 사소유권으로부터 연유한 토지경작을 대체하였다. 이러한 이용권은 오늘날의 관점에서 보면 공법적인 이용권의 지정에 해당하는 것이다. 따라서 이것은 독일민법의 토지 이용 형태와는 크게 다른 것이다[4]. 토지소유권자와 이용권자의 사이에서 오늘날의 권리관계들은 법률의 규정들을 통해서, 그러나 아주 간단한 동독의 행정관청의 행위, 즉 제3자의 토지에 대한 건축의 허가라는 행위를 통해서 성립되었다. 따라서 동독 시절에 토지에 대한 사소유권은 오직 부수적인 역할밖에 하지 못했다. 사소유권에 대한 공적 장부인 등기부도 마찬가지였다. 그 때문에 성문법은 실무상에서 자주 경시되었다[5]. 그러나 동독 시절에 성립된 법률관계들은 편입지역, 즉 구동독지역에서의 법적안정성과 법적평화를 보장하기 위하여[6] 1990년 10월 3일 이후에도 민법시행법 제233관의 과도기 규정에 의해 계속적으로 존속되었다.

---

3) K. Heuer, Grundzüge des Bodenrechts der DDR 1949-1990, 1991, S.39ff.
4) K. Achtelik(주 2), S. 17.
5) W. Böhringer(주 1), S.490.
6) W. Böhringer(주 1), S.490f.

2. 독일에서 통일된 소유권 질서의 확립은 통일 후 독일연방의 입법가들에게 부여된 가장 큰 과제라고 할 수 있었다. 왜냐하면 소유권과 관련된 문제들은 동독지역 내에서 시장 경제로 유도되는 구조변혁의 경우에 가장 어려운 문제였기 때문이다. 이러한 어려움은 사소유권을 박탈한 국가의 불법행위를 어디까지 후퇴시키고, 예전의 권리를 회복할 것인가의 문제와 직결된다. 예컨대 동독의 건립 후 국가가 행한 사소유권의 박탈행위에 대해 유보 없이 혹은 제한 없이 40년 전으로 복귀시킬 것인가에 대해서는 긍정하기 어려울 것이다[7]. 다시 말해서 동독과 소련 점령지에서의 불법의 보상에 관한 것은 통일의 방향이나 방법과 밀접한 관련이 있는 것이다. 토지소유권을 회복하려는 자와 현 지위를 고수하려는 자들의 상호대칭적인 이익과 관련하여 모든 영역에서의 만족스러운 해결은 난제일 수밖에 없다. 역사의 바퀴를 40년 내지 45년 전으로 되돌리는 것이 실제적으로 정당한 것이었을까? 혹은 전체주의 국가들의 구조적인 침해를 인수하는 것과 현재의 상황을 단순하게 접합시키는 것이 책임 있는 것이었는가?[8] 이러한 문제에 대한 해답은 권력이 분립되어 있는 법치국가에서 자기의 법정책적인 사상들을 관철시키는 법관의 업무가 아니라, 입법가들에 의해서 수행될 수 있는 것이며, 법률들의 입법정신에 의해 흠결을 충족시킬 수 있는 것이다[9]. 법원에서는 현상적으로 발생하고 있는 문제를 해결해야만 한다. 그러나 법원의 판결이 법률의 적용자들이나 시민들에게 항상 긍정적인 것만은 아니었다. 많은 경우에 입법가들은 판결을 차선적인 법률의 규정을 통해 수정하거나 혹은 적용시키는 것으로 간주하였다. 그래서 통일 후 입법을 통한 소유권 질서의 확립을 위하여 장해배

---

7) K. Geiss, Rückgabe vor Entschädigung, in: Festschrift für H. Hagen, 1999, S.517.
8) H. Hagen, Zehn Jahre deutsch- deutsches Grundstücksrecht aus der Sicht eines Richters, in: DNotZ 2000, S.431.
9) H. Hagen(주 8), S.432.

제법, 제2차 재산권변경법, 등기절차촉진법, 물권변경법, 채권변경법, 주거공동체재산법 등이 제정 시행되고 있다. 입법가들에게 이러한 모든 법률들은 소유 질서의 재확립을 위한 도상에서, 그리고 그것을 통해 구동독지역의 경제발전의 과정에서 하나의 상징적인 것이 되었다[10]. 그러나 새로운 입법에 의한 개혁들은 그 자체에 법률 적용상의 어려움을 내포하고 있었다. 따라서 통일 후 제기되었던 문제들은 많은 경우 또 다른 새로운 입법에 의해서 해결할 수밖에 없는 것이었다.

3. 본고에서는 통일 후 구동독 지역 내에서의 토지소유권과 건물소유권자의 토지이용권과의 충돌문제를 해결하기 위한 다양한 입법과정과 그 내용을 분석 검토하여 우리 통일의 과정상에 교훈을 얻고자 한다. 이러한 연구결과를 도출하기 위해 먼저 통일 전후에 토지문제의 해결을 위한 법적 조치들에 대해 개관해 본 다음, 통일 전 구동독의 소유권에 대한 개관과 함께 토지소유권과 이용권과의 분리 형태를 살펴보고, 이러한 분리되어 있는 토지소유권과 이용권의 결합을 위한 입법조치들을 분석하고자 한다. 이어서 이러한 논의를 정리한 다음, 우리나라의 남북한 통일과정에 필요한 교훈들을 모색해 보고자 한다.

II. 독일 통일 전후 토지문제의 해결을 위한 법적 조치

독일통일을 이루는데 법적 가교의 역할을 한 조약은 국가조약과 통일

---

10) W. Böhringer(주 1) S.492.

조약, 2+4조약이다11). 이러한 조약은 소유권질서의 재편에도 결정적인 역할을 하였다. 특히 "동서독간 화폐, 정치, 사회통합에 관한 조약"인 국가조약 (Vertrag über die Schaffung einer Währungs-, Wirschaft- und Sozialunion zwischen der Bundesrepublik Deutschland und der Deustschen Demokratischen Republik: Staatsvertrag)과 "독일통일의 완성에 관한 동서독간의 조약" (Vertrag zwischen der Bundesrepublik Deutschland und der Deutschen Demokratischen Republik über die Herstellung der Einheit Deutschland: Einigungsvertrag)인 통일조약이 핵심적인 것이다. 이 조약 이외에도 양독간의 공동성명도 중요한 의미를 지닌다. 통일 전후에 토지소유권질서의 재편에 영향을 미친 조약들에 대해 개관해 본다.

1. 국가조약

1990년 5월 18일에 독일민주공화국(동독)과 독일연방공화국(서독)간의 화폐, 경제, 사회통합의 창출에 관한 국가조약을 체결하여, 양국가로부터 비준을 받아 동년 7월 1일부터 발효되었다12). 이 조약은 전문, 본문 38개 조와 지도원칙, 화폐통합과 화폐교환(부속문서 Ⅰ), 동독이 시행해야할 서독의 법률(부속문서 Ⅱ), 동독이 개폐해야 할 법률(부속문서 Ⅲ), 동독이 새로 제정해야 할 법률(부속문서 Ⅳ) 등 9개의 부속문서로 구성되었다. 이 조약에 따라 1990년 7월 1일부터 동서독 양국가에는 하나의 통일된 화폐가 적용되었다. 더 나아가 경제통합의 기초가 되는 현존하는 사회주의적 소유권질서로부터 회귀를 의미하는 사회적 시장경제라는 사실

---

11) 독일의 통일과정에서 제정된 조약과 법률에 대한 개괄적인 설명은 주독대사관, 법률로 본 독일 통일, 1995.10, 1면 이하를 참고 할 것.

12) GBl. DDR Ⅰ, 1990, S.332. 이에 대한 한글 번역본은 주독대사관(주 11), 276면 이하 참조.

임을 확인하였다. 그러나 소유권의 문제에 대한 취급은 조약이 체결되는 마지막 순간까지도 격론의 대상이었다[13]. 왜냐하면 이것은 국가조약에서 뿐만 아니라 부속문서에서도 핵심적인 규정이기 때문이었다. 예컨대 동독이 폐지 또는 변경해야 할 법률 목록을 정한 부속문서 Ⅲ에 따르면 토지소유권과 관련한 중요한 법률로서 국유농업용지의 농업생산협동조합으로서의 소유권이전과 관련된 법령, 동독민법, 토지 및 토지권리의 국가문서에 관한 명령, 토지거래에 관한 명령, 토지 사용수수료에 관한 명령등을 포함하고 있다. 특히 1990년 6월 29일에 농업조정법이 의결되었다. 이 법은 농업용 토지에 대한 사소유권과 모든 소유권형태의 동등성을 보장하였다[14]. 소유권과 관련하여 가장 중요한 규정은 동법 제64조라고 할수 있다. 왜냐하면 이 조항에 의하면 당시까지 분리된 건물소유권과 토지소유권의 결합을 규정하고 있기 때문이다. 이외에도 헌법의 개정과 보충을 위한 법률이 이 법률의 뒤를 따랐다[15]. 이 법률 제2조에 의하여 사소유권상의 토지 및 생산수단에 대한 소유권과 그와 유사한 권리들의 취득을 위한 권리가 보장되었다.

2. 동서독 정부의 공동성명

동서독의 양 정부는 1990년 6월 15일에 15개 항목으로 된 "미해결의 재산 문제의 규제에 대한 공동성명"을 공표하고[16], 재사유화 문제의 처리

---

13) B. Scheifele- E. Schweyer, Grundzüge des Wirtschaftsrechts der DDR nach dem Staatsvertrag über die Schaffung einer Währungs-, Wirtschafts- und Sozialunion zwischen der Bundesrepublik und DDR, in: GmbHP 1990, S.285 u. S.293.
14) §1,2 Landwirtschaftsanpassungsgesetz(LAG)
15) GBl. DDR I 1990. Nr. 33, §299.
16) Bulletin des Press- und Informationsamtes der Bundesregierung Nr. 77 vom 19. Juni. 1990; Einigungsvertrag, Anlage Ⅲ. 이 성명에 대한 한글번역본은 주독대사관

기준을 명확히 하였다. 이 공동성명에서는 특별히 두 가지 대원칙을 결정하였다.

첫째로 1945-1949년에 소련의 점령 하에서 행해진 토지나 기업의 수용은 번복할 수 없다. 그러나 예외적으로 구소유자에 대한 보상은 고려할 수 있을 것이라고 부기하였다.

둘째로 동독의 건국 후에 행해진 수용이나 강제매수에 관해서는 원칙적으로 구소유자에게 반환청구권이 인정되었다. 물론 반환청구가 인정되는 것은 수용이나 강제매수가 법치국가의 법질서에 반하는 방식에 의해 행해진 경우에 해당되는 것으로 모든 수용이나 강제매수가 그 대상이 되는 것은 아니다. 또 구소유자에게 반환해 주는 것을 원칙으로 하되 제3자가 선의로 이미 전득한 경우나 공공의 목적에 이용되고 있는 경우, 또는 반환청구가 행해진 토지에 집합주택이나 공장이 건설되어 있어 경제상으로나 합리적인 관점에서 반환이 사실상 불가능한 경우에는 반환에 갈음하여 보상을 해주도록 했다.

이러한 대원칙을 근거로 동년 9월 28일에 동독 국민의회는 "미해결의 재산문제의 정리를 위한 법률"을 제정하고, 시민들로부터의 반환청구가 제기되는 경우 그것을 처리하는 기준을 마련하였다. 이에 따르면 연방의 모든 주정부에 "미해결의 재산문제의 정리를 위한 관서"를 설치하고, 모든 주정부의 자치단체에도 그 하급기관을 별도로 설치하도록 했다. 반환청구는 이러한 관서에 하게 되고 이들이 결정하게 되었다. 만약 이들의 결정에 이의가 있으면 신청인은 주정부의 관서에 설치되어 있는 "이의위원회"에 이의를 신청할 수 있다.

(주 11), 296면 이하 참조.

3. 통일조약

가. 개관

1990년 8월 23일 동독 인민의회는 "1990년 10월 3일을 기해 기본법 제23조에 입각하여 독일민주공화국이 독일연방공화국 기본법 적용영역으로 가입할 것임"을 공식적으로 의결함으로써 동독주민들의 통일에 대한 신속한 결단의 요구에 부응하였다. 4차례 회담을 거쳐 체결된 통일조약은 동년 8월 31일 동서독 정부간에 조인되고 9월 20일 동서독 의회의 비준을 거쳐 10월 3일에 마침내 발효되었다[17]. 이 통일조약은 전문과 9장 45개조문과 각조의 적용기준을 명시한 의정서, 서독법 적용에 관한 특별경과규정(부속문서 Ⅰ), 동독법률의 효력지속에 관한 특별경과규정(부속문서 Ⅱ), 미해결재산권에 관한 양독 정부의 공동선언(부속문서Ⅲ), 그리고 동조약의 실행을 위한 양독 정부간의 합의서로 구성되었다.

통일조약에서 재산문제에 관한 규정으로는 제41조 제1항에서 "1990년 6월 15일 발표된 미해결재산문제에 관한 양독 정부 공동성명서(부속문서 Ⅲ) 내용이 이 조약의 일부를 이룬다"고 규정하였으며, 동조 제2항은 "특별법의 규정에 따라 특정 토지나 건물이 구체적으로 확정적인 투자 목적에, 특히 산업체의 설립에 소요될 때와 이러한 투자 결정의 시행이 전체 경제적인 차원에서 고용을 확보하고 창출하는데 필요하다고 판단될 때에는 해당 토지나 건물의 반환은 이루어지지 않는다. 이 때 투자가는 투자 내역요지를 명기한 계획서를 제출해야 하는데, 계획의 실제이행은 반드시 이에 바탕을 두어야 한다. 이 법은 과거 소유자의 보상 문제를 또한 규정할 수 있다"고 규정하고 있다.

독일통일을 둘러싼 양독간의 협의에서 가장 큰 문제가 된 것은 소련 점

---

17) 이러한 과정에 대해 자세한 것은 주독대사관(주 11), 6면 이하.

령하의 1945-1946년, 즉 동독 건국 이전에 행해진 이른바 민주적 토지개혁의 취급에 관한 것이다[18]. 이 토지개혁에 의해 100헥터 이상의 대토지소유자는 그 모든 토지를 무상으로 수용 당했다. 대토지소유는 국가사회주의와 군국주의의 온상으로 여겼기 때문이다. 수용된 토지의 면적은 약 265만헥터에 달하고, 이 토지는 토지를 소유하지 못한 약 225만명에 이르는 농업노동자, 영세농민에게 배분되었다. 배분되지 않은 토지는 인민소유로 되었다[19]. 따라서 통일 후 사적인 토지소유권이 보장되는 법질서에서 이러한 무상으로 수용된 대토지소유자의 토지소유권의 회복 내지는 보상이 문제가 되었다.

또한 동독이 사회주의 건설을 추진하는 과정에서 행해진 기업이나 토지의 수용, 강제매수 또는 동독으로부터 서독으로 비합법 또는 합법으로 이주한 시민의 재산에 관한 몰수 내지는 수용된 재산을 어떻게 처리할 것인가 하는 것도 문제되었다. 즉 재사유화의 문제이다.

나. 통일조약에 의한 처리 기준

통일조약은 1) 1990년 6월 15일의 공동성명이 조약의 구성부분이며, 공동성명의 내용에 저촉할 수 없다. 2) 9월 2일의 동독법은 계속 존속하고, 그에 따라 적용될 수 있음을 규정하였다. 3) 통일조약은 소련점령 하에서의 수용을 번복하지 않는다고 한 공동성명의 내용이 기본법의 소유권보장규정과 저촉한다고 해도 효력을 갖는다고 규정하였다. 통일조약은 기본법에 제143조를 신설하였다. 동조약 제143조는 과도기(1992년 말, 경우에 따라서는 1995년까지)에 구동독지역에 적용되는 법규가 기본법의 규

---

18) Vgl. B. Schildt, Bodenreform und deutsche Einheit, in: DtZ 1992, S.97ff.
19) G. Rohde-G. Puls -Zänker, Bodenreform 1945 ‐ Grundlage für die Gestaltung der sozialistischen Landwirtschaft in der DDR, in: NJ 1985, S.353ff.

정에 저촉할 경우도 있음을 허용하였다. 특히 동조 제3항은 다시 과도기의 기한을 넘어 토지개혁의 결과를 번복하지 않는다고 한 결정이 유효하다는 뜻을 규정하였다.

다. 연방헌법재판소의 태도

2차 세계대전 후 동독지역 내에서의 토지개혁에 따라 상실한 토지소유권자들의 소유권 회복과 그에 따른 보상 문제와 관련하여 1990년 10월 5일에 구소유자 14명이 독일연방헌법재판소에 헌법소원을 제기하였다. 토지개혁의 결과를 번복할 수 없다고 하는 통일조약의 규정은 동독건국 후의 수용은 취소될 수 있기 때문에 평등의 원칙에 반하고, 또 소유권을 침해하는 것으로서 헌법위반이라는 것이다. 이에 대해 연방헌법재판소는 12월 20일 먼저 관계되는 토지소유권의 처분금지를 구한 소원인의 가처분신청을 각하하는 가결정을 내렸다. 이어서 재판소는 1991년 4월 23일에 최종적으로 합헌결정을 내렸다[20]. 판결문에 따르면, 첫째로 소련점령 하에서의 수용은 기본법 제정 이전의 일이며, 이 때문에 기본법의 소유권보장 조항을 원용할 수 없다는 것이다. 둘째로 소련점령하의 수용조치를 뒤집지 않는 것은 소련의 요구이며, 이를 인정치 않으면 기본법의 최고 목표인 통일은 이루어질 수 없다는 것이다. 따라서 소련의 요구를 받아들임으로써 결과적으로 생긴 불평등은 통일조약의 제정자의 정치적 재량의 범위 내에 있고, 헌법적 심사는 미치지 않는다는 것이다. 셋째로, 통일조약에 의한 기본법 제143조 제3항의 신설은 구동독지역에서 과거에 생긴 역사적인 사항 가운데 어디까지나 기본법이 미치는지를 확정하는 것이며, 독일기본법 제14조의 소유권 보장의 조항과의 모순을 문제로 하는 것

---

20) 1945-1949년까지 소련군 점령지역에서 점령법과 점령고권에 따른 소련군의 재산몰수 조치에 대한 독일 연방헌법재판소는 합헌결정을 냈다(BVerfGE 84, 90; 94, 12).

은 아니라고 했다. 넷째로 구소유자에게는 반환청구권이 인정되지 않는 대신 금전보상이 주어지는데, 그것은 구소유물 가격에 대한 완전한 보상이 아니라, 다른 전쟁피해의 보상과 균형을 위한 것이다.

Ⅲ. 통일 전 구동독의 소유권의 개관과 토지소유권과 이용권의 분리형태

1. 토지소유권의 개관

가. 소유권의 유형과 그 의미

통일되기 전 동독의 소유권에 대해 사회주의 이상 사회의 건설을 위한 동독헌법은 사회화의 정도에 따라 사회주의적 소유권(동독헌법 제10조), 개인적 소유권(동독헌법 제11조). 사경제적 소유권 (동독헌법 제14조)으로 나누어 규정하였다. 또한 사회주의적 소유권은 다시 그 형태에 따라 전사회적 인민소유권(Das Volkseigentum: 동독헌법 제12조)과 노동자집단의 조합체적 소유권(Das Eigentum gesellschaftlicher Organisationen: 동독헌법 13조). 공동체적 소유권(Das genossenschaftliche Eigentum)으로 나누어진다. 우선 전사회적 인민 소유권은 사회화 정도가 가장 강한 것으로 중앙계획 경제와 함께 동독체제의 근간을 이루는 것이다. 전사회적 인민소유권의 주체는 "국가로서 조직된 사회"(die als Staat organisierte Gesellschaft)이다21). 이것은 통일적인 소유권으로부터 회귀와 사회적 경제적인 형태

---

21) Konkret hierzu G. Turner, Der Eigentumsbegriff in der DDR, in: NJW 1990, S.555f.: K, Heuer(주 3). S.1-63; K. Westen, Das neue Zivilrecht der DDR nach dem Zivilgesetzbuch von 1975, 1977, S.70-83.

의 기능에 따른 차이를 의미한다. 이데올로기적 관점에서 이러한 소유권들은 독일민법상의 소유권 개념과는 의식적으로 차별화된 것으로 여겨진다. 동독민법 제467조에 따르면 물건은 움직일 수 있는 것(동산)과 토지 및 건물이다. 이것들이 소유권의 대상이 될 수 있다. 소유권의 권능은 사회주의 사회에서 책임의식을 지닌 권리행사의 관점 하에서 이해될 수 있는 것이다. 이러한 소유권의 권능은 점유권능, 이용권능, 처분권능을 포함한다. 물권에 대한 소유권의 사실상의 관계는 점유권 하에서 이해될 수 있다. 즉 직접적인 제한가능성을 포함하고 있는 하나의 공간적인 관계이다. 이용권능은 소유권의 핵심적인 것이다. 처분권능은 이용권능보다 그 중요성이 떨어진다. 왜냐하면 사회주의 사회의 시민들은 무엇보다도 개인적이고 문화적이며 물질적인 욕구의 충족을 위하여 소유권을 취득하기 때문이지, 광범한 양도의 목적을 위하여 취득하는 것이 아니기 때문이다22).

나. 사회주의적 소유권

동독 민법전 제18조 제1항에 의하면 사회주의 소유권은 인민소유권, 사회주의 공동체의 소유권, 시민들의 조합체로 구성된 기구들의 소유권을 포함한다23).

(1) 인민소유권은 인민소유의 기업, 콤비나트(대규모 전문화된 업종의 국영기업), 경제를 이끌어 가는 기관, 국가기관과 제도들, 사회주의 공동체와 조합적인 기구들 및 시민들에 의해 이용되었다(동독민법 제18조 2항). 이 권능의 행사는 기본적으로 점유권과 이용권에 의해 효과가 발생하였다. 국가 계획의 범주 내에서 처분의 권능은 존재하였다. 이러한 처

---

22) G. Turner(주 21), S. 555: K. Westen(주 21), S.70.
23) G. Turner ebenda; K. Westen(주 21), S.72-76.

분권능은 시민들을 위하여 항상 효력이 발생하는 것은 아니었다. 특정된 국가와 사회적인 제도들에 대한 하나의 집단적 혹은 개인적인 이용권은 시민들에게 귀속되었다(교육, 문화, 학문, 교통, 정보매체, 공중위생시설, 스포츠 등) 특정의 객체들에 대해서는 1990년 1월 12일 헌법의 변경 시까지 인민소유권의 형태는 강제적으로 규정되었다(특히 토지평가, 발전소, 은행, 보험, 산업공장 등이다. 헌법 제12조 참조). 그러나 "그에 대한 사소유권은 허용되지 않는다"라는 구절은 삭제되었다. 처분권능은 기본적으로 경제활동의 기초가 되는 대상들에 대해서는 적용되지 않는다. 예컨대 그것은 인민소유권의 불가침성의 원칙에도 적용된다. 이러한 보호사상은 담보를 설정 하는 것과 담보를 설정받는 것, 그리고 부담의 금지를 규정하고 있다.

(2) 공동체적 소유권은 사회주의적 공동체에 귀속한다. 사회주의적 공동체들은 인민소유권에서와 마찬가지로 민법전의 규정들이 적용된다(동독 민법 제19조 제2항, 제3항). 여기서 권리 주체는 모든 국민이 아니라 소위 소규모 집단, 법인으로서 공동체들이다. 공동체적 소유권은 공동체의 유형에 따라 생산수단과 그 밖의 대상들, 예컨대 기계, 곡식, 야채, 목축들이다.

(3) 조합체적 기구들의 소유권은 사회주의 소유권의 다른 두 개와 똑같이 취급된다(동독민법 제19조 제2항, 제3항).이에 대한 보유자들은 대중을 상대하는 기구와 정당들이다.

다. 개인적 소유권

노동수입과 저축, 주택이나 가옥의 건축, 개인적인 필요의 객체, 주거나 휴양에 필요한 토지와 건물 등은 개인적인 소유권의 대상이 될 수 있다(동독민법 제23조 제1항). 처분권은 소유자의 권능에 속한다(동독민법 제

24조). 물론 이러한 권능들은 모순되는 목적들이 사회주의 원칙을 추구하는 것이 허용되지 않는 것과 사회주의 사회에서 하나의 책임의식적인 권리를 행사해야만 한다는 관점에서 이해된다. 처분권능은 거의 의미가 없다. 왜냐하면 소유권은 계속적인 양도의 필요성이 있는 것이 아니라, 문화적이고 물질적인 필요의 충족에 공헌하기 때문이다. 토지소유권은 대지와 그와 결합되어 있는 건물(동독민법 제295조 제1항)에도 미친다. 그러나 이에 대한 차이점은 이용권행사시에 적용되는 주말주택의 경우에 나타난다. 이러한 권능은 이용권자의 소유권으로서 토지소유권으로부터 독립된 것이다. 이것은 동산과 마찬가지로 취급된다(동독민법 제296조 제1항). 토지소유권에 관한 양도는 국가의 허가를 요한다(동독민법 제297조). 동독헌법 제11조에 의하면 시민들의 물질적 문화적 요구의 충족을 위하여 공헌해야만 하는 개인적인 소유권은 영업활동을 위한 기초로서 생각되지는 않는다. 1974년에 헌법이 변경된 이래로 중요한 개인적인 노동위에 기초하고 있는 사적인 수공업기업과 영리를 목적으로 하는 기업이 허용되었다. 개인적인 소유권에 관한 규정들은 이러한 소유권 위에도 적용될 수 있다(동독민법 제 23조 제2항).

개인적인 소유권에 대해서는 최근 중요한 과제가 주어졌다. 즉 급부원칙과 소유권의 형성에 관한 결합은 개인적인 이익과 사회적인 이익의 합치를 실현시켜야만 한다는 것이다[24]. 만약 이것이 소유권자의 고유한 노동과 특수한 형태로 결합되어 있고, 사회적 이익이 침해되지 않는 때에는, 비록 개인적인 토지소유권이 소유권자의 물질적이고 문화적인 욕구의 충족에 공헌하지 못한다고 하더라도 그것은 기본적으로 하나의 영업상 혹은 그 밖의 이용권으로부터 배제될 수 없는 것이다[25].

---

24) G. Turner(주 21), S.555.
25) G. Turner(주 21), S.555f.

라. 사소유권

동독민법전은 원칙적으로 사소유권의 개념을 알지 못한다. 그러나 개인적인 소유권의 특성으로 이해될 수 있는 사소유권이 교회나 외국 자본의 기업들과 같은 기구들에 의해 예외적으로 인정되었다. 동독의 문헌들에서는 토지에 대한 사소유권의 보장이 성질상 하나의 특징으로서 제기되었다. 그러나 이것은 소유권자가 이용권을 위하여 책임과 과제의 확정을 통하여 보장되었다는 것을 의미하며, 사용은 사회의 이익에 반하지 않는다는 것을 의미한다는 것이다26). 동독민법 시행법 제3조에서는 동독민법의 규정들이 다른 소유권의 형태에 대해서도 그에 부합되게 적용할 수 있다는 것을 확실하게 규정하고 있다.

2. 통일 전 구동독의 토지소유권과 건물소유권의 분리의 형태

통일되기 전 구동독 지방과 농촌지역에 관련되어 있던 토지와 건물 소유권의 분리 사례들27)과 그러한 사례들의 법적인 기초들에 대한 검토는 토지소유권과 이용권의 결합 문제를 해결하기 위한 선결적인 것이다28). 이러한 결합절차의 적용범위는 우선 농업조정법 제64조에서 기원한다29). 농업조정법 제64조에 의해 규율하고 있는 사실관계들은 물권정리법과 물권정리법의 적용목록을 기초로 한 농업조정법 제64조에 의한 토지질서의

---

26) G. Turner(주 21), S.556: K. Westen(주 21), S.78f.
27) 후술하는 바와 같이 토지소유권과 이용권의 분리 형태는 물권법적인 이용관계를 근거로 한 건물소유권, 농업생산협동조합의 건물소유권, 구동독민법 제459조에 의한 건물소유권 등이 있다.
28) S. Leutheusser-Schrnarrenberger, Die Bereinigung des Sachenrechts in den neuen Bundesländern, in: DtZ 1993, S.35ff. 참조.
29) K.-F. Thöne-R. Knauber, Boden-und Gebäudeeigentum in den neuen Bundesländern, 1995, S.19.

해결과의 관계에 보상금 등을 근거로 하여 나타났다[30]. 이것들은 주로 지방이나 농업지역에 미쳤다. 특히 자가 주택에 관한 취득 혹은 축조(물권정리법 제4조 제1항, 제5조), 농업과 임업지역 내에서의 타인의 토지에 대한 건물의 이용(물권정리법 제4조 제3항, 제7조 제1항과 제2항 5호) 등에 대해 구체적으로 살펴본다.

가. 특별소유권과 자택에 대한 물권적 이용권

동독민법에 따르면 타인의 토지에 대해 물권적 이용권이 설정될 수 있었다. 이에 따르면 독일민법전의 의미에서는 물권행위와 일치하지 않는 국가적인 지위에 의해 행해지는 공법적인 이용권의 지정이라고 할 수 있을 것이다. 이러한 고권적 행위에 의한 물권적 이용권의 형태는 국가의 봉토와 비교될 수 있다. 토지소유권자는 보통 이용권 지정에 대하 문의조차 받지 않았으며, 더욱이 동의해줄 것을 강요받지도 않았다[31]. 이러한 형태에는 다시 두 가지가 있다.

(1) 인민소유의 토지에 대한 이용권

우선 인민소유의 토지에 대해 이용권이 설정되는 형태이다. 이에 대한 법적인 근거로는 동독민법전(DDR-ZGB) 제286조 제1항 제1호에 의하여 제287조 내지 제290조가 적용되는 경우가 있고, 그 밖의 특별법들에 의해서 적용되는 것이다[32]. 예컨대 인민소유의 토지들에 대한 이용권의 대여에 관한 법(Nutzungesrechtegesetz: NutzRG)[33], 자택에 관한 신축, 근대화

---

30) K.-F. Thöne-R. Knauber ebenda.
31) K.-F. Thöne-R. Knauber ebenda.
32) Konkret hierzu K.-F. Thöne-R. Knauber(주 29), S.20-25.
33) vom 14,12.1970,Gbl Ⅰ, Nr. 24, S.372

와 수선에 관한 법(Eigenheimverordnung- EigengeimVO)[34], 인민소유의 토지에 관한 이용권의 대여, 건물에 관한 매도와 대사관건물, 지사주재지, 거주지의 건축을 목적으로 국가에 속한 건물의 일부분에 대한 이용권의 양도에 관한 법률[35], 인민소유의 경영, 국가의 기관 혹은 제도들을 위하여 계약에 의해 이용되는 비인민소유의 토지들에 대한 경작에 관한 감축조치의 경우에 인민소유권의 보장에 관한 법률과 관련하여 동독민법 제459조 제1항이[36] 적용되는 것들이다.

이러한 법규들을 통해 시민들은 자택의 개인적인 이용을 위해 인민소유의 땅에 대한 물권적 이용권을 대여 받을 수 이었다. 이러한 이용 토지는 500평방까지 보유할 수 있다[37]. 인민소유의 토지에 대한 이용권의 대여에 관하여 국가기관에 의해 증명된 이용권증서가 이용권자에게 발급되었다[38]. 이러한 건물에 대해서는 이용권법[39] 제4조에 의해 특수한 건물등기부에 등재해야만 했다. 이러한 건물등기부에 대한 등재는 동독등기절차법 제36조에 따라 당해 토지의 등기부에 등재되어야만 한다. 이러한 이용권은 보통 기한이 없다. 비록 동독민법 제288조 제3항에 의하면 유료의 원칙이 성립되어 있었지만, 그러나 사실상으로는 무료의 이용이 보장되었다[40]. 이러한 인민소유의 토지에 건립된 자택들과 그에 부속되어 있는 부속건물과 농작물들은 동독민법 제288조 제4항에 의해 이용권자의

---

34) vom 31.8.1978 GBI Ⅰ, Nr. 40, S.425
35) vom 26.9.1974, GBI Ⅰ, Nr. 59, S.555
36) vom 7.4 1983, GBI Ⅰ, Nr. 12, S.129
37) Vgl. K.-F. Thöne, Liegenschaftsdokumentation als Grundlage für die Feststellung und Neuordung der Eigentumsverhältnisse in der DDR, Bundesministerium für Ernährung, Landwirtschaft und Forsten(Hrsg), 1990, S.9.
38) K.-F. Thöne-R. Knauber(주 29), S.21.
39) Vom 30.12.1975, GBI Ⅰ Nr.3, S.42.
40) K.-F. Thöne-R. Knauber(주 29), S.25.

개인소유에 속하였다. 이러한 특별소유권은 양도, 상속이 가능하였으며, 동독민법 제452조에 의하여 저당권설정도 가능하였다. 이것은 동독의 민법적인 의미에서는 하나의 토지로서 취급되었다[41].

(2) 협동조합체로 이용되는 토지에 대한 이용권

농업생산협동조합(LPG)은 농업생산협동조합에 관한 법률(LPGG)[42] 제18조에 따라 그들의 집단적 토지이용권에 따라 그 효력 범위 내에서 시민들에게 자택의 건축을 위하여 협동조합체로 이용되는, 그러나 전과 같이 형식적으로는 사적인 경작지를 할당해 주는 권능이 있었다. 이를 위하여 인민소유의 토지에 대한 이용권과 같이 본질적으로는 동일한 원칙들이 다음과 같은 규정들에 의해 적용되었다[43].

예컨대 동독민법 제291조 내지 제295조, 지방에 자택의 건립을 위하여 공동체적으로 이용되고 있는 농지의 준비에 관한 법(Bereitstellungverordnung)[44], 인민소유의 토지에 대한 법률행위에 관한 명령[45], 농업생산협동조합을 통한 농업경작지의 통일적인 경영에 관한 명령[46] 등이 대표적인 것이다. 이러한 특별소유권들은 어떤 경우든 건축물등기부에 등기되어야 한다. 이용권의 지정에 관하여는 증서가 발행되었다[47].

---

41) K.-F. Thöne-R. Knauber(주 29), S.25.
42) vom 2.7. 1982, GBI I Nr.25, S.433
43) K.-F. Thöne-R. Knauber(주 29), S.25-27.
44) vom 9.9.1976, GBI I Nr. 35, S.426.
45) vom 7.7.1969, GBI II Nr. 68, S.433.
46) vom 20.1.1955, GBI I Nr. 10, S.97.
47) K.-F. Thöne-R. Knauber(주 29), S.27.

나. 농촌지역 내 특별소유권

농촌지역 내에 또 다른 중요한 토지소유권과 건물소유권이 분리되어 이용되고 있는 사례군은 농업생산협동조합체의 특별소유권에서 나타난 다48). 이것은 1982년 농업생산협동조합법 제18조에 따른 법률에 의하여 성립된 이용권을 기초로 하여 성립된 것이다49). 이에 따르면 농업생산협 동조합은 농경지에 대한 광범하고 계속적인 이용권 이외에도 조합체로 이용되고 있는 토지에 대한 처분권능을 보유하였다. 이러한 특별소유권 은 협동의 범위 내에서 다른 경영기관과 함께 축조된 건물, 시설물과 경 작물에 대해서도 미쳤다50).

다. 법적인 보장이 없는 토지의 이용

토지소유권과 건물소유권이 분리된 형태는 법적으로 규정된 토지이용 권 이외에도 여러 가지 형태들이 존재하였다. 특히 이러한 형태들은 타인 의 토지에 대한 이용권자의 건물 점유가 국가의 결정이나 동독의 정당기 관들로부터 기원한 것이다51). 이러한 구체적인 이용권은 특정의 법률규 정에 귀속될 수 있는 것이 아니었다. 또한 건물에 대한 투자는 소유권의 보장 없이는 허용될 수 없을 뿐만 아니라 촉진될 수도 없기 때문에, 국가 나 정당 등 권력기관에 의해서 발생하는 경우뿐 이었다. 그러나 극히 예 외적으로 토지이용이 계약을 근거로 인정되거나 농업생산협동조합의 집 합적인 토지이용권에 대해 간접적으로 행사되는 곳에서는 자가주택의 건

---

48) K.-F. Thöne-R. Knauber(주 29), S.31.
49) 이것은 보다 먼저 있었던 농업생산협동조합에 관한 법률에 의해서 기원한 것이다 (Gesetz über die landwirtschaftlichen produktionsgenossenschaften vom 3.6.1959, GBI Ⅰ Nr. 36, S.577)
50) K.-F. Thöne-R. Knauber(주 29), S.31f.
51) K.-F. Thöne-R. Knauber(주 29), S.32.

립들은 허용되었다. 법률 체제에 내재하고 있는 것으로 나타나는 타인의 토지상에 행사되는 이러한 형태들은 오늘날에도 자주 접할 수 있다. 이러한 형태의 일반적인 것은 자가주택의 건립이다. 이것은 사회주의 사회질서의 목표실현을 위한 하나의 도구로서 허용되는 것이다[52].

이러한 유형에 포함되는 것으로서는 국가기관의 허락에 의하여 효력이 발생하는 인민소유의 경작지와 조합체로 이용되는 경작지상의 건물들과[53] 계약에 의한 토지이용의 형태인 위탁계약들(Überlassungsvertrag)[54], 자가주택과 그 부속건물들은 소위 가계를 위한 건물로서 농업생산협동조합들에 의해 지정된 경작지상에 농업생산협동조합의 시범조례에 따라 건립될 수 있다. 이러한 건물들에 대해서는 독립적인 건물소유권이 허용되었다[55]. 더 나아가 1982년에 제정된 농업생산협동조합법 제27조와 1959년에 제정된 농업생산협동조합법 제13조에 의해 농업생산협동조합권에서 스스로 독자적으로 건축한 건물에 대해서도 독자적인 건물소유권이 인정되었다[56]. 이밖에도 지방자치단체에 대한 건축지양도나 1959년 이전의 건축 등에서도 찾아 볼 수 있다[57].

---

52) K.-F. Thöne-R. Knauber(주 29), S.3f.
53) 이러한 형태를 소위 hängende Fälle 라고 한다. Vgl. K.-F. Thöne-K. Knauber(주 29), S.33f.
54) Vgl. G. Schnabel, Überlassungsverträge und unechte Datschen im Sachenrecht-sänderungsgesetz, in: DtZ 1995, S.258ff.
55) K.-F. Thöne- R. Knauber(주 29), S.34f.
56) K.-F. Thöne- R. Knauber(주 29), S.35.
57) K.-F. Thöne- R. Knauber(주 29), S.35f.

IV. 토지소유권과 이용권과의 결합문제

1. 개 설

동독이 독일연방공화국에 편입됨에 따라 연방 입법가들은 동독지역 내에 인정되고 있던 독일민법에는 부합되지 않는 토지에 대한 권리들을 정리할 필요성을 갖게 되었다. 동독에서 인정되던 이러한 권리형태의 기초는 1975년에 사회주의 사회질서의 실현을 위하여 국가의 도구로서 이해되었던 동독 민법전으로부터58) 기인한다59). 당시 동독에서는 토지와 건물이 별개의 물권의 객체로 인정되었기 때문에 토지이용권을 보유한 건물소유권은 사적인 토지소유권의 공동화를 초래하였다60). 이러한 권리형태들은 독일의 부동산 물권법상에서 토지와 건물을 법률상 하나로 취급하는 일체성 원칙에 모순되는 것이었다. 이러한 모순의 해소는 결국 동독에서 인정되던 건물소유권의 현상들을 독일의 법체계로 전환시키는 것으로 이해된다61). 다시 말해서 사유재산제도의 근간을 이루는 소유권 분야에서 법적 통일의 완성을 이루려고 하는 경우에 독일민법에 적합한 권리관계로의 변형을 통해 토지와 건물의 분리를 청산하는 것이 가장 중요한 작업이었다. 이것은 불법의 청산과 관련된 것이 아니라, 토지이용권자와 건물소유자와 사이의 이익조정에 관한 문제이다62). 즉 한편으로는 토지소유권자에게 토지에 대한 자유로운 처분권을 다시 부여함으로써 그들의

---

58) 이에 대해 자세한 것은 K. Westen, Das neue Zivilrecht der DDR nach dem Zivilgesetzbuch von 1975 참조.
59) 예컨대 동독 민법 제1조 참조.
60) K.-F. Thöne- R. Knauber(주 29), S.3.
61) K.-F. Thöne- R. Knauber(주 29), S.4: H.-R. Horst(주 1), S.273.
62) K.-F. Thöne- R. Knauber(주 29), S.4.

소유권을 보장해 주고, 다른 한편으로는 동독시절에 건물소유자가 취득하였던 점유 상태를 토지의 이용자로서 보호해 주는 것이다. 하나의 토지에 대한 이러한 법률관계의 해체가 얼마나 중요한 것인가는 적용 대상의 광범함이 증명해 주고 있다. 예컨대 독일연방의 법무부와 연방농림부의 조사에 의하면 농촌지역에서는 30만에 이르는 주택들이 타인의 대지에 건축되었으며, 그중 약 60퍼센트가 사적인 토지위에, 그리고 40퍼센트가 국가소유의 토지 위에 건축된 것이었다. 이 조사에 따르면 농촌의 전체 자택의 약 75퍼센트가 제3자 소유의 토지 위에 존속하고 있는 것이다[63].

그 밖에도 약 70만척의 농업용 건물과 50년대 초기에 강제수용에 의해 거의 예외 없이 타인의 토지 위에 건축되었던 농업 노동자의 숙소, 토지 개량시설, 저수지, 도로, 수로와 경작지에 대해서는 입법적인 대책이 요구가 대두되었다[64].

농촌지역에서는 해당 토지소유권자와 건물소유권자의 90퍼센트 이상이 동독의 시민들, 특히 주로 인근지역의 주민들이다[65]. 토지와 관련한 복잡한 법률관계들에 대한 불안감은 지역공동체의 평화를 위협하는 것이었다. 이것은 비정상적인 것으로 토지거래에도 악영향을 미치며, 국가 소유의 토지에 대한 사유화사업과 그것을 통한 경제회복을 위해 시급하게 요구되는 투자에도 장애요소가 되었다[66].

이러한 문제들의 해결을 위하여 연방의 입법가들은 두 단계를 상정하였다. 첫 번째 단계로서 동독에 존재하였던 소유권의 형태들을 독일민법 제903조에 부합하는 소유권으로 독일민법 시행법 제231관 제5조, 제233

---

63) Vgl. K.-F. Thöne, Die agrarstrukturelle Entwicklung in den neuen Bundesländern, 1993, S.221f.
64) K.-F. Thöne(주 63), S.221.
65) K.-F. Thöne- R. Knauber(주 29), S.5.
66) K.-F. Thöne- R. Knauber(주 29), S.5.

관 제2조에 의하여 이전시키는 것이었다. 이러한 구상과 관련하여 이용권과 분리된 건물소유권을 위한 통일조약은 오직 임시적인 조치만을 규정하고 있을 뿐이다. 두 번째 단계로는 독일연방의 소유권으로 전환된 동독의 소유권이 독일민법전의 소유권의 구조속으로 이전되어야만 하는 것이다[67]. 이러한 노력의 범주에 속하는 대표적인 것으로 농업조정법, 물권정리법과 채권조정법들의 제정이다. 즉 농지와 전체 농촌지역에서는 농업조정법[68] 제64조에 의하여 대지와 건물의 결합이 동독의회에 의해 이미 통과된 법적인 기초 위에 행해졌다. 이에 따라 토지소유권자와 건물소유권자 사이의 이익조정이 행해졌다. 또한 1994년 10월 1일부로 시행된 물권변경법[69], 특히 물권정리법에 의하여 민법적인 기초가 수립되었다. 이에 따르면 건물소유권자와 토지소유권자와의 대칭적인 규정들에 대한 효력의 문제로서 해결이 모색되었다. 농업상의 사실관계의 규율을 위해서는 채권조정법이 1995년 1월 1일부터 시행되었다. 토지소유권과 건물소유권의 결합문제에 대해 물권정리법 등 특별법에 의한 방법과 기타의 방법으로 나누어 살펴보고자 한다.

2. 농업조정법에 의한 해결

가. 농업조정법의 제정 필요성과 일반 원칙

통일 전 동독의 농촌지역에서 토지소유권과 토지에 대한 이용권 내지 건물소유권과 분리되어 있는 대표적인 사례군은 농업공동체의 특별소유권에서 나타난다[70]. 이것은 1982년 제정된 농업생산협동조합법 제18조와

---

67) J. Schmidt-Räntsch, Einführung in die Sachenrechtsbereinigung, in: VIZ 1994, S.441
68) vom 31.3.1994, BGB1 Ⅰ, 736.
69) Sachenrechtsänderungsgesetz vom 21.09.1994, BGB1. I, 2457.

제27조에 의하여 건립된 건물의 소유권을 기초로 성립된 것이다. 이에 따르면 농업생산협동조합은 농경지에 대한 광범하고 계속적인 이용권 이외에도 조합체적으로 이용되고 있는 토지에 대한 처분권능을 보유하였다[71]. 이러한 특별소유권은 협동의 범위 내에서 다른 경영기관과 함께 축조된 건물, 시설물과 경작물에 대해서도 미쳤다[72]. 이러한 지역에서 토지소유권과 건물소유자의 토지이용권이 충돌되고 있어 이러한 문제를 시급히 해결하기 위해 농업조정법이 제정되었다[73]. 이에 따라 농지와 전체 농촌지역에서는 농업조정법 제64조에 의하여 대지와 건물에 대한 토지소유권자와 건물소유권자 사이의 이익조정이 행해졌다.

농업생산협동조합의 건물소유권을 위해서는 이용자의 청구에 따라 건물등기부에 등기되도록 규정되어 있다(민법시행법 제233관 제2조 b 2항). 이러한 등기를 통해서 그러한 형태의 건물소유권의 거래능력과 담보능력이 창설될 수 있는 것이다. 그러나 그렇게 설정된 건물소유권의 직능과는 관계없이 전과 마찬가지로 커다란 투자 장애로서 분리된 토지소유권과 건물소유권이 존재하고 있다. 농업생산협동조합의 건물소유권은 토지법의 하위에 복속되어 있다[74]. 이러한 형태의 건물소유권을 위해 건물등기

---

70) K.-F. Thöne- R. Knauber(주 29), S.19, 51ff.

71) W. Strobel, Probleme im Gefolge der Novellierung des Landwirtschaft-sanpassungsgesetzes, in: VIZ 1997, S.65

72) K.-F. Thöne- R. Knauber(주 29), S.19f.

73) Gesetz über die strukturelle Anpassung der Landwirtschaft an die soziale und ökologische Markwirtschaft in der DDR(Landwirtschaftsanpassungsgesetz: LwAnpG) i.d.F der Bekanntmachung vom 3.7.1991, BGBl I, 1418, geändert durch Gesetz vom 20.12.1991, BGBl I. 2312, und Gesetz vom 14.7.1992, BGBl I, 1257, zulezt geändert durch das Dritte Gesetz zur Aenderung des Landwirtschaft-sanpassungsgesetz vom 31.03. 1994, BGBl I, 736.

74) Vgl. dazu Bundesministerium der Justiz(Hrsg), Grundbuch-Info. Nr. 1. BAnz. Nr.25a vom 6.2.1993, S.8.

부에 등재하는 때에는 그 사이에 문제가 발생할 수 있기 때문에, 연방사법부는 민법시행법 제233관 제2조에 따라 건물소유권을 위한 건물등기부에 관한 등재를 위하여 임시의 추천서들을 발행하였다. 이 추천서들은 간접적으로 현존하는 소유권관계의 설정을 위하여 청구권능의 심사와 관련하여 농업조정법 제64조에 따라 절차상 요구되는 것이다.

나. 농업조정법에 의한 결합의 법적 근거

농업조정법 제64조는 토지소유권과 건물소유권과의 결합이라는 제목 하에 "법률의 규정들에 의해 인정된 이용권을 근거로 건물과 시설물들이 건립되어 있고, 농업생산협동조합 혹은 제3자의 독자적인 소유권 내에 존재하는 대지들에 대한 소유권은 이 절의 조항들에 의해 대지 혹은 건물과 시설물의 소유자의 청구에 따라 새롭게 정리되어야 만 한다. 이러한 절차를 종료하기 까지는 지금까지의 권리들은 그대로 존속한다"고 규정하고 있다. 그러므로 토지소유권자 혹은 특별소유권의 청구권에 따라 대지들에 대한 소유권 관계들은 정리되어야만 한다. 이러한 절차는 하나의 청구절차이다. 이러한 법적 과제는 분리된 토지소유권과 건물소유권의 결합으로 제한하고 있는 것이 아니라, 넓은 의미에서 이러한 절차를 시행해야할 지역에서의 법적 사실적 관계들의 새로운 질서를 포함하고 있다[75]. 물권정리법에 의한 양당사자의 내적인 관계에서 배타적으로 권리의 정리를 목적으로 하는 사법적인 쟁점들에 대한 차이에서 경지정리관청은 토지질서의 해결의 경우에 하나의 형성적 판단을 제공하였다. 사법적 그리고 공법적인 관계들이 규정의 내용이다. 절차진행을 위한 요건은 건축투자에 따른 타인의 토지에 대한 이용이다.

---

75) K.-F. Thöne- R. Knauber(주 29), S.51.

농업조정법 제64조에 의한 결합은 청구권자를 위하여 소유권 규정에
관한 하나의 법적 청구권을 보유하고 있다는 청구 절차를 표현하고 있
다[76]. 또한 농업조정법 제64조에 의한 절차들은 그 자체가 물권정리에 구
속되지 아니한 하나의 규정 범위를 표현하고 있다. 고권적인 결합 시에
추구된 방안들은 아주 강제적인 것으로 물권정리의 형성에 관한 방향과
관련한 영향력을 확실하게 행사하고 있다. 왜냐하면 법률상의 행위청구
는 이미 1990년 중반부터 성립되었고, 그에 상응하는 전환이 강요되었기
때문이다. 따라서 농업조정법 제64조와 물권정리법에 의한 결합은 분리
될 수 없는 사물의 관련성에 존속하는 것이다. 이러한 결합 절차상의 원
칙들은 물권정리의 기본적 가치와 일치하여야 한다. 그 밖에도 본질적으
로 유사한 지역에서의 사실관계의 경우에 당사자들을 중재할 수 없는 가
치의 모순들이 발생할 수 있다. 농업조정법 제64조 결합 절차는 물권정리
법 제28조 제2호에 의하여 명시적으로 물권정리법에 의한 절차보다도 우
선한다[77]. 그 밖에도 이러한 우선권은 농업조정법 제64조에 의한 하나의
절차가 행해져야만 하는 경우에, 물권정리법 제87조 이하에 의하여 공증
인의 중재절차상에서도 그대로 적용된다.

다. 결합 유형과 그 절차

(1) 자유의사에 의한 토지의 교환

양자의 결합을 위한 절차로서 우선 농업조정법 제54조 제1항을 근거로
자유로운 의사에 의한 토지의 교환이 행해질 수 있다[78]. 이에 대해서는
경지정리법 제103조 a 내지 제103조 i 항들이 적용된다. 당사자들, 예컨대

---

76) K.-F. Thöne- R. Knauber(주 29), S.48.
77) K.-F. Thöne- R. Knauber(주 29), S.49.
78) Konkret dazu K.-F. Thöne- R. Knauber(주 29), S.52-58.

토지소유자와 건물소유자 및 그와 관련한 다른 권리 보유자들은 교환의 당사자로서 농업조정법 제54조 제2항에 따라 자유로운 토지 교환에 대해 합의한다. 이러한 교환의 합의는 본질적으로 나중에 교환 계획들에 의해 수용해야만 하는 양당사자 사이의 모든 내용들을 포함해야만 한다. 결국 그들은 자유로운 토지 교환의 실행을 새로운 경지정리관청에 청구해야만 한다. 따라서 지금까지 노력한 결과들에 대한 구체적인 견해들은 그 청구서속에 내재해야만 한다[79].

(2) 토지정리절차(Bodenordnungsverfahren)

만약 결합을 위하여 자유로운 토지교환이 많은 노력에도 불구하고 이루어지지 못하거나, 결합이 지역적인 사정 때문에 어려운 경우, 더 나아가 권리자가 다수이어서 그 시행이 불가능하게 되면 새로운 경지정리관청의 지도하에 토지정리절차를 시행해야만 한다[80]. 토지정리절차는 다음과 같은 단계로 시행된다. 우선 절차의 착수명령(Anordnung)을 수령하고, 이어서 관여자들의 조사(Legitmation)가 행해지고, 구체적인 내용물의 존립채택, 즉 가치를 평가받고(Wertermittlung), 협상을 하고 토지정리계획상의 결과들을 요약하여, 공적장부(등기부, 지적공부)들을 보고하면 종료하게 된다[81].

라. 결합에 의한 완전한 소유권의 취득

농업조정법 제64조에 의한 관청의 결합의 목적은 토지소유자와 특별소

---

79) 토지교환의 구체적인 절차에 대해서는 K.-F. Thöne- R. Knauber(주 29), 53ff. 참조.
80) Vgl. K.-F. Thöne- R. Knauber(주 29), S.58.
81) Konkret hierzu, K-F. Thöne, Die agrarstrukturelle Entwicklung in den neuen Bundesländern, S. 1993, S.137: K.- F. Thöne.-R. Knauber(주 29), S.58.

유자의 당시까지의 소유권 위치들을 통일시키기 위한 것이다. 따라서 여기에는 두 가지 가능성이 있었다[82]. 첫째로는 결합된 소유권이 해당자의 한 사람에게 혹은 제3자에게 귀속될 수 있도록 하는 것이다. 그래서 당시까지의 특별소유권은 독일민법 제94조 제1항에 의하면 토지의 본질적인 구성부분이 된다. 따라서 동시에 지금까지의 법적 지위에 대한 현재의 정당한 가치는 금전 혹은 대체지 형태로서 소유자에게 보장되어야만 한다. 다른 민법상의 해결은 토지에 대한 지상권이라는 이용권 혹은 점유권으로서 지금까지의 특별소유권의 변형으로 성립한다. 이러한 해결방안들은 물권정리법의 해결모델과도 일치한다. 즉 지상권 설정에 대한 사법상의 청구권(물권정리법 제32조 내지 제36조) 혹은 이용되고 있는 토지의 매입에 관한 법률상의 청구권(물권정리법 제61조 내지 제84조)이 유효하게 행해지는 것과 같다.

3. 물권정리법에 의한 토지소유권과 건물소유권의 결합

가. 물권정리법의 제정목적과 일반 원칙

물권변경법(Gesetz zur Änderung sachenrechtlicher Bestimmung: Sachen-rechtsänderungsgesetz) 은 1994년 10월 1일부터 시행되었다. 이 법의 핵심은 물권정리관계라고 할 수 있다[83]. (이하에서는 약칭인 물권정리법 (Sachenrechtsbereinigunsgesetz)으로 통일하여 사용한다). 이 법을 통해서 동독 당시의 물권적 이용관계들이 독일연방 공화국의 현행 법률의 규정들에 의해 규율될 수 있게 되었다. 연방 입법가들은 물권법분야에서의 동

---

82) K-F. Thöne- R. Knauber(주 29), S.76.
83) Münchener-Kühnholz, Einführung zum Sachenrechtsbereinigungsgesetz und zum Schuldrechtsänderungsgesetz 3. Aufl., Rn.1(S. 2178).

서독간에 많은 차이가 나고 있는[84] 독일법의 통일을 이룩하는 것뿐만 아니라 무엇보다도 해당자들 사이의 법적 안정성과 법적 평화를 구축하려는 것을 주된 사명으로 삼았다. 더 나아가 물권정리법은 오직 권리의 동화만을[85] 규정한 것이 아니라 이용자와 토지소유권자간의 법적 사회계약적인 정당한 이익의 조정을 위함이다[86].

물권정리법과 같은 날 공포된 채권조정법의 규정들에 의해 형성된 새로운 권리관계들은 한편으로는 건물 혹은 자택의 취득을 위한 양도 등 물권적 이용권들의 다양한 사회적 경제적 의미에 부합되는 것이며, 다른 한편으로는 건물의 축조를 위한 기초들인 계약상의 이용관계에 부합하는 것이다. 물권정리법은 동독지역 내의 물권적 이용권들과 그 이용형태들에 대하여 독일민법을 적용받을 수 있도록 이전시켜야만 하는 것이다. 따라서 타인의 토지 위에 존재하는 자택의 소유자는 원칙적으로 자신의 선택에 따라서 토지를 구매하거나 90년 기간으로 지상권의 설정을 요구할 수 있다(동법 제15조-제18조)고 규정하였다. 물권정리는 주로 별개의 건물소유권과 토지소유권을 토지소유권자의 권리에 결합시키는 것이기 때문에, 그 절차상 두당사자들 사이에서 사적인 조정이 나타나게 된다. 이러한 건물소유권자의 토지이용권과 토지소유자 사이의 이익의 조정은 외견적으로 어려운 것으로 보이지만, 실제로는 이 법의 시행에 의해 방대한 물권정리가 순조롭게 행해졌다. 예컨대 30만 자가주택, 9만의 경제관련 건물과 4만의 소위 복합주거건물들로서 새로 건립된 건물들에 적용되었다. 이러한 결과는 이 법의 사회 경제적 의미와 제정의 긴급성을 보여 주는 것이다[87].

---

84) J. Schmidt-Räntsch, Zur Neuordnung der Nutzung fremden Grund und Bodens, in: DtZ. 1994, S.322.

85) Vgl. BJM, DtZ 1993, S.49: BT-Drucksache 12/7425, S.58.

86) BT-Drucksache 12l7425, S.3 u. S.58: BJM Eckwerte, in: DtZ 1993, S.49.

이러한 물권정리법은 제정 당시까지 민법시행법상에 포함되어 있는 동독의 부동산법에 대한 정교한 보완을 규정하고 있는 것이 아니라 독자적인 가치에 의해 현존하고 있는 분쟁 해결을 위한 일반적인 조정과 독일민법에 규정되어 있는 법률제도에로 전환시키려고 하는 노력들을 규정하고 있는 독자적인 법제정이다[88]. 전술한 바와 같이 농업조정법 제64조에 의한 결합절차에서 뿐만 아니라 물권정리에서 이미 나타나고 있는 법률관계들을 새롭게 규율할 수 있는 것과 관련되어 있다. 이것은 다른 사회 경제적, 그리고 법적인 체계상에서 기초되고, 그 내용에서도 독일민법전과 그의 부속법규들에도 부합되지 않는 것이었다. 이러한 법률관계의 새로운 조항은 소유권 규정과 관련된 시급한 과제로서 표현되는 데에 이론이 없다. 이러한 두 개의 법적 기초들은 건물과 그것이 축조되어 있는 대지에 관한 법적 경제적인 통일을 회복하는 것에 공헌하는 것이다[89].

나. 물권정리의 대상

물권정리법은 제1조에서 기본원칙에 관한 법률관계를 규정하고 있다. 또한 물권정리법 제4조 내지 제7조의 규정은 구체적인 적용범위에 대해 규정하고 있다. 이것들을 통해 당시까지 알려지지 않았으나, 물권정리에 의해 인식될 수 있는 유사한 사례들을 알 수 있다[90]. 예컨대 건물의 이용권(동법 제4조), 자가주택의 취득과 건축(동법 제5조), 국가 혹은 공동체적인 주택건설(동법 제6조), 기타 건물의 이용권(동법 제7조) 등이다. 시기와 관련한 물권정리법의 적용범위는 동법 제8조에서 1945년 5월 8일

---

87) K.-F. Thöne(주 81), S.221f.
88) H.-F. Krauss, Sachenrechtsbereinigung und Schuldrechtsanpassung im Beitrittsgebiet Kommntar, 1. Aufl., 1995, S.19.
89) K.-F. Thöne- R. Knauber(주 29), S.7.
90) BT-Drucksache 515/93, 65.

이후부터 최소한 1990년 10월 2일까지 완료된 건물 및 건물취득과정과
이용권양도에 미친다고 한다. 또한 농업생산협동조합에 의해 지정된 이
용권들과 관련하여 이 시간적 공간은 1990년 6월 30일까지로 제한된다.
이것을 인정한 이유는 농업생산협동조합의 포괄적인 토지이용권이 1990
년 7월 1일부터 폐지되었기 때문이다. 적용범위에 관해 구체적으로 살펴
보면 다음과 같다.

(1) 토지들

이용권이 부여되어 있는 토지와 그 위에 독자적인 건물소유권이 설정
되어 있는 토지 및 토지소유권을 가지지 못한 자가 건축을 하기 위한 목
적으로 국가의 승인을 얻어 청구권을 보유하고 있는 토지들이 적용대상
이 되었다[91].

(2) 국가와 조합의 주택들

이 사례들의 경우에는 인민소유 및 개인의 토지위에 주로 복합주택건
축 형태로서 건립된 주거단지와 관련되어 있다. 주거단지들이 토지의 경
계를 넘었을 때 여러 가지 문제가 발생하였다. 오늘날 이 문제는 토지의
경계들이 주택들에 의해 유월되었다는 방식으로 모순된 소유권의 지위에
이르게 된다. 또 다른 문제는 권리보유자의 지위를 가지지 못하였거나 권
리보유자로서 교체되지 못한 때에 발생한다(동법 제1조 제3항, 제6조).

(3) 물권정리에 의해 적용되는 기타 법률관계

(가) 관청에 의해, 영업상으로 그리고 농업에 이용되는 건물들이다. 이
것은 동독의 법률의 규정에 의해서 독자적인 건물소유권이 성립되어 있

---

91) Konkret dazu K. Achitelik(주 2), S.110ff.

는 곳에서 발생되는 사례들이다. 예컨대 이것들은 동독민법 제459조, 농업생산협동조합법 제18조와 제27조, 물권정리법 제1조 제1항 3호, 제7조의 사례가 이에 해당된다.

(나) 동독민법시행법 제5조 제2항에 의해 형성된 자상권이 설정되어 있는 토지들이다(동법 제1조 제1항 2호).

(다) 동독민법 제459조에 의해 공유지분이 성립되어 있는 토지이다(동법 제1조 제1항 3호).

(라) 토지소유권을 보유하지 못한 자가 소유자에 의해 인정된 공동이용권이 없이 개발시설물 혹은 위락시설(Entsorgungsanlage)을 설치한 토지들이다(동법 제1조 제1항 4호).

그러나 다음과 같은 법률관계는 제외된다.

1) 이용자가 토지에 1990년 10월 2일의 통일조약을 근거로 혹은 양도된 이용권을 근거로 휴양소, 휴게소 혹은 소정원의 경영 혹은 한 개인을 위하여, 그러나 주거목적으로 제공되지 않는 건물을 위하여 건축한 때이다.

2) 이용자가 토지에 하나의 용익임대차, 사용임대차 혹은 기타 이용계약을 근거로 1호에서 언급된 목적으로서 타인을 위해 건축한 때, 그러나 이용자는 계약상의 근거에 따라 건축상의 투자를 기획하였을 때에는 제5조 내지 제7조에서 표시하고 있거나 혹은 동독의 법률의 규정에 따라 그것의 보장을 위하여, 토지는 건축지로서 이미 조성되고, 제3조 제2항 1문에서 기술하고 있는 법적지위에 기초되어야만 한다.

3) 이용자가 빗물관리, 배수시설과 같은 토지에 농업과 임업용 도로 이용의 개선을 위한 시설물을 건축한 때이다.

4) 이용자가 토지를 공적인 목적에 제공되고, 특정의 행정업무(특히 대학, 학교 등)에 이용되는 건물들, 혹은 공동이용에 제공되는 시설물들을

축조한 때이다. 다만 그 토지가 종합적인 주택건물로서 혹은 집단거주 지역건물로서 이용되거나 하나의 통일적인 건축개념에 의하여 축조된 한 지역 내에 있을 때에는 예외이다.

　5) 이용자가 토지에 통일조약에 의해서 계속적으로 유효한 동독의 공법상의 규정을 근거로 건축한 때이다. 동독민법 제459조 제1항 1문에서 규정하고 있는 법인들에 의하여 계약상으로 이용되는 토지위에 휴양소, 휴게소 혹은 소정원의 경영을 위하여 건축된 건물에 대해서도 유추 적용된다. 만약 이것이 종업원 혹은 제3장에 의해 단순한 개인적인 이용을 위하여 정해진 때에는 휴가 기간 동안 이용을 목적으로 하는 집, 주말에 이용하는 것을 목적으로 하는 집, 혹은 다른 휴양을 목적의 범위 내에서 제공되는 주거지를 건축하였고 이것을 공동체적인 기관으로서 제공하거나 제공해 온 경우에도 역시 적용된다. 더 나아가 이 법은 a) 만약 이용자가 동독의 정당법 제20조a와 b의 의미에서 한 정당과 결합되어 있는 대량기관 혹은 하나의 법인인 정당인 때 혹은 b) 만약 이용자가 1990년 3월 31일까지 혹은 그전의 한 시점까지 상업적 지역에 속하였던 하나의 기업 혹은 기업의 법적상속자일 때에도 효력이 없다.

　(마) 농업조정법 제43조 내지 제50조와 제64조 b에 의하여 농업생산협동 조합 혹은 그 상속기업의 구성원의 청구권들에 대한 규정들은 이 법률의 규정들보다 우선한다.

다. 물권정리와 완전한 소유권 취득

　물권정리의 기본원칙은 독일민법전의 권리로 법적인 변형(gesetzliche Umwandlung)을 유도하는 것이 아니라 건물소유자의 선택에 따라 매매계약을 체결하거나[92] 지상권을 설정할 수 있는 청구권[93]과 이용권의 교환을 핵심적인 해결방안으로 규정하고 있다. 물권정리법은 지상권과 토지매수에 대한 일반 규정을 동법 제14조 내지 제18조에 규정하고, 이어서 지상권 설정을 통한 물권정리와 관련하여 동법 제32조 내지 제60조에서 구체적으로 규정하고 있다[94]. 또한 토지구입에 의한 해결방안에 대해서는 제61조 내지 제84조에서 규정하고 있다[95]. 물권정리법은 이러한 청구권을 구체적으로 규정함과 동시에 실행절차에 대해서도 자세하게 규정함으로써 절차법적 성격을 함께 지니고 있다. 예컨대 제85조 내지 제108조에서 이러한 실행 절차에 대해 규정하고 있는 데, 이용권과 토지경계에 관한 확립절차(동법 제85조-제86조), 공증인의 중개절차(동법 제87조-제107조), 지상권설정이나 토지 혹은 건물의 매입 등과 관련한 재판상의 절차(동법 제103조 내지 제108조) 등을 규정하고 있다.

이상과 같은 지상권설정이나 토지매수, 이용권의 교환에 의한 물권정리는 결국 분리된 토지소유권과 건물소유권을 결합시켜 완전한 단일 소유권으로의 전환을 의미한다. 이것은 독일민법 제93조와 제94조의 규정들에 기초하고 있다. 이 규정들은 토지와 건물에 대한 완전한 단일 소유권의 원칙을 촉진시키고 있다. 예컨대 독일민법 제93조와 제94조에 의하면 건물소유권과 토지소유권 사이의 분화는 원칙적으로 배제되고 있다. 그럼에도 불구하고 이 외에 존재하고 있는 다른 소유권형태들, 예컨대 지상권 혹은 주거소유권으로 명할 수 있는 것들인 형태들에 의해 완전한 단일 소유권의 원칙이 수정되었다. 그러나 건물소유권과 토지소유권의 결

---

92) Vgl. O. Vossius, Der Ankauf des Grundstücks nach dem Sacherechtsbereinig-ungsgesetz, in: DtZ 1995, S.154ff.

93) Konkret dazu Th. Purps-H.-F. Krauss, Sachenrechtsbereinigung nach Anspru-chsgrundlage, 1997 참조.

94) Vgl K.-F. Thöne-R. Knauber(주 29), S.228-246: Th. Purps-H.-F. Krauss(주 88), S.110-147.

95) Vgl K.-F. Thöne-R. Knauber(주 29), S. 247-266 : Th. Purps-H.-F. Krauss(주 88), S.148-181.

합에 의한 통일이 가장 일반적인 정리의 형태이다[96].

완전한 단일 소유권의 원칙에 반하는 소유권 형태들 역시 동독시절에 행해진 이용권들에 의해 형성된 독자적인 건물소유권에 대한 두드러진 차이점을 나타내 주고 있다. 10세기 초 독일의 사회 건설로부터 기인한 지상권과 같이 이러한 권리의 설정의 경우에 지상권자가 건물의 소유자가 되는 반면에 토지소유권자가 토지의 소유자로 계속 존속하게 된다[97]. 지상권이 토지소유권과 유사한 권리로서 상속되고 자유롭게 처분되는 동안에 독립적인 건물소유권은 오직 제한된 요건에 의해서 상속과 처분이 가능하게 된다. 따라서 물권정리법은 기존의 법률관계들에 대한 새로운 규정들을 위하여, 이미 제기된 문제들에 대한 해결들을 통하여 독일민법전과 그 부속 법률들의 범주 속으로 전환이 이루어진 것이다. 만약 이용권자가 기본적으로 그에게 귀속되어 있는 토지의 매각 혹은 지상권의 설정을 결정할 수 있는 선택권을 행사하는 때에도 건물과 토지에 대한 완전한 단일 소유권이 성립한다. 여기서 이러한 권리관계의 새로운 형태가 실제로 예전의 독일연방의 법들에 대한 융화를 통하여 작용될 수 있을 것인가 혹은 이러한 권리형태를 생각할 수도 없는 것인가는 또 다른 과제이다[98].

라. 실제로 행해진 물권 정리의 유형

물권정리법은 물권 정리를 어떠한 통일된 계획 하에 행하려고 하는 것은 아니었다. 물권정리법의 시행을 통하여 농촌에 있는 토지소유권자와

---

96) K.-F. Thöne·R. Knauber(주 29), S.11.
97) Vgl. K.-F. Thöne·R. Knauber(주 29), S.11f.
98) 이에 대해 자세한 것은 R. Stürner, Sachenrechtsbereinigung zwischen Restitution, Bestandschutz und Rechtssicherheit, in: JZ 1993, S.1074 u. S.1079.

이용권자들은 분할된 토지소유권과 건물소유권을 결합시키기 위해서는 통상 다음 세 가지 중에서 선택적으로 행사할 수 있다[99].

(1) 자유스러운 합의의 경우에 관계된 소유권자들은 그들의 법률관계에 대한 새로운 규정과 관련한 법률의 규정들에 대해 구속되지 않고 서로 타협할 수 있다.

(2) 자유로운 합의가 불가능하거나 물권정리법에 의해 하나의 청구권이 유효하게 행사된 경우에, 이 법률관계의 새로운 규정은 이 법률의 조치에 따라 효력을 지니게 된다. 그러나 이에 대해서는 보통 물권정리법 제87조 이하에서 규정된 공증인의 중개절차의 실행이 요구된다. 비록 물권 정리가 관계자들의 법률관계의 형성을 기본적으로 그들의 손에 의존하고 있다고 하더라도, 그것은 이러한 중개 절차와 함께 하나의 절차상의 요건을 충족하도록 요구하고 있다. 왜냐하면 이러한 관계자들은 사적 자치의 영역에서 농업조정법 제64조에 따라 관청에 의해 주도된 결합절차와는 관계없이 행하고 있으므로 전문적인 도움이 없이는 그러한 지위를 보유할 수 없기 때문이다. 하나의 계약을 체결하기 위한 기초를 쌓고, 그리고 물권정리의 계획에 부합하는 계획서를 작성한 다음, 이어서 지상권 설정계약 혹은 토지매매계약의 체결에 대한 청구권의 사법적인 절차의 시행이 매우 어려운 것이므로, 법률은 공증인의 중개절차를 재판의 판결 전에 행할 수 있는 절차로서 간주하였다. 이러한 절차상에서 관계자들의 다양한 이익에 대한 중개자로서 공증인은 관계자들이 계속적으로 만족할 수 있도록 해야만 한다. 물권 정리에 대한 이러한 순수 사법적으로 형성된 영역에서는 공증인의 중개절차가 기본적으로는 법적인 평화에 공헌하는 기능과 동등하게 만족시킨다. 이것은 농업조정법 제64조에 의해 수행해야만 하는 결합에 대해 독자적인 전문기관으로서 경지정리관청을 통해

---

99) Vgl. K.-F. Thöne- R Knauber(주 29), S.14f.

이미 효과적인 것으로 추측되고 있다. 이러한 사례들에서 관계 당사자들이 합의할 수 없는 동안 공증인을 통한 중개는 무엇보다도 의미가 있는 것이다. 왜냐하면 공증인은 합의의 사건의 경우에 지상권계약 혹은 토지매매계약의 증명을 위해 최종적인 권능을 가지고 있기 때문이다[100].

(3) 결국 농촌지역에 있는 관계자들에게는 결합이 관청에 의해 행해지는 경우, 즉 경지정리관청에 의해 새로운 땅에 대해 수행하는 행정절차와 관련되어 있는 경우에는 농업조정법 제64조에 의한 결합이 행해진다[101]. 그러나 이것은 오직 원칙에 불과하다. 왜냐하면 동독민법 제312조 이하에 의하면 바로 축조된 건물에 대한 분리된 소유권이 취득되기 때문이다. 이러한 소유권과 물권적 이용권과의 차이점은 입법가들에 의해 이루어졌다. 이러한 차이점은 마치 물권정리를 통해서 적용되는 건물에서와 같이 동독 민법 제312조 이하의 사례들에서 토지에 물권적인 부담이 없다는 것과 이용자들에 의해서 축조된 건축물들이 법적으로 뿐만 아니라 경제적으로 동일한 의미를 부여 받지 못한다는 것이다[102]. 더 나아가 이용계약이 해지 가능하였거나 혹은 최소한 재판상의 판결에 의해 종료될 수 있을 수 있고, 그리고 계약상의 이용권이 이용자를 위하여 지금까지의 권리들이 정당하게 변경되지 않는 결과를 가질 수 있다는 점에서 차이가 났다[103].

이러한 기준들에 대해 동독에서는 그러한 물권과 채권법적인 이용권들 간의 엄격한 분리가 행해질 때에, 그리고 물권적 이용권자의 법적 지위 사실상 계약상의 이용권자의 지위와 아주 다를 때에 한하여 효력이 발생

---

100) Vgl. Frenz, in : DtZ 1995, S.66 u. S.67.
101) Vgl. E. Schweizer- K.-F. Thöne, Das Recht des landwirtschaftlichen Betrieb in den neuen Ländern, 1993, S.254 u. S.239ff.
102) BT-Drucksache 12/5992, 57.
103) BT-Drucksache 12/5992, 57.

할 수 있을 것이다. 물권적으로 표시되는 이용권과 관련하여 동독민법 제
283조, 제299조, 그리고 농업생산협동조합법 제18조에 의하여 연방법무
장관이 그 결과들에 대해 이러한 권리의 분석의 경우에 발생한다는 것을
확립할 수 있다. 이것은 민법의 의미에서 물권과 관련되어 있는 것은 아
니다. 인민소유권에 관한 하나의 물권적 부담은 이미 불가침성의 원칙을
근거로 완전히 배제되었다104).

마. 물권정리법에 대한 평가

물권정리법은 토지소유권자와 이용권자 사이의 이익 조정을 통한 법적
안정성과 평화유지라는 목적을 상당히 달성한 것으로 평가된다. 물권정
리법에 대한 평가와 관련하여 먼저 물권정리법에 대한 비판적인 견해로
는 위헌적인 요소가 있다는 것이다105). 예컨대 토지소유권자와 이용권자
에 대해 물권정리법에 의해 보장되고 있는 법적 지위를 비교해 보면, 이
용권자가 상당히 우월하다는 것을 알 수 있다. 이용권자에게는 매매와 지
상권 설정 사이의 선택권이 주어져 있다. 그는 토지소유자에게는 존재하
지 않는 토지가치 50%를 보유하고 있다는 점 때문에 독일기본법(GG) 제
14조와 제3조 제1항의 자의성 금지에 충돌된다고 볼 수 있으며, 그것을
통해 헌법위반 혹은 흠결을 이유로서 부정될 수 있다는 것이다106). 다시

---

104) K.-F. Thöne- R. Knauber(주 29), S.187.

105) Vgl. F. Ebel, Zur Verfassungswidrigkeit von Regelungen des Sachenrechts-
bereinigungsgesetzes, in: VIZ 1998, S.177ff. : O. Vossius, Der Ankauf des
Grundstücks nach dem Sachenrechtsbereinigungsgesetz, in: DtZ 1995, S.154ff.:
U. Wesel, Nutzer, Nutzung und Nutzungsänderung nach dem Sachenrechts-
bereinigungsgesetz, in: DtZ 1995, S.70ff.: F. Wilhelms, Nutzungsrechte in der
Sachenrechtsbereinigung, in: DtZ 1995, S.238ff.: P. Zimmermann, Zusammen-
führung von Grundstücks- und Gebäudeeigentum, in: VIZ 1995, S.377ff.

106) Vgl. H. Schulz-Schaefer, Umverteilung von Grundeigentum in den neuen

말해서 토지이용권자에게 보장된 선택 조건들 사이의 토지 가치에 대한 분배는 독일기본법 제14조에 의해서 보호되고 있는 토지소유권자의 소유권을 침해하는 것으로 표현할 수 있다는 것과 독일기본법 제3조에 의해 일반적인 평등의 원칙에 반한다는 것이다. 이에 대해 많은 논란이 있었지만, 물권정리법의 적용범위 내에 있는 토지소유권자의 취급은 자신의 토지가 동독시절에 제3자에 의해 이용된 그 밖의 소유자들과 반대되어 자의적인 것인가의 여부는 문제가 있다. 독일헌법재판소의 판결에 의하면 입법가들은 이러한 범위 내에서 아주 광범위한 활동 공간을 제공받았다고107) 인정하였으며, 사실상 차별에 대해 대체 가능하고 충분한 근거가 있는 것으로 인용되는 경우에는 자의성의 부정으로도 충분하다고 판시하였다108).

이러한 위헌 논의와 맥을 같이 하여 비록 이용권자를 보호한다는 물권정리법의 원칙이 정당하고 바르다는 것이 일반적으로 승인된다고 하더라도, 토지소유권자의 보호도 병행되어야 한다는 비판이나109), 물권정리법은 관계자들 사이의 정당한 이익 조정을 수행하려고 하는 이 법의 목적 자체가 정당하지 못하다는 비판도 있었다. 왜냐하면 이용의 부담을 안고 있는 토지에 대한 토지소유권자는 이 법에 의하여 마치 권리가 없는 것처럼 표현되고 있기 때문이다110).

이러한 위헌문제나 그와 동일시 할 수 있는 비판뿐만 아니라 구체적인 내용과 관련해서도 비판이 제기되었다. 물권 정리 과정 중에 나타나는 이

Bundesländern, in: MDR 1993, S.921 u. S.924.
107) BVerfGE 74, S.182(200).
108) BVerfGE 75, S.108(157).
109) Vgl. B. Grün, Das Sachenrechtsänderungsgesetz, in: NJW 1994, S.2642 u. S.2648.
110) Vgl. H. R. Horst, in: ZOV 1994, S.342 u. S.361.

익의 조정은 건물 소유권자에게 유익한 것이 되지 못하였음에도 불구하고 그것이 수용되어야만 했다는 점이 부당하다는 것이다. 이러한 문제로 인하여 물권정리를 통해 이용권자들과 토지소유권자들 사이에 존재하고 있는 법적인 불안정성, 그리고 높은 토지 가치 때문에 양당사자 사이에 긴장이 고조되었다는 것이다[111]. 물권정리법은 그의 상세한 법적인 기술에도 불구하고 토지소유권자들과 이용권자들 사이의 충돌을 대체하는 것이 아니라 거의 솔로몬식으로 해결했다는 점과[112], 무엇보다도 물권정리법이 복잡하다는 것이었다[113].

이러한 비판이 있음에도 불구하고 이 법이 목적하였던 이해당사자들의 이익 조정을 정당하게 수행하였다는 점은 간과해서는 안될 것이다. 따라서 이해 당사자들이 그들의 법률관계의 형성을 위하여 스스로 동의하여 해결된 수많은 사건들에서 이 법의 근본적인 가치를 인정해야 한다는 것이다. 당해의 건물소유권자들과 토지소유권자들의 경우에는 법률은 여러 방면에서 이익이 충돌되고 있다[114]. 또한 물권정리법에 의한 정리는 농업조정법 제64조의 결합 절차와 마찬가지로 존재하고 있는 투자 장애의 해소에 공헌하였으며, 농촌지역의 발전을 위해 큰 자극을 제공한 것으로 여겨진다. 이것이 동독지역이 발전을 위해 얼마나 중요한 것인가는 광범한 경제부흥을 위해 가장 큰 장애물이라고 여겨졌던 소유권관계가 정리될 수 있다는 것이 말해 주고 있다[115].

---

111) BT-Druckache 515/93, 53.
112) H. Hagen(주 8), S.433.
113) Vgl. Frenz(주 100), S.66.
114) K.-F. Thöne-R. Knauher(주 29), S.16.
115) Vgl. K.-F. Thöne-R. Knauher(주 29), S.8.

4. 채권조정법에 의한 결합

가. 채권조정법의 제정과 적용범위

1995년 1월 1일부터 시행된 채권조정법은[116] 새롭게 독일연방공화국에 편입된 지역에서 토지에 관한 채권법적인 이용관계의 조정을 위한 법이다(Gesetz zur schuldrechtlicher Nutzungsverhältnissen an Grundstücken im Beitrittsgebiet)[117]. 이 법은 당시까지 미해결된 재산관계들의 규정들을 통해 동독 토지법의 연방법에로의 전환을 완료하였다[118]. 채권법적인 이용권은 타인의 토지에 대한 경작 및 개량작업지에 대한 법률관계와 농업생산협동조합에서 기획된 농작물에 대한 법률관계들이 주요한 적용 대상들이다[119].

나. 채권조정법에 의한 결합

채권조정법의 핵심적인 내용은 동법 제1조 제1호라고 할 수 있다[120]. 채권조정법 제1조에 의하면 토지이용계약의 3가지 유형을 이 법의 규율범위에 포함시키고 있다. 첫째로 휴양, 여가형성과 소정원의 경작을 위한 토지에 관한 이용계약들이다(동법 제1조 제1호). 이것은 동독민법 제312

---

116) Schuldrechtsanpassungsgesetz vom 21.September 1994(BGBI Ⅰ, 1994, S.2538).
117) 채권조정법에 대한 제정과정에 대해서는. H.-F. Krauss, Sachenrechtsbereinigung und Schuldrechtsanpassung im Beitrittsgebiet, Kommentar 1. Aufl., 1995; K. Rövekamp, Einführung in die Schuldrechtsanpassung, in: NJ 1994, S.289ff.: H. Trimbach- H. Matthiesen, Einführung in die Schuldrechtsanpassung, in: VIP 1994, S.446ff. 참조
118) H. Trimbach- H. Matthiessen(주 117), S.416.
119) K.-F. Thöne-R. Knauber(주 29), S.48 : B. Messerschmidt, Das Schuldrechtsän-derungsgesetz, in: NJW 1994, S.2648ff.
120) Erman- Küchenhoff, §1 SchuldRAnG, 10. Aufl., 2000, S.2752.

조 이하에 의한 이용계약들과 농업생산협동조합법 제18조 제2항 2문에 의한 계약들, 요양목적을 위한 양도계약들 및 동독민법전시행까지 주거목적으로서 다른 사람들의 목적을 위해 체결된 토지에 대한 용익임대차 및 사용임대차계약이 포함된다. 둘째로 민법시행법 제232관 제1조 a에서 규정되어 있는 주거 및 영업의 목적을 위한 양도계약이다(동법 제1조 제2호). 셋째로 용익임대차, 사용임대차 혹은 기타 이용계약들이다. 이 계약들은 토지소유권자로서 타인에 의해 체결되고 국가의 지위로서의 동의에 의해 주거 혹은 영업의 목적으로서 제공된 건물이 건축된 것이다(동법 제1조 제3호).

소극적인 적용의 한계에 대해서는 물권정리법의 하위에 놓이게 되는 권리관계의 우선순의를 규정하고 있는 채권조정법 제2조를 통해서 효력이 발생하였다. 동독에서 인정되던 권리들이 연방법상 권리로 동화되는 것은 채권조정법 제6조 제1항에 의한 법률의 변경의 과정에서 채권조정법 제1조에서 언급되고 있는 권리관계에 대해 효력이 발생한다. 용익 및 사용임대차의 규정들은 이러한 권리들에 대해서도 적용된다121).

채권조정법 제1조에 구분되어 있는 계약의 유형과 토지이용의 형태에 따라 특수한 조정규정들이 공포되었다. 가장 중요한 것으로는 통상의 용익 임차권과 이용임차권에 대칭하여 명확하게 확장된 해지 보호 규정들이다. 채권조정법 제23조, 제38조, 제49조, 제52조 등이 주요한 예들이다. 이 규정들은 특정의 전환기를 위하여 이용자에게 점유보호를 보장한 것이다. 왜냐하면 이것은 보통 장기간의 이용을 할 수 있도록 설정되었기 때문이다122). 다른 한편으로는 토지소유권자들의 이익을 위해 하나의 조

---

121) D. Borisch, Die sozialistische Grundeigentumsordnung und deren Überleitung in die bundesdeutsche Rechtsordnung, Gottingen Uni. Diss., 1996, S.196.
122) BT-Drucksache 12/7 135, S.31.

정을 표현하는 대부분 무상 계약들이 유상으로 전환되었다. 이러한 그들의 토지에 대한 해지권은 해지의 규정들을 통해서 장기적으로 박탈되었다[123]. 계약관계의 종료를 통해 그에 의해 건립된 건축물들에 대해 당시까지 존재하고 있던 이용권자의 독자적인 소유권은 토지소유권자들에게 이전되었다(동법 제11조). 이러한 권리상실에 대하여 이용자는 건축업이 법적으로 인정되는 범위 내에서 채권조정법 제12조 제1항에 의하여 토지소유권자에 대한 하나의 손해배상청구권을 보유하였다.

비록 채권조정법 제11조와 제12조의 규정들이 개개의 계약의 형태들에 대해 특별히 규범화된 규정들보다도 우선하는 지위에 있다고 하더라도, 동독민법 제312조 이하, 제296조에 의한 건축물의 소유권취득은 독자적인 건물소유권을 취득할 수 있는 채권조정법 제1조에서 규정된 계약이 유일한 사례이다[124]. 용익임대차 혹은 사용임대차의 경우에 이것은 적용되지 않는다. 더 나아가 채권조정법 제57조에 의한 토지의 매매의 경우에 채권법적인 선매권은 이용자에게 귀속된다. 채권조정법에 대해 학자들과 정치적인 측면에서의 격렬한 비판이 제기되었다. 이것은 동독민법 제312조 이하에 의해 이용계약들의 법률상의 취급으로 제한하였다. 왜냐하면 그것들은 채권조정법의 핵심부분을 형성하고 있기 때문이다. 이러한 사례들은 큰 그룹을 표현해 주고 있다. 왜냐하면 동독의 가옥 53%가 동독민법 제312조 이하의 의미에서 휴양지를 점유 형태로서 보유하고 있기 때문이다[125]. 그래서 독일민법의 용익임대차와 이용임대차의 규정들에 대한 조정은 많은 비판을 받았다[126]. 이에 의하면 동독민법 제312조 이하

---

123) H. Trimbach- H. Matthiessen(주 117), S.449: D. Borisch(주 121), S.196.
124) D. Borisch(주 121), S.197.
125) BT-Drucksache 12/ 7135, S.35
126) G. Ronde, Zum Entwurf des Schuldrechtsanpassungsgesetzes, in : NJ 1994, S.289ff.

의 규정들은 계속적으로 존속되어야만 했다. 녹색당에 의해 이용권 계약의 변천은 생존하는 동안의 용익권들로서[127], 그리고 PDS/Linke는 반환의 목록들은 물권정리법의 규정들로 개정하도록 요구하였다[128]. 그러나 이러한 비판과 요구들은 아무런 효과를 가져 오지 못했다[129]. 연방정부의 견해에 따르면 녹색당과 PDS/Linke Liste 의 제안들은 동독의 이용권들의 당시 일반적인 이용권의 형태들과 일치하지 않는다는 것을 간과한 것이라고 한다[130]. 이것은 물권정리법에 적용되는 가치들의 부정으로부터 기인한다. 이것은 계약상의 이용권들에 대한 규정들이 우선적으로 적용되어야만 한다. 따라서 물권적인 이용권과 계약법상의 이용권과의 동등한 취급의 원칙은 결과적으로 이루어지지 못했다[131]. 비록 두 제도상의 유사성이 있다고 하더라도, 물권법상의 취급에서는 본질적인 차이가 있었다. 이용권 및 독자적인 건물소유권에 관한 처분 가능성의 경우에는 많은 차이점이 있었다. 이러한 명확한 차이점은 다른 시민들에게 계약법상의 이용권의 양도를 허용하지 않는 것을 의미한다. 이러한 이용권의 양도가 물권적 이용권의 경우에는 배제되지 않는다. 따라서 이러한 성질상의 차이 때문에 법적인 차이점이 나타난다. 동독민법 제312조 이하의 규정들의 온전한 유지는 어떻든 부정되어야만 했다[132]. 한편으로는 변화된 권리관계들을 근거로 채용하는 것은 불가능하였다. 그래서 만약 사람들이 이용권자를 당시까지의 권리의 이용에 반대함이 없이 우선하려고 하는 경우에는, 해지권의 경우에 당시까지 적용할 수 없는 것을 근거로 다른 규정이

---

127) BT-Drucksache 12/7229, S.1
128) BT.Drucksache 12/8036, S.6
129) H. Trimbach- H. Matthiessen(주 117), S.451.
130) D. Borisch(주 121), S.198.
131) Ebenda.
132) Ebenda.

없이도 체결되어야만 했다.

다른 한편으로는 채권법상의 이용권을 통해 부담을 지고 있는 토지소유권자들은 토지에 의해 그 밖의 토지 소유권자들에 대해 강한 부담을 지게 된다. 만약 사람들이 그 자신의 소유권에 대한 이용권을 박탈하였다면, 그리고 이것이 무상으로 행해진 것이라면 해당 토지소유권자는 그의 토지에 물권법적인 이용권으로서 부담을 지고 있는 자들 보다 열악한 지위에 처하게 된다. 그러나 이것은 물권적인 이용권과 채권적인 이용권적의 법적 지위와 모순되는 것이다. 왜냐하면 동독시절에 아주 협소하게 보호되던 채권법상의 이용권자가 전환 이후에는 하나의 강력한 법적지위를 보유하였기 때문이다[133].

토지소유권자 역시 그 자신의 법적 지위에서는 균형에 맞지 않는 아주 강한 제한을 받았다. 그러나 이용계약의 유상성은 토지 소유권자에게 지료청구권을 보장하였다[134]. 이러한 법적 지위는 특수한 해지권 보호의 과정을 통해 보다 강화되었다. 토지소유권자를 아주 강하게 부담을 주는 침해는 채권조정법의 규정들 속에서는 찾아 볼 수 없다. 채권법적인 이용권들과 우선적으로 존재하고 있는 부담들을 비교해 볼 때 법의 융화를 통해 도달된 재산 증가를 방해하는 행위는 요구되지 않는다.

5. 기타 방법에 의한 토지소유권과 이용권의 결합

토지소유권과 건물소유권자의 토지이용권의 결합문제는 농업조정법, 물권정리법과 채권변경법 등 다양한 입법에 의해 행해졌다. 그러나 이러한 특별법에 의한 방법 이외에도 법해석상 다음과 같은 방법도 허용되었다.

---

133) D. Borisch(주 121), S.199.

134) Ch. Degenhart, Neuordnung der Nutzungsverhaltnisse an Grund und Boden, in: JZ 1994, S. 890ff.

가. 이용권의 포기 혹은 그 내용의 변경

(1) 토지에 대한 이용권을 보유하고 있는 건물 소유권자가 토지에 대한 이용권을 포기하는 방법에 의해 토지소유권과 건물의 소유권을 결합시킬 수 있다. 이 때 이용권의 포기에 대해서는 독일민법 제928조가 적용되지 않는다(제233관 제4조 제1항 민법시행법). 민법 시행법 제233관 제3조 제3항 역시 여기에 적용되지 않는다. 이 조항은 하나의 토지에 제한물권 등 부담이 설정되어 있는 권리의 포기를 규정하고 있다. 이것은 이 권리가 현행법의 규정들에 의해 등기부에 등기가 요구되지 않고, 그리고 등기도 되어 있지 않은 조건 하에서 인정되는 것이다. 비록 등기가 물권적 이용권에 대해 선언적 의미만을 지니고 있다고 하더라도, 그것은 국가의 공적인 장부이며, 그것을 통해 등기의 의무가 존재하는 것이다[135]. 이 규정은 동독민법의 공동이용권들에 보다 적합한 것이다. 이것은 이 권리가 포기의 목적을 위하여 등기부에 등기되어야만 하는 것은 아니라는 것을 목적으로 하고 있는 민법 시행법 제233관 제3조 제3항의 규정의 의미와 목적에 부합한 것이다[136]. 통일조약은 동독민법을 구체적으로 지정하지 않았기 때문에 독일민법이 적용될 수 있는 것이다.

이용권은 독일민법이 제875조에 의해 포기될 수 있으며, 제877조에 의해 내용적으로 변경될 수도 있는 것이다. 비록 이용권이 민법 시행법 제231관 제5조 제2항에 의해 건물의 본질적인 부분을 형성하고 있다고 하더라도, 마찬가지 일 것이다. 독일민법 시행법 제233관 제4조 제5항은 독자적인 포기를 허용하고 있다. 이것은 건물소유권을 위하여 건물소유권과 토지소유권에 대한 하나의 동일한 권리보유자 지위가 존재해야 하는 것을 요구하지 않는다[137].

---

135) K. Achtelik(주 2), S. 91.
136) Staudinger-Rauscher, Art.233 §3 EBGB, Rn.3.

(2) 이용권에 대한 내용변경의 실행은 독일민법 제877조가 적용된다. 당시 동독의 법률은 내용변경의 범위를 가능한 한 제한하였다[138]. 하나의 이용권에 대해 오직 민법상의 권리를 부여하기 위하여, 그리고 그것을 통해 법률의 통일을 이룩하기 위하여, 오늘날 시행되고 있는 법률에 의해 하나의 완전히 새로운 이용권의 설정이 요구되었다[139]. 독일민법 시행법 제233관 제4조 제5항 1문은 이용권의 포기가 가능하고, 그리고 이것을 독일민법에 의해 추구할 수 있다는 것을 분명히 하고 있다. 이용권의 포기는 부동산등기법 제29조에 부합하는 형식상의 권리자의 청구에 따라 일방적인 무형식의 폐지선언과 등기부상의 권리의 삭제를 통해 이룩된다. 지상권의 경우에서처럼 이용권에 대한 법률행위에 의한 포기의 경우에서도 채권법적인 기본행위는 문서상의 의무가 따른다[140].

(3) 이용권에 대한 권리가 토지소유권자에게 귀속되어 있지 않을 때에는 독일민법 제876조는 토지소유권자의 보호에 충분하지 못하다. 토지소유권자는 포기의 의사표시에 의해 하나의 동의권을 보유해야만 한다. 이용권의 포기의 결과로서 건물은 토지의 본질적인 구성부분이 된다. 토지소유권자는 건물의 소유권을 취득한다. 이것은 지상권법 제12조 제3항에서 규율하는 것과 같은 법적 효과를 지닌다. 건물의 상태 그리고 그것을 통해 토지소유권자에게 부가되어 있는 부담에 직면하여 이것은 건물의 소유권취득에 대한 어떠한 이익도 가질 수 없다. 그 때문에 지상권법 제26조의 유추적용이 제안되고 있다[141]. 이용권의 포기의 경우에 토지소유

---

137) W. Böhringer, Zusammenführung von Gebaeude-und Grundeigentum, in : DtZ 1994, S.266.

138) Palandt-Bassenge, Art.233 §3 EBGB, Rn.3.

139) Staudinger-Rauscher, Art.233, §3 EBGB, Rn.29; Palandt-Basenge, Art.233, §3 EBGB, Rn.3.

140) W. Oefele, Handbuch des Erbbaurechts, 1987, S.243.

141) D. Eickmann, Grundstücksrecht in den neuen Bundesländern, Köln 1991, S. 29;

권자의 동의에 관한 흠결과 관련하여 규정의 흠결이 나타나고 있다. 이것은 계획의 위반에서부터 출발한 것이다[142]. 지상권법 제26조의 유추적용은 자신의 의지에 대한 이용권의 포기에 앞서서 토지소유권자를 보호하고 있다[143].

(4) 토지소유권을 어떻게 집행할 것인가에 대해서는 문제가 된다. 이에 대해서는 민법 시행법 제233관 제3조 제1항에 의하면 될 것이다. 왜냐하면 이용권의 내용은 당시의 동독민법에서 기인한 것이기 때문에, 내용상으로 이 규정들은 이용권의 종결을 초래할 수 있다. 양도된 이용권의 경우에는 동독민법 제290조 제2항이 적용될 수 있다. 그 후 건물, 시설물, 경작물에 대한 소유권은 당시의 토지소유권자에게 귀속된다. 건물은 토지의 본질적인 구성부분이 된다. 오랜 논쟁을 통해 현재는 이러한 법적인 효과가 직접 법으로부터 기인한다고 한다(민법 시행법 제233관 제4조 제5항 2문).

(5) 동독의 손해배상법이 통일 이후에는 더 이상 효력이 없기 때문에 건물소유권자에 대한 배상 규정은 존재하지 않는다. 따라서 지상권법 제32조의 유추적용이 제안되고 있다[144]. 포기계약을 통한 동시에 하나의 유사한 배상규정을 적용하려는 것은 자신의 건물에 대한 소유권을 상실한 이용자에게 하나의 보상 근거를 찾는 것으로 보인다[145]. 만약 이용권이 농업생산협동조합에 의해 지정되었다면, 동독민법 제294조 제2항으로부터 이용권의 종료의 내용이 추론될 수 있다. 건물소유권자는 이용권의 소

W. Böhringer, Grundbesitz in den neuen Bundesländern als Kreditunterlage, in; BWNotZ 1991, S.131.

142) K. Achtelik(주 2), S. 92.

143) W. Oefele(주 140), S.244.

144) D. Eickmann(주 141), S.26.

145) K. Achtelik(주 2), S.93.

멸 이후에도 건물, 시설물 혹은 경작물의 소유자로 남는다. 그러나 그는 토지소유권자에게 소유권을 양도해 주어야 할 의무를 부담하게 된다. 이러한 양도는 독일민법의 규정에 따른다.

이용권의 포기나 이용권의 변경이 유상성에 관한 규정을 도입하려는 목적과 함께 행해질 수 있을 것인지의 여부는 문제가 된다. 이러한 어려움은 만약 토지가 건축을 위해 시민들에게 지정되었을 때, 이전의 토지소유권자가 이에 대해 동의하지 않아야만 한다는 것으로부터 연유한다. 인민소유의 땅 위에 건물을 신축하려는 경우 예전의 소유자와 이용자들이 갑자기 서로 반대할 수도 있다. 이렇게 되면 해결 가능성은 더욱 희박해진다. 또 다른 어려움은 동독민법 제287조와 제291조가 공법적인 성격을 지니고 있다는 점에서 나타난다. 국가와 시민들 사이의 관계들을 위하여 제정된 법규들이 소유자와 사인으로서 이용자 사이의 관계로 변경시키는 것은 문제가 된다. 이러한 문제는 확실히 독일민법상 소유권 개념의 통일적인 효력을 통해서 극복되는 것이다. 공법적인 인민소유권이 사적인 소유권으로 전환되는 것을 통해 공법적인 이용권의 변형 역시 하나의 민법적인 토지의 부담으로 이룩되는 것이다. 이러한 이용권의 내용 변경에 대해서는 동독 법률이 계속적으로 적용된다146). 왜냐하면 현존하는 이용권의 내용은 동독의 규정들로부터 기인한 것이기 때문이다147).

(6) 토지이용권을 임대차계약으로 변경시키는 것은 불가능하다. 왜냐하면 물권적 이용권으로부터 완전히 별개의 권리관계가 성립하며, 이러한 경우에는 이용권 변경의 범위를 초과하는 것이기 때문이다. 전술한 바와 같이 동독의 법률은 이용권 변경의 범위를 제한하였다148). 따라서 광범한

---

146) Staudinger-Rauscher, Art. 233 §3 EBGB, Rn. 29.
147) Staudinger-Rauscher. Art. 233 §3 EBGB, Rn. 27.
148) Palandt-Basenge, Art. 233 §3 EBGB, Rn.3.

내용의 변경은 동독민법에 의해서는 허용될 수 없었다. 하나의 물권적 이용권은 오늘날에도 역시 그러한 내용으로 계속적으로 존속해야만 한다. 권리 포기의 경우에 양당사자는 이용권을 포기해야만 하고, 결국에는 하나의 새로운 채권법적인 계약을 체결해야만 한다. 따라서 다른 방법은 불가능하다. 만약 이용권자에게 독일민법에 의해 하나의 새로운 내용을 설정해주어야만 하는 때에는 이용권은 이러한 내용에 따라 새롭게 설정되어야만 한다[149].

나. 건물소유권의 포기

토지소유권과 건물소유권을 결합시킬 수 있는 또 다른 방법은 건물소유권의 포기이다. 이것은 건물소유권의 취득을 위해 토지의 승낙과 같은 토지소유권과 건물소유권에 대한 권리보유자의 동일성을 요구하지 않는데서 그 근거를 찾을 수 있다[150]. 건물소유권의 포기는 독일민법 제875조와 제876조에 그 효력이 미친다. 이러한 건물소유권의 포기에 대해서는 독일민법 제927조와 제928조와 민법시행법 제233관 제4조 제1항이 적용되지 않는다. 건물소유권은 포기를 통하여 그것의 독자성을 상실하며, 토지소유권을 강화시킨다[151].

건물소유권의 포기를 통한 단일소유권으로 전환은 다음과 같은 요건들이 요구된다.

(1) 건물소유권자는 포기의 의사를 표시해야만 한다. 이 의사표시는 특별한 형식이 없으나, 등기절차법적으로는 부동산등기법 제29조의 형식이

---

149) Staudinger-Rauscher, Art. 233 §3 EBGB, Rn. 29; Palandt-Basenge, Art. 233 §3 EBGB, Rn.3.
150) W. Böhringer(주 137), S.266.
151) W. Böhringer ebenda; Staudinger-Ertl., §872 BGB, Rn. 2.

요구된다. 건물소유권이 등기부에 등기되어 있지 않은 경우에 대해서는 포기의 의사표시는 공정증서의 작성이 요구된다[152].

(2) 독일민법 제313조 제1항에 따라 권리의 포기를 위해서는 공정증서를 작성해야 한다. 왜냐하면 건물소유권은 토지소유권자에게 이전되어야 하기 때문이다[153].

(3) 독일민법 제876조에 의한 건물소유권에 대한 물권적인 권리자의 동의의 의사표시와 지상권법 제26조의 유추적용상의 토지소유권자의 동의의 의사표시가 필요하다. 이러한 의사표시는 실체법상으로는 자유로운 형식에 의하지만, 부동산등기절차상으로는 부동산등기법 제29조의 형식을 따라야 한다. 건물소유권의 소멸에 따라 건물은 토지의 본질적인 구성부분이 된다[154].

다. 이용권의 박탈

이용권자는 민법시행법 제233관 제3조에 따라 자신의 이용권을 규정에 적합하도록 행사하여야 하는 권리와 의무를 진다. 이용권이 규정에 적합한 이용이 아닐 경우에 박탈될 수 있는가(동독민법 제290조와 제294조)의 여부가 문제된다. 규정에 적합한 이용이 아니라는 것은 오직 결과상으로 이용권이 범위를 초월한 이용의 경우에만 해당된다[155].

개인적인 이용이 효력을 발생하지 못하고 있는 경우에[156] 동독에서 규정에 적합한 이용이 아니라는 것의 이해는 기본적으로 더 이상 대체할 수

---

152) W. Böhringer ebenda.
153) W. Böhringer ebenda.
154) W. Böhringer(주 137), S.266.
155) Staudinger-Rauscher, Art.233 §3 EBGB, Rn.14; Münchener- Oefele, Ergänzungs-band zum Einigungsvertrag, Rn.309f.
156) ZGB-Kommentar §288, Anm.1.

없는 것이다. 따라서 부정되어야만 하는 것이다. 변화된 법적 경제적 조
건들과 소유권에 대한 완전한 새로운 관계들을 근거로 규정에 적합한 이
용의 개념은 동독에서 결합된 개인적인 이용과 관련하여 변화되었다[157].
그것은 개인적인 이용뿐만 아니라 임대나 영업적인 이용도 가능한 것이
었다. 이것을 통해 이용권의 박탈은 건물의 개인적인 이용이 아니라는 이
유에서는 오늘날 더 이상 불가능하다.

 1990년 10월 3일 이후부터는 이용권의 박탈은 물권적인 효과를 통해서
는 더 이상 불가능하다는 견해가 지배적이다[158]. 이러한 견해는 규정에
적합한 이용이 아닌 경우에 이용권의 포기에 대한 하나의 채권법적인 청
구권을 인정하고, 그리고 그것을 통해 건물소유권의 양도청구권을 인정
하고 있다. 그러나 어떻게 채권법적인 청구권이 규정되어야만 하는가의
지위에 대해서는 문제가 있다[159]. 더 나아가 공법적인 인민소유권을 민법
상 소유권으로 전환을 통해, 그리고 인민소유권으로부터 나오는 전형적
인 목적에 의한 결합이 폐기되는 것을 통해 이용권 박탈의 가능성이 주장
되기도 한다[160]. 독일연방관청은 물권적 이용권을 포기하는 권한을 가지
지 못하고 있다는 견해가 있다[161]. 이 견해에 의하면 민법시행법 제233관
제3조 제1항은 동독관청의 오직 사법적인 권능을 독일민법으로 양도시키
는 것이지, 공법적인 권능의 보유는 불가능한 것이기 때문이라고 한다.
그러나 통일과정에서 제도의 전환과 관련하여 예외적으로 이용권을 박탈
할 수 있는 경우도 있었다. 그러나 이 경우에도 연방 법질서 속으로 이전

---

157) Staudinger-Rauscher, Art.233 §3 EBGB, Rn.14.
158) D. Eickmann(주 141), S.25; W. Böhnringer(주 141), S.132; K. Achtelik(주 2),
   S.97.
159) K. Achtelik(주 2), S.97.
160) J. Schmidt-Räntsch, Eigentumszuordnung, Rechtsträgerschaft und Nutzungsrecht
   an volkseigenen Grundstücken, in: Dtz 1994, S.119.
161) K. Achtelik(주 2), S.97.

시킬 수는 없었다. 왜냐하면 규정의 목적에 적합한 이용이 아닌 경우에도 사법적으로만 고려되어야 하기 때문이다. 동독 민법 제290조와 제294조와 관련하여 민법 시행법 제233관 제3조 제1항에 관한 물권적 이용권의 박탈은 구별되어야 한다162).

라. 토지소유권자에게 건물소유권의 양도

토지이용권이 종료될 수 있는 또 다른 가능성은 부담이 있는 권리의 포기와 함께 토지소유권자에게 건물소유권을 양도하는 것이다163). 토지를 위해 건물소유권의 순수한 양도는 허용되지 않는다. 양도를 통해 특별한 권리에 대한 소유권 전체의 부담들이 권리자들의 동의 없이도 이전될 수 있는 것이다. 이러한 사례들은 민법시행법 제233관 제4조 제5항에 관한 새로운 규정에 의해 해결되었다. 건물과 관련하여 토지소유권의 일원화의 시도의 경우에 민법 제889조가 주목된다. 이 조항은 "타인의 부동산에 대한 권리는 부동산소유자가 그 권리를 취득하거나 또는 그 권리자가 그 부동산의 소유권을 취득하여도 이로 인하여 소멸하지 아니한다"고 규정하고 있다. 지상권의 경우에 이러한 절차의 방식은 여기서 해당하는 적용규정을 찾을 수 있다. 만약 지상권이 소멸한다면, 지상권의 구성부분들은 토지의 구성부분이 될 것이다(지상권법 제12조 제3항). 지상권은 토지와 일원화되는 경우에 소멸하는 것이 아니라 계속적으로 존속하는 것이다.

건물소유권의 양도에 대해서는 독일민법의 해당 규정들이 독일민법 제927조와 제928조가 예외적으로 적용되는 것과 함께 효력이 미친다. 이용권자들을 통한 건물소유권에 대한 부정은 배제되었다. 이 규정은 건물소

---

162) Münchener-Oefele, Einigungsvertrag, Rn.316; K. Achtelik(주 2), S.97.
163) 민법 시행법 제233관 제2조 b 4항은 명시적으로 토지소유권자가 건물소유권을 취득할 수 있음을 규정하고 있다.

유권의 부정이 어떤 경우에도 효력을 발생치 않는다는 지상권법 제11조
와는 거리가 멀다. 그러나 토지소유권자에게 건물의 정상적인 양도는 가
능하다. 혼동이 적용되지 않도록 하기 위해서는 토지소유권자와 건물소
유권자는 독일민법 제875조와 제876조에 의해 물권적 권리자의 동의와
함께 일방적인 의사표시에 의해 이용권을 포기해야만 한다. 이것은 가능
하다. 왜냐하면 이용권은 건물소유권을 통하여 이전되기 때문이다. 동독
민법 제289조는 민법시행법 제233관 제3조 제1항에 의해서 내용적으로
계속 유효하다.

마. 토지 이용권자에게 토지소유권의 양도

토지소유권의 분리를 극복하기 위한 또 다른 방법은 토지소유권자가
그의 소유권을 이용권자, 즉 건물소유권자에게 양도하는 것이다[164]. 이
방법은 상당히 빈번하게 행해지고 있다. 토지이용권자를 통한 토지의 취
득의 경우에 혼동은 발생하지 않는다. 개개의 권리객체는 분리된 채로 거
래가 가능하다. 이용권은 두 개의 등기부들이 존속하는 동안에는 계속해
서 존속하게 된다. 그러나 이용권은 제875조와 제876조에 의해 포기가 가
능하다. 만약 건물소유자가 토지소유권을 취득하였다면, 건물소유권과 토
지에 관한 권리가 서로 혼동으로 소멸하지 않는다. 독일민법 제889조의
경우에 이 권리는 계속적으로 존속한다. 자동적으로 혼동이 발생하는 경
우에는 그것은 민법시행법 제233관 제4조 제5항의 규정을 필요로 하지
않는다. 이 규정에 의하여 이용권의 건물소유권과 함께 소멸될 수 있는
것이다[165].

---

164) 민법시행법 제233관 제2조 4항은 이것이 가능하다고 해석된다.
165) J. Schmidt-Räntsch, Das zweite Vermögensrechtsänderungsgesetz, in: DtZ 1992,
S.317.

이용권의 포기를 위해서 이용권자의 의사표시를 필요로 한다. 즉 이용권자는 자신의 권리를 포기하는 것과 등기부에서 이용권의 삭제를 표시해야 한다. 제3자의 부담이 설정되어 있는 특별한 소유권의 경우에는 민법 제876조에 의해 제3자의 동의를 필요로 한다. 모든 의사표시는 부동산등기법의 절차에 따라 부동산등기법 제29조의 형식을 따라야 한다. 이용권의 포기를 통해서 건물소유권은 소멸한다. 만약 이용권이 아직 등기부에 등기되어 있지 않은 경우에는 물권적 부담의 포기를 위하여 그가 권리를 포기한다는 공증인에 의해 공증된 의사표시가 있어야 한다. 이러한 의사표시는 등기공무원에 도달되어야만 한다.

바. 건물소유권에 대한 토지의 합병

건물소유권에 대해 제한물권 등 부담이 설정되어 있는 건물에 대한 토지의 합병, 즉 독일민법 제890조 제2항의 합병은 가능하다[166]. 이에 반해 해당 토지에 대한 건물소유자의 단순한 합병은 허용되지 않는다. 왜냐하면 건물소유권은 건물소유권으로부터 야기된 부담들을 통해 권리자의 침해가능성이 없는 경우에만 이전되기 때문이다. 이러한 사례들은 이용권의 포기에 관하여 해결된다(민법시행법 제233관 제4조 제5항).

토지를 취득하였던 건물소유자가 건물소유권에 대한 담보권의 효력을 토지에까지 확장시키려할 때 이러한 차이는 매우 중요한 것이 될 것이다[167]. 독일민법 제1131조에 의하여 그 책임은 토지에까지 확장될 수 있다. 이러한 차이점은 특히 현존하는 저당권의 목적에 부합하는 것이다. 이에 대해서는 다음과 같은 요건이 요구된다[168].

---

166) W. Böhringer(주 137), S.267.
167) W. Böhringer(주 137), S.267.
168) K. Achtelik(주 2), S.101.

(1) 당해 권리의 객체가 법적으로 독자성을 가지고 있어야 한다. 이러
한 독자성은 건물등기부에 존재하여야 한다.

(2) 건물과 토지가 동일한 소유자에게 동일한 소유의 형태로 귀속되어
야 한다.

(3) 부동산등기법 제29조에서 요구하고 있는 형태로 행한 소유자의 병
합의 의사표시가 있어야 한다.

(4) 제3의 권리자가 있는 경우 제3의 권리자의 동의가 있어야 한다.

(5) 등기부에 등기해야 한다.

이러한 요건을 충족한 경우의 법적인 효과로서 건물소유권은 부담되어
있는 토지의 본질적인 구성부분이 되고, 그것을 통해 자신의 독자성은 상
실한다.

사. 지상권의 설정

당해 계약이 두 당사자 사이에서 이루어진 경우에는 물권적 이용권자
는 지상권자가 될 수 있다[169]. 이러한 지상권의 설정, 양도와 채권법적인
계약은 국가의 승인을 요한다(독일부동산거래법 제2조 제1항). 지상권 설
정의 목적을 통한 양자의 결합문제의 해결 역시 가능한 것이다. 그러나
이것은 이용권의 포기를 전제 요건으로 한다. 이를 위해 건물소유권은 토
지소유권자에게 양도되어야만 한다. 그러나 건물소유권은 가옥의 소유권
자의 경우에는 계약으로 설정된 기간을 위해 존속해야만 한다. 만약 동독
민법 제290조 제2항과 제294조 제2항과 관련하여 민법시행법 제233관 제
3조를 엄격하게 적용하는 때에는, 건물양도에 대한 토지소유권자의 청구

---

169) Vgl. W. Hans Flik, Sind die alten Erbbaurechte der neuen Bundesländer
verkehrfährig, in: DtZ 1997, S.146ff.

권은 건물소유자를 통한 반환양도청구권과 동시에 존속하는 것이다. 이용권들은 지상권과 유사하다. 동독민법을 통해 물권적 이용권의 시행의 경우에 지상권은 아주 큰 유사성을 지닌다. 더 나아가 지상권들은 물권적인 이용권의 형태로 변경될 수도 있다(동독민법시행법 제5조, 제6조). 타인의 토지에 건물을 건립했다는 것에서, 양도 가능하고 상속 가능한 권리라고 하는 점에서 양자는 공통적이다. 또한 양자는 부동산 물권과 유사한 권리이며, 이용자가 건립한 하나의 건물에 대한 소유권을 보장한다.

V. 맺음말

1. 동독의 법체계상 토지소유권과 건물소유권을 독립적인 권리로 인정함으로써 건물소유권자가 토지이용권을 보유하게 되었다. 이러한 이용권은 토지소유권보다도 오히려 중요한 역할을 하였기 때문에 이러한 이용권의 청산은 통일 이후 연방 정부에게 큰 과제가 되었다. 이 문제를 해결하기 위해 통일조약에 따른 독일민법시행법이 개정되었고, 농업조정법, 물권정리법, 채권변경법 등 특별법이 제정되었다. 이 중에도 그 핵심이 되는 것은 물권정리법이다. 이러한 입법조치뿐만 아니라 법해석상 다양한 방법 역시 허용되었다. 이러한 조치들을 통해 물권정리가 순조롭게 이루어졌다. 특히 물권정리법을 통해 30만 자가주택, 9만의 경제관련 건물과 4만의 복합주거건물들에 대한 건물소유권과 토지소유권과의 결합이 이루어졌다. 이러한 일련의 이익의 조정을 통해 가장 중요한 투자 장해요소로 지적되던 것이 해소되었다고 평가된다. 이러한 조치들을 법적인 관점에서 보면 거의 완벽하다고 할 정도로 철저하게 이루어졌다. 특히 서독쪽에서 보면 과도하게 토지이용권자를 보호하였기 때문에 위헌이라는 견

해가 제기될 정도였다.

　2. 통일 후 동독 지역에서 감정적으로 격화된 토지소유권자와 건물이용권자 사이의 투쟁은 "가옥투쟁(Hauserkämpfe)"으로 기억될 수 있을 만큼 심각했다. 이러한 충돌을 해소하기 위해 다양한 법적인 조치가 행해지고, 이러한 결과 외형적으로 통일은 순조롭게 이루어졌다. 특히 이러한 법적 조치에 대해 위헌론이 제기될 정도로 이용권자의 위주로 행해졌음에도 불구하고 구동독의 국민의 자존심과 열등의식에 큰 상처를 주었다. 이러한 감정은 쉽게 치유될 수 있는 것이 아니었다. 통일이 단행된지 10년이 지난 오늘에도 완전히 치유된 것 같지는 않다. 이러한 문제는 어디서 발생한 것일까? 사견으로는 원토지소유자에게 토지를 원상회복시킬 수밖에 없는 법적인 토양에서 출발한 것으로 여겨진다. 다시 말해서 "손실보상보다 원상회복'"이라는 화두에서 문제가 출발한 것으로 생각한다. 편입에 의한 통일이기 때문에 과거의 불법적인 국가행위는 원상회복되어야 하는데, 40-45년 전으로 역사의 수레바퀴를 돌리는데 어찌 잡음이 없을 것이며, 문제가 되지 않았겠는가? 이에 대해 법적인 측면에서는 독일연방 입법가들의 노력에 의해 거의 완벽에 가깝게 처리되었음에도 불구하고, 정신적 경제적인 측면에서는 불충분했다는 것이다. 특별법은 당연히 제정되어야 하는 것이지만, 동독 국민의 감정을 아우를 수 있는 방안이 함께 강구되어야 하는데 이점이 미흡했다고 생각한다.

　3. 통일 후 토지 문제해결의 기본원칙은 법적 평화와 이익의 조정이었다. 이것은 상술한 바와 같이 법적인 관점에서는 소기의 목적은 달성한 것으로 여겨진다. 그러나 국민의 통합을 이룩하기 위한 관점에서는 동독 국민을 2등 국민으로 강등시키는 우를 범하고 말았다. 그들은 끊임없이

상대적 박탈감 속에서 오히려 통일 이전의 자존심을 생각하는 경향마저 일어나고 있는 것은 법적인 평화 이면의 불안정한 경제생활이 이것을 말해 주고 있다. 이점에 대해서도 입법가들이 간과해서는 안될 부분으로, 법률가들의 차원을 넘는 것이다. 이 부분에 대한 적극적인 대처가 미흡한 것으로 여겨진다. 우리 통일의 과정에서 법률가들이 늘 고려해야 할 부분으로, 경제 전문가들의 조력이 필요한 부분이기도 하다.

4. 우리나라 역시 법적인 측면에서 통일에 대한 준비를 철저히 해야 한다는 것은 아무리 강조해도 지나치지 않을 것이다. 독일의 동방정책에서 통일에 이르기까지 그들의 꾸준한 상호교류와 협력을 통해 민족적 신뢰를 이루어내는 과정에서 보여준 인내와 노력은 우리에게 통일을 위해 보다 많은 노력이 필요함을 말해 주고 있다. 북한은 전 세계에 유래를 볼 수 없을 만큼 철저하게 토지가 국유화되어 있다. 따라서 우선 토지문제는 어떠한 형태의 통일을 추진할 것인가에 전적으로 달려 있다. 우리 물권법 체계는 독일민법 보다 오히려 구동독 민법전의 태도와 같다. 즉 건물과 토지를 별개의 물권의 대상으로 삼고 있다. 따라서 통일된다고 하더라도 동독에서와 같은 물권적인 토지이용권의 청산은 크게 문제되지 않을 것이다. 따라서 물권정리법과 같은 특별법의 제정은 불필요하다고 생각한다. 다만 북한에서도 채권적 이용권과 점유권에 의한 충돌은 예상할 수 있다. 따라서 채권조정법과 같은 특별법은 신중하게 검토하여 입법화할 수 있도록 해야 할 것이다. 통일 후 토지 문제와 관련하여 가장 중요한 것은 토지질서의 왜곡을 방지하고 국토의 균형 있는 발전을 지향하면서도 개개인의 재산권을 어떻게 보호해야 할 것인가 하는 원칙의 설정이라고 생각한다. 통일의 방법에 따라 달라질 수밖에 없는 것이지만, 흡수 통일되는 경우라고 하더라도 "보상보다 원상회복"을 우선했던 독일의 원칙

은 우리에게 맞지 않는다고 생각한다. 따라서 "원상회복 보다는 보상"이라는 관점에서 출발해야 한다고 생각한다. 이러한 토대 위해 토지소유제도의 재편을 위한 특별법들을 모색해야 할 것이다.

〚 "독일 통일 후 동독지역에서의 토지소유권과 이용권에 관한 연구", 「민사법학」제21호, 2002, 397-447면 〛

참고 문헌

1. 한국저서

강태성, 「물권법」, 대명출판사, 2000.

고상룡, 「물권법」, 법문사, 2001.

곽윤직, 「물권법」, 박영사, 1999.

_____, 「물권법」, 박영사, 2004.

_____, 「민법총칙」, 박영사, 1992.

_____, 「민법총칙」, 박영사, 2007.

_____, 「부동산물권변동의 연구」, 박영사, 1968.

_____, 「부동산등기법」, 박영사, 1994.

_____, 「채권법각론」, 박영사, 2003.

김기선, 「한국물권법」, 법문사, 1985.

_____, 「한국채권법각론」, 법문사, 1982.

김상용, "제211조" 「민법주해 (V)」, 박영사, 1992.

_____, 「물권법」, 법문사, 1999.

_____, 「물권법」, 화산미디어, 2009.

_____, 「민법총칙」, 화산미디어, 2009.

김선석 집필, 「주석물권(1)」(3판).

김용한, 「물권법론」, 박영사, 1985.

_____, 「민법총칙」, 박영사, 1993.

_____, 「민법총칙」, 박영사, 1997.

_____, 「재산법의 과제와 판례」박영사, 1989.

김주수, 「민법총칙」, 삼영사, 1991.

김증한, 「물권법」, 박영사, 1983.

_____, 「물권법강의」, 박영사, 1988.

_____, 「민법총칙」, 삼영사, 1981.

_____, 「신물권법(상)」, 법문사, 1960.

_____, 「민법론집」, 박영사, 1980.

김증한·김학동, 「물권법」, 박영사, 1997.

_____, 「민법총칙」, 박영사, 1995.

_____, 「민법총칙」, 박영사, 2001.

김형배, 「채권각론」, 박영사, 1997.

민사법연구회, 「민법안의견서」, 일조각, 1957.

박균성·함태성, 「환경법」, 박영사, 2013.

법무부, 「통일독·동구제국 몰수재산 처리 개관」, 1994.

법원행정처, 「등기업무 전산화 백서(1994-2004)」, 2004.

송덕수, 「민법총칙」, 박영사, 2012.

양창수·김재형, 「계약법」, 박영사, 2010.

유원규, "제217조" 「민법주해 (V)」, 박영사, 1992.

윤철홍, 「물권법」, 법원사, 2010.

_____, 「물권법강의」, 박영사, 1998.

_____, 「소유권의 역사」, 법원사, 1995.

_____, 「채권각론」, 법원사, 2009.

이범주, "등기청구권과 등기수취청구권" 「재판자료」제43집(등기에 관한 제문제),
        법원행정처, 1988.

이보환, "중간생략등기" 「재판자료」, 법원행정처, 1988.

이상태, 「물권법」, 법원사, 2007.

이영준, 「물권법」, 박영사, 1995.

_____, 「물권법」, 박영사, 2004.

_____, 「민법총칙」, 박영사, 2007.

이은영, 「물권법」, 박영사, 2002.

_____, 「물권법」, 박영사, 2006.

_____, 「민법총칙」, 박영사, 2004.

_____, 「채권각론」, 박영사, 2007.

장경학, 「물권법」, 법문사, 1988.

_____, 「민법총칙」, 법문사, 1986.

전경운, 「환경사법론」, 집문당, 2009.

정종섭, 「헌법학원론」, 박영사, 2008.

주독대사관, 「법률로 본 독일통일」, 1985.

천병태·김명길, 「환경법」, 삼영사, 2004.

최명구, 「부동산등기법론」, 세창출판사, 2003.

최상욱, 「환경권」, 형설출판사, 1998.

최환용, 「일본의 경관보호법제」, 한국법제연구원, 2005.
한국민사법연구회, 「민법안의견서」, 일조각, 1957.
한국법제연구원, 「국역 조선관습조사보고서」, 1992.
현승종, 「민법」(총칙·물권), 일신사, 1975.
현승종·조규창, 「로마법」, 법문사, 1996.
홍성재, 「물권법」, 대영문화사, 2010.
_____, 「부동산물권변동론」, 법문사, 1992.
황적인, 「현대민법론(물권)」, 박영사, 1987.

2. 한국논문

가재항, "2중등기의 효력", 「민사판례연구 I」, 박영사, 1978.
강문종, "토지거래허가(국토이용관리법)를 받지 않고 체결한 매매계약의 효력", 판례연구 제2집, 부산판례연구회, 1991.
강신섭, "농지매매와 소재지관서의 증명", 사법논집 제25집, 1994. 12.
강인애, "토지공개념관계법의 해설-국토이용관리법상의 토지거래허가제와 택지소유상한에 관한 법률 개관-", 인권과 정의 제175호, 1991. 3.
고상룡, "물권행위의 독자성과 무인성론의 재검토", 「고시계」, 1981.1.
_____, "중복등기에 있어서의 후 등기를 근거로 한 등기부취득시효의 여부", 「저스티스」 29권 3호, 1996.
_____, "거래허가구역내 토지매매계약과 사후허가시 유효여부", 법률신문 제2110호, 1992.3.
공순진, "토지거래허가제", 토지법학 제12호, 1997.1.
곽윤직, "exceptio rei venditae et traditae의 현대적 관용", 서울대 「법학」 9-1, 1967.
_____, "중간등기의 생략과 물권변동의 효력" 서울대 「법학」9-2, 1967.
_____, "부동산매수인의 소유권이전등기청구권의 법률적 성질 및 그것이 시효로 소멸하는지 여부", 서울대 「법학」, 19-2호, 1979.
권성 외 4인, "조망권의 침해를 원인으로 한 공사중지가처분", 가처분의 연구, 박영사.
권오승, "중간생략등기", 「월간고시」, 1989. 1.
_____, "토지소유권의 법적성질과 그 제한", 법과토지, 삼영사.
김능환, "소재지관서의 증명 없는 농지매매계약의 효력", 민사재판의 제문제 제7권,

1993.6.

김문현, "재산권의 사회구속성에 관한 연구", 서울대 박사학위청구논문, 1987.

김민규, "경관이익의 침해와 불법행위책임과의 만남", 토지법학 제27-2호, 한국토지법학회, 2011.

김민중, "유동적 무효-국토이용관리법상의 토지거래허가를 중심으로-", 법조 제523호.

김상용, "중간생략등기의 가능성과 유효성여부", 「판례월보」, 1992.2.

_____, "중복등기의 법적 처리 및 등기부취득시효의 기초가 되는 등기의 인정범위"「판례월보」1997. 3.

_____, "농지매매증명과 비농민의 농지소유", 민사판례평석(I), 법원사.

_____, "토지거래허가·신고제에 관한 고찰(II)", 고시계, 1989.1.

_____, "토지거래허가제에 관한 유동적 무효의 법리", 이회창선생화갑기념론문집, 박영사, 1967.

김용섭, "행정법상 신고와 수리", 판례월보 제352호, 2000.01.

김용진, "물권적 기대권", 단국대학 「법학논총」 제4집, 1963.

김춘환, "경관이익의 공법적 검토", 법학논총, 조선대학교 법학연구소, 18-1호.

김학동, "물권적 청구권과 부당이득반환청구권과의 관계", 판례월보 341호.

_____, "중간생략등기", 「배경숙숙교수화갑기념논문집」, 박영사, 1991.

김형배, "중간생략등기", 고시연구 1993. 5.

김황식, "등기청구권에 관한 연구(1)", 「사법논집」 제11집.

_____, "부동산등기제도개선일반론", 「민사판례연구(IX)」, 박영사, 1988.

문상덕, "경관법과 지방자치", 지방자치법연구, 제8권제4호,

박병호, "우리나라 부동산거래의 약사"「부동산거래의 제문제」, 민사판례연구회.

박영식, "중복등기의 효력", 「사법논집」 9집, 1978.

박영우, "근린방해에 관한 입법례와 민법 제217조", 「법조」, 28-4(1979. 4).

박진근, "조망권에서 바라본 경관법의 법적 검토", 법과 정책연구 8-1호, 한국법정책학회.

배성호, "조망이익의 법적 보호", 인권과 정의 356호, 대한변호사협회.

백창훈, "중복된 멸실회복의 소유권이전등기의 효력", 「민사판례연구」 18집, 1996.

변동걸, "소재지관서의 증명이 없는 농지매매계약의 효력", 대법원판례해설 제5호, 1986.

손지열, "이중등기의 효력", 「법조」 37권 7호, 1982.

송재일, "농지거래에 관한 법적 연구", 서울대학교 박사학위청구논문, 2010. 2

신성택, "농지개혁법 제19조제2항에 관련한 몇 가지 문제", 사법연구자료, 제8집.

양창수, "민법안의 성립과정에 관한 소고", 「민법연구」1권, 박영사, 1991.

_____, "물권행위의 독자성론", 「고시계」 1991. 7.

_____, "부동산물권변동에 관한 판례의 동향", 「민사판례연구(X)」, 박영사, 1988.

_____, "한국 민사법학 50년의 성과와 21세기적 과제", 「민법연구」 제4권, 박영사, 1996.

엄동섭, "유동적 무효의 법리와 손해배상책임", 민사판례연구 XVII, 박영사.

오창수, "토지거래허가를 받지 아니한 거래당사자간의 법률관계", 판례월보 제300호, 1995. 5.

윤기택, "등기청구권"「한국민법이론의 발전(1)」, 박영사, 1999.

윤진수, "물권행위 개념에 대한 새로운 접근", 「민사법학」제28호, 2005.

_____, "환경권침해를 이유로 하는 유지청구의 허용", 판례월보 316호, 판례월보사, 1995.

윤철홍, "예링의 법사상' 「법철학연구」 제10권 제1호, 2007.

_____, "독일민법상 동물의 법적 지위에 관한 소고", 「인권과 정의」, 대한변호사협회지 2011. 9.

_____, "민법상 일제잔재의 청산"「광복50주년기념논문집 1」, 한국학술진흥재단, 1995.

_____, "물권적 기대권론"「한국민법이론의 발전(1)」, 이영준박사화갑기념논문집, 박영사. 2000.

_____, "물권적 기대권과 공시방법" 「비교사법」 제11-1호, 2004.

_____, "소유권의 개념과 제한의 법리", 토지법학 제24-1호, 2008.6.

_____, "비영리법인설립에 관한 입법론적 고찰", 민사법학 제47호, 2009. 12.

_____, "비영리법인의 설립요건에 관한 입법론적 검토", 민사법학 제50호, 2010. 12.

_____, "환경이익의 침해와 유지청구권", 법률신문 2707호, 법률신문사.

_____, "환경이익침해에 대한 사법적 구제", 한국비교사법학회, 비교사법 제7권1호.

_____, "경관이익의 보호에 관한 사법적 고찰", 제23회 한·일토지법학술대회 「주제발표논문집」, 동아대학교, 2013. 10. 26.

_____, "독일 통일 후 동독지역에서의 토지소유권과 이용권에 관한 연구", 민사법학 제21호, 2002.

_____, "소유권의 내용에 관한 개정론", 「토지법학」 제27-2호, 2011.12.

_____, "부동산등기와 공시", 「민사법학 특별호」 제36호, 2006.12.

_____, "중간생략등기의 유효성에 관한 소고", 「이선영박사 화갑기념논문집」 (박영사, 2006).

＿＿＿, "토지거래의 규제에 관한 사법적 고찰", 「토지법학」 제27-1호, 2011.6.

＿＿＿, "경관이익의 보호에 관한 사법적 고찰", 「토지법학」 제29-2호, 2013.12.

＿＿＿, "경관법상 '경관협정'에 관한 사법적 고찰", 「법학연구」 제24-2호, 2013.12.

＿＿＿, "친일파 후손의 땅 찾기 소송에 관한 법적 고찰", 「시민문화연구」 제5호, 2005.12.

＿＿＿, "친일파후손의 소유권보존등기말소 청구소송판결에 관한 일고찰", 「법조」 제55- 2호 (2006.02).

＿＿＿, "독일통일 후 구동독지역에서의 토지소유제도의 재편과정에 관한 소고", 「토지법학」 제25-2호, 2009.12.

윤철홍 외 2인, 독일 통일 후 동독지역에서 상속법상의 제문제, 민사법학 제27호, 2005.

윤호일, "농지개혁법의 해석, 그 실체법적 면", 법조 제17-2호, 1993. 1.

이규석, "경관법의 문제점과 개선방향", 한국임학회 정기학술대회, 2008. 2.

이동원, "일조권 및 조망권의 침해에 대한 판례의 동향", 대법원·한국민사법학회 공동주 최학술대회 자료집, 2004. 12. 21.

이상욱·배성호, "경관이익보호에 관한 법적 고찰", 「비교사법」, 2002.

이시윤, "공동소유와 그 소송관계", 「김증한교수화갑기념논문집」, 박영사, 2011. 12.

＿＿＿, "토지거래에 관한 규제를 어긴 경우의 효력과 장래의 이행의 소", 사법연구 제3집, 1995. 8.

이영섭, "물권행위의 독자성", 「법조」, 1960. 7.

이영준, "물권행위의 구성요소" 「손해배상법의 제문제」, 황적인교수화갑기념논문집, 박영사, 1990.

이은영, "토지거래허가를 조건으로 하는 매매계약 및 배상액예정의 효력", 「판례월보」 제 255호, 1991. 12.

＿＿＿, "물권행위에 관한 이론적 논쟁" 「한국민법이론의 발전」(I), 박영사, 2001.

이웅세, "일조권의 침해와 환경소송" 환경법의 제문제(下), 재판자료 95집, 1996.

이주흥, "농지매매증명과 소유권이전등기청구", 사법행정 제32-2호, 1991.

＿＿＿, "토지거래허가를 받지 아니한 토지매매계약의 효력(하)", 법조 제39권제7호, 1990.

＿＿＿, "토지거래허가에 있어서 이른바 유동적 무효에 기한 법률관계", 민사재판의 제문제 제8권, 한국사법행정학회, 1994.

이창호·오준걸·정종대, "경관협정의 운용방안에 관한 연구", 대한건축학회논문집 계획계 제27권6호, 2011. 6.

이헌석, "경관법상 경관협정제도의 개선방안", 토지공법연구 제48집, 2008.

이호정, "부동산의 최종매수인의 최초매도인에 대한 등기청구권", 「고시계」 1981. 7.

임정평·석종현, "토지공개념과 사유재산제와의 법적 갈등에 관한 연구", 단국대 「논
　　　　문집」, 1986.

장경학, "물권행위와 독자성과 무인성", 「현대민법론」(이광신박사화갑기념논문집),
　　　　1982.

정상현, "법률행위의 요건체계와 토지거래허가", 비교사법 제15권제2호, 2008.6.

정옥태, "등기청구권에 관한 일고찰", 「사회과학논집 제5집)」, 1980.

_____, "물권행위의 독자성", 「고시계」1991. 7.

_____, "물권행위와 구성요소", 「고시계」1991. 1.

_____, "한국민법상 물권행위의 무인성론", 「현대재산법의 제문제」, 김기선박사고
　　　　희기념 논문집, 법문사, 1987.

_____, "물권적 기대권", 「사법연구」제1권, 1992.

_____, "유동적 무효", 사법행정 제379호, 1992.

정종휴, "한국민법의 제정과정", 「곽윤직교수화갑논문집」, 박영사, 1985.

조규창, "유동적 무효-대법원 기본판례에 대한 비판적 고찰-", 고시계, 1996.

조성민, "중간생략등기의 효력", 「고시계」, 1993. 8.

주신하, "경관법상의 기본경관계획과 특정경관계획", 「자치행정」, 제253호.

진영광, "토지거래허가제에 관한 사법적 고찰", 인천법조 창간호, 인천지방변호사회.

최종길, "물권적 기대권", 「사법행정」, 1965.

허노목, "국토이용관리법상의 규제지역내의 토지에 대하여 허가받을 것을 전제로
　　　　체결한 거래계약의 효력", 형평과 정의 제7집, 대구지방변호사회.

홍두표, "각종 신고업무의 민간이양에 관한 연구", 법제연구총서, 1996.

홍성재, "윤진수교수의 「물권행위 개념에 대한 새로운 접근」에 관한 토론", 「민사
　　　　법학」, 제28호, 2005.

3. 일본저서와 논문

岡松參太郎, "第206條", 註釋民法理由, 上卷(東京: 有斐閣書房 1899).

谷口知平, "總說", 注釋民法(1)(東京: 有斐閣 1980).

國土交通省, 「景觀に 關する 規制誘導のあり方關する 調査報告書」, 2001.

談路剛久, "眺望·景觀の法的保護に關する覺書", ジュリスト 692號, 有斐閣, 1997. 6.

_____, "景觀權の生成と國立·大學通り訴訟判決", ジュリスト 1240號, 有斐閣, 2003.

_____, "眺望·景觀の法的保護に關する覺書", 「ジュリスト」, 692號, 有斐閣, 1997.

_____, "景觀權の生成と國立·大學通り訴訟判決" 「ジュリスト」,1240號, 有斐閣, 2003. 3.

_____, "環境權の法理と裁判", 有斐閣, 1980.

大阪辯護士會環境權研究會編, 環境權, 日本評論社, 1973

水本浩著, 柳海雄譯, 「土地問題와 所有權」, 1985.

我妻榮著, 有泉亨補訂, 新訂 物權法(東京: 岩波書店 1985).

柚木馨, 判例 物權法總論 (東京:有斐閣 1956).

鄭鍾休, 「韓國民法典の 比較法的 研究」(倉文社 1989).

最高人民法院物權法研究所編著, 中華人民共和國物權法 條文利解 適用, 人民法院出版社, 2007.

4. 서양저서와 논문

Achtelik K., Die Nutzungsrechte in den neuen Bundeslandern, Wittenberg Uni. Diss. 1996.

Aicher J., Das Eigentum als subjektives Recht, 1975.

Andrae, Zur Rechtsprechung in deutsch-deutschen Erbrechtsfallen (Teil 1), in: NJ 1998.

Barner C., Mauer in den Kopfen faellt langsam, Sinflfinger Zeitung, 27.01. 2009.

Baur F., Lehrbuch des Sachenrechts, 13. Auflage 1985.

_____, Moglichkeit und Grenzen des Zivilrechts bei der Gewahrleistung offentlicher und sozialer Erfordernisse im Bodenrecht, in: AcP 176(1976).

_____, Die "Naßauskiesung" -oder wohin treibt der Eigentumsschutz? in: NJW 1982.

Baur F./Stürner R., Lehrbuch des Sachenrechts, 16. Auflage 1992.

Berner- Meier-Hayoz, §667, in: Berner Kommentar, 1974.

Bohrisch D., Die sozialistische Grundeigentumsordnung und deren Uberleitung in die bundesdeutsche Rechtsordnung, Gottingen Uni. Diss., 1996.

Bosch F. W., Familien- und Erbrecht als Themen der Rechtsangleichung nach dem Beitritt der DDR zur Bundesrepublik Deutschland, in: FamRZ 1992.

Bohringer W., Reaktionen des Gesetzgebers auf liegenschafltliche Rechtsprechung in den neuen Bundeslandern, Festschrift für H. Hagen, 1990.

_____, Reaktionen des Gesetzgebers auf liegenschafltliche Rechtsprechung in den neuen Bundeslandern, Festschrift für H. Hagen, 1999

_____, Grundbesitz in den neuen Bundeslandern als Kreditunterlage, in; BWNotZ 1991.

_____, Zusammenfuhrung von Gebaeude-und Grundeigentum, in : DtZ 1994.

Bohmer W., Eigentum aus verfassungsrechtlicher Sicht, in: Das Eigentum(Herg. J. F. Baur), 1987.

Cosack P., Lehrbuch II, 6. Auflage § 195.

Degenhart Ch., Neuordnung der Nutzungsverhaeltnisse an Grund und Boden, in: JZ 1994.

Dernburg H., Buergerliches Recht III §73.

_____, Preussisches Privatrecht I §217.

Dieckmann A., Zum Schutz des Auflassungsempfaengers, der sich mit dem Berechtigten geeinigt und den Eintragungsantrag gestellt hat, in: FS für G. Schiedermair, 1976.

Ebel F., Zur Verfassungswidrigkeit von Regelungen des Sachenrechts-bereinigungsgesetzes, in: VIZ 1995.

Eickmann D., Grundstucksrecht in den neuen Bundeslandern, Koln 1991.

Erman-Ebbing, §1004 BGB, 11. Auflage 2004.

Erman- Kuchenhoff, §1 SchuldRAnG, 10. Auflage 2000.

Erman- Lorenz, §905, in: Handkommentar zum BGB, 11. Auflage 2004.

Erman/Schluchter, Einleitung §1922 BGB 10. Auflage 2000.

Ferid M./ Donnenberger H. J., Das franzoesiche Zivilrecht(II), 2.Auflage 1986.

Geiss K., Ruckgabe vor Entschadigung, in: Festschrift für H. Hagen, 1999.

Georgiades A., Eigentumsbegriff und Eigentumsverhaltnis, in: Festgabe für Sontis, 1977.

Gierke J. v., Das Sachenrecht des Burgerlichen Rechts, 4. Auflage 1959.

Gierke O. v., Die soziale Aufgabe des Privatrechts, 1889.

_____, Der Entwurf eines Burgerlichen Gesetzbuches und das Deutsche Recht, 1889.

_____, Deutsches Privatrecht(II), 1905.

Grun B., Das Sachenrechtsanderungsgesetz, in: NJW 1994.

Hagen H., Zehn Jahre deutsch- deutsches Grundstucksrecht aus der Sicht eines Richters, in: DNotZ 2000.

Hager, Die Anwartschaft des Auflassungsempfaengers, in: JuS 1991.

Heck Ph., Sachenrecht 1923.

Heuer K., Grundzuge des Bodenrechts der DDR 1949-1990, 1991.

Hildesheim, Zum Umfang des Herrschaftsrechts des Grundstuckeigentuemers, in: JuS 1985.

Hoche, Abtretung und Verpfaendung des Anwartschaftsrecht aus der Auflassung, in: NJW 1955.

Horst H.-R., Gebaeudeeigentum und Nutzungsrecht an Grundstucken in der ehmaligen DDR, in: DWW 1991.

Janke G., Das ZGB der DDR in der Rechtsprechung seit der deutschen Einheit- Erbrecht, in: NJ 2003.

Jhering R. v., Geist des romischen Rechts II. 1865.

_____, Der Zweck im Recht I, 4. Auflage 1904.

Kaser M., Das romische Privatrecht Bd. I, 1955.

_____, Das roemische Privatrecht Bd. I, 2. Auflag 1971.

Klausing, Immissionsrecht und Industrialisierung, in: JW 1937.

Kleindienst B., Der privatrechtliche Immissionsschutz nach §906 BGB, 1964.

Kohler G., Sportlarm und Nachbarschutz, in: Jura 1985.

Krauss H-F., Sachenrechtsbereinigung und Schuldrechtsanpassung im Beitrittsgebiet Kommntar, 1. Auflage, 1995.

Kroeschell K., Zur Lehre vom 'germanischen' Eigentumsbegriff, in: Festschrift für H. Thieme 1978.

Larenz K., Die Methodenlehre der Rechtswissenschaft, 2. Auflage 1991.

Leutheusser S.-Schrnarrenberger, Die Bereinigung des Sachenrechts in den neuen Bundeslandern, in: DtZ 1993.

Leve De, Deutsch-deutsches Erbrecht nach dem Einigungsvertrag, 1995.

Lehmann J., Sachherrschaft und Sozialbindung?, Berlin 2004.

Leisner W., Eigentumswende. in: DVBl 1983.

Liver P., Eigentumsbegriff und Eigentumsordnung, in: Gedenkschrift für Gschnitzer, 1969.

Medicus D., Das Anwartschaftsrecht des Auflassungsempfaengers, in: DNotZ, 1990.

_____, Burgerliches Recht 19. Auflage 2002.

Meier-Hayoz, Vom Wesen des Eigentums, in: Festschrift für K. Oftinger, 1969.

Merk W., Das Eigentum im Wandel der Zeit, in: Paedagogisches Magazin, 1388 (1934)

Messerschmidt B., Das Schuldrechtsanderungsgesetzin: NJW 1994.

Motive zu dem Entwurfe eines bürgerlichen Gesetzbuches für das deutsche Reich, 1888.

Münchener-Kanzleiter, § 925 BGB 3.Auflage.

Münchener-Kuhnholz. Einfuhrung zum Sachenrechtsbereinigungsgesetz und zum Schuldrechtsanderungsgesetz, 3. Auflage.

Münchener/Medicus, §985 BGB, 3. Auflage.

Münchener-Sacker, §905, in: Kommentar zum BGB, 2.Auflage. 1986.

Mugdan III 1888.

Nehlsen H., Grundbuch, in: HRG, 1971.

Oefele W., Handbuch des Erbbaurechts, 1987.

Olzen D., Die geschichtliche Entwicklung des zivilrechtlichen Eigentumsbegriffs, in: JuS, 1984.

Palandt-Bassenge, Art.233 §3 EBGB, 60.Auflage.

Palandt-Thomas, §823 BGB. 60.Auflage.

Palant/Bassenge, §985 BGB. 60.Auflage.

Peter H., Wandlungen der Eigentumsordnung und der Eigentumslehre seit dem 19.Jh, 1949.

Picker, Der negatorische Beseitigungsanspruch, 1972.

Puchta G. F., Pandekten, 11.Auflage 1872.

Purps Th.- Krauss H.-F., Sachenrechtsbereinigung nach Anspruchsgrundlage, 1997.

Raiser L., Das Eigentum als Rechtsbegriff in den Rechten West- und Osteuropas, RabelsZ 26.

Raiser L., Dingliche Anwartschaften, 1960.

Reinicke/Tiedtke, Das Anwartschaftrecht des Auflassungsempfangers und die Formbedurftigkeit der Aufhebung eines Grundstuckskaufvertrages, in: NJW 1982.

Riegel, Das Eigentum im europaeischen Recht, 1975.

Rifkin J.(이희재 역), 「소유의 종말」, 민음사, 2001.

Rohde G.-Puls G.-ZankerS., Bodenreform 1945 ? Grundlage für die Gestaltung der sozialistischen Landwirtschaft in der DDR, in: NJ 1985.

Rohde G., Zum Entwurf des Schuldrechtsanpassungsgesetzes, in : NJ 1994.

Rovekamp K., Einfuhrung in die Schuldrechtsanpassung, in: NJ 1994.

Rudolpf K., Bindung des Eigentums, 1975.

Savigny F. C. v., System des heutigen romischen Rechts(I), 1840.

Scheifele B. - SchweyerE., Grundzuege des Wirtschaftsrechts der DDR nach dem Staatsvertrag uber die Schaffung einer Wahrungs-Wirtschafts- und Sozialunion zwischen der Bundesrepublik und DDR in: GmbHP 1990.

Schildt B., Bodenreform und deutsche Einheit, in: DtZ 1992.

Schmidt-Rantsch J., Das zweite Vermogensrechtsanderungsgesetz, in: DtZ 1992.

Schmidt-Rantsch J., Eigentumszuordnung, Rechtstragerschaft und Nutzungsrecht an volkseigenen Grundstucken, in: Dtz 1994.

Schnabel G., Uberlassungsvertrage und unechte Datschen im Sachenrecht-sanderungsgesetz, in: DtZ. 1995.

Schoener H. / Stoeber K., Grundbuchrecht, 13. Auflage 2004.

Schreiber, Sachenrecht, 3.Auflage 2000.

Schulz-Schaefer H., Umverteilung von Grundeigentum in den neuen Bundeslandern, in: MDR 1993.

Schwab D., Eigentum, in: geschichtliche Grundbegriffe(II), 1975.

Schweizer E.- Thone K-F., Das Recht des landwirtschaftlichen Betrieb in den neuen Laendern, 1993.

Spielbuchler K., §353 ABGB, Kommentar zum ABGB, 1983.

Soergel - Roth, §906 in: Kommentar zum BGB, 12. Auflage 1990.

Soergel-J. F. Baur §903 BGB, 13. Auflage 2002.

Soergel-Stuerner, §878 BGB. Rn. 14.

Staudinger/Grunsky, §985 BGB.

Staudinger/Seiler, §903 BGB, 11. Auflage.

Staudinger-Rauscher, Art.233, §3 EBGB, 11. Auflage.

Staudinger-Schafer, Rn.91 zu §823 BGB, 11. Auflage.

Strobel W., Probleme im Gefolge der Novellierung des Landwirtschafts -anpassungsgesetzes, in: VIZ. 1997.

Sturner R., Sachenrechtsbereinigung zwischen Restitution. Bestandschutz und Rechtssicherheit, in: JZ 1993.

Thone K.-F., Die agrarstrukturelle Entwicklung in den neuen Bundeslandern, 1993. Liegenschaftsdokumentation als Grundlage für die Feststellung und Neuordung der Eigentumsverhaltnisse in der DDR, Bundesministerium für Ernahrung, Landwirtscha? und Forsten(Hrsg.), 1990.

Thone K.-F.-Knauber R., Boden- und Gebaudeeigentum in den neuen Bundeslandern 1995.

Trimbach H. - Matthiesen H., Einfuhrung in die Schuldrechtsanpassung, in: VIP 1994.

Turner G., Der Eigentumsbegriff in der DDR, in: NJW 1990.

Vossius O., Der Ankauf des Grundstucks nach dem Sacherechtsbereinigungsgesetz, in: DtZ 1995.

Werner O., Grundstuecksverkehrsrecht, in: Deutsches Rechtslexikon, Bd. 2, 3.Auflag.

Wesel U., Nutzung und Nutzungsanderung nach dem Sachenrechtsbereinig ungsgesetz, in: DtZ 1995.

Westermann H., Sachenrecht, §28 I 4.

_____, Die Funktion des Nachbarrechts, in: FS für K. Larenz, 1973.

Westerman-Eickmann, §75 BGB I, 6.

Westen K., Das neue Zivilrecht der DDR nach dem Zivilgesetzbuch von 1975, 1977.

Wieacker F., Privatrechtsgeschichte der Neuzeit, 2.Auflage 1967.

Wieling H. J., Sachenrecht, Bd.I, 1990.

Wilhelms F., Nutzungsrechte in der Sachenrechtsbereinigung, in: DtZ 1995.

Windscheid B., Lehrbuch des Pandektenrechts(I), 7. Auflage 1891.

Windscheid B./ Kipp Th., Lehrbuch des Pandektenrechts(I), 8. Auflage 1900.

Winter G., §904 BGB, in: AK-BGB. 1983.

Wolf M., Sachenrecht, 6. Auflage 1985.

Wolff M.-Raiser L., Sachenrecht, 10. Auflage 1975.

_____, Sachenrecht, §61 II.

Zimmermann P., Zusammenführung von Grundstücks- und Gebaudeeigentum, in: VIZ 1995.

찾아 보기

ㅇ

윤철홍

〈저자 약력〉
숭실대학교 법과대학 및 동 대학원 졸업(법학석사)
독일 프라이부르크대학교 법학부 박사학위과정(법학박사)
숭실대학교 법과대학 학장 역임
독일 복흠대학교(2000년)와 훔볼트대학교(2007) 법학부 교환교수 역임
법무부 민법개정위원회 위원 및 분과위원장(2009-2014)
사단법인 한국민사법학회 회장(2014)
현재 숭실대학교 법과대학교수 및 (일반) 대학원장

〈주요 저역서〉
Zur Wandlung des Grundeigentums in Deutschland und Korea
(Pfaffenweiler, 1988), 소유권의 역사(법원사, 1995)
로마법제사(막스 카저저, 번역: 법원사, 1998), 민사특별법연구(법원사, 2003)
법학을 위한 투쟁(칸트로비츠저, 번역: 책세상 2006)
권리를 위한 투쟁(예링저, 번역: 책세상, 2007), 채권각론(전정판)(법원사, 2009)
주석 민법[물권(1)]」 제4판, (한국사법행정학회, 2011: 공저)
채권총론(개정판(법원사, 2012), 물권법(개정판)(법원사, 2013)
채권양도의 개정론(법원사, 2015).

토지소유권에 대한 새로운 이해

초판 인쇄 | 2015년 7월 20일
초판 발행 | 2015년 7월 25일

저   자 | 윤철홍
발 행 인 | 한정희
발 행 처 | 경인문화사
등록번호 | 제10-18호(1973년 11월 8일)
주   소 | 서울특별시 마포구 마포동 324-3
전   화 | 718-4831~2
팩   스 | 703-9711
홈페이지 | www.kyunginp.co.kr
이 메 일 | kyunginp@chol.com

ISBN 978-89-499-1141-0 93910
값 39,000원